江苏高校一流本科专业泰州学院汉语言文学专业资助
泰州学院学术著作出版基金资助成果

丁耀亢研究

范秀君 著

东南大学出版社
SOUTHEAST UNIVERSITY PRESS
·南京·

图书在版编目(CIP)数据

丁耀亢研究/范秀君著. —南京:东南大学出版社,2020.12

ISBN 978-7-5641-9349-2

Ⅰ.①丁… Ⅱ.①范… Ⅲ.①丁耀亢(1599—1669)-人物研究 Ⅳ.①K825.6

中国版本图书馆 CIP 数据核字(2020)第 264984 号

丁耀亢研究
Ding Yaokang Yanjiu

著　　者:	范秀君
出版发行:	东南大学出版社
社　　址:	南京市四牌楼 2 号　　邮编:210096
出 版 人:	江建中
网　　址:	http://www.seupress.com
电子邮箱:	press@seupress.com
经　　销:	全国各地新华书店
印　　刷:	广东虎彩云印刷有限公司
开　　本:	787 mm×1092 mm　1/16
印　　张:	20
字　　数:	438 千字
版　　次:	2020 年 12 月第 1 版
印　　次:	2020 年 12 月第 1 次印刷
书　　号:	ISBN 978-7-5641-9349-2
定　　价:	56.00 元

本社图书若有印装质量问题,请直接与营销部联系。电话(传真):025-83791830

序

范秀君的《丁耀亢研究》是在博士学位论文基础上进一步完善的新成果,即将出版,令人高兴。

范秀君是山东泰安人,大学毕业后任教中学,后心仍向学,遂负笈远赴云南民族大学读硕,2011年到扬州大学随我攻读中国古代文学史专业博士学位。他对明末清初文学兴趣浓厚,出于对乡邦先贤的敬仰,博士论文选题几经讨论,确定以《丁耀亢研究》为题。在学期间,我带他专门拜访了我的导师袁世硕先生。先生不仅亲自面授,而且专修长篇书信予以指导。范秀君有十多年中学教学、多个高校求学的经历,转益多师,视野开阔,基础扎实,分析细密,学术积累、学术素养和研究能力等综合素质较为全面,较好地完成了这一课题,如期毕业,获得了博士学位。今天重读全文,回想起当年的促膝研讨,感慨良多。关于他对丁耀亢研究的新认识与新贡献,书中"前言"已有概述,我认为他的研究工作还具有这样几个特点。

坚持知人论世的方法。"知人论世"是一种传统理论,但切合中国古代文学研究的实际,因此仍是常见运用的基本方法。范秀君对此用力颇多。他虽然在结构上也作了作家生平与作品面貌等逻辑性的必要描述,但并未停留于此,而是将关注的重点放在全面考察丁耀亢在特定历史时代的家世生平、才情品性、复杂行迹和丰富思想上,由此落实到具体的文学作品的研究中,努力探究作品生成的内在动因与内容表达的真正内涵,力求做到"人"(作家)、"世"(时代与社会)、"作品"三者间认识、分析的有机结合。这在此书的前三章有较好体现。

坚持论从史出的原则。"论从史出"的前提是文史结合,要求以丰富、充分的学术论证,概括、总结研究对象的基本特点与内涵实质。丁耀亢人生坎坷,著述极富,文名卓著,时誉天下,尽可能完备地搜集、梳理其相关文献资料就成为研究的基础,其中包括研究对象的全部材料和后世研究的全部成果,与作家相关友人的交往唱和、议论评价的资料等等。范秀君学习勤奋，阅读广博，以李增坡先生主编的《丁耀亢全集》为基础，浏览大量丁氏友人别集和其它材料，如第四章第三节《清诗重要选本中丁耀亢诗歌汇考》、附录《丁耀亢京师交游简表》等，为其生平、创作、影响等相关问题的研讨提供了较为坚实、充分的文献支撑，故所论及相关认识的揭示基本是可信从的。

坚持推陈出新的要求。博士论文应当解决一些较为重大的学术问题，应当有求新、求精的自觉追求，"推陈出新"便是博士论文实现学术目标的必然要求。丁耀亢研究已经取得了一定的成果，具有了相对丰厚的学术积累，这既为范秀君的研究提供了借鉴，同时也提出了更高的要求，推陈出新便成为一种必然的学术选择。范秀君的基本策略是：划分出丁耀亢的人生历史阶段，在史的描述中努力揭示出不同阶段的特点，以期在既有生平、年谱研究的基础上深化对其心态、思想的认识；对其诗歌、戏曲、小说作品的研究，努力由博而约，避熟就生，在既有研究相对薄弱或欠缺的领域提炼出若干议题，在既有研究已经较为丰富的领域提出新的认识与理解，并由此展开具体研讨和论证，以期丰富和推进对于相关问题的认识。范秀君这样操作，才可能集中时间和精力，围绕作家的发展变化、不同文体作品的特征与内涵、意义等议题，深入研讨，陈言务去，发表自己的新见解，论证自己的新观点。

不过，这也同时暗伏了新问题。学术研究应当兼顾"全人"，即要了解其生平事迹与思想，要认识其全部著作。从这个角度讲，范秀君的研究尚有欠缺：丁耀亢《家政须知》《出劫纪略》《增删补易》等著作未予讨论，戏曲研究缺了《化人游》。这与我当时的认识与要求相关：博士论文强调要有新的认识与贡献，如果对具体作品没有新认识，或者有了一些认识，但没有超越既有的研究成果，不如暂且不论，"炒冷饭"没有意义。博士生三年，时间、精力都有限，要写出一篇好的学位论文，当有谋划，贵在取舍。不过这样，相对于论题而言就不全面了。我想，这也为范秀君以后的学术研究提出了一个要求：丁耀亢研究还可以进一步深入，当年的割舍正是以后学术进步的新契机。

略缀数语，是为序，既表达欣喜祝贺之情，更对范秀君学术发展之将来寄予期望！

许建中
2020 年 8 月 20 日

前　　言

明清鼎革，无论身仕庙堂的士大夫，还是埋头科举、尚未取得功名的读书人，他们的个人生活和人生抉择都受到了巨大影响。丁耀亢(1599—1669)，明清之际重要的文学家，他跨越明末清初，一生重要的活动恰与明清易代前后四十年大致重合。他既是这段历史的见证者，又是匍匐辗转其间的一员；易代给他的家族和个人生活带来强烈的冲击。为求得自保，他南游北上，穿梭于京师名公巨卿之间，先以拔贡得旗塾教习，后授教谕，再得之县令，其间丁耀亢以诗文交游，但却塞淹科场，志不得伸。正如袁世硕先生所言："黍离之悲，伤时忧世之思，侘傺不平之气，横溢于中而不可抑，于是发之于诗，发之于戏曲，发之于小说，皆非专在逞才学以文争胜。"

丁耀亢在其文集中真实记录自己在明清之际的个人遭际、为改变生存状况的种种努力以及对当时社会的道德关怀和文化反思，是其"一人(生存与心态)之史"。本书结合丁耀亢现存的全部作品及其与同时代士人的诗文唱和，梳理易代之际北方汉族士人的生存状况，把握了时代思潮中士人的生存心态、对时代的文化反思及文学创作的特点。全面考察丁耀亢的生平及其作品对我们深入了解明清易代之际中下层汉族知识分子的心态具有范本意义。

导论部分为丁耀亢研究综述。目前对丁耀亢的研究在其生平、思想、文学成就等方面取得了一定的成绩，研究成果多集中于小说《续金瓶梅》，对其诗歌、戏曲的研究虽然有多篇论文(硕士学位论文)，但仍有较大的学术空间，有待于进一步深入研究。

第一章为丁耀亢乡绅生活研究。一是举业与耕读。丁耀亢出身科举世家，其父兄、弟侄均有功名。丁氏在明朝时期共参加了七次乡试，未有所获。攻读之余，丁氏经营庄园、躬耕陇亩、扩大田产，展现了较强的治生能力。此间他南游求学，结社山中，过着优裕的乡绅耕读生活。二是甲申事变前后，其弟、侄死于清兵战火，田产零落，饱受强邻恶奴凌辱。丁氏在诗文中真实记录甲申前后清军入侵、李自成农民军的双重冲击,以及奴变对北方士绅生命财产和社会秩序的威胁,具有较高的史料价值。

第二章为其京师交游考论。一是考察丁氏在京师与降清明臣、新朝进士、明朝遗民之间的交游唱和,期望邀誉,有助仕进。二是在此基础上,讨论丁耀亢这一时期交游中的三个特点:自我期许与他者评价,即自许有诗才、重性情的"嵚崎人",他人以放诞飞扬的"畸人"视之;诗文中以史典逞才,因渴望援引而不得不以恭谦殷勤之意干谒;现实唱和中诗文的不平等,折射出文人在求取功名与保全自尊之间矛盾交织的心态。三是以丁耀亢为视角,考察清初北方贰臣文人京师业余生活及其心态。北方贰臣文人大多在朝政之余用心诗文,企图立言存世;在与故旧宴集中感慨世事变迁;在赏曲观剧中重温旧朝衣冠,缅怀故国;多参禅观寺,登高览胜,舒展郁愤之情。由此进一步探究清初贰臣文人在揽辔登朝、得时行志的表象下,其悲天悯人、忧谗畏讥的抑郁内心。

第三章为其游宦生涯。一是旗塾教习生涯。由丁氏改籍入贡及其教习生活考察清初旗塾教育状况,进一步考察其作为汉族士人的内心纠结:为重振家业的强烈愿望和华夷之防的短暂困惑、政治伦理道德标准与自我利益的错位、臣服强权与文化自负的自我虚构。二是教谕生涯。由此考察清初教谕职责在于振铎善俗,教化士子;教谕生活职卑俸微,生活清苦。丁氏为获荐举先后捐俸赈济、拜访故旧、奉命创作传奇,竭尽所能,折射出清初贡举升迁的艰辛。三是惠安之行。梳理其赴任惠安的行踪,探析去职的缘由,即时局动荡,战氛方炽;年衰身疾,念土怀亲;禄微祸重,名心渐冷。纵观丁氏游宦生涯,清初汉族士人求得一职并非易事,他们的努力既为身家计,又有读书人科举功名圆梦的内心渴望,映照出科举挫折焦虑对士人的人生影响。

第四章是其诗歌创作研究。一是丁氏诗歌的创作思想:以诗补史的诗教理念;转益多师,多种诗体的自觉实践;对竟陵派的自觉修正,已渐露清代诗风转变的先声。二是丁氏诗歌中鲜明的"宗杜"色彩:诗歌创作中强烈的"诗史"意识,特别是对农民命运的关注;创作中善于用典和比兴手法,增强内在张力。由于过度用典,破坏了诗歌意蕴的传达,造成部分诗作晦涩难懂。诗歌中的"宗杜"色彩与清诗"宗杜"的社会思潮和时代影响是紧密联系在一起的。三是对有关丁耀亢诗歌的重要清诗选本汇考,考察丁耀亢诗歌的影响,从入选数量上,总体呈现逐步受重视的趋势。早期清诗选本大多选取其早年颇有风致的诗作,后期则注重其写实倾向的作品。

第五章是其戏曲研究。一是其戏曲思想研究。丁氏学习前人,结合创作实践,提出自己的戏曲思想。结构观:布局合宜,自出机杼,强调"布局繁简合宜难",重视结构;语言观:语出自然,慎于用典;曲词观:声腔情词,双美兼重;教化观:观风化俗,以剧渡世。二是其剧作研究。丁氏的剧作具有强烈的主观色彩,是其心灵轨迹的再现。《赤松游》借张良"为君父报仇"的历史故事,传达清初汉族士人出仕为明而非仅仅仕清的心声。论文对清初有关张良意义的诠释,以新朝进士魏裔介的《留侯论》和遗民魏禧的《留侯论》作参照,剖析张良意义在清初的阐释嬗变。丁耀亢的忠臣孝子观、魏裔介的义士仁人论、魏禧的忠臣仁人的定位,真实地展示了随着清政权稳固所形成的人心思定的普遍社会心理。《西湖扇》表现汉族士人对新朝的接受和期待的情感。对比创作于此前的吴梅村的《秣陵春》传奇和其后孔尚任的《桃花扇》,虽然离合之情相近,但表达的兴亡之感不同。《秣陵春》重在表述士子易代之际对旧主的留恋和对新朝的徘徊,《西湖扇》表现的是汉族士子对新朝的接受与期冀,而《桃花扇》重在反思历史,照鉴现实,三者有明显的历史传承与艺术借鉴关系。对比三者的关系,清晰揭示出蕴含于传奇中的当时士人隐秘的内心世界。《表忠记》则是士子抛却了眷恋与徘徊的心结,对新朝政权完全接受和拥戴;但其中还是传达出作者自己的声音,即反思前朝,借以讽谏。丁耀亢以传奇形式,展现易代之际汉族士人的失国怀旧、向往功名的裂变人格心态,是当时士大夫中一种普遍的时代流行病。

第六章是其创作思想研究。本章选取两个着眼点:一是其早期《天史》的编撰,二是其晚年《续金瓶梅》的创作。《天史》完成于明崇祯五年(1632),其目的在于借史鉴今,纪恶讽喻,以历史反观明末社会,传达渡世之心。这一思想贯穿于他全部史、诗、曲创作中,在小说《续金瓶梅》中得到进一步强化。《续金瓶梅》以小说笔法传达反思精神,即人物形象塑造的纪实化,创作手法的史笔化、创作主旨的史心化,最终达到反思征实、翼圣赞经的教化目的。

余论部分。纵观丁耀亢一生,特别是入清后的人生抉择和文学创作,可以说是仕清身份、遗民情怀,他对现实始终予以儒家的道德关怀。由丁耀亢的交游与诗文唱和,探析清初贰臣文人诗文中普遍呈现的愧疚自赎心态。对比清初南北贰臣文人,他们的愧疚自赎心态的呈现方式有较大的差异,造成这种差异主要有三方面的因素:与满洲地区的地理亲缘和李自成政权影响程度不同,造成南北贰臣文人分布有差;清政府采取尊满抑汉的政策和清初党争中南北势力的消长差异;南北文人官员内在道德追求与外在政治伦理舆论环境的差别。

目　　录

序
前言
导言 …………………………………………………………………… 001

第一章　乡绅生活 ………………………………………………… 010
第一节　举业与耕读生活 ……………………………………… 011
一、科举世家 ……………………………………………………… 011
二、游学与躬耕 …………………………………………………… 014
第二节　甲申事变前后 ………………………………………… 018
一、出海避劫 ……………………………………………………… 018
二、乱后忍辱出游 ………………………………………………… 021
三、甲申前后纪实诗文的史料价值 ……………………………… 022

第二章　丁耀亢京师交游考论 …………………………………… 034
第一节　京师交游考 …………………………………………… 034
一、"陆舫"的由来及其含义 …………………………………… 035
二、交游考 ………………………………………………………… 036
第二节　丁耀亢京师交游论 …………………………………… 050
一、期许与评介：崟崎人与畸人 ………………………………… 050
二、才情与卑恭：干谒诗中的冲突 ……………………………… 059
三、旅食与念土：穷达之间挣扎 ………………………………… 065
第三节　清初北方贰臣文人京师业余生活考察——以丁耀亢为视角 … 068
一、倾力诗文，以图立言 ………………………………………… 070
二、故旧宴集，饮酒寄怀 ………………………………………… 077
三、观剧赏曲，缅怀故国 ………………………………………… 082
四、参禅观寺，登高览胜 ………………………………………… 085

001

第三章　游宦生涯

第一节　旗塾教习生涯
一、改籍入贡 …… 089
二、旗塾生涯 …… 093
三、丁耀亢旗塾教习的纠结心态 …… 095

第二节　教谕生涯 …… 106
一、振铎善俗，教化士子 …… 106
二、职卑俸微，生活清苦 …… 111
三、教谕丁耀亢的去留矛盾 …… 112

第三节　惠安之行 …… 116
一、赴任惠安县令行踪 …… 116
二、丁耀亢辞官原因探究 …… 121

第四章　丁耀亢诗歌研究 …… 128

第一节　丁耀亢诗歌创作思想 …… 128
一、以诗补史的诗教理念 …… 128
二、转益多师，多种诗体的实践 …… 131
三、对竟陵派的修正 …… 136

第二节　丁耀亢宗杜诗歌的艺术特色 …… 140
一、清初士人对杜诗的重视 …… 140
二、丁耀亢对杜诗的关注 …… 142
三、宗杜诗作的艺术特点 …… 146

第三节　清诗重要选本中丁耀亢诗歌汇考 …… 156
一、溯洄集 …… 156
二、诗风初集 …… 157
三、诗观二集 …… 158
四、皇清诗选 …… 160
五、国朝诗选 …… 161
六、国朝诗别裁集 …… 162
七、晚晴簃诗汇 …… 163
八、清诗纪事初编 …… 165
九、清诗纪事 …… 169

第五章　丁耀亢戏曲研究 …… 172

第一节　丁耀亢戏曲思想 …… 172

一、结构观：布局合宜，自出机杼 173
　　二、语言观：语出自然，慎于用典 175
　　三、曲词观：声腔情词，双美兼重 178
　　四、教化观：观风化俗，以剧渡世 179
　第二节 《赤松游》：借史寓言，以剧明志 182
　　一、《赤松游》创作特点探究 183
　　二、清初张良意义阐释的嬗变 194
　第三节 《西湖扇》：借题说法，寓意写生 203
　　一、《西湖扇》创作特色解析 203
　　二、清初文人传奇主题的演变 207
　第四节 《表忠记》：旧剧新作，立言违制 218
　　一、《表忠记》现存版本梳理 218
　　二、《表忠记》创作特点探析 219

第六章 借史渡世，演说警心——丁耀亢创作思想探析：从《天史》到《续金瓶梅》 226

　第一节 《天史》：借史渡世　纪恶讽喻 229
　　一、《天史》概述 229
　　二、丁耀亢的"天论"观 233
　　三、编撰的现实诉求：借史鉴今，纪恶讽喻 238
　第二节 演说警心，纪实存史——《续金瓶梅》创作主旨新探 252
　　一、人物塑造纪实化：摹实具象，纪恶儆戒 254
　　二、创作手法史笔化：孤愤寄兴，曲直兼备 266
　　三、创作主旨史心化：反思征实，翼圣赞经 274

余论 282

　一、丁耀亢：仕清身份，遗民情怀 282
　二、清初南北贰臣文人愧疚自赎心态呈现方式的差异 285
　三、清初南北方贰臣文人愧疚自赎心态差异成因 292

主要参考文献 297

附录 302

后记 306

导　言

一、研究综述

近现代对丁耀亢的关注与研究始于其小说《续金瓶梅》，先后出现了有关丁耀亢的四部研究专著①、十多篇硕士论文②和数十篇学术论文。1999年中州古籍出版社出版李增坡主编、张清吉校点的《丁耀亢全集》，为深入研究丁耀亢提供了文献便利。1997年5月18日至20日由山东社会科学院和诸城市人民政府联合主办的"海峡两岸丁耀亢学术研讨会"，会后论文结集《丁耀亢研究》一书，反映了当时丁耀亢研究的最新成果。纵观这些成果，对丁耀亢的研究主要集中在四个

---

① 张清吉：《醒世姻缘传新考》，郑州：中州古籍出版社，1991年版。
　张清吉：《丁耀亢年谱》，南京：南京大学出版社，1996年版。
　李增坡：《丁耀亢研究——海峡两岸丁耀亢学术研讨会论文集》，郑州：中州古籍出版社，1998年版。
　黄琼慧：《世变中的记忆与编写——以丁耀亢为例的考察》，台北：大安出版社，2009年版。
② 张振国：《伤时劝世，生新续奇——〈续金瓶梅〉价值重估》，山东师范大学2003年硕士学位论文。
　陈小林：《〈续金瓶梅〉研究》，湖南师范大学2005年硕士学位论文。
　姜克滨：《〈续金瓶梅〉"反清"主旨再探》，首都师范大学2008年硕士学位论文。
　陈清：《丁耀亢诗歌研究》，山东师范大学2009年硕士学位论文。
　王娟：《〈鸣凤记〉与〈表忠记〉比较研究》，首都师范大学2009年硕士学位论文。
　张庆梅：《丁耀亢戏曲作品民俗描写研究》，淮北师范大学2010年硕士学位论文。
　马清清：《丁耀亢交游考》，华中科技大学2012年硕士学位论文。
　修博闻：《浅论丁耀亢传奇作品中的民族意识》，辽宁大学2012年硕士学位论文。
　王薇：《丁耀亢戏曲虚实艺术研究》，江西财经大学2012年硕士学位论文。
　胡达菲：《丁耀亢戏曲创作研究》，闽南师范大学2013年硕士学位论文。
　徐焕娣：《丁耀亢戏曲作品研究》，山西师范大学2018年硕士学位论文。
　王小凡：《〈续金瓶梅〉的思想意蕴研究》，青岛大学2019年硕士学位论文。
　林雅铃：《〈续金瓶梅〉研究》，台湾东海大学中国文学系1981年硕士学位论文。
　赖慧娟：《丁耀亢戏曲传承与创新之研究》，台湾"国立"中山大学中国文学系2005年硕士学位论文。
　王明仪：《〈续金瓶梅〉之身体研究》，台湾"国立"中兴大学中国文学系2009年硕士学位论文。
　撰写论文过程中，台湾地区相关资料无法获取。

方面:

(一)《续金瓶梅》研究

这是现有丁耀亢研究的重点。清人对《续金瓶梅》的评价,始于小说问世不久。西湖钓叟《续金瓶梅集序》指出"遵今上圣明,颁行《太上感应篇》,以《金瓶梅》为之注脚",其旨"一归于劝世",最终"翼圣""赞经"。天隐道人《续金瓶梅序》中点明"此则假饮食男女讲阴阳之报复,因鄙夫邪妇推世运之生化,涤淫秽而入莲界,拔贪欲以返清凉""上翊大道,下阐王章"。爱日老人在《续金瓶梅序》中阐释为"隐实施权,遮恶持善"①。刘廷玑《在园杂志》则认为:"道学不成道学,稗官不成稗官,且多背谬妄语,颠倒失伦,大伤风化。"②平步青《霞外捃屑》说:"《续金瓶梅》借因果以论报应,蔓引佛经《感应篇》,可一噱也……而为此貂尾也,徒为罪孽,自堕泥犁而已矣。"③

1923年鲁迅的《中国小说史略》开现代意义上丁耀亢研究之先河,认为《续金瓶梅》"主意殊单简","又引佛典、道经、儒理,详加解释,动辄数百言,顾什九以《感应篇》为归宿","然所谓佛法,复甚不纯,仍混儒道,与神魔小说诸作家意想无甚异,惟似较重力行,又欲无所执著,故亦颇讥当时空谈三教一致及妄分三教等差者之弊"④。在其《中国小说的历史的变迁》第五讲《明之小说两大主潮》中则认为《续金瓶梅》"从此以后世情小说,就明明白白的,一变而为说报应之书,成为劝善的书了"⑤。郑振铎《文学大纲》认为其"文笔较《金瓶梅》为琐屑,却亦颇放恣,较高于他种续书之惏惏无生气者,中叙金人南下的行动,与汉人受苦之状,颇似作者描写他自己的亲身经历,却甚足以动人"⑥。沈雁冰《中国文学内的性欲描写》指出《续金瓶梅》"全书命意与《玉娇李》仿佛,亦述《金瓶梅》中人物转生为男女,各食孽报。描写性欲,亦仿《金瓶梅》,然而笔力不逮"⑦。孙楷第认为:"是编续明人书,使书中人物一一转生,咸得恶报。意主因果,异于旧本之猥亵。"⑧

---

① 《古本小说集成》编委会:《〈续金瓶梅〉序》,《古本小说集成》,上海:上海古籍出版社,1990年版。
② (清)刘廷玑:《续书》,《在园杂志》卷三,北京:中华书局,2005年版,第125页。
③ (清)平步青:《续奇书》,《霞外捃屑》卷九,上海:上海古籍出版社,1982年版,第663页。
④ 鲁迅:《中国小说史略》,《鲁迅全集》卷九,北京:人民文学出版社,2005年版,第191—192页。
⑤ 鲁迅:《中国小说的历史的变迁》,《中国小说史略》附录,《鲁迅全集》卷九,北京:人民文学出版社,2005年版,第341页。
⑥ 郑振铎:《中国小说的第二期》,《文学大纲》(二),《郑振铎全集》卷十一,石家庄:花山文艺出版社,1998年版,第267页。
⑦ 沈雁冰:《中国文学内的性欲描写》,《中国文论二集》,《茅盾全集》卷十九,北京:人民文学出版社,1991年版,第124页。
⑧ 孙楷第:《戏曲小说书录解题》,北京:人民文学出版社,1990年版,第186页。

20世纪80年代随着《金瓶梅》研究的深入,引发了人们对《续金瓶梅》的关注。1988年齐鲁书社出版由陆合、星月校点的《金瓶梅续书三种》,将《续金瓶梅》《隔帘花影》和《金屋梦》合在一起出版。黄霖在其序言中认为《续金瓶梅》总结明亡的历史教训,控诉满洲贵族的残暴,洋溢着爱国爱民的激情;写人、叙事、说理、抒情皆有可观,但故事结构难免有松散拉杂之感①。其后论说大多不出其右。这一时期讨论多集中在其创作主旨上。现代学者在鲁迅"报应说"的基础上提出了诸多见解:袁世硕认为"演因果报应的故事情节中,也正寄寓着对卖国通敌者的鞭挞"②;王汝梅认为"表现了作者拥明抗清的民族思想"③;方正耀认为"侧重描写战争所造成的社会动乱,揭示民族矛盾"④;张俊《清代小说史》认为其意义和独到之处在于"借因果报应,劝人止恶为善,发《金瓶梅》题旨;表现了作者忧患时局、痛悼故国之情;框架结构及人物描写,颇有特色"⑤。

王汝梅《丁耀亢的〈续金瓶梅〉创作及其小说观念》认为该书自创体制,开综合、多体制、写现实、讲学问、别善恶小说类型之先河⑥。罗德荣《〈续金瓶梅〉主旨索解》认为《续金瓶梅》作者提出"惜福"主张,重在完善自我,重塑民族之魂的思考⑦。2003年张振国《伤时劝世,生新续奇——〈续金瓶梅〉价值重估》认为《续金瓶梅》在思想与艺术上,特别是结构上对后世世情小说具有启示意义,它是从《金瓶梅》到《儒林外史》和《红楼梦》不可忽视的重要一环⑧。2004年王旭川《中国小说续书研究》认为丁耀亢作《续金瓶梅》的动机有两层:表层动机是以小说作为《太上感应篇》的无字解,宣传因果报应思想,以劝善惩恶;深层动机是表达自己对社会的思考和自己的民族思想⑨。2005年陈小林《〈续金瓶梅〉研究》以世情小说与续书系列对《续金瓶梅》定位,认为其在"家国同构叙事""空幻感情""理想色彩"

---

① 黄霖:《金瓶梅续书三种·前言》,《金瓶梅续书三种》,济南:齐鲁书社,1988年版,第17页。
② 袁世硕:《续金瓶梅·前言》,《古本小说集成》,上海:上海古籍出版社,1999年版。
③ 王汝梅:《王汝梅解读〈金瓶梅〉》,长春:时代文艺出版社,2007年版,第229页。
④ 方正耀:《明清人情小说研究》,上海:华东师范大学出版社,1986年版,第75页。
⑤ 张俊:《清代小说史》,杭州:浙江古籍出版社,1997年版,第41-42页。
⑥ 王汝梅:《丁耀亢的〈续金瓶梅〉创作及其小说观念》,李增坡主编:《丁耀亢研究——海峡两岸丁耀亢学术研讨会论文集》,郑州:中州古籍出版社,1998年版,第162页。
⑦ 罗德荣:《〈续金瓶梅〉主旨索解》,李增坡主编:《丁耀亢研究——海峡两岸丁耀亢学术研讨会论文集》,郑州:中州古籍出版社,1998年版,第174页。
⑧ 张振国:《伤时劝世,生新续奇——〈续金瓶梅〉价值重估》,山东师范大学2003年硕士学位论文,第20-36页。
⑨ 王旭川:《中国小说续书研究》,北京:学林出版社,2004年版,第259页。

"自传因子"等方面对后世小说发展有所影响,其综合多种题材具有文化整合的意味①。2007年李剑国、陈洪主编的《中国小说通史(清代卷)》认为《续金瓶梅》中无论是对社会混乱、道德失范所表现出的激愤与困惑,还是对传统价值标准的怀疑,都是此前小说中未见的;关于"上帝"的说法,和同时代的《豆棚闲话》如出一辙,显示出明末清初基督教文化对士人们的影响②。2008年姜克滨《〈续金瓶梅〉"反清"主旨再探》认为出仕理想与国难家仇是丁耀亢"反清"思想产生的根本原因,由于理想的失落和个性的孤直,最终他选择了创作《续金瓶梅》来表达他的"反清"思想③。

同时人们对其创作时间及版本也多加关注。石玲《〈续金瓶梅〉的作期及其它》认为《续金瓶梅》作于顺治十七年④;孙玉明《〈续金瓶梅〉成书年代考》提出《续金瓶梅》的绝大部分内容创作于顺治十六年初春至夏秋之交滞留杭州期间⑤。《历史档案》2000年第2期发表顺治年间丁耀亢受审案的记录资料,其供词为"《〈续金瓶梅〉》小的于顺治十七年独自撰写,并无他人"⑥。其后欧阳健《〈续金瓶梅〉的成书年代》提出《续金瓶梅》是丁耀亢于1648—1654年在北京任旗官时构思动笔,1654—1658年容城任教谕撰写完成的⑦;刘洪强《〈续金瓶梅〉成书年代新考》则认为《续金瓶梅》当成书于1661年⑧。王运堂、王慧的《略论馆藏足本〈续金瓶梅〉》,对国内流传的《续金瓶梅》各种本子进行梳理,重点介绍了山东省图书馆所藏的《续金瓶梅》抄本⑨。

以上研究为深入理解《续金瓶梅》提供了一定的帮助。笔者认为丁耀亢的《续金瓶梅》表面上讲因果演义报应,但其中寄寓了作者的深刻反思和道德关怀,作者实际上是以小说之笔传达其深沉的渡世情怀,具有极强的史笔意蕴。

(二) 丁耀亢与《醒世姻缘传》作者的关系

《醒世姻缘传》一书的作者"西周生"究竟是何许人,学界一直众说纷纭。最早

---

① 陈小林:《〈续金瓶梅〉研究》,湖南师范大学2005年硕士学位论文,第49-58页。
② 李剑国、陈洪:《中国小说通史(清代卷)》,北京:高等教育出版社,2007年版,第1287页。
③ 姜克滨:《〈续金瓶梅〉"反清"主旨再探》,首都师范大学2008年硕士学位论文,第29-33页。
④ 石玲:《〈续金瓶梅〉的作期及其它》,吉林大学中国文化研究所编《金瓶梅艺术世界》,长春:吉林大学出版社,1991年版。
⑤ 孙玉明:《〈续金瓶梅〉成书年代考》,《社会科学辑刊》,1996年第5期,第134页。
⑥ 安双成:《顺康间〈续金瓶梅〉作者丁耀亢受审案》,《历史档案》,2000年第2期,第31页。
⑦ 欧阳健:《〈续金瓶梅〉的成书年代》,《齐鲁学刊》,2004年第5期,第121页。
⑧ 刘洪强:《〈续金瓶梅〉成书年代新考》,《东岳论坛》,2008年第3期,第108页。
⑨ 王运堂、王慧:《略论馆藏足本〈续金瓶梅〉》,《山东图书馆季刊》,1997年第3期,第52页。

提出"丁耀亢说"的是台湾学者刘阶平。田璞《〈醒世姻缘传〉作者新探》是较早明确论证"丁耀亢说"的学术论文①。张清吉《〈醒世姻缘传〉作者是丁耀亢》②、凌昌《〈醒世姻缘传〉作者是丁耀亢》③、冯春田《"西周生"即丁耀亢——〈醒世姻缘传〉辑著者证》④等论文附和此说。1991年张清吉《醒世姻缘传新考》一书,从成书年代、籍贯、艺术修养、社会地位、性格特征、"西周生"与丁耀亢字"西生"之间的联系、《醒世姻缘传》与《续金瓶梅》的类同比较等方面,得出"《醒世姻缘传》作者是丁耀亢"的结论⑤。反对"丁耀亢说"的学者,主要是孙玉明、徐复岭等。孙玉明《丁耀亢是〈醒世姻缘传〉作者吗?》⑥《〈醒世姻缘传〉作者"丁耀亢说"驳议》⑦、徐复岭《〈醒世姻缘传〉作者丁耀亢说平议》⑧等对前文观点持否定意见。丁耀亢是否是《醒世姻缘传》的作者"西周生",目前学术界尚未定论。笔者目前在没有掌握新材料的情况下,暂不把丁耀亢与《醒世姻缘传》作者的关系纳入本书讨论之中。

(三)丁耀亢生平研究

鲁迅《中国小说史略》曾对丁氏的生平做过推测,"年七十二卒(约为1620—1691)"⑨。1991年孙玉明《丁耀亢其人其事》,从家世与生平、传说考辨、作品杂谈三个方面对丁耀亢生平做了探讨⑩。张清吉《醒世姻缘传新考》考证了其家世生平,并附《丁耀亢传》,是第一部研究丁氏生平的专著。1996年张清吉《丁耀亢年谱》,收入《琅琊丁氏家乘·族谱序》、丁耀亢正传及行述、友人及后学赞咏、丁公石祠碑文录、著作书目及序跋选、后嗣裔孙等六部分⑪。

上述成果为丁耀亢生平研究提供了有益的文献支持,但涉及的文献面较窄,以致内容单薄,尤其较少涉及谱主的日常交游及文学活动,影响了它作为文学家年谱内涵的丰富性和厚重感。

---

① 田璞:《〈醒世姻缘传〉作者新探》,《河南大学学报》(社会科学版),1985年第5期,第82页。
② 张清吉:《〈醒世姻缘传〉作者是丁耀亢》,《徐州师范学院学报》(哲学社会科学版),1989年第3期,第46页。
③ 凌昌:《〈醒世姻缘传〉作者是丁耀亢》,《文汇报》,1997年7月29日第12版。
④ 冯春田:《"西周生"即丁耀亢——〈醒世姻缘传〉辑著者证》,李增坡主编《丁耀亢研究——海峡两岸丁耀亢学术研讨会论文集》,郑州:中州古籍出版社,1998年版,第43页。
⑤ 张清吉:《醒世姻缘传新考》,郑州:中州古籍出版社,1991年版,第33—73页。
⑥ 孙玉明:《丁耀亢是〈醒世姻缘传〉作者吗?》,《蒲松龄研究》,1993年第3—4期合刊,第238页。
⑦ 孙玉明:《〈醒世姻缘传〉作者"丁耀亢说"驳议》,《明清小说研究》,1994年第2期,第198页。
⑧ 徐复岭:《〈醒世姻缘传〉作者丁耀亢说平议》,济南:齐鲁书社,1995年版。
⑨ 鲁迅:《中国小说史略》,《鲁迅全集》卷九,北京:人民文学出版社,2005年版,第191页。
⑩ 孙玉明:《丁耀亢其人其事》,吉林大学中国文化研究所编:《金瓶梅艺术世界》,长春:吉林大学出版社,1991年版。
⑪ 张清吉:《丁耀亢年谱》,南京:南京大学出版社,1996年版。

（四）丁耀亢戏曲研究

首先对丁耀亢的传奇进行评价的现代学人是郑骞的《善本传奇十种提要》。郑文认为丁氏"所作传奇则沉雄清丽,兼而有之,远胜于《六十种曲》中之寻常作品。然流传不广,录曲诸家亦多不及,至今遂在若存若无之间";并称赞《赤松游》"曲文佳处甚多,或沉雄悲壮,或清丽缠绵,不愧诗人之作";肯定《表忠记》"结构谨严,关目生动,词藻尤清丽遒健"①。1982年周贻白《丁耀亢〈蚺蛇胆〉》一文从结构及其语言等方面评价《表忠记》②。1987年周妙中《清代戏曲史》专节介绍了丁氏的戏剧,认为其作品"不论从数量看还是从质量看,不论从思想性看还是从艺术性看,都不逊于当时的名家"。周著对丁氏的戏剧艺术予以肯定,"他的剧本是会在舞台上取得良好的效果的"③。

1986年叶长海《中国戏剧学史稿》关注丁氏的戏曲理论,并予以较高的评价,指出:"丁耀亢戏曲理论是一份较为完备的戏曲创作要领。它是对以往戏曲创作技法研究的继承和展开,也是作者多年创作实践中获得的亲身感受和概括。这份纲要的精神在稍后的《李笠翁曲话·词曲部》中都可以找到。"④郝诗仙、郭英德《丁耀亢生平及其剧作》认为丁氏戏剧结构上注意到"以一人一事为主脑,使主要线索清晰明朗"⑤。

1997年郭英德《明清传奇综录》对丁耀亢的四部传奇分别就其版本、故事源流及出处"辨章学术,考镜源流",做了详细的文献梳理考辨⑥。

黄霖《略谈丁耀亢的戏剧观》指出丁耀亢的戏剧观的三个方面,即自然观、布局论、悲喜剧论⑦。陈美林、吴秀华《试论丁耀亢的戏剧创作》认为其剧作具有浓厚的"遗民情结"及"虚无思想","因果报应色彩浓厚";"以写史之笔写剧,基本上是案头之作,很少考虑演出因素"⑧。孔繁信《丁野鹤戏曲创作简论》指出丁氏《西湖

---

① 郑骞:《善本传奇十种提要》,《燕京学报》第24期,1938年12月,第142—147页。
② 周贻白:《周贻白戏剧论文选》,长沙:湖南人民出版社,1982年版,第302—304页。
③ 周妙中:《清代戏曲史》,郑州:中州古籍出版社,1987年版,第32—37页。
④ 叶长海:《中国戏剧学史稿》,上海:上海文艺出版社,1986年版,第354—356页。
⑤ 郝诗仙、郭英德:《丁耀亢生平及其剧作》,《齐鲁学刊》,1989年第6期,第61页。
⑥ 郭英德:《明清传奇综录》,石家庄:河北教育出版社,1997年版,第566—570页。
⑦ 黄霖:《略谈丁耀亢的戏剧观》,李增坡主编《丁耀亢研究》,郑州:中州古籍出版社,1998年版,第198—202页。
⑧ 陈美林、吴秀华:《试论丁耀亢的戏剧创作》,李增坡主编《丁耀亢研究——海峡两岸丁耀亢学术研讨会论文集》,郑州:中州古籍出版社,1998年版,第183—194页。

扇》对孔尚任《桃花扇》的影响,《表忠记》"题材布局和组织结构上则匠心独运"①。石玲《丁耀亢剧作论》对丁氏戏剧进行了更为细致深入的分析,结合丁氏的身世及诗文,指出其剧作"反映了丁耀亢迷茫与痛苦—怀旧与动摇—承认现实—争取仕进的转变过程。这也是在明末未出仕但已成年的汉族知识分子的思想转变过程"②。郭英德《论清前期的正统派传奇》指出,"(丁氏)传奇作品便清晰地显示出逐渐摆脱遗民情结而诚心效忠新朝统治的思想演变轨迹";"清前期相当一部分文人士大夫思想的缩影。它深刻地揭示出,封建时代的文人士大夫普遍地存在着依附于现实政治、依附于朝廷统治的鲜明的政治人格"③。2000年徐振贵《孔尚任何以要用戏曲形式写作〈桃花扇〉》探讨丁耀亢《西湖扇》对孔尚任《桃花扇》的影响,认为《西湖扇》与《桃花扇》有七个相似之处:剧名相似;两剧之扇,都起到了穿针引线的重要作用;都是借儿女之情抒兴亡之感;剧首都附有所据事实;两剧都有"入道"情节;《西湖扇》的《窃扇》中顾史道庵寻访宋娟娟与《桃花扇》之《题画》中侯生媚香楼寻访李香君告白情境相似④。

丁耀亢的传奇创作具有浓重的主观色彩,将其传奇置于清初语境中,对比其前后不同社会阶层的士人的思想,可以看出清初汉族士人较为复杂的心态史的发展脉络。

丁耀亢现存诗词十三卷,《钦定四库全书总目·丁野鹤诗钞》认为:"耀亢少负隽才,中更变乱,栖迟羁旅,时多激楚之音;自入都以后,交游渐广,声气日盛,而性情之故亦日薄。"⑤王士禛《池北偶谈》言其诗风"与王文安诸公倡和,其诗亢历"⑥。王士禛《古夫于亭杂录》载"丁著《天史诗》多奇句"⑦。康熙《青州府志》卷十八记载:"公之诗俊发雄杰,成一家言。"康熙《诸城县志》卷七载:"公之诗刻苦雄杰,不

---

① 孔繁信:《丁野鹤戏曲创作简论》,李增坡主编《丁耀亢研究——海峡两岸丁耀亢学术研讨会论文集》,郑州:中州古籍出版社,1998年版,第203-218页。
② 石玲:《丁耀亢剧作论》,李增坡主编《丁耀亢研究——海峡两岸丁耀亢学术研讨会论文集》,郑州:中州古籍出版社,1998年版,第219-249页。
③ 郭英德:《论清前期的正统派传奇》,《文学遗产》,1997年第1期,第96-100页。
④ 徐振贵:《孔尚任何以要用戏曲形式写作〈桃花扇〉》,《东南大学学报》(哲学社会科学版),2000年第4期,第80-81页。
⑤ (清)纪昀等:《丁野鹤诗钞》,《钦定四库全书总目》卷一百八十二,北京:中华书局,1997年版,第2546页。
⑥ (清)王士禛:《丁野鹤诗》,《池北偶谈》卷十二,北京:中华书局,1982年版,第270页。
⑦ (清)王士禛撰,赵伯陶点校:《丁耀亢丘石常》,《古夫于亭杂录》卷五,北京:中华书局,1988年版,第115页。

寄人篱下，自成一家言。"①乾隆《诸城县志》卷三六亦载："其诗蹈厉风发，开一邑风雅之始。"②

相对于古人对丁诗的探讨，现代学人对丁氏诗作研究相对薄弱。张崇琛《丁耀亢佚诗〈问天亭放言〉考论》认为本诗集对明季社会风习的研究及鼎革前后文人心态的把握都具有重要意义③；王慧《山左诗人丁耀亢》认为沉郁悲凉风格贯穿其仕宦生涯的诗歌创作④；王瑾《论丁耀亢诗中的人生感受》认为其诗歌中三大主题为恬淡的情怀、乱世的悲音、逃禅的无奈⑤。

丁氏所留下的2 000多首诗作，大多缘事而发、情动于中，是他个人生活的实录。因此其诗作既是其才情的外现，更是他深沉人生体验和思考的结晶，具有存史补史的价值。清代以来重要的清诗选本大都涉及丁氏的作品，并且对其予以较高的评价。深入研究丁氏的诗词，对进一步把握清初诗歌创作转型以及考察清初士人心态具有积极意义。

丁耀亢辑录的《天史》一书及杂著《出劫纪略》至今没有得到深入研究，其社会思想史料价值有待于进一步挖掘。

要之，先辈学者近三十年来对丁耀亢及其作品的研究做了大量工作，为本书的深入展开奠定了一定的文献基础。但是许多研究还仅限于局部的、孤立的解读和平面论证，没有对丁氏这位明末清初的重要文人生平行迹做全面深入的考察，特别是他不同于一般文人的生活态度、治生能力，清初入京与后来名列《贰臣传》的一群名公巨卿交往、游宦，对清初文人生存状态和心态的深入考察有标本意义，因此丁耀亢的社会文化及文学价值有进一步研究的空间。

二、研究思路与方法

作为专人研究，本书试图从人物生平事迹和文学创作两个方面入手，将丁耀亢定位为明末清初北方中下层文人的典型来研究。丁耀亢七十年的人生历程中，身历两朝、交游颇广、思想复杂，创作领域又较广泛，对于这样的研究对象，需要全方位把握。在论述过程中力求还原历史文化语境、掌握规律、论证严谨，以期最大

---

① 赵景深、张增元：《方志著录元明清曲家传略》，北京：中华书局，1987年版，第194页。
② 赵景深、张增元：《方志著录元明清曲家传略》，北京：中华书局，1987年版，第195页。
③ 张崇琛：《丁耀亢佚诗〈问天亭放言〉考论》，李增坡主编：《丁耀亢研究——海峡两岸丁耀亢学术研讨会论文集》，郑州：中州古籍出版社，1998年版，第260页。
④ 王慧：《山左诗人丁耀亢》，《文史杂志》，2001年第5期，第51页。
⑤ 王瑾：《论丁耀亢诗中的人生感受》，《广州大学学报》（社会科学版），2005年第9期，第29-31页。

限度地通过对丁耀亢的研究对明末清初这一类型文人及其文学创作进行深度研究。

对于丁耀亢的研究,除了需要掌握相关的文献资料之外,还要运用不同的研究方法去分析问题、解决问题。因此,本书在论证观点的过程中采用了以下几种方法:

(1) 文史哲结合研究法。丁耀亢跨越明清两代,身经易代、遭际坎坷、交游甚广,创作领域广泛、多种文体兼备,牵涉大量明清历史事件;同时又崇道礼佛,其诗文、戏曲、小说、杂著都与时代政治息息相关,蕴含着文化反思与道德关怀,与当时的思潮紧密联系在一起,必然需要使用文史哲结合的方法进行研究。

(2) 文化研究的视角。丁耀亢京师任满人旗塾教习数载,其创作具有文化的民族交流、文化观照与文化反思的特点。

(3) 数据量化研究法。数据量化法是用统计学原理,对研究对象进行统计分析,提供出具体数字以作参照的研究方法。本书将丁耀亢交游对象、诗文创作中的不同意象加以量化,佐以图表,有助于清晰客观地揭示其思想的变化轨迹。

(4) 比较研究的方法。对丁耀亢文学创作与同时代不同阶层和不同时期的汉族士人的作品进行纵横参照,揭示其创作的独特性与其个人心态发展脉络。

第一章

乡绅生活

　　丁耀亢(1599—1669),字西生,号野鹤、漆园游鷃、野航居士、紫阳道人、华表人、西湖鸥吏,晚号木鸡道人,山东诸城人。生于明万历二十七年(1599)二月十六日①,卒于清康熙八年(1669)②。明诸生,清顺治五年(1648)底改籍顺天府,以拔贡入选国子监;顺治六年(1649)至九年(1652)先后在镶白旗及镶红旗旗塾任教习;顺治十一年(1654)至十五年(1658)任顺天府容城县教谕;顺治十六年(1659)七月荐授福建惠安县令,顺治十六年(1659)十一月起身赴任;顺治十七年(1660)春至杭州,滞留至是年八月,求劾辞官;十一月至福建浦城县城,等至顺治十八年(1661)正月方革职放归。顺治十八年三月还家。康熙四年(1665)因所撰小说《续金瓶梅》中有碍时讳语,受诬陷狱,被迫进京辩解,康熙五年(1666)方解狱。康熙八年(1669)卒于家中。

---

① (清)丁耀亢撰,李增坡主编,张清吉校点:《丁耀亢全集》(上、中、下),郑州:中州古籍出版社,1999年版。以下引用《丁耀亢全集》文字不再注明版本。
《自述年谱以代挽歌》云:"自余有生,明季己亥。"己亥为万历二十七年。另《椒丘诗》卷二有《燕中初度自寅戊二月十六》诗,可知其生于二月十六日。
(清)丁耀亢:《自述年谱以代挽歌》,《归山草》,《丁耀亢全集》上,第425页。
郑骞《善本传奇十种提要》引正德刊本《李杜合集》,末有丁耀亢所写跋文,云:
顺治癸巳,余卜居海村,借而读之。甲午赴容城教署,携为客筐……感而书之,琅琊丁耀亢题于容之椒轩,时年五十六。
郑骞:《善本传奇十种提要》,《燕京学报》第24期,1938年12月,第141页。
按:甲午为顺治十一年(1654),丁耀亢五十六岁,可推知其生于万历二十七年(1599)。
② 《听山亭草·乞言小引》:
己酉,年七十一,召余曹曰:"将逝矣!生平知己,屈指数人,惟龚大宗伯、傅大司空诸名公,脱骖患难,耿耿在怀。"因占永诀诗毕,合掌说偈而殁。
(清)丁慎行:《听山亭草·乞言小引》,《丁耀亢全集》上,第507页。
按:己酉,康熙八年(1669)。

第一节 举业与耕读生活

一、科举世家

（一）以举业为正途的家世

丁耀亢七世祖于明永乐初迁至今山东青州诸城之藏马山。

清乾隆《诸城县志》卷三《列传》记载：（丁耀亢）其祖讳纯，字质夫，号海滨先生，岁贡。以明经授于乡，初任授职巨鹿训导，升大名府长垣教谕；任职三年，因回避其子奉差北畿，家居不复仕。后迁于城，以城南为别墅，结社载酒。尝与友人结"九老会"，诗载邑志，有"足病翻嫌山屐软，鬓丝羞向野花开"之句。诗近中唐，又长于弦索小词，脍炙人口。尚义喜施，自称"海滨逸老"。乡人宗之，享年古稀，终以乡贤祀。

其父惟宁，字养静，号少滨，明代嘉靖乙丑（嘉靖四十四年，1565）进士（三甲，第77名）①，初仕保定清苑令，以卓异荐授侍御史，巡北畿。风度严正，声闻于朝。万历年间曾阻止地方建冯保生祠，又素不取媚于江陵，因以年例迁泰州兵宪。万历十四年（1586），再转湖广参政，以郧阳兵变贬官。《明史·李材传》载：

> 材擢右佥都御史，抚治郧阳。材好讲学，遣部卒供生徒役，卒多怨。又徇诸生请，改参将公署为学宫。参将米万春讽门卒默林等大噪，驰入城，纵囚毁诸生庐，直趋军门，挟赏银四千，汹汹不解。居二日，万春胁材更军中不便十二事，令上疏归罪副使丁惟宁、知府沈鈇等，材隐忍从之。惟宁责数万春，万春欲杀惟宁，跳而免，材遂复劾惟宁激变。诏下鈇等吏，贬惟宁三官，材还籍候勘。时十五年（万历十五年，1587）十一月也。②

此事明代文献多有记载，明人沈德符《万历野获编》卷二十二《郧变》云：

> （李材）自负文武才，以讲学名天下。至拆毁参将公署，改建书院，为其将米万钟设谋鼓噪，禁李于署，不得出。自为疏逼李贽上朝，委罪文吏。及师儒曲为诸弁卒解释。时新道臣为丁惟宁，初至稍以言呵止之，遽遭殴詈。丁故美髯须，薙之殆尽，几至举军叛逆。赖守备王鸣鹤救止，丁始得脱。后虽仅调

---

① 朱保炯、谢沛霖：《明清进士题名碑录索引》，上海：上海古籍出版社，1979年版，第2549页。
② （清）张廷玉等：《李材传》，《明史》卷二百二十七，北京：中华书局，1974年版，第5957页。

官,然罗辱极矣。①

清人夏燮(1800—1875)《明通鉴》中也有记载:"(万历十五年)十一月,戊子郧阳兵乱,辱抚治李材。时参将米万春实首起衅端,执政庇之,置之不问。"②

清乾隆《诸城县志》卷三《列传》记载:(丁惟宁)后补官凤翔,不就,归。惟宁刚正自律,以清白吏自许③。母田氏,继配,生(耀)亢、(耀)心二人,三十而孀。清乾隆《诸城县志·烈女传》有载:

> 田氏,副使丁惟宁继妻,前子耀斗、耀翼、耀箕已总角;田质朴督内政,生子耀亢、耀心。惟宁殁,田年三十一持家,勤俭有大节。至七十余,犹篝灯纺绩罔倦。卒年八十余。

其从兄丁自劝为明万历三十二年(1604)甲辰科进士④(三甲,第156名),其侄丁大谷(?—1642)以明天启七年(1627)乡试《礼记》魁,中举人⑤;弟丁耀心(1604—1642)以明崇祯三年(1630)乡试《春秋》亚魁,中举人⑥。

(二)丁耀亢的科举历程

明代科举考试中所列科目,沿用唐、宋旧制,其取士之法有了较大的变化。洪武初年明太祖朱元璋与刘基定制,专取四子书及《易》《书》《诗》《春秋》《礼记》五经命题试士⑦。

---

① (明)沈德符:《郧变》,《万历野获编》卷二十二,北京:中华书局,1959年版,第559-560页。
② (清)夏燮撰,王日根等点校:《明通鉴》卷十七,长沙:岳麓书社,1999年版,第718页。
③ 《述先德谱序》:
先大夫性刚直激烈,不避强御,三任清要,每回籍图书衣被而已,外无长物。不喜文绣珍玩,以御史丁艰旋里,县令候终年,不得一面。寡交游,风度峭如,天性然也。属吏解缮赎八百金至,大惊不受。吏云:"此按例公费,应受。否则,徒利后来者。"答曰:"吾辞官而受禄,将何居?资新任者,安置可也。"卒不受。西园种韭数十畦,每卖钱数十文自给。有友在座嘲曰:"辞千金而求利于圃,得无昧多寡乎?"答曰:"官银非吾所有,圃蔬自食其力。"时人叹服。性好山水,游九仙山乐之,遂卜筑。凿石为室,室尚上下皆石也。后乡人立为祠。能诗,不苦吟,亦不存稿。弇洲先生为青州兵宪,巡诸邑,观兵海上,相与咏和,每为听赏。西园赏花,有诗云:"松下归来兴,花前老去心。"喜鼓琴,临水构亭,弹琴其上。有诗曰:"琴声不合石当水,桂馥频来岸似花。"又雪后登超然台,诗曰:"天畔峰峦随雾失,城中烟树似春回。"详载邑乘,余多散逸。性节俭,服浣布衣,出入乘二轮巾车,命冀童挽之。治家甚严,燕坐对家人如公庭。王父忌辰,必斋素白衣冠,终其身不变。生六子,长兄耀斗,诸兄弟分析无余财。易箦时,独输五百金于官,倡义输筑成之费。熔带饰不足,假贷以完,故亢、心二子幼孤贫无所资。先世以朴素传家,官终犹居草房,不蔽风雨。后起堂稍高,已架栋矣,遂命匠截柱而低之,曰:"无示子孙侈也。"
(清)丁耀亢:《出劫纪略·述先德谱序》,《丁耀亢全集》下,第289页。
④ 朱保炯、谢沛霖:《明清进士题名碑录索引》,上海:上海古籍出版社,1979年版,第2584页。
⑤ (清)丁耀亢:《哀大侄如云》,《逍遥游·海游》卷一,《丁耀亢全集》上,第651页。
⑥ (清)丁耀亢:《哀九弟见复》,《逍遥游·海游》卷一,《丁耀亢全集》上,第651页。
⑦ (清)张廷玉等:《选举志二》,《明史》卷七十,北京:中华书局,1974年版,第1693-1694页。

乡试之额,明洪武十七年(1384)诏不拘额数,从实充贡。明洪熙元年(1425)始有定额,其后渐增。至正统间,南北直隶定以百名,江西六十五名,他省又自而杀,至云南二十名为最少。嘉靖间,增至四十,而贵州亦二十名。庆、历、启、祯间,两直隶益增至一百三十余名,他省渐增,无出百名者①。

丁耀亢参加乡试始于明天启四年(1624)②,"自甲子至辛卯入闱八次","甲子"即明天启四年。明崇祯三年(1630)与弟耀心同赴乡试,其弟中举人,而丁耀亢落榜。崇祯四年(1631)至五年(1632)与长子玉章专攻时艺,癸酉(1633)乡试又落榜,时丁耀亢三十七岁。落榜对丁耀亢的打击颇大,"被落时,父子相视,山灵无色"③。按照儒家传统,三十而立,应当是取得社会认可和事业成功的时候。对于一个读书人而言,社会承认和事业成功的基础首推科举中第。学而优则仕,"明制,科目为盛,卿相皆由此出","府、州、县学诸生入国学者,乃可得官,不入者不能得也"④。

《癸酉仲冬送九弟会试》真实记录其屡试不第的挫折所造成的心理困窘和羞耻:

> 癸酉仲冬,送九弟会试。是日同酹老母膝前承欢,各醉也。老母因责予疏狂下第之罪,又教九弟以作吏清白,述先人二事为家法者。予兄弟皆泣拜命,各跪进酒卮。谨志之,以志天伦中一日之乐。

> 严霜仲冬晨,季子念行役。兄虽落魄归,弟是春明客。炎凉人气殊,骨肉本无隔。下山送别离,老母布筵席。大舅自乡来,饯甥实借泽。其人田舍翁,吉语相促迫。年老伤同胞,留坐语畴昔。远言儿女事,笑谈杯屡易。见余惨不欢,颜色多局蹐。老母呼我前:"汝命岂独厄?才名三十年,虚劳竟何益!天心唯眷勤,放荡易抛掷。及此不自努,尔发多早白。"回头顾季子,一身有重责。"功名伏祸机,门户从前积。尔父历清要,永贫无儋石。官俸五百金,捐帑当易篑。安知子孙福,非食前人德。何事饱与温,能不愧服焉?"言终泣有声,兄弟泪填膈。同悲味不同,明发怀难释!⑤

---

① (清)张廷玉等:《选举志二》,《明史》卷七十,北京:中华书局,1974年版,第1697页。
② (清)丁耀亢:《中秋同诸公宴集贡院》,《椒丘诗》卷一,《丁耀亢全集》上,第263页。
③ (清)丁耀亢:《出劫纪略·山居志》,《丁耀亢全集》下,第269页。
④ (清)张廷玉等:《选举志一》,《明史》卷六十九,北京:中华书局,1974年版,第1675—1676页。
⑤ (清)丁耀亢:《癸酉仲冬送九弟会试》,《天史·问天亭放言》,《续修四库全书》第1176册,上海:上海古籍出版社,1995年版,第232页。中州古籍出版社1999年版《丁耀亢全集》(下)收录《天史》,因印刷多有讹误,故本文所引有关《天史》的文字皆出自《续修四库全书》影印本,以下不再注明版本。

此诗写于明崇祯六年十一月,丁耀亢第五次乡试落第,家人为中举的弟弟耀心赴京参加会试饯行。虽然兄弟间本骨肉无隔,但毕竟一个落第归,一个春明客,自是身份霄壤不同,世态炎凉有别,丁耀亢内心惨淡不欢,苦楚久久难以释怀。

在此期间丁耀亢为安心应考,曾隐居山中读书,"因辟两山之间,筑舍三楹,依溪作垣,引泉为圃,中架小阁,书藏千余卷"①。为求得中举,他甚至迷信山中所遇道人之言,到深山废庙中读书,"青霞云:'离山八十里九山之西,有八仙崆,俗名崚沟,山深无人,可专攻时业。'"②。后来丁氏前去读书,"乃携粮独往,至其地则日照界,山僧粗俗,不堪居。唯山颠有三教堂三楹,一跛道人住岩畔,草榻土几,遂留此"③。

清顺治十二年(1655)丁耀亢在《中秋同诸公宴集贡院》一诗中记录自己一生的科举经历:

> 二十四年月,棘闱梦已孤。桂林谁捷足,天窟半穿窬。墨海云生灭,玄霜药有无。阴晴推不定,怀抱自冰壶。④

丁氏自注:"自甲子至辛卯入闱八次。""甲子"为明天启四年(1624),丁耀亢时年二十五岁,第一次参加乡试落第;"辛卯"为清顺治八年(1651),时丁氏五十二岁。丁耀亢在明朝时曾连续参加七次乡试,分别为甲子(明天启四年,1624)、丁卯(明天启七年,1627)、庚午(明崇祯三年,1630)、癸酉(明崇祯六年,1633)、丙子(明崇祯九年,1636)、己卯(明崇祯十二年,1639)、壬午(明崇祯十五年,1642),一直未中,"大战则困,小战则勇";清顺治八年,丁耀亢时任旗塾教习,参加顺天府乡试不第;顺治十一年(1654)因病不入闱,自此不再科考,"风雨一编堪自得,投竿钓艇任烟波"⑤。

二、游学与躬耕

(一) 游学结社

明万历四十七年(1619)十月,丁耀亢负笈南渡至云间,从董其昌(1555—

---

① (清)丁耀亢:《出劫纪略·山居志》,《丁耀亢全集》下,第269页。
② (清)丁耀亢:《出劫纪略·山鬼谈》,《丁耀亢全集》下,第274页。
③ (清)丁耀亢:《出劫纪略·山鬼谈》,《丁耀亢全集》下,第274-275页。
④ (清)丁耀亢:《中秋同诸公宴集贡院》,《椒丘诗》卷一,《丁耀亢全集》上,第263页。
⑤ (清)丁耀亢:《甲午病不入闱谢杨犹龙学士》,《椒丘诗》卷一,《丁耀亢全集》上,第258页。

1636)、乔剑浦门下游学,"忆昔己未渡江,负笈云间,从董玄宰①、乔剑浦两先生游"②。明崇祯五年(1632)丁耀亢完成《天史》。明泰昌元年(1620)丁耀亢游苏州虎丘,与文士长洲陈元素(字古白)、太仓赵宧光(字凡夫,1559—1625)结社山中③。清顺治十七年(1660)春,丁耀亢赴任惠安,途经苏州,重游故地,与陈古白之子陈孝宽相聚,订正陈古白遗作,并对陈氏当年的知遇深表感激,"遗文尚记桓谭在,玄草能忘燹下收"④。

南游归来后,明崇祯元年(1628)丁耀亢与友人结社山中,"有友五人来山中结社"⑤;多有唱和,"大泽聚文社,初结张徐邹"⑥。他们结社多是研讨文章,共同促进,"药栏花榭如吾意,皆有文心入此中。泼墨题墙多使酒,披襟临风欲当风"⑦;同时又纵论国事,抒发慷慨激昂之气,"千年书剑江湖梦,万里旌旗关塞心"⑧。结社的文友,既有同乡丘子如、子廪等,又有莱阳王子房(？—1643,明崇祯十年进士)、宋琬(1614—1673)和益都赵进美(1620—1693)等。

(二) 经营庄园

丁耀亢《述先德谱序》中说其祖始于周太公姜尚:

> 按姓谱丁氏,周太公姜氏裔。太公封于齐,生仲子伋,食邑于丁,以地为氏云。⑨

考述其宗族居于东海琅琊:

> 自海州而徙琅琊,则自兴之次子推始。然则,推固琅琊始祖也。自推而至吾之身,殆八世矣。其分派于四方所可知者,曰寿光,曰潍县,曰莱阳,数百

---

① 董其昌,字玄宰,又字思白,松江华亭人。明万历十七年(1589)进士,改庶吉士,天启五年(1625)正月拜南京礼部尚书,福王时谥文敏。明代著名书画家,时人拟之米芾、赵孟頫,"同时以善书名者,临邑邢侗、顺天米万钟、晋江张瑞图,时人谓邢、张、米、董,又曰南董、北米。然三人者,不逮其昌远甚"。
(清)张廷玉等:《文苑四·董其昌》《明史》卷二百八十八,北京:中华书局,1974年版,第7396页。
② (清)丁耀亢:《江游·序》,《逍遥游·江游》卷二,《丁耀亢全集》上,第667页。
清乾隆《诸城县志·文苑》卷三六:"弱冠为诸生,走江南,游董其昌门。"
③ (清)丁耀亢:《江游·序》,《逍遥游》卷二,《丁耀亢全集》上,第667页。
④ (清)丁耀亢:《故人陈古白长君孝宽过舟中同静香小集约刻古白遗诗》,《江干草》,《丁耀亢全集》上,第367页。
⑤ (清)丁耀亢:《出劫纪略·山居志》,《丁耀亢全集》下,第269页。
⑥ (清)丁耀亢:《癸未十月入东莱哭挽王子房大中丞》,《逍遥游·海游》卷一,《丁耀亢全集》上,第658页。
⑦ (清)丁耀亢:《甲戌春丘子如子廪东园文会甚盛事也,予临过不厌》,《天史·问天亭放言》,第230页。
⑧ (清)丁耀亢:《秋日雨后同李方壶九弟复登超然台二首》,《天史·问天亭放言》,《丁耀亢全集》下,第237页。
⑨ (清)丁耀亢:《出劫纪略·述先德谱序》,《丁耀亢全集》下,第287-288页。

里而近;曰金陵之江浦,千里而遥。类皆有大官,称名阀。支流阔远,吾何由而谱之乎? 吾所谱者,谱其为琅琊之丁氏也。琅琊丁氏,世居诸城东海上藏马山之阳,瓜瓞繁衍,墟落冢墓,相望无别姓,盘亘六十余里。登国册者十余人。其人以渔盐耕读为业,其性多豪侠,尚气节,挥霍有智,善谈说,能富饶治生。其布衣嬴余者,有高堂大宅,车马仆从,烹羔系鲜之乐;其贫者,亦能网鱼虾蚌蜊以自给。或臂鹰牵狗,而歌呜呜,盖有太公之遗风焉。聚庐而处,殆近二百年。①

丁氏家族在齐地多以渔盐耕读为业,善于治生经营。琅琊自古属齐地,司马迁《史记·货殖列传》记载:

> 太公望封于营丘,地潟卤,人民寡。于是太公劝其女功,极技巧,通鱼盐,则人物归之,襁至而辐凑。故齐冠带衣履天下,海岱之间,敛袂而往朝焉。②

即齐人崇尚功利,"把人生目标的追求不是放在义理、道德等一种纯理性的精神上,而是注重实在的、物质的现实利益,把对物质的追求看做是对精神追求的基础"③。

本来"士"为四民之首,晚明时,"四民之业,惟士为尊,然无成则不若农贾"④,"无成"或"尚未成"之士,自然要面对生计问题。丁氏也有此认识:"共笑文章不若人,凌云不救长卿贫";"不如学小艺,谋生尚有济"⑤。丁耀亢幼年失父,十六岁持家,有较强的治生能力。其子丁慎行《家政须知·跋》中说:

> 先太父柱史公,遗产不及中人,先大人胸有成画,造无米之釜炊,成空中之楼阁,皆能以无生有,以少胜多,自童年以至古稀,未尝沦踬窘乏,非承基之有余,殆创业之无不足也。⑥

明天启四年(1624),丁耀亢购得诸城县城南橡榿沟山,亲率奴仆垦山植树,依溪作垣,引泉为圃,傍山筑舍。天启七年(1627)秋由诸城移家山中,冬筑"煮石草堂"。此时丁耀亢虽一直参加乡试,但名心渐退,主要是以经营山庄为主,"生业渐广,名

---

① (清)丁耀亢:《出劫纪略·族谱序》,《丁耀亢全集》下,第290页。
② (汉)司马迁:《货殖列传》,《史记》卷一百二十九,北京:中华书局,1982年版,第3255页。
③ 王志民:《齐文化概论》,济南:山东人民出版社,1993年版,第93页。
④ (明)李维桢:《乡祭酒王公墓表》,《大沁山房集》卷一〇六,《四库全书存目丛书》集部第153册,济南:齐鲁书社,1997年版,第154页。
⑤ (清)丁耀亢:《小技》,《归山草》,《丁耀亢全集》上,第481页。
⑥ (清)丁慎行:《家政须知·跋》,《丁耀亢全集》下,第258页。

心亦衰";庄园规模不断扩大,"予居山十年,家颇裕,亦得薄产二十余顷";"新置田宅十倍于昔"①。

丁耀亢亲自参加劳动,对农业生产非常熟悉。他认为:"勤本之道莫重于农","治田之要,莫急于积粪。积粪之法,莫先于畜牧。牛羊之粪有限,积草之粪无穷"。同时在农田耕种时注意"先时""因地"等方法。所谓"先时",即"凡耕种因时争先,则谷力能全";"因地",即"择地高下燥湿,以分谷性"。他还强调精耕细作,重视时令,"耕之不深,如不耕同;锄之不净,与不锄同。秋耕早,阳气入地而肥;春耕太早,霜气入地而瘦"②。在强调重农勤本之时,又重视节用,"节其饮食而甘粗粝,则有余食矣;节其衣服而甘质陋,则有余衣矣;节其宴饮交游,则有余财矣;节其婚姻丧祭,而有余力矣"③。

(三) 山中著述

山中十年,虽然有屡试不第的苦闷,但山中恬淡隐逸的山林氤氲和宁静自足的田园生活冲淡了丁耀亢困顿场屋的愤懑与焦虑,这大概是他一生最为惬意自得的一段时光。明崇祯元年(1628)丁耀亢移家经营多年的山中庄园,其《橡槲山人歌》真实再现其田园生活的心境:

> 山不卑,亦不高,四围翠玉横青绡。水不浅,亦不深,一溪寒縠鸣秋琴。家不贫,亦不富,涧有芹松园由芋。酒熟还邀庞德公,粮空不累黔娄妇。身不勤,亦不懒,带索行吟长复短。树影牛眠菰蒲深,鸟声鸦舞图书满。长镵短锸露肘髀,日向山中种桃李。结茅辟岩架屋数十间,野花幽树栽成里。自饭黄犊入青林,归来濯足前溪水。溪上落花细,溪下白云深。白云落花同气味,寒香澹澹渔樵心。痛哭长啸皆有悟,世人那复知其故。隐不成狷傲不狂,十年缩颈如寒鹭。不及空山扪只履,朝看山白暮山紫。雾暝烟霏不敢唾,脱衣独醉眠石底。眠石底,麋鹿践踏忽惊起。旁有草蔓刺入耳,芝兰盘结香芳芷。采兰剪草全无功,欲请东山黄与绮。黄绮不见奈若何,蘼芜青葛自成窝。等待新松高十丈,满林明月听婆娑。④

这种恬然自适的生活令丁耀亢暂时摆脱世俗的羁绊,醉心于山林悠游,持觞唱咏,

---

① (清)丁耀亢:《出劫纪略·保全残业示后人存记》,《丁耀亢全集》下,第286页。
② (清)丁耀亢:《家政须知》,《丁耀亢全集》下,第249页。
③ (清)丁耀亢:《家政须知》,《丁耀亢全集》下,第250页。
④ (清)丁耀亢:《橡槲山人歌》,《天史·问天亭放言》,第219-220页。

"性与山习,稽古多暇。或山花映谷,溪雪流澌,载酒咏诗,呼朋命驾"①;时有"清乐自足,安知桃源忽为晋魏"②的惬意慨叹。

山居期间,丁耀亢除攻时艺参加科考,还倾心于史籍,"上下三千余年,阅古今文不下数千帙"③。崇祯三年至五年,丁耀亢汇集《左传》《史记》《汉书》《纲目》等二十一史中有关因果报应之事,汇编成《天史》一书。全书分十案,经两寒暑,五易其稿。其编著的缘由,正如丁耀亢所言:"余小子僻处东海之陬,穷愁一室,不能进而与有道之士君子游。"④其创作目的是因见世道人心之不古,"作者实有苦心,切于渡世"⑤。《天史》附录《集古》,辑佚古诗之有益世道人心者,"取诗之通于箴规,近于报应者","使人观而知兴焉,庶几乎作者之用心"⑥。

第二节　甲申事变前后

一、出海避劫

明崇祯十五年(1642)十一月至十六年(1643)三月,清军入关掳掠,丁耀亢率家人出海避劫;明崇祯十七年(1644)春,李自成(1606—1645)率农民军越过秦岭东进,山东饥民揭竿蜂起,丁耀亢领家人第二次出海避难。

明崇祯十五年(1642)十一月十四日清军至河间南下,入山东,破临清诸州县。十二月八日清军攻兖州,城破,鲁王自缢,乐陵、阳信诸郡王皆死。继而攻入青州,诸城也在沦陷之列。崇祯十六年三月清军攻略东昌(聊城)、寿光、德州、武定(惠民),遂才出登(蓬莱)、莱(莱州)合军。六月十一日,征明清军还。清军之南下,自上年冬至是年夏,克河间(河北)、顺德(邢台)、兖州(山东)三府,州十八,县六十七,降州一、县五;与明大小三十九战,杀鲁王及乐陵、阳信等五郡王,暨宗室文武凡千余名;所获黄金二千二百五十两,白金二百二十万五千二百七十两有奇,珍珠四千四百四十两,各色缎五万二千二百三十匹,缎衣裘衣万有三千八百四十领,貂

---

① (清)丁耀亢:《出劫纪略·山居志》,《丁耀亢全集》下,第269页。
② (清)丁耀亢:《出劫纪略·峪园记》,《丁耀亢全集》下,第270页。
③ (清)丁耀亢:《天史·凡例》,第11页。
④ (清)丁耀亢:《天史·自序》,第10页。
⑤ (清)丁耀亢:《天史·凡例》,第11页。
⑥ (清)丁耀亢:《集古诗序》,《天史》,第174页。

狐豹虎等皮五百有奇,整角及角面千有一百六十副;俘获人民三十六万九千名,牲畜三十二万一千有奇,以及金银缎布衣物无算①。

(一) 1642—1643 年:第一次出海避劫

1. 崇祯十五年(1642)

二月,明总督洪承畴降清。四月,崇祯皇帝使人与清议和,清遣还明使,致书明帝,约以平等相交及岁币疆界事。

十月,丁耀亢由京师回诸城,已风闻战事,与家乡众人言,皆笑之,"人情好安逸,达者先虑变"②。十一月二十日,丁耀亢携家出城归山。其母因九弟新丧妇,所产儿未弥月不行;弟急续弦,无去志,"垂堂方鼓瑟,岂谓履忧患"③。时安丘友人刘元明移家南遁路过,其间与宗族商讨敛筏于海,立栅于山,实行自卫,未果,"乱离无专盟,田舍喜因循"④。十二月初旬,青州进士马瑞明移家南迁,言兵信甚确。十二月十六日,命子慎思迎母促弟,举火夜行止于崔家滩。时载孥百口,车马驴五十余,壮士庄客近四百人,衣囊行李,弓矢火器。是日途遇清兵,财货为其劫持,"执炬照夜行,势尽僮仆散"⑤。十七日,贿五十金得以上船逃生,"朝为千金子,暮为婆食翁。敝缊不过膝,四大诚难容。但觉蓬垢美,反恨皮肉丰"⑥。"是夜,大雨雪,遥望百里,火光不绝,各村焚屠殆遍。"⑦十八日诸城县城攻陷,弟、侄战死。乘船至沐官岛,"轻身羡鸥鸟,孤苦愧优游"⑧。十九日至清风岛,遇胡象寰借房寓居。时家人始居岛上,"时内人皆蓬跣徒步,借衣以宿"⑨。定居后派人接老母至岛,艰难度日,"数日,知老母携亡弟之婴儿已出城,入山得免。又数日,知九弟殉难,长兄得全";"是日遣役回北迎老母,近除夕矣。时家口二十余,衣囊劫尽,煮麦粥以

---

① (清)夏燮撰,王日根等点校:《庄烈帝》,《明通鉴》卷八十八,长沙:岳麓书社,1999 年版,第 2452-2465 页。
《太宗文皇帝实录》卷六四,《清实录》第 2 册,北京:中华书局,1985 年版,第 889 页。
② (清)丁耀亢:《壬午仲冬廿一日东兵入境约九弟奉老母南迁不从由山村至海上候之》,《逍遥游·海游》卷一,《丁耀亢全集》上,第 648 页。
③ (清)丁耀亢:《壬午仲冬廿一日东兵入境约九弟奉老母南迁不从由山村至海上候之》,《逍遥游·海游》卷一,《丁耀亢全集》上,第 648 页。
④ (清)丁耀亢:《约族中兄弟入斋堂岛不从》,《逍遥游·海游》卷一,《丁耀亢全集》上,第649 页。
⑤ (清)丁耀亢:《十二月十三日喜老母裸侄出城以候九弟不至》(其三),《逍遥游·海游》卷一,《丁耀亢全集》上,第 649 页。
⑥ (清)丁耀亢:《十七日被东兵围尽走入海港寄商船得脱》,《逍遥游·海游》卷一,《丁耀亢全集》上,第 649 页。
⑦ (清)丁耀亢:《出劫纪略·航海出劫始末》,《丁耀亢全集》下,第 278 页。
⑧ (清)丁耀亢:《舟泊沐官岛再探九弟信不至》,《逍遥游·海游》卷一,《丁耀亢全集》上,第 650 页。
⑨ (清)丁耀亢:《出劫纪略·航海出劫始末》,《丁耀亢全集》下,第 278 页。

食。率稚子三四人，人各负薪"①。海中定居，时时挂念家中事务，"世乱轻人命，家残重远音"②。

2. 明崇祯十六年(1643)

二月，饥愈甚。淮之庙湾故人戴子厚、陈谦自、戴小异等知丁耀亢举日维艰，招往宴饮，资助衣物③。三月初旬，清兵退出诸城，打算出海归里，计居海中约百日。

四月出海归乡。先抵日照，以家寄涛雒宗兄给谏丁右海之村，后举家北归。城中屋宇焚毁，惨不忍睹："白骨成堆，城堞夷毁，路无行人。至城中，见一二老寡妪出入灰烬中，母兄寥寥，对泣而已。城不可居，明日移于东村。"此时盗贼四起，家无定所，流离颠簸，幼女在逃难中病亡。

> 娇女畏远途，苦泣还复往。弱质虽非男，冰雪蒙朱颜。臂系金缕丝，指带双玉环。畏人不自饰，弃置冰河间。贼退忆所失，堕泪伤鬟髽。物珍讵足惜，守己诚可欢！（作者自注：女乳名礼姑，乱中畏怯病卒。）④

是年八月，葬二兄丁耀昂于城西。十月，葬九弟丁耀心于旧茔。经乱后，田产为豪强所掠，到处荒芜破败，"庄田半为强邻恶族占去。城北麦熟，欲往获而市人皆空"⑤。

(二) 1644—1645年：第二次出海避劫

明崇祯十七年(1644)春，移家于城。时李自成率军东进，三月十六日与家人载粮南下入海，"粮糗备宿舂，敝窳携厨釜"⑥。农民军攻陷北京，三月末，北方仕宦近百家泛海至岛中避难。丁耀亢在岛中租田筑舍开圃。六月清朝定鼎，南明弘光朝建立，岛上仕宦遂南迁。七月由海岛返诸城经营田产，至日照，途遇刘泽清（约1603—1649)部将王遵坦(？—1647)，献策以书札招乡兵五千，解围安丘，与刘正宗(1594—1662)交好。八月中旬返岛。九月随刘正宗入淮谒刘泽清，授职纪监司理。十月与王遵坦返岛驻守，日与王氏诗酒自娱。

---

① （清）丁耀亢：《出劫纪略·航海出劫始末》，《丁耀亢全集》下，第278页。
② （清）丁耀亢：《海中寄乡信兼慰长兄》，《逍遥游·海游》卷一，《丁耀亢全集》上，第651页。
③ （清）丁耀亢：《久客庙湾诸友皆以丰席部乐相招传食不倦，始愧杜陵一饭便扫无此遇也》，《逍遥游·海游》卷一，《丁耀亢全集》上，第653页。
④ （清）丁耀亢：《冬夜闻乱入卢山》（其五），《逍遥游·海游》卷一，《丁耀亢全集》上，第658-659页。
⑤ （清）丁耀亢：《出劫纪略·航海出劫始末》，《丁耀亢全集》下，第279页。
⑥ （清）丁耀亢：《甲申三月闯陷燕都再入东海喜老母诸子俱至》，《逍遥游·海游》卷一，《丁耀亢全集》上，第659页。

清顺治二年(1645)正月劝阻王遵坦放弃劫掠青州士民计划。五月清军渡江，弘光降，刘泽清解甲；王遵坦邀丁氏入淮见豫王多铎(1614—1649)期叙功录用。丁氏以老母思归，乘船出海。五月四日抵日照九仙山。六月抵家，家产营产作官，定为南籍①，多为族邻所有。

二、乱后忍辱出游

(一) 乱后忍辱

明崇祯十五年十二月丁耀亢出海避劫，时举人弟耀心、侄大谷遇难，长兄父子重创，居宅焚毁，奴仆散亡。崇祯十六年四月返乡，庄田半为强邻恶族占去。豪强阴使恶仆诬陷其谋杀人命，又使无赖登门殴骂，率众劫粮畜。

明崇祯十七年春第二次出海避劫，大顺政权官吏以"割富济贫"，明示通衢，"产不论久近，许业主认耕"；遂致"一邑纷如鼎沸，大家茫无恒业"②。清定鼎后，因丁氏曾受职南明，定为南籍，田产作官，家中千余石积粮被抢。为争田产，丁氏诉讼于青莱宪司，奔走颠沛，至顺治三年(1646)方结，但田产已久失无可稽。

清顺治二年(1645)八月，丁耀亢以旧例贡于乡。时衙胥蠹吏以富室寒士为奇货，凡生儒入县，皆铁索系颈于庭，笞杀无数，"士宦等威尽矣"③。十月，避祸于外，自青州至莱阳。

(二) 南游避祸

顺治四年(1647)仲夏家居不得志，泛舟淮扬，准备举家南迁。途径扬州，扬州经过屠城后虽有变化，"都会东南争利地，物情穷处转凄然"；但是仍是歌舞升平，吴侬软语中夹杂满洲之音，"楚馆门排邗市粉，吴侬歌学满洲声"④。在泰州访刘峤

---

① 顺治二年闰六月初一日，登莱巡抚陈锦疏言："东省文武乡绅，初以惧乱南逃，近皆络绎回籍。请分别南窜月日，系未归顺以前者，准给故业，仍听荐用；其在归顺后者，似应酌议处分。"得旨："回籍乡绅，俱准赦罪。"
《世祖章皇帝实录》卷一八，《清实录》第3册，北京：中华书局，1985年版，第158页。
顺治闰六月初八日，登莱巡抚陈锦劾："故明吏部郎中刘应宾，纵子琪倡乱投逆，宜籍其家。应宾自南中回籍，请酌议处分。"得旨："回籍乡官已概准赦罪。刘应宾姑免议。刘琪家产本应入官，但应宾既已有罪，则琪产应归其父。嗣后南逃官，无父母兄弟者，方许籍其家，如有父子兄弟，俱照此例给予。各巡按确察以闻。"
《世祖章皇帝实录》卷一八，《清实录》第3册，北京：中华书局，1985年版，第160页。
丁耀亢虽曾受南职，并于顺治二年四月归，应在赦免之列，故其与弟耀心之产应予归还。事实情况较为复杂，故有纷争。
② (清)丁耀亢：《出劫纪略·保全残业示后人存记》，《丁耀亢全集》下，第287页。
③ (清)丁耀亢：《出劫纪略·避风漫游》，《丁耀亢全集》下，第283页。
④ (清)丁耀亢：《乱后再过扬州》，《逍遥游·吴陵游》卷二，《丁耀亢全集》上，第691页。

龍刺史,与李小有唱和;与泰州邓汉仪(1617—1689)相聚,并共同订校杜诗,以清归破时调,"谈诗久已谢时能,新调空传说竟陵"①。

在吴陵结识龚鼎孳(1615—1673),并在其寓园招饮唱和,龚氏为其传奇《化人游》作序②。是年立秋日在张词臣桔庵中共阅新谱成《青楼曲》③。欲卜居淮海,不果,返乡。顺治五年七月,乘船赴京应试。

三、甲申前后纪实诗文的史料价值

明崇祯十五年(1642)十一月至十六年(1643)三月清军第五次入关,崇祯十七年(1644)三月至清顺治二年(1645)明清鼎革,北方地区经历着最为动荡的时期。其间丁耀亢亲历国变家祸,颠沛流离,亲人罹难,田产被掳掠殆尽,诉讼缠身;丁氏以大量诗文真实记录了当时的见闻和感受,对于后世了解当时的世态人情具有极高的史料价值。

(一)反映北方官绅移家避祸的情况

北方官绅的移家避祸主要有两个阶段,一是明崇祯十五年清军入关,规模较小;二是崇祯十七年北京失陷,大批官僚士绅举家入海南迁。

1. 记载明崇祯十五年(1642)北方士绅移家避祸

> 壬午仲冬廿一日闻东兵入境,约九弟奉老母南迁,不从,由山村至海上候之作者自注:是诗因境纪事,海内所作。痛定思痛,情多于文,故不及工。
>
> 我昔游金陵,有志非汗漫。自海而溯淮,择地欲避乱。岂无怀故都,处堂讵可恋?人情好安逸,达者先虑变。垂堂方鼓瑟,岂谓履忧患。新妇有金珠,朱门争相炫。兹时议移家,疑多贾怨。载孥夜出城,仰天空浩叹。南山不可留,短衣走至骭。④

约族中兄弟入斋堂岛不从

> 我家本盛族,祖居大海滨。宗枝千余丁,科第二百春。子孙尚豪侠,意气争纷纭。各能建门户,旗鼓成一军。百足诚相扶,群龙亦难驯。乱离无专盟,

---

① (清)丁耀亢:《约邓孝威共订杜诗以清归破时调也因次元韵》,《逍遥游·吴陵游》卷二,《丁耀亢全集》上,第699页。
② (清)丁耀亢:《求孝升先生〈逍遥集〉序》,《逍遥游·吴陵游》卷二,《丁耀亢全集》上,第699页。
③ (清)丁耀亢:《立秋一日集张词臣桔庵对弈共阅新谱〈青楼曲〉》,《逍遥游·吴陵游》卷二,《丁耀亢全集》上,第700页。
④ (清)丁耀亢:《壬午仲冬廿一日闻东兵入境,约九弟奉老母南迁,不从,由山村至海上候之》,《逍遥游·海游》卷一,《丁耀亢全集》上,第647-648页。

田舍喜因循。南有琅琊台,斋岛尝避秦。汪洋环洪波,十里无通津。而不携族住,累累恋殷陈。良谋不我从,但觉语笑频。剥肤尚偃床,吾亦返吾轮。①

明崇祯十五年十一月清军第五次入关,先后攻略河北、山东等三府六十七县。山东士绅官宦谋划入海或南下避祸,丁耀亢曾与家族商讨避乱计划,或渡船入海,或武装占山,"欲敛筏于海,立栅于山"②。丁氏在诸城为大族,"我家本盛族","宗枝千余丁"。安丘刘元明举家南移,"百口潜行豺虎地,十年虚约薜萝心"③。

崇祯十五年丁耀亢朋友莱阳人宋琬与其兄宋璜(1602—1654前)在杭州建构屋舍,命名为"萧远堂",打算迎双亲至杭居住,"家兄构堂止,余欲迎老亲以居,而大河以北道弗不可行也"。因清兵入关南下,黄河以北道路阻塞,家乡音信隔绝,未能如愿④。

当时北方大族世家多举族南避,常组织乡勇,保护家眷财产。丁耀亢入海时,"恃载挈百口,车马驴五十余,壮士庄客近四百人,衣囊行李,弓矢火器"⑤。但这些乡勇武装几乎没有战斗力,遇清军一触即溃,"少顷,三十骑至,掠马骡衣囊尽,杀一车夫而去"⑥。

2. 记录甲申之变后大批北方士宦南移状况

> 经乱已成习,破甑那复顾。言从祸后信,临危始知惧。虽得叙舟行,风涛杂呕吐。粮糗备宿舂,敝爨携厨釜。僮仆识旧村,乡邻馈浆脯。此行颇从容,转念前艰苦。⑦

崇祯十七年春,北方战氛汹汹,大批士绅举家入海南移避乱。亲历甲申之变的王崇简(1602—1678)在《寄悲》(其一)中感慨时变:

> 计失殷忧最惨神,皇心图治属臣邻。养教持禄成斯祸,授命临危有几人。烟火空余西苑柳,鼓鼙已遍六街尘。谁言桑海多年事,一月频惊变异新。⑧

---

① (清)丁耀亢:《约族中兄弟入斋堂岛不从》,《逍遥游·海游》卷一,《丁耀亢全集》上,第649页。
② (清)丁耀亢:《出劫纪略·航海出劫始末》,《丁耀亢全集》下,第277页。
③ (清)丁耀亢:《季冬安丘刘元明以家避乱过山中》,《逍遥游·海游》卷一,《丁耀亢全集》上,第648页。
④ (清)宋琬著,马祖熙标校:《书杭州萧远堂壁壬午四首》,《安雅堂全集·安雅堂未刻稿》卷四,上海:上海古籍出版社,2007年版,第171页。
⑤ (清)丁耀亢:《出劫纪略·航海出劫始末》,《丁耀亢全集》下,第277页。
⑥ (清)丁耀亢:《出劫纪略·航海出劫始末》,《丁耀亢全集》下,第277页。
⑦ (清)丁耀亢:《甲申三月闯陷燕都再入东海喜老母诸子俱至》,《逍遥游·江游》卷二,《丁耀亢全集》上,第659页。
⑧ (清)王崇简:《寄悲》,《青箱堂诗集》卷四,《四库全书存目丛书》集部第203册,济南:齐鲁书社,1997年版,第74页。

主忧臣死,但临危授命,矢心报国者有几人? 是年三月丁耀亢举家载粮入岛:

> 三月终,冠盖骈集,入海者众,乃知有闯逆之变。是时也,内阁大学士苑讳复粹由登州泛海至,侍御苏讳京、给谏丁讳允元由日照、安东至,巨室将百余家矣。①

六月清朝定鼎,南明弘光政权建立后,官绅多由海上南迁,"诸宦室随迁而南"。北方士宦多举家南移,宋琬与其兄宋璜携家南迁避寇祸,"甲申,寇祸作,吏部及九青已先没,公兄弟皆挈家南徙"②。莱阳姜垓(1607—1673)、姜垓(1614—1653)移家吴中,"莱新被兵,(姜垓)间携先生(姜寓节)侨居吴。既而贞毅谪戍宣州,会明亡,遂留止吴"③。甲申之变后王崇简携子王熙(1628—1703)举家由京师南迁,先后至南京、苏州、杭州等地,"甲申,都城破,先君(王崇简)挈(王)熙南下,与先生遇于武林(杭州),订为北归之计"④。

(二) 记载甲申前后北方士宦的遭际

甲申前后,清军入关掳杀和李自成大顺政权使北方士宦受到摧残。士宦在其间的活动主要表现在两个方面:

1. 记录北方士宦参与抗清,驱除农民军

哀大侄如云(侄讳大谷,中丁卯乡试,《礼记》魁,城破被难)

> 大侄秉醇德,名流好弟昆。临危能授命,居乱失从亲。忠厚终存性,因缘竟累身。生死当有说,或不在斯人。⑤

清军入关,留守士宦大多都主动参与所在地的保卫战,积极捐财献策,甚至为国捐躯。崇祯十五年十二月丁耀亢侄子举人丁大谷在诸城抗清保卫战中,以身殉国。据康熙《诸城县志》记载,明崇祯十五年,该县尚有人口四万余人,至壬午(崇祯十

---

① (清)丁耀亢:《出劫纪略·航海出劫始末》,《丁耀亢全集》下,第279页。
② (清)王熙:《通议大夫四川按察使司按察使荔裳宋公琬墓志铭》,《王文靖公文集》卷十九,《四库全书存目丛书》集部第214册,济南:齐鲁书社,1997年版,第660页。
③ (清)蒋恭棐:《孝正姜先生寓节传》,(清)钱仪吉纂《碑传集》卷一二六,第10册,北京:中华书局,1993年版,第3695页。
姜垓,字如农,自号敬亭山人,又号宣城老兵,山东莱阳人。明崇祯四年进士,累迁礼科给事中,直言谪戍宣州;入清不仕,私谥贞毅先生,有《敬亭集》。姜垓,字如须,莱阳人。明崇祯十三年进士,授行人;入清不仕,私谥节文先生。
④ (清)王熙:《通议大夫四川按察使司按察使荔裳宋公琬墓志铭》,《王文靖公文集》卷十九,《四库全书存目丛书》集部第214册,济南:齐鲁书社,1997年版,第660页。
⑤ (清)丁耀亢:《哀大侄如云》,《逍遥游·海游》卷一,《丁耀亢全集》上,第651页。

五年）、甲申（崇祯十六年）兵祸后，人口不足一万。明崇祯十五年闰十一月，清兵围攻莱阳，宋琬之父宋应亨（？—1643）散尽家财组织城邑保卫，与谪居在家的宋玫（1607—1643）、县官陈显际率民众死守。宋应亨，字述子、嘉甫，号长元，明天启五年（1625）进士，官至礼部郎中。宋玫，字文叔，号九青，天启五年进士，官至工部右侍郎，崇祯十五年以廷推忤帝，除名家居。《明史》载：

> （崇祯十五年）闰十一月，临清破，应亨与知县显际谋城守。应亨以城北廓薄，出千金建瓮城。浃旬而毕。玫及邑人赵士骥亦出赀治守具。无何，大清兵薄城，城上火炮、矢石并发，围乃解。①

崇祯十六年二月，清兵再攻莱阳，宋应亨与陈显际率众誓死抵抗，城陷被俘遇难。"二月，复至，城遂破。玫、应亨、显际、士骥并死之。"②宋琬在《书杭州萧远堂壁壬午四首》序中言："余喟然心动，流涕被面……盖是时城坠家破，而余不知。是诗也遂不幸而谶也。"③

李自成政权占领北京后，曾派出大批官员到北方占领区域任职。随着清军入关，李自成撤离北京，各地士绅参与到驱除大顺政权官员的行列。顺治元年（1644）七月十九日，河北涿县生员配合总兵宋权（1598—1652）驱逐大顺官吏，"有生员朱延祚，昌智标下游击朱光祚，卫辅营把总史国镛，壮士王乐善、王天恩等，同到职家，矢志守城。（四月）三十日，复约绅衿朱延祚等二十余人，在生员沈自新家，杀羊沥血，同期斩贼"④。山东籍进士谢启光（？—1658）因"贼将掠山东，逼绅士集饷。启光纠邑人杀伪令，募壮丁二千余拒守，贼引去"⑤。1644年6月山东德州明朝进士谢升（？—1645）率领地方武装"磔伪州牧吴徽文、伪防御阎杰"⑥。

2. 记载北方士宦家族产业备受冲击情形

战乱中北方士宦家族产业受到强烈的冲击，这种冲击主要表现在三个方面：

（1）记录强邻豪右对田产的凌夺

> 时弟梓浮葬郭外，庄田半为强邻恶族占去。城北麦熟，欲往获而市人皆空。至于腐烂委积，其存蓄不可问类如此。时县无官，市无人，野无农，村巷

---

① （清）张廷玉等：《宋玫传》，《明史》卷二百六十七，北京：中华书局，1974年版，第6880页。
② （清）张廷玉等：《宋玫传》，《明史》卷二百六十七，北京：中华书局，1974年版，第6880页。
③ （清）宋琬著，马祖熙标校：《书杭州萧远堂壁壬午四首》，《安雅堂全集》卷四，上海：上海古籍出版社，2007年版，第171页。
④ （清）宋权揭帖，《清代农民战争史料选编》，北京：中国人民大学出版社，1984年版，第6页。
⑤ 王钟翰点校：《谢启光传》，《清史列传》卷七十九，北京：中华书局，1987年版，第6561页。
⑥ 王钟翰点校：《谢升传》，《清史列传》卷七十九，北京：中华书局，1987年版，第6528页。

无驴马牛羊,城中仕宦屠毁尽矣。①

> 庚午,弟举于乡,治有远近庄产十余处,贷今东市宅而屋之。予居山十年,家颇裕,亦得薄产二十余顷,较之初析倍蓰矣。崇祯壬午避乱时,积谷约合千余石。乱后焚毁如洗,粮犹半存。②

崇祯十六年(1643)四月,丁耀亢由海上归里,其家产半为豪右凌夺,千余石积粮被抢;更因家中弟、侄举人罹难,家族衰败,受强邻豪右欺凌。

这种状况在当时较为普遍,宋琬在诗中曾记录家产为豪右强占,其《长歌寄姜如须》云:

> 旧业虽余数顷田,梨锄欲把谁能那!况复陈留风俗衰,青兕玄熊啼向我。应诏公车解褐衣,勉寻升斗羞皁琐。③

宋琬的父亲宋应亨莱阳城破殉节后当地豪强势力霸占宋氏府邸,"青兕玄熊"即指此。其《京口送房周垣北归》(其二)云,"忽忆同游地,今成异姓庐",诗下小注:"昔余家宅第为邑豪所居。"④

王崇简也曾在经乱后痛感家园为他人所有:

> 小宅幽居僻巷中,阜城门内渐临东。清宵最忆藤萝月,暑昼难忘帘幕风。映户秋光竹益绿,当窗花影晓来红。何期竟作他人室,闻道摧残已不同。⑤

当时诉讼无处,各地县官无人受理,"时县无印官,不能理"⑥,这种状况在中原省份均有发生。河南新郑诸生刘楨(1608—1690)在顺治二年曾记载县城同样状况:"大清定鼎之一切事,以及流寇之胜负举动,皆茫然不知。各州县皆无官长,真无日无天时也。"⑦

(2)记录新生政权对北方士绅的打击

易代之际,政权更迭,社会动荡,人情翻覆。丁耀亢实笔记录个人及家族在此

---

① (清)丁耀亢:《出劫纪略·航海出劫始末》,《丁耀亢全集》下,第 278-279 页。
② (清)丁耀亢:《出劫纪略·保全残业示后人存记》,《丁耀亢全集》下,第 286 页。
③ (清)宋琬著,马祖熙标校:《长歌寄姜如须》,《安雅堂全集·安雅堂未刻稿》卷三,上海:上海古籍出版社,2007 年版,第 152 页。
④ (清)宋琬著,马祖熙标校:《京口送房周垣北归》(其二),《安雅堂全集·安雅堂未刻稿》卷三,上海:上海古籍出版社,2007 年版,第 174 页。
⑤ (清)王崇简:《寄悲》(其三),《青箱堂诗集》卷四,《四库全书存目丛书》集部第 203 册,济南:齐鲁书社,1997 年版,第 74 页。
⑥ (清)丁耀亢:《出劫纪略·乱后忍侮叹》,《丁耀亢全集》下,第 283 页。
⑦ (清)刘楨撰,李振宏标点:《刘楨年谱》,《史学月刊》,2001 年第 3 期,第 111 页。

时遭际：

> 闯官莅任，则土贼豪恶，投为胥役，虎借豺蘇，鹰假鹯翼，以割富济贫之说。明示通衢，产不论久远，许业主认耕。故有百年之宅，千金之产，忽有一二穷棍认为祖产者；亦有强邻业主，明知不能久占而掠取物资者；有伐树抢粮得财物而去者。一邑纷如鼎沸，大家茫无恒业。时亡弟在垞，予远逃海中，巨宅膏田，一无主人，任其侵占而谁何！故前此所积，不可问矣。于是，有楼子庄之占，草桥庄之占，草泊庄之占，东潘旺之占，石埠庄之占，北解留与石桥、后疃、齐沟之占。其不为占据者，唯有焚掠后荒田耳。①

> 乱民经闯官纵恶之势，藏身衙骨，以巨室寒士为奇货，草野之间，动相杀害。县有令倪君者，辽伍卒也。严刑暴鸷，如苍鹰乳虎，择人而食。邑宦甲科某，以人命事辄械送狱，不二日笞杀数十人。凡生儒入县，皆以铁锁系颈于庭，方候理。或无事拿人入狱禁，与死囚同桎梏死。出入无时，以鹰犬甲马前驱，一邑无人声，不寒而栗。其时士宦等咸尽矣。②

这里的新生政权主要是指李自成攻占北京后在各地建立的大顺官僚机构和清初政权的辽籍官吏。崇祯十七年丁耀亢避难在外，其田产家私多为强邻豪右哄抢；顺治二年回乡后因田产纠纷与乡民陷入长期诉讼。

大顺政权对中原地区的士宦家族进行了毁灭性的打击。顺治元年六月二十四日大同巡抚姜瓖（？—1649）奏报："自闯贼暴虐之余，富室摧残几尽，贫民饿殍载途，目击伤心，不禁涕泪。"③

受到冲击最大的当然是王室巨宦，顺治元年八月六日，姜瓖奏曰：

> （农民军）凡所攻陷，劫掠焚毁备极惨毒，而宗藩罹祸尤甚。朱之宗姓约四千余，闯贼盘踞六日，屠戮将尽；见过天星张天林百计搜查，几无噍类。而素居州县，潜匿乡村与出逸者，所存无几。宗之房屋尽为贼居，地土、庄窝无一不为贼据。④

日照官僚厉宁原有土地四千多亩，大顺政权建立后，"所存田产、牛只、家属，悉为二县民人瓜占"⑤。杨思圣（1621—1663）曾以悲恸的心情回忆当年农民军占领河

---

① （清）丁耀亢：《出劫纪略·保全残业示后人存记》，《丁耀亢全集》下，第287页。
② （清）丁耀亢：《出劫纪略·避风漫游》，《丁耀亢全集》下，第283页。
③ （清）姜瓖启本，《清代农民战争史料选编》，北京：中国人民大学出版社，1984年版，第3页。
④ （清）姜瓖启本，《清代农民战争史料选编》，北京：中国人民大学出版社，1984年版，第12页。
⑤ （清）顺治二年《厉宁奏本》，原件藏第一档案馆。

北后缙绅之家的悲惨生活：

> 岂少诸大帅，累若佩貂珰。蟒玉会登坛，贼来不敢当。毒蛇恣吞噬，旷野多豺狼。潜身匿下里，恐惧入探汤。家业既荡尽，吞声行裹粮。徒跣如冰雪，中夜慨以慷。①

身居京师的王崇简也曾痛心甲申之变时的流离颠簸："甲申之变，自春徂秋，潜山隐水，栖迟一方。梦断魂惊，翘跂长途。"②家居河南的王铎（1592—1652）在《寇急宵避潘家塘》诗中也有相似的沉痛记忆：

> 夜走心悸十不堪，恐剧塞野多白烟。苍黄潜匿薨中屋，草泽泾洳不敢哭。蛇矛拔戟无救师，火光照山闻马嘶。石崩打破南山寨，洛阳路上人尸骈。腹饥身边枕佩刀，雪风吹河声吟飑。母仆女牵不暇顾，西村驱人入城去。③

大顺政权中府县官吏多为陕西和山西的秀才，"只以三四人或四五人便来到任，诡言'大兵在后即至'，地方官闻风先遁，而伪官俨然南面矣"④。到达地方后，一方面对缙绅采用酷刑逼饷，"随横使贼党将合城绅衿任行夹拷，毒残难堪，劫夺未厌"⑤；另一方面实施丁耀亢所言的"割富济贫"。史籍中对大顺农民军的土地政策记录颇少，丁耀亢的这段文字记录对后世了解大顺政权的土地政策意义重大，史料价值极高，多为明清史家所征举。

甲申之变后一部分土贼豪恶投身胥吏，清军入关后各地赶杀李自成委任官吏，"本县人将其所设贼官（王姓）杀戮，防御将军亦逃去"⑥。清朝宣布摄政王多尔衮（1612—1650）旨令，录用原有官吏人员，"尔文武官员军民人等，有原系流贼者，有为流贼胁从者，一切不论，但望风投顺，集与录用"⑦。原有胥吏与清初官吏勾结，以士绅为奇货，杀掠劫持。顺治二年，诸城胥吏与辽籍知县荼毒士绅："县有令倪君者，辽伍卒也。严刑暴鸷，如苍鹰乳虎，择人而食"；"凡生儒入县，皆以铁锁系

---

① （清）杨思圣：《追愤》，《且亭诗·五言诗》，《四库全书存目丛书》集部第213册，济南：齐鲁书社，1997年版，第627页。
② （清）王崇简：《寄悲》，《青箱堂诗集》卷四，《四库全书存目丛书》集部第203册，济南：齐鲁书社，1997年版，第74页。
③ （清）王铎：《寇急宵避潘家塘》，（清）邓汉仪辑《诗观初集》卷一，《四库禁毁书丛刊》集部第1册，北京：北京出版社，1997年版，第199页。
④ （清）计六奇：《四月三十日自成西奔》，《明季北略》卷二〇，北京：中华书局，1984年版，第490页。
⑤ （清）宋权偈帖，《清代农民战争史料选编》，北京：中国人民大学出版社，1984年版，第6页。
⑥ （清）刘桢撰，李振宏标点：《刘桢年谱》，《史学月刊》2001年第3期，第111页。
⑦ （清）多尔衮旨令，《清代农民战争史料选编》，北京：中国人民大学出版社，1984年版，第4页。

颈于庭,方候理";"其时士宦等威尽矣"。

(3) 记录奴变对北方士绅生命和社会秩序的威胁

> 先是叛仆乘乱为贼者,予归理之官。邑大姓阴为之主,使其反噬,或使人诬讼于郡,以谋叛谋杀人命等事,冀以试吾之强弱。又使亡命无赖者,率众登门殴骂,观吾动静。予皆不较,复诱恶仆某跳梁,率众劫粮畜以去。明为之主,冀予忿恨,假逆仆甘心焉。予亦不较,卒无策。族人穷悍者,据产为业,主率强邻,逐散佃户,分吾积聚。孤之遗产,处处如此。①

甲申之变对士宦的打击还表现在奴变对士绅个人生命和社会秩序的冲击。丁耀亢的奴仆先以谋叛谋杀状告主人,后纠结众人登门谩骂殴打,掠夺财产。主仆间名分秩序已经全无,士绅之威扫地。明代初期,已有蓄奴之风,凉国公蓝玉(？—1393)"家奴至于数百"②;明末这种状况更加严重,"吴中仕宦之家,有至一两千人者"③。中原地区随着土地兼并,庄园规模扩大,奴仆众多,崇祯十五年十一月丁耀亢避难时曾拥有壮丁四百余人。奴仆大多是来自对抗性社会所造成的大批被剥去生产资料的人们,而被"强没入奴仆者"④;再者是自愿投靠者,"一登仕籍,此辈竞来门下,谓之投靠,多者亦至千人"⑤。

主仆间有严重的依附关系:

> 吾邑风俗,极重主仆。男子入富家为奴,即立身契,终身不敢雁行立,有役呼之,不敢失尺寸,而子孙累世不得脱籍。间有富厚者,以多金赎身,即名赎而终不得与等肩;此制驭人奴之律令也。然其人任事,即得因缘上下,累累起家为富翁;最下者,亦足免饥寒,更借托声势,外人不得轻相呵,即有犯者,主人必极力卫捍,此其食主恩之大略也。⑥

这种依附关系的背后,往往蕴含着深刻的矛盾:

> 主人之于仆隶,盖非复以人道处之矣。饥寒劳苦不知恤,无论已;甚者,

---
① (清)丁耀亢:《出劫纪略·乱后忍侮叹》,《丁耀亢全集》下,第282-283页。
② (清)顾炎武著,(清)黄汝成集释:《奴仆》,《日知录集释》卷十三,上海:上海古籍出版社,1985年版,第1069页。
③ (清)顾炎武著,(清)黄汝成集释:《廉耻》,《日知录集释》卷十三,上海:上海古籍出版社,1985年版,第1070页。
④ 傅衣凌:《明清农村社会经济》,北京:中华书局,2007年版,第79页。
⑤ (清)顾炎武著,(清)黄汝成集释:《奴仆》,《日知录集释》卷十三,上海:上海古籍出版社,1985年版,第1069页。
⑥ (清)佚名:《研堂见闻杂记》,转引自傅衣凌《明清农村社会经济》,北京:中华书局,2007年版,第81页。

父母死，不听其缞麻苦泣者；甚者，淫其妻女，若宜然矣；甚者，夺其产，莫之问矣；又甚者，私杀之而私焚之，莫敢讼矣。①

残酷的压榨必然潜藏着强烈的仇恨，一旦世变，这种仇恨烈焰随即成燎原之势。甲申四月间奴变之势遍及南北，危及士绅人身安全：

> 主仆之分甚严，盖仆之婚配衣食，皆仰给于主家。明时申酉之际，乘机谋叛，始于江东瞿氏之仆，沿及江西祝家库，大肆其毒，千百成群，焚庐劫契，烟销蔽天，臧获踞坐，主家供馔，稍有难色，按地予杖，真千年未有之变也。②

奴变不仅危及士宦生命，而且对当时的社会秩序也产生强烈震撼：

> 诸奴各袭主人衣冠，入高门，分居其宅，发仓廪散之，缚其主于柱，加鞭笞焉。每群饮则命主跪而酌酒，数之曰："均人也，奈何以奴呼我，今而后得反之也。"③

避难归来后，丁耀亢相继遭遇奴仆诬陷、率众劫财等奴变事件。晚年丁耀亢在《家政须知·防蠹》中对奴仆作过专门论述，足见当年伤害教训之深。丁氏认为蠹仆有"内蠹""外蠹"之分：

> 家之将败也，必有蠹仆以窃其财，人见其田宅犹存，而蓄积空矣。欲训子弟之治家，先详言其防蠹。有内蠹焉：妻妾专权，宠仆乱法，诱我以小利，逢君之大怒也。有外蠹焉：上下蒙蔽，内外串通，窃我之财而不知，空我之蠹而不觉是也。

丁氏深刻地指出，应当防备五种"蠹仆"，并且不可重用：

> 一曰"黠奴"，机深而诈，舌慧而巧，窥我之喜趋，避以为奸，则不可用。一曰"悍奴"，胆大心雄，酗酒使气，敢于犯上，则不可用。一曰"盗奴"，性贪嗜利，善为奸欺，听言若甘，无谋不私，则不可用。一曰"诈奴"，如簧之口，其曲如钩，实少伪多，似忠而诈，则不可用。至于托以田土，付以钱粮其为蠹者，种种不一：一曰"挂欠"，本为主管之自肥，反开他人之拖欠，既失时而不催，隔年

---

① （清）张履祥：《义男妇》，《杨园先生全集》卷十九，北京：中华书局，2002年版，第575页。
② （清）赵酉修、（清）章鎔等撰：《风俗志》，《乾隆宝山县志》卷一，转引自傅衣凌《明清农村社会经济》，北京：中华书局，2007年版，第94页。
③ （清）陈恩浩等修、（清）李炜等纂：《武事志》，《同治永新县志》卷十五，转引自傅衣凌《明清农村社会经济》，北京：中华书局，2007年版，第109页。

之另算。一曰"开除",不经手之支消,多立名色,任昧心之开算,难以稽查。一曰"冒支",知陈账之难清,复开新欠,报现存之虚数,假冒放粮,年又一年,欠而复欠。一曰"开逃",欠既难完,借逃户不顶补。房之将倒,或拆毁而焚烧。一曰"抛荒",择肥饶以自种,派瘠土于贫民,指为积荒,外租减数。凡此者,欺疏懒之主,如戏小儿,开石斗之名,总为乌有。

对于蠹仆,主人一旦识破其伎俩,其会铤而走险,危害主人,甚至造成主人家破人亡:

> 漫责之,而虚期岁月,徒为止渴之梅;严追之,欲剥其膏脂,反作吠主之犬。甑已破矣,田将墟矣,责无益矣,悔无及矣。当早有防之,勿使我为蠹也。唯明而且断者能之。①

丁耀亢正是早年亲历目睹了北方奴变惨痛,才会对奴仆有着如此深刻的见解。史籍对南方奴变记之甚详,而北方鲜有记录,丁耀亢的奴变文字记录为后世了解这段历史提供了较为翔实的资料。

(三) 反映易代之际战乱中民众的悲惨命运

十七日被东兵围尽走入海港寄商船得脱

> 皇天垂训诫,万物若童蒙。天道本受损,私计每居赢。恩爱生忧患,珠玉藏祸丛。长物不庇身,何如涤荡空!朝为千金子,暮为箪食翁。敞缊不过膝,四大诚难容。但觉蓬垢美,反恨皮肉丰。徒跣立冰雪,胡马冲洪濛。脱金赠舟子,乘厄易居功。得失诚无端,风波慎有终。②

冬夜闻乱入卢山(其四)

> 乱土无安民,逃亡乐奔走。岂无馕粥资,急命轻升斗。自遭房劫后,男妇无几口。日暮还空村,柴门对古柳。白骨路纵横,宁辨亲与友。昨闻大兵过,祸乱到鸡狗。茅屋破不补,出门谁与守?但恐乱日长,零落空墟薮!③

《十七日被东兵围尽走入海港寄商船得脱》一诗记录崇祯十五年十二月清军掳掠诸城时的情状。"朝为千金子,暮为箪食翁""但觉蓬垢美,反恨皮肉丰",是丁耀亢对自己在清军掠夺下,由一个万贯家财的士绅转眼间一无所有的伤痛记忆。所幸

---

① (清)丁耀亢:《防蠹》,《家政须知》,《丁耀亢全集》下,第252页。
② (清)丁耀亢:《十七日被东兵围尽走入海港寄商船得脱》,《逍遥游·海游》卷一,《丁耀亢全集》上,第649页。
③ (清)丁耀亢:《冬夜闻乱入卢山》(其四),《逍遥游·海游》卷一,《丁耀亢全集》上,第659页。

丁氏还能贿金舟子，得以脱身。《冬夜闻乱入卢山》记录崇祯十六年底诸城乡间匪盗纵横，明军祸乱民众的状况。"白骨路纵横，宁辨亲与友。昨闻大兵过，祸乱到鸡狗"真实揭露明末兵匪祸患对民众的荼毒。

甲申前后，战乱给士宦之家带来巨大灾难，但对手无寸铁、饥寒流离的民众的生命更是惨烈践踏。崇祯十五年底至十六年六月清军第五次入关，所到之处以掳杀人民、凌夺财务人口为主，山东被祸尤甚。崇祯十五年十二月攻占诸城后，烧杀抢掠，遍及城乡，"是夜，大雨雪，遥望百里，火光不绝，各村焚屠殆遍"。清军过后，县城到处白骨遍野，人迹罕见，"白骨成堆，城堞夷毁，路无行人。至城中，见一二老寡妪出入灰烬中"。乡间民人或惨遭杀戮，或远遁避命，"城北麦熟，欲往获而市人皆空。至于腐烂委积，其存蓄不可问类如此。时县无官，市无人，野无农，村巷无驴马牛羊，城中仕宦屠毁尽矣"①。

清军过后，兵匪纵横。明末"三饷"，即辽饷、剿饷、练饷给民众造成的负担，成为当时最大的社会问题。山西巡抚吴甡说："晋民有三苦。一苦凶荒，无计糊口。一苦追呼，无力输租。一苦杀掠，无策保全。由此悉为盗。"②"三苦"造成农民军此起彼伏，明朝多方派兵征剿。明军多无纪律，将帅纵兵抢掠，危害深重。张岱《石匮书后集》记载："明季以来，师无纪律，所过镇集，纵兵抢掠，号曰'打粮'，井里为墟。而有司供给军需，督逋赋甚急，敲扑煎熬，民不堪命。"③甚至还割老百姓的头拿去献功，"以愚主将，主将以愚监纪，监纪不知，遂奏其功。此弊踵行久矣"④。崇祯十六年马世奇召对崇祯皇帝：

> 盖献，人之所畏；闯，人之所附。非附闯也，苦兵也。一苦于杨嗣昌之兵，而人不得守其城垒；再苦于宋一鹤之兵，而人不得有其室家；三苦于左良玉之兵，而人之居者、行者俱不得安保其身命矣。贼知人心所苦，特借剿兵安民为辞，一时愚民被惑，望风投降。而贼又为散财赈贫，发粟赈饥，以结其志。遂致视贼如归，人忘忠义。其实贼何能破各州县？各州县自甘心从贼耳。⑤

马世奇强调政府当前首要任务是"收拾人心"，应从严明兵纪始，即"督抚镇将约束部队，令士兵不得虐民、民不苦兵始"。崇祯十七年三月初六，崇祯皇帝在上谕里

---

① （清）丁耀亢：《出劫纪略·航海出劫始末》，《丁耀亢全集》下，第279页。
② （清）张廷玉等：《吴甡传》，《明史》卷二百五十二，北京：中华书局，1974年版，第6522页。
③ （明）张岱：《盗贼列传》，《石匮书后集》卷六三，《续修四库全书》史部第320册，上海：上海古籍出版社，1995年版，第798页。
④ （清）计六奇：《吴卿论兵弊》，《明季北略》卷十六，北京：中华书局，1984年版，第281页。
⑤ （清）计六奇：《马世奇入对》，《明季北略》卷十九，北京：中华书局，1984年版，第357页。

承认"将懦兵骄,焚劫淫掠"①是危害社会的痼疾之一。崇祯十五年三月农民军攻占河南新郑,与明军先后对民众杀掠:

> 正月贼攻城,三五日后,破县城,杀人甚多,房几烧尽。十月间,打探的信途险遇孙督败兵,被其掳掠。自此以后,世界愈乱,并无官长,止有营头争斗。满地尽是蒿草荒树,一步不敢出门。②

丁耀亢的诗文真实记录了甲申前后自己的见闻感受,生动形象地再现了明清鼎革之际战乱动荡中的世态人情,对我们认识那段特殊的历史具有较高的史料价值,对于填补明清之际史料的完整性具有积极意义。

---

① (清)彭孙贻:《平寇志》卷八,上海:上海古籍出版社,1984年版,第190页。
② (清)刘榛撰,李振宏标点:《刘榛年谱》,《史学月刊》,2001年第3期,第111页。

第二章

丁耀亢京师交游考论

第一节 京师交游考

顺治五年(1648),在饱受颠沛流离之苦和豪右强邻诉讼纠缠困扰后,丁耀亢决计北上赴京科考,"名为赴试,实避诸艰"①。他将自己的进京取仕当做是寻求自身及家族保护的一条有效途径。其实在清朝定鼎之初,这种求取功名以求自保绝非个例,尤其明清易鼎后的豪右官宦之家,经过变革的动荡,更需寻求政治上的依靠,而科举又是当时最好的一条路径。

丁耀亢的好友杨思圣是清顺治三年(1646)进士,他在《追愤》一诗中回忆自己当年科考初衷时的境况,曾不无感慨:

> ……
> 潜身匿下里,恐惧入探汤。家业既荡尽,吞声行裹粮。徒跣如冰雪,中夜慨以慷。皇天重驱除,盗贼不终猖。满洲十万弦,骁腾若云骧。从龙皆老成,蔺轴无留良。诏许蓬荜士,县官为促装。公车旦夕驾,无乃太卒仓。是时家初破,饥卧冻欲僵。但冀沾微禄,未便胜提防……②

诗中杨思圣追述了自己的早年遭遇,特别是对明清易代之际的兵燹离乱的痛楚记忆犹新。大乱之初,父母双亡,弟妹年幼,一家"有似失巢鸟,哀鸣声遑遑";战乱中身心震荡,"毒蛇恣吞噬,旷野多豺狼。潜身匿下里,恐惧入探汤。家业既荡尽,吞声行裹粮。徒跣如冰雪,中夜慨以慷"。正是由于饱受兵火的煎熬和家破产罄、世态炎凉的经历,恰逢新朝开考,"诏许蓬荜士,县官为促装"。杨氏乘公车进京赴

---

① (清)丁耀亢:《自述年谱以代挽歌》,《归山草》,《丁耀亢全集》上,第426页。
② (清)杨思圣:《追愤》,《且亭诗·五言古》,《四库全书存目丛书》集部第213册,济南:齐鲁书社,1997年版,第627页。

试,其最直接的缘由"是时家初破,饥卧冻欲僵。但冀沾微禄,未便胜提防",有了功名,沾了微禄,自然就可对天灾人祸"提防",求一己及家族的温饱和平安。

进京后,丁耀亢依托乡缘旧友,以诗文为执,悠游唱和,广交名公巨卿,期冀对自己之后的科考及仕进有所帮助。此时期他创作的诗文,都收集在《陆舫诗草》中,共五卷,830多首诗,以其与在京的友人诗酒唱和为主,真实记录在京师五年求仕游宦的生活经历。

一、"陆舫"的由来及其含义

"陆舫"是丁耀亢在北京生活期间的住宅,建于顺治六年(1649),位于北京米市南厘,因其行状似船而得名,"傍华严兰若而西,筑屋三楹,启门于西户之隅,直入而曲行,如蜗之负庐,制有舟形焉"①。刘正宗为其题名为"陆舫",取"夫舟以水行,以水止,坎流安之,舟之性也。桂棹兰桨,与黄鹄一举,奋其千里,宗悫乘之,列子御之,长风破浪,尽其所止而安焉"②之意,即如丁耀亢所说:"处平地而自知惧者,则其履风涛而不惊;望陆海而如夷者,则其汪洋而无恐。"③

陆舫内有当时与之交游甚密的诗友唱和之作,多悬挂其壁。诗友中当时在朝中身居高位,后来列入清史《贰臣传》的大学士刘正宗、王铎,大司马张缙彦,大司成薛所蕴,以及任濬(1596—1656)、孙承泽(1592—1676)、王崇简、孙廷铨(1613—1674)、李森先(?—1659)、赵进美(1620—1693)、房可壮(1578—1653)、龚鼎孳、曹溶(1613—1685)等;又有清朝新晋进士宋琬、杨思圣、冯溥、曹尔堪、傅维鳞、宋徵舆、韩圣秋、魏裔介等;及明遗民查继佐、阎尔梅、申涵光、邓汉仪等。

乾隆《诸城县志》卷三六《文苑》(乾隆二十九年刊本):

> 顺治四年入京,由顺天籍拔贡充镶白旗教习,其时名公卿王铎、傅掌雷、张坦公、刘正宗、龚鼎孳皆与结交,日赋诗陆舫中,名大噪。陆舫者,耀亢所筑室,而正宗名之者也。④

---

① (清)丁耀亢:《出劫纪略·陆舫游记》,《丁耀亢全集》下,第285页。
② (清)丁耀亢:《出劫纪略·陆舫游记》,《丁耀亢全集》下,第285页。
③ (清)丁耀亢:《出劫纪略·陆舫游记》,《丁耀亢全集》下,第285页。
④ 此处记载有误,丁耀亢入京应是在顺治五年。《自述年谱以代挽歌》:"戊子七月,甫入北燕。"
(清)丁耀亢:《自述年谱以代挽歌》,《归山草》,《丁耀亢全集》上,第426页;
《避风漫游》:"戊子入都,由利津渡海,越天津,一夜行八百里,三日抵京师,遂有旗塾经之役。"
(清)丁耀亢:《出劫纪略·避风漫游》,《丁耀亢全集》下,第283页;
《皂帽传经笑》:"戊子七月,由历下至利津入海,得长风,越津门而东三河、宝坻间,有数侠客送予至都门。"
(清)丁耀亢:《出劫纪略·皂帽传经笑》,《丁耀亢全集》下,第283页。

从其诗集中的唱和推断,丁耀亢在京城以一介没有取得功名的老书生的身份,能够与当时京师汉族官僚文人中的达官巨卿有唱和交往,不仅是因为丁氏有一定的诗文才能,关键还在于其有一个固定的社交圈。从丁氏与他人的唱和,我们可以看出其交游的朋友中既有北方官僚,其中以山东和河南、直隶省籍为主;也有南方才子官僚。从其身份来说,其中既有身仕两朝,后来在乾隆朝列入《贰臣传》的贰臣官员;也有新朝科举后的新晋进士;还有一部分著名的明遗民。在这个相对错综复杂的交际圈中,有三个人对丁耀亢在京师的交游起了穿针引线的作用,即刘正宗、龚鼎孳、宋琬。从其交游的疏密程度来看,丁耀亢最初进入的京师文人官僚圈是以刘正宗为核心的北方官僚层。现选择与丁耀亢在京师交往较为频繁的友人加以详考,以窥清初奔走游食京师的诸生与文人士大夫阶层之关系,从而揭示清初京师汉族士大夫的生存状态。

二、交游考

(一)与刘正宗的交游

刘正宗,字可宗,又字宪石,顺治时赐字中轩,号逋斋,山东安丘人。明崇祯元年(1628)进士,自推官授编修。福王时,授中允。顺治二年(1645),以荐起国史院编修。顺治十四年(1657),授吏部侍郎,擢弘文院大学士。吏部尚书缺员,谕以"加太子太保,管吏部尚书"。顺治十五年(1658),改文华殿大学士。顺治十六年(1659),顺治帝以正宗器量狭隘、终日务诗文、廷议辄以己意为是,降旨严饬。顺治十七年(1660)左都御史魏裔介劾:"正宗自陈奏内不叙上谕切责,无人臣礼……正宗与张缙彦为友,缙彦序正宗诗曰'将明之才',诡谲尤不可解。"上(顺治皇帝)斥"正宗性质暴戾,器量褊浅,持论偏私,处事执谬。惟事沽名好胜,罔顾大体,罪戾滋甚。从宽免死,籍家产之半,入旗,不许回籍"。顺治十八年,圣祖即位,以世祖遗诏及正宗罪状,当置重典,悯其衰老,贷之。未几病卒①。有《逋斋诗》四卷、《雪鸿草》一卷。

丁耀亢与刘正宗结识于明崇祯元年(1628)之前。丁耀亢在《呈刘相国忆昔行》中追忆:

> 冉冉岁月徂,漠漠京尘浩。故交贵贱殊,一见一回老。忆昔甫弱冠,对君颜色好。白面红衫郎,走马青州道。渠丘多名流,三君实国宝。张公晋魏人,

---

① 王钟翰点校:《刘正宗传》,《清史列传》卷七十九,北京:中华书局,1987年版,第6573-6574页。

长髯恣冥讨。遗俗敦古风,癖性嗜枯槁。张季豪侠间,文酒亦英藻。快言时惊座,结客喜倾倒。君家三昆弟,清和各雅抱。蔼蔼温恭人,众中推君少。入群不乱俗,孤立实矫矫。每为众友钦,静气出幽窈。亢也幼而狂,定交收小草。题诗写窗壁,同衾语彻晓。诸君青云达,唯君升凤沼。世路分云逵,泥滓隔浩淼。壬午入北闱,虎觑炫雍考。有文必相规,有酒必呼造。崩破遭离乱,桑海变鱼鸟。君偶里中居,予入海冬岛。土寇逼渠城,杀掠恣焚燎。时余寓戎幕,信陵欲救赵。精甲三百匹,健卒排数道。檄兵三日中,神速出意表。贼围近数万,我兵实微渺。主将虽庸懦,驱之鼓前纛。贼惊天兵来,乌合一时扫。遂解三县围,逢君喜不了。相约广陵舟,再寻沧海钓。各为汗漫游,南国收残照。江左失谢安,海上回温峤。握手道故欢,忽易当年貌。万事良悠悠,行藏安可料? 圣朝崇遗贤,重道尊师保。遂使补天功,众星复皎皎。戊子游京师,野鸟栖寒篛。五载驴背春,陆舫满诗稿。中州薛与张,孟津笔墨灏。长者车填门,达旦酣歌啸。百年壮士心,倏忽成衰皓。讵有荐雄文,难期方朔诏。綵小化寒蝉,职司祝圣庙。久要四十年,歌之存古调。①

长诗回顾了与刘正宗相识近三十年的经历,此诗写于顺治十四年(1657)冬,丁耀亢时任容城教谕,刘正宗入清后仕途开始"回温",时任吏部侍郎,擢弘文院大学士;吏部尚书缺员,谕以"正宗清正耿介,堪胜此任,加太子太保,管吏部尚书"。

刘正宗为明崇祯元年(1628)进士,以诗文自负,薛所蕴在刘氏诗集《逋斋诗》中为其作序说:

> 往同宪石读书史馆,一时雁行而称兄弟,埙吹箎和者盖十有六人焉。十六人者,学为古文辞诗,咸长宪石,即宪石亦不以执牛耳狎主齐盟,自逊谢。当斯会也,金华昼敞,比肩揖让于旃厦俨邃、炉香杳霭之间,意中期许固自有属,雕虫小技,绪余视之尔。以故余辈偶一为之,不甚求工,即未必工。而宪石辄已能工,每篇出,争相传诵,岿然称此道孙吴已。②

丁耀亢与刘正宗同为山东青州籍贯,有乡谊。曾于刘氏入仕前一起读书论诗,"题诗写窗壁,同衾语彻晓。诸君青云达,唯君升凤沼";明崇祯十五年(1642)丁耀亢赴京科考也曾得到刘正宗的照顾,"壬午入北闱,虎觑炫雍考。有文必相规,有酒必呼造"。

---

① (清)丁耀亢:《呈刘相国忆昔行》,《椒丘诗》卷二,《丁耀亢全集》上,第347页。
② (清)薛所蕴:《逋斋诗叙》,(清)刘正宗《逋斋诗》,《四库未收书书辑刊》第八辑第16册,北京:北京出版社,1997年版,第156页。

甲申之变前后，丁耀亢与刘正宗兄弟有交往。明崇祯十五年（1642）冬清兵入关劫掠，刘正宗之弟刘元明举家南迁避难曾暂住丁耀亢家，"敲门惊识乱中音，不为相从看竹林"①；后来元明死于兵乱，丁氏作诗挽之，"以此成诀别，亦觉谋未臧"②。明崇祯十七年（1644）七月，丁耀亢逃难途中说服旧识刘泽清部将王遵坦招兵五千，"至渠邱，遇大盗连营十余万，围城不解，焚郭外灰焰涨天。遇前哨疑为大军，披靡走。是日斩级千余。至城下。见太史刘君宪石于城楼。握手相劳，以为自天至也。为设宴备饷"③。丁耀亢等率兵解救，刘正宗所在安丘城得以摆脱数十万农民军的围困。是年九月，"安邱刘太史入海而南，同行至淮谒刘镇泽清"④。后刘泽清虽授丁耀亢赞画之职，监理王遵坦军，但丁耀亢目睹刘氏军队劫掠生民，荼毒乡里，知事不可为，借口老母思乡心切，脱离军队，逃回家乡。

入清后，丁耀亢饱受乡邻豪右狱讼之苦，流离奔波，为避仇家陷害，赴京参加科考，以求取功名自卫。顺治五年（1648）七月，丁耀亢由利津海运经天津抵北京。入京后丁耀亢受到刘正宗的款待和帮助⑤。

丁耀亢《陆舫诗草》中有30首诗与刘正宗有关，刘正宗的诗集《逋斋诗》中有16首与丁耀亢酬唱。京师生活的五年中，丁耀亢与刘正宗交往最频；刘氏在私人宴集中援引丁氏结交了京城当时的北方汉族文人名流，其中包括王铎、薛所蕴、张缙彦、房海客、任文水、李龙衮、周清熙等⑥，令其诗名大噪，他们都是身仕两朝的北方籍官吏，其后丁氏改籍及入旗塾都与他们的帮助有关。丁氏对刘正宗也心

---

① （清）丁耀亢：《季冬安丘刘元明以家避乱过山中》，《逍遥游·海游》卷一，《丁耀亢全集》上，第648页。
② （清）丁耀亢：《挽刘元明呈刘宪石太史》，《逍遥游·海游》卷一，《丁耀亢全集》上，第652页。
③ （清）丁耀亢：《出劫纪略·从军录事》，《丁耀亢全集》下，第280页。
④ （清）丁耀亢：《出劫纪略·从军录事》，《丁耀亢全集》下，第281页。
⑤ 《答谢刘学宪石士赠韵》："吾志恋所习，蠹鱼啮残墨。无端感秋风，吹上故宫陌。天海本浩荡，出门偏逼窄。良时不我遘，岁暮终浪掷。金门旧豪达，赵趄杂虎迹。性命忍须臾，流寓潜魂魄。怀古与及时，俯仰争一隙。斗酒故人欢，穷达乐未隔。醉吟时激烈，常防喙三尺。草目诚可居，奚甘走曛黑？"
（清）丁耀亢：《答谢刘宪石学士赠韵》，《陆舫诗草》卷一，《丁耀亢全集》上，第11-12页。
⑥ （清）丁耀亢：《徒步行答谢刘太史》，《陆舫诗草》卷一，《丁耀亢全集》上，第14页；
（清）丁耀亢：《秋日从薛夫子张尚书孙司马赏刘学士斋中蕉花》，《陆舫诗草》卷一，《丁耀亢全集》上，第35页；
（清）丁耀亢：《中秋同张京兆司李张举之署次刘学士韵》，《陆舫诗草》卷一，《丁耀亢全集》上，第39页；
（清）丁耀亢：《庚寅元宵同张尚书薛夫子刘学士醉游有感二首》，《陆舫诗草》卷二，《丁耀亢全集》上，第51页；
（清）丁耀亢：《新正刘学士招饮同周清熙李龙衮听筝尝新荔枝》，《陆舫诗草》卷二，《丁耀亢全集》上，第52页；
（清）丁耀亢：《秋日陪房海客任文水侍郎酌刘学士斋中》，《陆舫诗草》卷三，《丁耀亢全集》上，第96页；
（清）丁耀亢：《雨中同李龙衮周清熙集刘学士逋斋》，《陆舫诗草》卷三，《丁耀亢全集》上，第99页。

存感激：

> 秋雨晚出霁，微阳照空垣。僻巷邻招提，日暮不闻喧。客情畏俯仰，尊杏过谁门。刘君时见招，古道礼犹敦。槐阴覆一院，清酝复倾尊。相对无俗怀，诗文皆渊源……静气在几席，何用礼数繁？定交三十年，垂老无间言。老骥畏捶面，壮士悲伤魂。黄鹄摩天游，枌榆安可存。人生贵知己，所感非壶飧。①

刘正宗视丁氏为诗友、酒伴②，并为其《陆舫诗草》作鉴定。

（二）与张缙彦的交游

张缙彦，字坦公，原字濂源，自号外方子，又号大隐、筏喻道人、菉居先生，河南新乡人③。明崇祯四年（1631）进士，崇祯十七年（1644）二月擢兵部尚书，三月与大学士魏德藻率百官迎李自成。顺治元年（1644），诣固山额真叶臣军前纳款，后托有足疾逃匿六安州商麻山。顺治三年（1646）复受洪承畴招降，五月进京，以投诚在江南大定后，不用。顺治十年（1653）授山东右布政。顺治十七年（1660），以其"自擢任侍郎，不能实心在事，且耽情诗酒，好结纳交游，沽名取悦，殊失人臣靖共之义"，降授江南徽宁道。魏裔介弹劾刘正宗，词连缙彦，"言缙彦与为莫逆友，序其诗称以特明之才，词诡谲而心叵测"，夺官逮讯。御史萧震疏劾缙彦：

---

① （清）丁耀亢：《晚过刘学士对酌》，《陆舫诗草》卷二，《丁耀亢全集》上，第65页。
② 《中秋阴雨晚有霁色复为云翳，邀野鹤亦不至怅不成咏》："清兴本难期，机缘迥不昧。今晨际重阴，晴 宜与月会。微云吞晚霞，寒魄浮其外。龃龉竟谁为，闃寂此相对。蒹葭露萧萧，伊人闻幽濑。快意连所遭，鯈来无小大。长叹一含情，倾壶酬暮霭。"
（清）刘正宗：《中秋阴雨晚有霁色复为云翳，邀野鹤亦不至怅不成咏》，《逋斋诗》卷一，《四库未收书书辑刊》第八辑第16册，北京：北京出版社，1997年版，第127页。
《四月晦日过陆舫野鹤留酌》："过此仍初夏，居然一舫中。酿开家米瓮，香动蜀葵风。宦况容吾懒，诗情赖尔同。莫惊时序急，榴火始舒红。"
（清）刘正宗：《四月晦日过陆舫野鹤留酌》，《逋斋诗》卷二，《四库未收书书辑刊》第八辑第16册，北京：北京出版社，1997年版，第224页。
《偶过丁野鹤值雨留饮谈诗坦公亦至复邀赏盆莲成醉赋谢》："长日相随雨到门，兼逢酒伴一开罇。阶前草色侵杯影，乱后诗情动旅魂。衰鬓不辞成潦倒，闲身偏觉谢蒸烦。兴来辄践看花约，二妙何缘在隔垣。"
（清）刘正宗：《偶过丁野鹤值雨留饮谈诗坦公亦至复邀赏盆莲成醉赋谢》，《逋斋诗》卷二，《四库未收书书辑刊》第八辑第16册，北京：北京出版社，1997年版，第227页。
按：丁耀亢在与刘正宗的唱和中，多示其渴望仕进援引，但刘正宗似乎对其仕进帮助不大。究其因，一方面是刘正宗在顺治十四年前为国史院编修，政治地位并不高；另一方面此时南北党争也甚是激烈，清廷对其并不信任。刘氏对自己曾经依附明朝阁党事颇忌讳，即使如此，也多次受到政敌弹劾。同时，丁耀亢没有取得功名也是重要原因。
③ （清）张缙彦著，李兴盛点校：《宁古塔山水记·域外集》附录《张缙彦生平简表》，哈尔滨：黑龙江人民出版社，1984年版，第74页。

> 官浙江时,刊编《无声戏》二集,自称"不死英雄",有"吊死在朝房,为隔壁人救活"云云。冀以假死涂饰其献城之罪,又以不死神奇其未死之身。臣未闻有身为大臣,拥戴逆贼,盗鬻宗社之英雄,且当日抗贼殉难者有人,阖门俱死者有人,岂以未有隔壁人救活逊彼英雄,虽病狂丧心,亦不敢出此等语。缙彦乃笔之于书,欲使乱臣贼子相慕效乎?是其在明季则倾覆天下以利身家,在本朝则煽惑人心,为害风俗。①

从顺治三年(1646)到顺治九年(1652),张缙彦赋闲京师,等待任用。张缙彦与刘正宗关系密切,为莫逆交。张缙彦在给刘正宗的《逋斋诗》序言中云:"余小子寓长安,数数过从,幸窥观其秘笥。而学士亦不弃余,每以评骘相属,己巳间曾读《逋斋》《雪鸿》两集。"②顺治五年丁耀亢入京后在刘正宗的宴集中与之相识,丁氏曾借缙彦"英雄不死"事酬答③。后杖藜从游,多有唱和④。张缙彦此时期在京师觍颜求用,自是心怀郁闷;丁耀亢京师求仕干进,倍感"欲斵爇下桐,吹竽恐难遇"⑤,有"商调激且哀,四顾无钟期"⑥的愤懑,因此二人境遇相似,多有契合。顺治七年(1650)张缙彦移居与丁氏比邻⑦;丁氏在橡槲山耕读时曾闭关参禅,"扫地焚香深下帘,冥心塞穴学参禅"⑧。张氏曾自注《金刚经》,故诗酒之余,常流连于游寺听禅,"新参西竺《金刚解》,借注《南华·秋水篇》。君已得鱼忘相色,逍遥何用觅蹄筌?"⑨。后张缙彦官山东时曾刻丁氏诗于趵突泉石上⑩,并为其诗集鉴定。

---

① 王钟翰点校:《张缙彦传》,《清史列传》卷七九,北京:中华书局,1987年版,第6624页。
② (清)张缙彦:《逋斋诗叙》,(清)刘正宗《逋斋诗》,《四库未收书辑刊》第八辑第16册,北京:北京出版社,1997年版,第194页。
③ (清)丁耀亢:《冬夜过张天石京兆逢大司马张坦公泥饮歌声慨发因为大醉行》,《陆舫诗草》卷一,《丁耀亢全集》上,第18页。
   按:关于张缙彦自称"英雄不死"一事,应该早有传闻,应是出自张氏自己之口。丁耀亢与张缙彦结识在顺治五年(1648)冬,《冬夜过张天石京兆逢大司马张坦公泥饮歌声慨发因为大醉行》中提到"英雄不死或立言,坎壈诗文眼中泪。与君失路任中流,雌伏雄飞各有位",就指当年张缙彦自言闯军破城时欲死国事而被救铁闱,后为人诟病弹劾。
④ (清)丁耀亢:《送坦公赴济南方伯》,《陆舫诗草》卷五,《丁耀亢全集》上,第190页。
⑤ (清)丁耀亢:《长安冬感杂著和李坦园太史秋感韵廿四首》(其十一),《陆舫诗草》卷一,《丁耀亢全集》上,第8页。
⑥ (清)丁耀亢:《长安冬感杂著和李坦园太史秋感韵廿四首》(其十九),《陆舫诗草》卷一,《丁耀亢全集》上,第9页。
⑦ (清)丁耀亢:《张尚书移居比邻二首》,《陆舫诗草》卷二,《丁耀亢全集》上,第59页。
⑧ (清)丁耀亢:《丙寅七月同孙江符闭百日关》,《天史·问天亭放言》,第219页。
⑨ (清)丁耀亢:《十九日同坦公游白云观再过蒋古心听祖上人谈禅》(其二),《陆舫诗草》卷五,《丁耀亢全集》上,第187页。
⑩ (清)丁耀亢:《张方伯刻予诗于趵泉石上》,《椒丘诗》卷一,《丁耀亢全集》上,第254页。

(三) 与王铎的交游

王铎,字觉斯,号十樵、痴庵,河南孟津人。明天启二年(1622)进士,改庶吉士,授编修。顺治二年(1645)同礼部尚书钱谦益等迎豫亲王,奉表降。顺治三年(1646)正月,命以礼部尚书管弘文院学士,充《明史》副总裁。顺治六年(1649)正月,授礼部左侍郎,充《太宗文皇帝实录》副总裁。顺治八年(1651)晋少保。是年三月,疏言:"帝王御世,莫不重道尊师。今上亲政伊始,百度维新。请幸学释典,并命祭酒、司业于彝伦堂进奖。先期敕工部修葺圣庙,仍葺文庙,如所请行。"顺治九年(1652)三月,授铎礼部尚书,而铎先以二月间祭告西岳、江渎事竣,归里卒于家。赠太保,赐祭葬如例,谥文安,有《拟山园集》①。

王铎以诗书画著称,曾与董其昌有交。丁耀亢早年南游董氏门,对王铎倾慕,"何知墙外有公荣,且与马军分一石"②,后在刘正宗的宴游中与之结识③。顺治五年冬后丁氏与王铎多有往来,曾与雪夜畅饮④;王铎过访丁氏陆舫,为之题字⑤。王氏入清后喜好声乐,"粉黛横陈,二八递代,按旧曲,度新歌,宵旦不分,悲歌间作"⑥;同时留恋烟霞山水,"文安诗名甚著,然每入荒幻,不可胜数"⑦。丁耀亢诗文富有烟霞气,热衷传奇创作,故彼此契合⑧。王铎为丁氏《陆舫诗草》作序、鉴定,感慨其"抱鲁连、子房之志,不逢其时";其诗"使人窥涯猷薄、沿境溯象潄尽","予晓野鹤,更喜野鹤诗"⑨。

---

① 王钟翰点校:《王铎传》,《清史列传》卷七九,北京:中华书局,1987年版,第6542-6543页。
② (清)丁耀亢:《王觉斯尚书同诸公就饮邻家恨不得与》,《陆舫诗草》卷一,《丁耀亢全集》上,第13页。
③ 《清诗纪事初编》:"初,所蕴与王铎同里相得,以学杜标榜,复与刘正宗同年唱和。"
   邓之诚:《薛所蕴》,《清诗纪事初编》卷八,上海:上海古籍出版社,1984年版,第883页。
④ 《月夜王学士觉斯枉过同宋玉叔李参玄饮啸至曙》:"谁能雪夜过袁安,白马玉佩光琅玕。席门灶冷夜无光,歌声时出金石寒。长安才人多得志,燹下岂专天下土。先生自爱欹崎人,反就壶觞论奇字。宋君结交固已久,知我狂谈时被时。李君倜傥更多情,坐中自起为谋酒。古来多少贤达士,遭逢世事无等伦。良马沉剑岂殊绝,一昑已足传其真。人生感激安可论!"
   (清)丁耀亢:《月夜王学士觉斯枉过同宋玉叔李参玄饮啸至曙》,《陆舫诗草》卷一,《丁耀亢全集》上,第23页。
⑤ 《王孟津字帖换米歌》:"孟津碑板满天下,二百余年无与亚";"遗我十四帖,片楮晶莹如屈铁。遗我陆舫诗,草圣怀素与张芝"。
   (清)丁耀亢:《王孟津字帖换米歌》,《归山草》,《丁耀亢全集》上,第489页。
⑥ (清)钱谦益著,(清)钱曾笺注,钱仲联标校:《故宫保大学士孟津王公墓志铭》,《牧斋有学集》卷三十,《钱牧斋全集》第5册,上海:上海古籍出版社,2003年版,第1104页。
⑦ (清)沈德潜:《王铎》,《清诗别裁集》卷一,上海:上海古籍出版社,1984年版,第10页。
⑧ 《问王尚书觉斯病起约看〈化人游〉剧二首》(其一):"诗酒相违近一旬,到门空愧扫辕人。莫矜细字频输眼,恐嗜奇吟误损神。玄鹤自调真气息,伏龙可括沧苍旻。香山有约从扶杖,一曲仙游缅面春。"
   (清)丁耀亢:《问王尚书觉斯病起约看〈化人游〉剧二首》,《陆舫诗草》卷一,《丁耀亢全集》上,第49页。
⑨ (清)王铎:《陆舫诗草序》,《丁耀亢全集》上,第2页。

顺治九年王铎去世后，丁氏作诗十二章挽之，对其赏识深表感激①。

（四）与薛所蕴的交游

薛所蕴（1600—1667），字子屋，号行屋，桴庵，河南孟县人。明崇祯元年（1628）进士，曾降附李自成。清顺治元年（1644）五月降清。顺治二年（1645）四月，迁祭酒。五月奏称：

> 满洲学生皆沉毅聪俊，志趣向上。国学僻处东北隅，远者十五六里，近亦有数里，奔驰道路，辰巳间始到监，申刻回家就食。功课止午未二刻，有名无实。惟昼夜在监读书，庶有实益；而号舍供给未定，宜敕部院酌议。②

顺治七年（1650）迁顺天府府丞，九年（1652）九月任教习庶吉士，十一年（1654）十月擢礼部右侍郎。有《桴庵诗集》《澹友轩文集》行世。

薛所蕴与刘正宗为同年，皆明崇祯元年戊辰科进士，为"金石交者逾二十年"③。丁耀亢与薛所蕴相识于刘正宗的宴集，两人宴游唱和多与刘正宗有关④。薛所蕴为丁耀亢的《陆舫诗草》卷四作鉴定，对其有经济的资助⑤，帮助他改籍顺天府入贡。薛所蕴曾于顺治二年任国子监祭酒，五年转通政司右参议，七年迁顺天府府丞。丁耀亢于顺治六年改籍顺天府，由拔贡充镶白旗教习。顺治六年，丁耀亢在薛所蕴生日祝寿诗云："吾师历落真古人，亢也何缘捧几舄。"⑥丁氏比薛所蕴年长一岁，称薛氏为"吾师"，即有师生之谊；感谢薛氏"怜我剪拂出泥途，暂使射堂分鹅炙"，即为助其出仕迈出重要一步。此时薛所蕴虽已不再担任祭酒，但在祭酒与顺天府丞之间的职务及权限内，为丁氏顺治六年改籍任旗塾起了关键作用。故此丁耀亢尊称薛氏为"赏爇桐知音"的蔡邕，愿意执弟子之礼，"常得扫门侍朝夕"。

---

① 《王尚书以华山诗纪邮至燕士大夫和之成帙，阅二月而讣音至。予既荷先生国士知，因为挽诗十二章哭于庭而焚之(壬辰三月)》(其七)："冠带人如海，谁怜处士寒。尘中收贾岛，马上识荆韩。饮曙看星落，谈深立雪干。西州无路往，从此去长安。"
　(清)丁耀亢：《王尚书以华山诗纪邮至燕士大夫和之成帙，阅二月而讣音至。予既荷先生国士知，因为挽诗十二章哭于庭而焚之(壬辰三月)》(其七)，《陆舫诗草》卷四，《丁耀亢全集》上，第134页。
② 王钟翰点校：《薛所蕴传》，《清史列传》卷七十九，北京：中华书局，1987年版，第6599—6600页。
③ (清)薛所蕴：《刘宪石晋大学士序》，《澹友轩文集》卷五，《四库全书存目丛刊》集部第197册，济南：齐鲁书社，1997年版，第61页。
④ 见《雪夜行并序》《秋日从薛夫子张尚书孙司马赏刘学士斋中蕉花》《九日同诸公登高日暮薛夫子张尚书后至次刘学士韵二首》《庚寅元宵同张尚书薛夫子刘学士醉游有感二首》等诗作。
⑤ 《薛夫子岁终馈草堂资》："砾釜炊烟老赁春，经年书剑未从容。故山欲去愁逢虎，新馆初开学夔龙。布褐自怜销雨雪，鹴䘿谁为赠芙蓉。爇桐羞负知音赏，海内空传识蔡邕。"
　(清)丁耀亢：《薛夫子岁终馈草堂资》，《陆舫诗草》卷一，《丁耀亢全集》上，第50页。
⑥ (清)丁耀亢：《寿薛夫子大司成》，《陆舫诗草》卷一，《丁耀亢全集》上，第47页。

（五）与王崇简的交游

王崇简（1602—1678），字敬哉，直隶宛平人。明崇祯十六年癸未（1643）进士，顺治三年（1646）顺天学政曹溶荐授检讨，累迁礼部尚书，加太子少保。尝疏请赐恤明季殉难范景文、蔡懋德等二十八人，又议帝王庙罢宋臣潘美、张浚从祀，北岳移祀浑源，皆用其议。入清官至太子太保礼部尚书，谥文贞，有《青箱堂诗文集》行世。

王崇简与宋琬交情颇深，二人相识于明崇祯八年（1635），"忆自前乙亥，先生举茂才异等，来京师与先君文贞公（王崇简）申侨、肸之好"①。明崇祯十七年（1644）甲申之变后，王崇简举家避难南京，宋琬赴金陵夜投探视②。顺治二年（1645）两家乘船由南方归莱阳，宋琬让宅王氏居住，并教授王崇简之子王熙作文③；王崇简挣扎在仕隐之间时与宋琬兄弟倾诉生逢鼎革的痛楚抉择④。

丁耀亢与宋琬早已相识，顺治五年除夕有诗与之赠答⑤，后在宋琬宴集中唱和⑥。顺治九年（1652）王崇简为国子监祭酒，丁耀亢三年旗塾教习结束以诗向王

---

① （清）王熙：《重刻安雅堂诗文集序》，（清）宋琬《安雅堂全集》附录三，上海：上海古籍出版社，2007年版，第827页。
② （清）王崇简：《宋玉叔至白下晤赠》："风朔萧瑟江花飞，悲怀故土不可归。长夜无眠旅灯暗，东方未白常披衣。闻道昌阳来宋子，足踏冰雪问居止。开门是我梦中人，相持洒泣杂惊喜。虎豹队里何以来，我在幽燕君东莱。海深途险弃一死，弃家跋涉何为哉。心凄声咽难一词，但言尔我心相知。"
（清）王崇简：《宋玉叔至白下晤赠》，《青箱堂诗集》卷四，《四库全书存目丛书》集部第203册，济南：齐鲁书社，1997年版，第86页。
③ 《重刻安雅堂文集序》："两家挈各僦舟而居，樯帆连络，相依为命"，"时干戈满地，风鹤皆警，履危蹈险"。"既达莱阳，先生让宅以居，暇则课熙为文，讲论《尚书》大指，不以流离故辍业。"
（清）王熙：《重刻安雅堂诗文集序》，（清）宋琬《安雅堂全集》附录三，上海：上海古籍出版社，2007年版，第827页。
④ 《至莱阳语宋玉伯仲玉叔》："或者贫贱难自全，不然草草而早死，无知草木同芊芊。数者既一不可得，何乃生逢鼎革！"
（清）王崇简：《至莱阳语宋玉伯仲玉叔》，《青箱堂诗集》卷四，《四库全书存目丛书》集部第203册，济南：齐鲁书社，1997年版，第86页。
⑤ 《除夕答王敬哉先生二首》（其一）："雪暗席门车马过，流年无地挽挥戈。狂游不为弹齐铗，逆旅真堪放楚歌。新安梅花春色瘦，故山松树岁寒多。长安久客如麋鹿，醉向公卿话薜萝。"（其二）："竹叶椒花共一炉，客狂欢醉事非迂。老因嗜古诗仍傲，贫欲依人调已孤。千里气衰怜枥马，一枝冷绝羡林鸟。春来汗漫多佳胜，何用扁舟忆五湖。"
（清）丁耀亢：《除夕答王敬哉先生二首》，《陆舫诗草》卷一，《丁耀亢全集》上，第25页。
《过丁野鹤》："一榻香深柏子炉，高怀事事不妨迂。佳辰得句帘常寂，静夜张琴月不孤。旅舍客来翻古帙，故乡梦醒听啼鸟。莫嗟弹剑归欤晚，云水苍苍遍五湖。"
（清）王崇简：《过丁野鹤》，《青箱堂诗集》卷六，《四库全书存目丛书》集部第203册，济南：齐鲁书社，1997年版，第105页。
⑥ （清）丁耀亢：《四月朔日宋玉叔招同王敬哉宋辕文米吉士张举之赵韫退报国寺看海棠分韵》，《陆舫诗草》卷一，《丁耀亢全集》上，第30页。

氏致意,既表述对自己任教"译语翻经耐众哗,始知圣教本无涯"的肯定,又表达对王氏的感激之情,"天使车书通朔漠,人依星宿仰昆仑。河汾夫子新开帐,桃李无言总至恩"①。

(六)与龚鼎孳的交游

丁耀亢在京师与北方文人交游颇广,宴集唱和频繁,与南方文人也有过从。顺治四年(1647)为躲避仇家陷害谋求举家南迁,在吴陵与龚鼎孳相识,"丁亥南游,至于吴陵。淮扬风雅,声气益增。刘张邓陆,龚君孝升。文酒嘉会,歌筑夜哄"②。其中的"龚君孝升"就是龚鼎孳。

龚鼎孳,字孝升,号芝麓,安徽合肥人。明崇祯七年(1634)甲戌进士,官兵科给事中。李自成陷京师,鼎孳迎降,授伪直指使。顺治元年五月降清,后官至礼部尚书、刑部尚书,谥端毅。有《定山堂集》四十三卷、《诗余》四卷。

丁、龚同为莱阳王汉的挚友。王汉,字子房,莱州掖县人。明崇祯十年(1637)进士,顺治十六年(1659)正月十九日在围剿河南永城农民军时战死③。龚鼎孳与之在京师交好,"慷慨议天下事","弹指出血,泪痕、酒痕交溢衫袖"④。丁耀亢与王子房曾山中结社,为至交,明崇祯十六年王子房战死后,丁氏亲自到莱阳吊唁,并以诗纪之,"尚为朋友死,忍忘君父仇"⑤。顺治四年(1647)龚鼎孳丁父忧里居⑥,与丁耀亢遇于海陵,"及叙述平生所与交,则故吾子房壁间一人"⑦;龚鼎孳在寓园设宴款待丁氏⑧,并为其诗集《逍遥游》题序。顺治八年(1651)夏,龚鼎孳守制服阕回京,丁耀亢与之聚⑨。在龚鼎孳的宴游中,丁氏先后结识了南方文人曹溶、白仲调、赵友沂、吴雪航、阎尔梅等⑩。康熙五年(1666)丁耀亢因《续金瓶梅》中有碍时讳语,为仇家所陷,被逮入狱,至京师诉讼。龚鼎孳时为刑部尚书,为之周旋回护,后

---

① (清)丁耀亢:《旗塾事竣谢大司成王敬哉雍师四首》(其四),《陆舫诗草》卷四,《丁耀亢全集》上,第148页。
② (清)丁耀亢:《自述年谱以代挽歌》,《归山草》,《丁耀亢全集》上,第425页。
③ (清)计六奇:《王汉战死》,《明季北略》卷十九,北京:中华书局,1984年版,第399页。
④ (清)龚鼎孳:《逍遥游序》,《丁耀亢全集》上,第631页。
⑤ (清)丁耀亢:《癸未十月入东哭挽王子房大中丞》,《逍遥游·海游》卷一,《丁耀亢全集》上,第658页。
⑥ 董迁:《龚芝麓年谱》,《中和月刊》第三卷第1-3期,1942年版,第64页。
⑦ (清)龚鼎孳:《逍遥游序》,《丁耀亢全集》上,第631页。
⑧ (清)丁耀亢:《龚孝升先生招饮寓园出读为王子房题恤疏草再次前韵志感》,《丁耀亢全集》上,第698页。
⑨ (清)丁耀亢:《同秣陵白仲调晚集龚奉常楼居》,《丁耀亢全集》上,第98页。
⑩ (清)龚鼎孳:《上巳韩圣秋丁野鹤邓孝威段雨岩白仲调赵友沂过集听王子玠度曲》,《定山堂诗集》卷二十一,《续修四库全书》集部第1402册,上海:上海古籍出版社,1995年版,第649页。

获释。丁耀亢心怀感激,"不有于公在,谁言天可回!"①此事龚鼎孳以诗纪其事,并对丁氏多有安慰②。

(七) 与宋琬的交游

宋琬,字玉叔,号荔裳,山东莱阳人。顺治四年(1647)丁亥进士,官至四川按察使,有《安雅堂集》十八卷。丁耀亢与宋琬相识大约在明崇祯十六年(1643)山中结社③,顺治五年(1648)至十年(1653)在京城多有唱和,相从甚密④(此时期丁氏与之有关诗《陆舫诗草》12 首)。顺治十年(1653)至十四年(1657)宋琬任事京外,丁氏与之有遥和之作(《椒丘诗》9 首、《江干草》1 首);顺治五年宋琬为丁耀亢传奇《化人游》题词作总评⑤。

(八) 与杨思圣的交游

杨思圣,字犹龙,号雪樵,直隶巨鹿人。顺治三年(1646)丙戌进士,入翰林。官至四川左布政使,有诗集《且亭诗》。申涵光在其《本传》中云,"公为人和易无崖

---

① (清)丁耀亢:《怀芝麓龚大司寇二首》,《归山草》,《丁耀亢全集》上,第 460 页。
《次吴陵旧韵呈龚傅两公二首》(其二):"多病文园赋子虚,无端飞檄动山庐。汾阳赎李能辞爵,迁史为陵敢上书。不惜黄金收老骏,生从赤釜地枯鱼。天王明圣交情重,惟祝升平咏驷年。"
(清)丁耀亢:《次吴陵旧韵呈龚傅两公二首》(其二),《归山草》,《丁耀亢全集》上,第 476 页。
② 《赠丁野鹤》(其一):"重归华表真愁汝,夜夜心悬腋背书。万事喜看人乍活,一年追数憾无余。雪深揽袂园扉窄,惊定逢春老鬓疏。官罢身闲名又就,古来奇福本难居。"
(其二):"琅函贝叶手频删,仙佛文人总一关。怪到齐谐能说鬼,藏非秦火已焚山。魂来竟屑蛟龙怒,围解犹留箭簇斑。急理团瓢消慧业,误将彩笔点朱颜。"
(其三):"岧然朋旧鲁灵光,今雨能来即故乡。花落竹西游子路,梦回河朔少年场。诗书老缚多生劫,解脱心空五月凉。记说楼船笳吹日,可怜草檄到刊章。"
(清)龚鼎孳:《赠丁野鹤》,《定山堂诗集》卷三〇,《续修四库全书》集部第 1403 册,上海:上海古籍出版社,1995 年版,第 131 页。
③ 《莱阳宋玉叔以诗寄怀因答赠》:"桃花潭水论交深,车马难忘杵臼心。眼出风尘方识剑,人先山水始知琴。文章平等高难和,葭露萧疏远易沉。秋水中央君宛在,何年把臂入长林?"
(清)丁耀亢:《莱阳宋玉叔以诗寄怀因答赠》,《归山草》,《丁耀亢全集》上,第 683 页。
④ 顺治五年冬所作《雪夜行并序》:"戊子冬季,夜微雪,月出如昼,从张举之、宋玉叔、宋辕文醉归,再过张禄饮,漏三下矣。"
(清)丁耀亢:《雪夜行并序》,《陆舫诗草》卷一,《丁耀亢全集》上,第 22 页。
《月夜王学士觉斯枉过同宋玉叔李参玄饮啸至曙》:"宋君结交固已久,知我狂谈时被肘。"
(清)丁耀亢:《月夜王觉斯枉过同宋玉叔李参玄饮啸至曙》,《陆舫诗草》卷一,《丁耀亢全集》上,第 23 页。
⑤ (清)宋琬:《化人游总评》:"《化人游》非词曲也,吾友某渡世之寓言而托乎词者也。世不可以庄言之,而托之于咏歌;咏歌又不可以庄言之,而托之于传奇。以为今之传奇,无非士女风流,悲歌常态,不足以发我幽思幻想,故一托之于汗漫离奇狂游异变,而实非汗漫离奇狂游异变也。知者以为漆园也,离骚也,禅宗道藏语录也,太史公自叙也。斯可与化人游矣。"
按:齐鲁书社 2003 年版《宋琬全集》、上海古籍出版社 2007 年版《安雅堂全集》均未收录此段文字。检阅宋琬诗文集则并无记录与丁耀亢交往唱和的只字片语。
(清)宋琬:《化人游总评》,(清)丁耀亢《丁耀亢全集》上,第 706 页。

岸而中实强直,意所不可,虽显贵不与交;而素所往来称忘形之交,多布衣寒士";"士子能自负才来阙下,必携卷轴谒两公,得其一言以为荣"①。魏裔介推崇其:"公生平与声色仕进,皆不营心,独鉴别人伦,接待寒士,有若饥渴。"②顺治五年丁耀亢来京时与之相识,彼此性情相宜,殷殷相亲。丁耀亢对之心存感激,不仅赏识其诗文,而且还予以经济上的帮助:"感君不厌频来往,江海孤存一鹖冠。"③"怀人白发盈眶泪,赠客绨袍损俸钱。已老夷门何以报,相思应泛海津船。"④杨思圣也将丁耀亢视为知己,"尚余孤壁在,强半是君诗"⑤;"十年踪迹混风尘,尊酒逢君义气亲"⑥;"草堂得句常携手,萧寺看花数拍肩"⑦。得到杨思圣这样在当时京师享有盛誉的士林名士的赏识,沉沦下僚的丁耀亢自是感激不尽。丁氏诗集中有19首诗与杨氏有关⑧,杨氏诗集中有7首诗答赠丁氏⑨。

在与杨思圣的交游中,丁耀亢结识申凫盟、殷岳、魏裔介等直隶名士。

(九) 与傅维鳞的交游

傅维鳞(1608—1667),初名维桢,字掌雷,号歉斋,直隶灵寿人。顺治三年(1646)丙戌进士,官至工部尚书,有《四思堂文集》八卷及《明书》一百七十一卷。傅掌雷与杨思圣同为直隶人,且同是顺治三年(1646)丙戌科进士,丁氏与之相识缘于杨

---

① (清)申涵光:《杨思圣本传》,(清)杨思圣《且亭诗》,《四库全书存目丛书》集部第213册,济南:齐鲁书社,1997年版,第622页。
② (清)魏裔介著,魏连科点校:《四川布政使巨鹿杨公犹龙墓志铭》,《兼济堂文集》卷十二,北京:中华书局,2007年版,第304页。
③ (清)丁耀亢:《过杨太史斋中》,《陆舫诗草》卷三,《丁耀亢全集》上,第116页。
④ (清)丁耀亢:《冬日海上谢杨犹龙谕德远寄诗缄答次来韵》,《陆舫诗草》卷五,《丁耀亢全集》上,第196页。
⑤ (清)杨思圣:《暑中答丁野鹤》,《且亭诗·五言律》,《四库全书存目丛书》集部第213册,济南:齐鲁书社,1997年版,第648页。
⑥ (清)杨思圣:《赠丁野鹤》,《且亭诗·七言律》,《四库全书存目丛书》集部第213册,济南:齐鲁书社,1997年版,第682页。
⑦ (清)杨思圣:《寄丁野鹤》,《且亭诗·七言律》,《四库全书存目丛书》集部第213册,济南:齐鲁书社,1997年版,第688页。
⑧ (清)丁耀亢:《陆舫诗草》:《再答杨犹龙翰林来什》(卷一);《太史杨犹龙冯孔博傅掌雷雨中过饮次韵二首》(卷二);《杨犹龙太史使闽贻白苎》《过太史斋中》《答杨太史见怀三首(时颁诏自闽中归)》(卷三);《答次杨犹龙谕德睡起韵》《和杨犹龙谕德雪中过天宁寺韵》《再次杨德谕》《罗侍御文以酒酬文因邀杨太史过饮》(卷四);《冬日海上谢杨犹龙谕德远寄诗缄答次来韵》(卷五)。《椒丘诗》:《魏石生都宪招同杨犹龙学士纪伯紫晚集》《甲午病不入闱谢杨犹龙学士》《寄呈杨犹龙学士》《丙申秋日次学士杨犹龙晋中秋响二十二韵》。
⑨ (清)杨思圣《且亭诗》:《为丁野鹤题重逢罗汉卷》《使回东丁野鹤》(三首)、《暑中答丁野鹤》《赠丁野鹤》《寄丁野鹤》。

氏的集会①。顺治七年(1650)六月傅掌雷曾造访丁氏陆舫②。顺治六年(1649)丁耀亢创作传奇《赤松游》时,傅氏与其就情节及曲调有过商讨。丁氏于明崇祯五年(1632)辑正史中因果报应事,著《天史》一书,故对史书多有留意。傅维鳞"熟于明代文献",曾著《明书》,"搜求明代行藏印抄旧书,与家乘文集碑志,聚书三百余种,九千余卷,参乎实录,考订异同"③。二人对著史交流颇多,"翛然草色爱吾庐,每过搜函说注书"④。傅维鳞视丁氏为知己,为其不遇鸣不平,"群到前堂回陆舫,谁令稷下滞椒丘"⑤。顺治十四年(1657)因顺治皇帝不满《鸣凤记》剧情,傅氏推荐丁氏创作《表忠记》,期冀因此改变其境遇⑥,对其剧作从易名到举荐,多费心思气力⑦。康熙四年(1665)丁氏《续金瓶梅》文狱案发,多赖其与龚鼎孳之力得免,"予以著书被祸,蒙公脱骖得免"⑧。康熙七年傅氏去世,丁氏作《哭傅掌雷尚书十律》以悼之,感其"义过古人","千金难报信陵恩"⑨。

(十) 与曹尔堪的交游

曹尔堪(1617—1679),字子顾,号顾庵,浙江嘉善人。顺治九年(1652)壬辰进士,官侍讲学士。有《南溪集》《杜鹃亭集》。沈德潜评其:"诗文顷刻成,同馆无与争捷者。"⑩丁耀亢与曹尔堪的相识大约缘于顺治五年(1648)与宋琬的集会中,顺治十年(1653)丁耀亢应曹氏之约,根据其与浙中名妓宋娟的故事谱成传奇《西湖

---

① 《哭傅掌雷尚书十律》:"作者自注:'公与巨鹿杨犹龙独密。'"(公指傅维鳞)
　(清)丁耀亢:《哭傅掌雷尚书十律》,《归山草》,《丁耀亢全集》上,第553页。
② 《太史杨犹龙冯孔博傅掌雷雨中过饮次韵二首》:"感君不惜冲泥过,浊酒狂歌破旅颜。"
　(清)丁耀亢:《太史杨犹龙冯孔博傅掌雷雨中过饮次韵二首》,《陆舫诗草》卷二,《丁耀亢全集》上,第65页。
③ (清)纪昀等:《钦定四库全书总目·史部六》卷五十,北京:中华书局,1997年,第707页。
④ (清)丁耀亢:《夏日傅掌雷太史见过》,《陆舫诗草》卷三,《丁耀亢全集》上,第104页。
⑤ (清)傅维鳞:《与野鹤共酌家酿》,《四思堂文集》卷八,《四库全书存目丛书》集部第214册,济南:齐鲁书社,1997年版,第68页。
⑥ (清)丁耀亢:《世祖欲作〈杨椒山乐府〉公荐于涿鹿冯相国,奉旨作〈表忠记〉,书成未及上而世祖宾天矣》,《听山亭草》,《丁耀亢全集》上,第553页。
　(清)郭棻:"相公冯公、司农傅公相顾而言曰:'此非丁野鹤不能也!'"
　(清)郭棻:《新编杨椒山表忠蚺蛇胆》弁言,《丁耀亢全集》上,第914页。
⑦ (清)丁耀亢:《〈杨忠愍蚺蛇胆〉剧成,傅掌雷总宪易名〈表忠〉志谢》,《椒丘诗》卷二,《丁耀亢全集》上,第334页。《闻大内征予〈表忠〉剧副宪君遣索原本》,《椒丘诗》卷二,《丁耀亢全集》上,第346页。
⑧ (清)丁耀亢:《哭傅掌雷尚书十律序》,《听山亭草》,《丁耀亢全集》上,第553页。
⑨ (清)丁耀亢:《予以病丧明伏枕二年矣,再述旧游以代挽》,《听山亭草》,《丁耀亢全集》上,第553页。
⑩ (清)沈德潜:《曹尔堪》,《清诗别裁集》卷三,上海:上海古籍出版社,1984年,第112页。

扇》①，并受曹氏草堂资助三百缗②。顺治十一年（1654）丁耀亢离京赴容城教谕后，其陆舫转给曹尔堪③。

（十一）与查继佐的交游

查继佐（1601—1676），字伊璜，自号与斋，又称敬修子，入清后更名省，字不省；题画或署钓史、钓玉。游粤后或隐姓名为左尹，别号非人氏。其所居近东山，居庐名朴园，故人称东山先生或朴园先生，浙江海宁人。顺治九年（1652）春查继佐进京④，与丁氏在杨思圣书斋中相遇，丁氏赠诗四首，对其高节鸿才仰慕不已，对其所著史书尤为关注⑤。查继佐为丁氏传奇《赤松游》作序，并把自作传奇《梅花讖》《玉珑缘》并举，"犹龙曰：'钓史有《梅花讖》，又有《玉珑缘》。'梅与松为岁寒故友，今日相对非昨而黄石可祠，剑玉欲化，俱有玄而上仙之情，两人请弗以凡五官相拱揖也"⑥。时查氏聘燕姬南归，丁氏以诗戏赠⑦。顺治十七年（1660）丁耀亢在

---

① 《感宋娟诗二首》："娟，浙中名妓。没于兵，题诗清风店壁，寄浙中孝廉曹子顾求赎。都中盛传其事。"时为顺治六年事。
（清）丁耀亢：《感宋娟诗二首》，《陆舫诗草》卷一，《丁耀亢全集》上，第43页。
《重刻〈西湖扇传奇〉始末》："《西湖扇词曲》，浙中旧有刊本，盖惠安公（指丁耀亢，曾任惠安县令——笔者注）羁迹燕京时笔也。纨扇离合，萍踪聚散，往事已付之梦幻中矣。石渠（曹尔堪又号——笔者注）先生，天下有情人也。恳求先惠安公一喏而借题说法，寓意写生，遂使才子佳人苦海离愁，一旦作登场欢笑。"
（清）丁慎行：《重刻〈西湖扇传奇〉始末》，（清）丁耀亢《丁耀亢全集》上，第741页。
② （清）丁耀亢：《曹子顾太史寄草堂资三百缗时为子顾作〈西湖传奇〉新成》，《陆舫诗草》卷五，《丁耀亢全集》上，第200页。
③ 《曹子顾太史招同江南黄心甫彭云谷沈韩倬刘逸民夜集陆舫旧居》："文章江海尽名流，百尺楼高琚上头。吴旅堪酬天上马，宁歌空饭道傍牛。掉头我欲寻巢父，勒鼎君应继邺侯。陆舫再来忘主客，笑看南北一浮鸥。"按：时为顺治十一年，丁氏由容城至京师。
（清）丁耀亢：《曹子顾太史招同江南黄心甫彭云谷沈韩倬刘逸民夜集陆舫旧居》，《椒丘诗》卷一，《丁耀亢全集》上，第258页。
④ 《查继佐年谱》："壬辰（顺治九年，1652），先生五十二岁，是春，有故入燕。"
（清）沈起：《查继佐年谱》，北京：中华书局，1992年版，第45页。
《杨太史斋中赠查伊璜四首》，丁氏注查氏："时临闱不入试。"
（清）丁耀亢：《杨太史斋中赠查伊璜四首》，《陆舫诗草》卷四，《丁耀亢全集》上，第127页。
⑤ 《杨太史斋中赠查伊璜四首》（其三）："新著异书藏二酉，一时玄白不须删！"
（清）丁耀亢：《杨太史斋中赠查伊璜四首》（其三），《陆舫诗草》卷四，《丁耀亢全集》上，第128页。
⑥ （清）查继佐：《赤松游序》，（清）丁耀亢《丁耀亢全集》上，第803页。
⑦ 《查伊璜聘燕姬南归戏赠》："千金不惜买歌绫，远市看花眼债增。鸡肋可堪调宛马，鹭拳直欲驾胡鹰。须防牛钝争挥尘，怕使狐疑夜听冰。枳桔过江应善化，南音新学折腰菱。"
（清）丁耀亢：《查伊璜聘燕姬南归戏赠》，《陆舫诗草》卷四，《丁耀亢全集》上，第128页。

赴任福建惠安县令途中,到东山寻访,值查氏不在①。顺治十七年查氏为丁氏在杭创作的小说《续金瓶梅》作序。

(十二)与邓汉仪的交游

邓汉仪,字孝威,号旧山,江苏泰州人。其博洽通敏,尤工于诗,与太仓吴伟业(梅村)主盟风雅者数十年,兴修《扬州志》《江南通志》皆以其言为定论。著有编年诗各体,文若干卷,诗余一卷,辑清初士人之诗为《诗观》四集②;"别裁伪体,力追雅言,海内诗之家宗焉"③。沈德潜(1673—1769)评其:"孝威与国初诸前哲游,洽闻见广,所选《诗观》四集,虽未脱酬应,然亦足备后人采择。"④丁耀亢与邓氏相识于顺治四年南游时,以诗交友,"今古波澜难大雅,衰残文物易颠狂"⑤;约定共同订杜诗,欲以清归破时调,树正风雅⑥。顺治八年(1651)至顺治十年(1653)间二人宴集出游,诗赋相答,多有故国缅怀之感,"流水似怜人世改,先皇行处咽声多"⑦。邓氏对此时期有诗记之。康熙十三年(1674)至十七年(1678)邓氏编《诗观》二集选丁氏诗七首,附有简评⑧,这是清人选清诗中较早选丁氏诗歌的选本。

---

① 《访查伊璜于东山不遇》:"旧约东山在,闻君陵海归。名高心不定,客久愿多违。罗绮消孤僻,文章隐是非。未能寻钓侣,明月伴船归。"
(清)丁耀亢:《访查伊璜于东山不遇》,《江干草》,《丁耀亢全集》上,第369页。
② (清)邓汉仪:《重修泰州志》,《慎墨堂诗·杂录》,《四库禁毁书丛刊补编》第57册,北京:北京出版社,2004年版,第453页。
③ (清)邓汉仪:《扬州府志》,《慎墨堂诗·杂录》,《四库禁毁书丛刊补编》第57册,北京:北京出版社,2004年版,第452页。
④ (清)沈德潜:《邓汉仪》,《清诗别裁集》卷十二,上海:上海古籍出版社,1984年版,第493页。
⑤ (清)丁耀亢:《和邓孝威见赠四章元韵》(其四),《逍遥游·吴陵游》卷二,《丁耀亢全集》上,第697页。
⑥ (清)丁耀亢:《约邓孝威共订杜诗名以清归破时调也因次元韵》,《逍遥游·吴陵游》卷二,《丁耀亢全集》上,第699-700页。
⑦ (清)丁耀亢:《独游西山归柬圣秋孝威岱观六首》(其六),《陆舫诗草》卷四,《丁耀亢全集》上,第143页。
⑧ (清)邓汉仪:《忆昔行赠张天石纳言兼吊张大隐张玉调宋今础丁野鹤张蝶庵诸公》:"忆昔燕京上元节,火树银花交映彻。酒楼百粘炫珠灯,游人踏尽铜街雪。是时公卿歌乱余,若将乐事销居诸。拉我竟入黄公市,掀髯狂叫酒家胡。夜阑犹过长山宅,看煞红妆低按拍。骑马归来月堕天,坠珥遗簪良可惜。人生盛游难再得,我返江南君蓟北。那意浮云暗京国,诸君零落不可识。或迁绝塞或重泉,几人尚结荆高缘。贵人面目难仰视,尽道高车驷马非。徒然我行踯躅邗江边,不料胶州泊画船。惊君硕果今犹健,游戏江湖真列仙。却话酒垆当日事,君亦酒人君不记。为君慷慨歌此篇,人生出处当行意。"此诗当是回忆顺治八年至十年间京师偕游的场景。
(清)邓汉仪:《忆昔行赠张天石纳言兼吊张大隐张玉调宋今础丁野鹤张蝶庵诸公》,《慎墨堂诗》,《四库禁毁书丛刊补编》第57册,北京:北京出版社,2004年版,第473-473页。
邓汉仪辑《诗观二集》选丁氏诗歌六首并作简评,即《泊舟留宿海岳庵》(两首)、《登岱》(四首)。
(清)邓汉仪:《慎墨堂诗》,《四库禁毁书丛刊补编》第57册,北京:北京出版社,2004年版,第392页。

第二节 丁耀亢京师交游论

丁耀亢由顺治五年至十年在京师任旗塾教习;顺治十一年至顺治十五年任容城教谕,其间时返京师,或参加科举试考,或出于差役(乡试帘官),结交甚广。丁氏孜孜以求,干名仕进,从其由教习而教谕,最后至县令,科名不显。其间既有丁氏个人的努力,又有所交友人的帮助。从与其交游唱和之人,可一窥清初诸生入京生活及其心态。

一、期许与评介:崟崎人与畸人

顺治五年(1648)七月中旬丁耀亢乘船由海路途经天津到达北京,从此开始五年的京师生活。五年中丁耀亢曾经先后做过镶白旗和镶红旗的旗塾教习,也曾参加过科考,均未中第,最终在顺治十年教习结束后,选任直隶容城教谕。《陆舫诗草》五卷真实记录了丁氏京师生活的点滴见闻和感受。纵观其交游拜谒,我们可以领略其京师生活的方方面面,窥视其游走在南北文人之间、干谒于新旧官僚之间,希图以一己诗文之才、性情之气于士人文林和科举仕宦有所斩获。从丁耀亢的京师生活中可以感受清初北方乡村儒生求仕的心路历程,揭示此时期下层文人干进求仕的心态,包括三个方面:崟崎人与畸人——个人自许与他者评价之间的矛盾;才情与卑恭——干谒诗中的冲突;穷达之间——清苦旅食与感念故土间的挣扎。

(一) 个人自许与他者评介:崟崎人与畸人

丁耀亢在《陆舫诗草》中有《月夜王学士觉斯枉过同宋玉叔李参玄饮啸至曙》一诗:

> 谁能雪夜过袁安,白马玉佩光琅玕。席门灶冷夜无光,歌声时出金石寒。长安才人多得志,檠下岂有天下士。先生自爱崟崎人,反就壶觞论奇字。宋君结交固已久,知我狂谈时被肘。李君偶傥更多情,坐中自起为谋酒。古来多少贤达人,遭逢世事无等伦。良马沉剑岂殊绝,一盼已足传其真。人生感激安可论!①

---

① (清)丁耀亢:《月夜王学士觉斯枉过同宋玉叔李参玄饮啸至曙》,《陆舫诗草》卷一,《丁耀亢全集》上,第23页。

此诗写于顺治五年冬,当时丁耀亢初入京师,立足未稳。诗作记录了在丁氏北京寓所的一次私人宴集,其中有时任礼部尚书的王铎、新晋进士宋琬等。丁耀亢对王铎的造访深感荣幸,称其为"袁安",王铎的光临使其"席门灶冷夜无光"的陋室"白马玉佩光琅玕""歌声时出金石寒"。丁耀亢自许为"嵚崎人",对自己的京师之行充满期待,相信"长安才人多得志,辇下岂有天下士"。"嵚崎"①,高峻貌。

丁耀亢一直以"嵚崎人"自许。这里的"嵚崎",即指自己有诗才,重性情,而且阅历丰富,经世坎坷。丁氏对自己的诗才颇为自负,其友孙廷铨(介黄)在明崇祯十三年(1640)游东武临别,丁耀亢赠之以诗集:"子今归途,荒山万叠,将无寥寂,予取诗卷,助子吟思。"②康熙十二年(1673)龚鼎孳在为其《逍遥游》作序时曾忆及丁耀亢所言:"野鹤曰:'人贵立言,知本者尚之。是余平生志耳!'"③康熙八年(1669)冬丁氏嘱托李澄中:"仆老矣!将以吾子为名山,尽以诗文付吾子。"④王士禛(1634—1711)在《池北偶谈》卷十二《谈艺》"丁野鹤诗"条记载:

> 徐东痴言,少时于章丘逆旅,见一客,裤褶急装,据案大嚼,呼就语曰:"吾东武丁野鹤也。项有诗数百篇,苦无人知,子为我订之。"因抛一巨编示徐。⑤

清代查为仁《莲坡诗话》上卷对此事也有记载。丁耀亢在诗歌中对自己的才能自许颇高,其诗歌唱和中常借用典故来抒发情怀。顺治五年冬,丁耀亢在和太史李霨(1625—1684)诗《长安冬感杂著和李坦园太史秋感韵廿四首》(其五)时记载:

> 中原有一士,十年无完冠。鹔鹴不及顶,缨笠何盘盘!江海存余傲,击筑来长安。荆卿骨已朽,金台不可扳。萧萧易水上,寥落伤心肝。⑥

---

① 《初学集》(二九)后汉王延寿《王孙赋》:"生深山之茂林,处嶻岩之嵚崎。"也以此比喻人之杰出不群。
(唐)徐坚著:《初学记》,文渊阁《四库全书》本,第890册,上海:上海古籍出版社,1987年版,第477页。
《晋书·桓彝传》:"顗尝叹曰:'茂伦(桓彝字)嵚崎历落,固可笑人也。'"
(唐)房玄龄、褚遂良等:《桓彝传》,《晋书》卷七十四,北京:中华书局,1974年版,第1939页。
李白自称"嵚崎历落可笑人也"。
(唐)李白撰,瞿蜕园、朱金城校注:《上安州李长史书》,《李白集校注》卷二十六,上海:上海古籍出版社,1980年版,第1527页。
《儒林外史》第一回:"虽然如此说,元朝末年,也曾出了一个嵚崎磊落的人。这人姓王名冕,在诸暨县乡村里住。"
(清)吴敬梓著,李汉秋辑校:《儒林外史汇校汇编》第一回,上海:上海古籍出版社,2010年版,第1页。
② (清)孙廷铨:《陆舫诗草序》,《丁耀亢全集》上,第1页。
③ (清)龚鼎孳:《逍遥游序》,《丁耀亢全集》上,第353页。
④ (清)李澄中:《逍遥游序》,《丁耀亢全集》上,第354页。
⑤ (清)王士禛:《池北偶谈》卷十二,北京:中华书局,1982年版,第270页。
⑥ (清)丁耀亢:《长安冬感杂著和李坦园太史秋感韵廿四首》(其五),《陆舫诗草》卷一,《丁耀亢全集》上,第7页。

诗中将自己比作击筑长安的高渐离和荆轲。顺治五年(1648)在《客罗钦瞻侍御斋中四首》(其四)有"相如能自誉,一字值千缗"①;顺治十四年在《出都别刘相国》有"徒闻圣主临邛问,谁荐相如赋子虚"②,以能文善赋的司马相如自许。

顺治九年(1652)悼念王铎的挽诗《王尚书以华山诗纪邮至燕士大夫和之成帙,阅二月而讣音至。予既荷先生国士知,因为挽诗十二章哭于庭而焚之(壬辰三月)》(其七):

> 冠带人如海,谁怜处士寒。尘中收贾岛,马上识荆韩。饮曙看星落,谈深立雪干。西州无路往,从此去长安。③

借用贾岛途遇韩愈故事、李白拜谒韩朝宗逸事④,感念王铎的知遇,将自己比作贾岛、李白,王铎比作韩愈、韩朝宗。

顺治十一年(1654)丁氏时任容城教谕,在《往于宋荔裳闻祝司农好士今得遇于下吏志感》:

> 风尘谁复年念途穷,此日遭逢有上公。剑本沉埋凭气壮,马因剪拂觉群空。山林骨重官终拙,词赋名轻步未工。惭愧长安逢贺监,后车谁拟载扬雄?⑤

诗中自比未得遇时的扬雄。对自己的传奇创作,丁氏也甚为自得。顺治十年(1653)丁耀亢曾在众人观赏其传奇《赤松游》时以诗《张桔存郭卧候叶天木刘六吉以考选入都相逢燕市陈子修席上约观赤松词曲》记其当时心境:

> 袞袞名流满上都,衣冠入洛半从吴。何来野客登台啸,能使高阳饮博呼。出世难寻圯下老,藏身谁隐市中壶?莫言此地欢场少,醉看留侯辟谷图。⑥

---

① (清)丁耀亢:《客罗钦瞻侍御斋中四首》(其四),《陆舫诗草》卷一,《丁耀亢全集》上,第15页。
② (清)丁耀亢:《出都别刘相国》,《椒丘诗》卷二,《丁耀亢全集》上,第333页。
③ (清)丁耀亢:《王尚书以华山诗纪邮至燕士大夫和之成帙,阅二月而讣音至。予既荷先生国士知,因为挽诗十二章哭于庭而焚之(壬辰三月)》,《陆舫诗草》卷四,《丁耀亢全集》上,第134页。
④ 《与韩荆州书》:"白闻天下谈士相聚而言曰:'生不用封万户侯,但愿一识韩荆州。'"(唐)李白著,瞿蜕园、朱金城校注:《与韩荆州书》,《李白集校注》卷二十六,上海:上海古籍出版社,1980年版,第1539页。
⑤ (清)丁耀亢:《往于宋荔裳闻祝司农好士今得遇于下吏志感》,《椒丘诗》卷一,《丁耀亢全集》上,第238页。
⑥ (清)丁耀亢:《张桔存郭卧候叶天木刘六吉以考选入都相逢燕市陈子修席上约观赤松词曲》,《陆舫诗草》卷五,《丁耀亢全集》上,第187页。

"衮衮名流满上都,衣冠入洛半从吴",因其戏曲受同仁赏识,内心喜悦无法掩饰。

丁耀亢还常常借物自拟,如:"窗梅有生意,寒冽将及春。冰苞发幽采,南枝已变新。远念山中士,静对如怀人。香光出情性,格韵绝氛尘。佳人不可得,桃李争芳晨。郁郁涧底松,恒恐伐为薪。"①其中"梅花自香""涧底松"取义左思诗,虽抒发一己怀才不遇的感喟,但其自负之情溢于言表。

同时,丁耀亢在诗文唱和中不自觉地流露自己早年"山中遇仙"的经历,有所谓"诡随之习"的色彩②。

丁耀亢从小生活在诸城,地属青州,是东夷齐文化的发源地之一。自古齐地多方士,秦朝时齐人邹衍以阴阳五行显于诸侯,"邹衍以阴阳主运显于诸侯,而燕齐海上之方士传其术,不能通,然则怪迂阿谀苟合之徒自此兴,不可胜数也"③。《盐铁论·散不足》中也说,秦统一后,始皇广求不死药,"燕齐之士释锄耒,争言神仙方士,于是趣咸阳者以千数,言仙人食金饮珠,然后寿与天地相保"④。甚至影响秦始皇派人入海寻仙,"二十八年,始皇东行郡县……齐人徐市等上书,言海中有三神山……于是遣徐市发童男女数千人,入海求仙人"⑤。汉武帝相信齐方士李少君之诡言,"遣方士入海求安期生之属"⑥;拜"以鬼神见上"的齐方士李少翁为文成将军,"赏赐甚多"⑦;拜齐方士栾大为五利将军,佩四将军印,封侯赐第,"贵震天下"⑧。遂使"齐之上疏言鬼怪奇方者以万数"⑨。

这种言鬼怪之习在齐地民间颇为盛行。丁耀亢早年间曾择山而居,与僧道之徒多有交往,曾经将山庄中园地捐出一半建寺⑩;多次到琅琊台观海,感慨秦始皇、徐福故事,"田横徐福浮沤尽,一叶扁舟自古今"、"潮汐往来蜃市幻,海鸥泛泛笑秦皇"⑪。

---

① (清)丁耀亢:《长安冬感杂著和李坦园太史秋感韵廿四首》(其二十一),《陆舫诗草》卷一,《丁耀亢全集》上,第9页。
② 邓之诚:《王崇简》,《清诗纪事初编》卷五,上海:上海古籍出版社,1984年版,第610页。
③ (汉)司马迁:《封禅书》,《史记》卷二十八,北京:中华书局,1982年版,第1369页。
④ (汉)桓宽:《散不足》,《盐铁论》卷六,北京:中华书局,1985年版,第162页。
⑤ (汉)司马迁:《秦始皇本纪》,《史记》卷六,北京:中华书局,1982年版,第247页。
⑥ (汉)司马迁:《孝武本纪》,《史记》卷十二,北京:中华书局,1982年版,第1385页。
⑦ (汉)司马迁:《孝武本纪》,《史记》卷十二,北京:中华书局,1982年版,第1387页。
⑧ (汉)司马迁:《孝武本纪》,《史记》卷十二,北京:中华书局,1982年版,第1390-1391页。
⑨ (汉)司马迁:《孝武本纪》,《史记》卷十二,北京:中华书局,1982年版,第1397页。
⑩ 《明空上人传》:"(明崇祯六年,1633)赠以石斗不足用,因画山之半以居,给田百亩,林木任其采樵,以供炊爨。"
(清)丁耀亢:《出劫纪略·明空上人传》,《丁耀亢全集》下,第276页。
⑪ (清)丁耀亢:《琅琊台观海二首》,《天史·问天亭放言》,第229-230页。

丁耀亢的诗文中多次出现"华表""鹤"等意象,如《赠大司马张坦公先生七言排律》有"华表鹤归城漫灭,邵陵瓜老迳蓁芜"①;《正月十九日同张尚书李茂卿游白鹤观》有"瑶台寂寞云幢在,何处辽阳访令威";《旗塾事竣谢大司成王敬哉雍师四首》(其三)有"令威旧是辽东籍,乐毅新归碣石宫"②。顺治十年(1653)丁耀亢作《怀仙感遇赋并序》云:

> 壬申,逢青霞君,近怪,不可解。又十年,感痛西河,人以为妖也。至壬申,劫火满天地。予往来海中,濒危不死,与青霞语多验,似有冥助者焉。今壬辰,又十年矣。南北江海行藏如梦,岂谋之可藏,皆夙数也。恐岁久事湮,因谱其遇赋以纪年,聊用自娱,敢告之方以外者?③

对自己二十年前遭遇青霞事深信不疑,并恐怕忘记而以赋记之。

"丁令威",也作"丁令""令威"。传说是汉辽东人,在灵虚山学道成仙,后化鹤归来,落城门华表柱上。有少年欲射之,鹤乃飞鸣作人言:"有鸟有鸟丁令威,去家千年今始归,城郭如故人民非,何不学仙冢累累。"④后常用来表示人世的变迁。宋代李新《忆故园》诗云:"终当问遗老,何如丁令威?"⑤

"华表"⑥,这里的含义应指"古代立于宫殿、城垣外或陵墓前的石柱",有陵谷更替,世事变迁的意味。顺治九年王钺在挽其兄《闻觉斯长兄讣音摧心裂肝,几不欲生,越月未能搦管。悲恸之余,以墨濡血,语无伦次,聊以代庙中之歌》(其七)中有"积劳积愤催双鬓,多难多忧寄一官。遁世欲酬辽鹤愿,人间

---

① (清)丁耀亢:《赠大司马张坦公先生七言排律》,《陆舫诗草》卷一,《丁耀亢全集》上,第20页。
② (清)丁耀亢:《旗塾事竣谢大司成王敬哉雍师四首》(其三),《陆舫诗草》卷四,《丁耀亢全集》上,第148页。
③ (清)丁耀亢:《怀仙感遇赋并序》,《陆舫诗草》卷五,《丁耀亢全集》上,第209页。
④ (晋)陶渊明:《搜神后记》,北京:中华书局,1981年版,第13页。
⑤ (宋)李新《忆故园》:"杖藜出北郭,山阿延余晖。屏营立高原,霜飚吹我衣。牛羊稍绝迹,聚落灯火稀。顾我岂无家,废置不得归。大田已芜没,故丘人亦非。终当问遗老,何如丁令威。"
(宋)李新《忆故园》,傅璇琮等《全宋诗》卷一二五三,北京:北京大学出版社,1998年版,第14159页。
⑥ "华表",据《辞源》三种释义:a.古代用来表示王者纳谏或指路的柱子。晋崔豹《古今注》下《问答释义》:"程雅问曰:'尧设诽谤之木,何也?'答曰:'今之华表木也。以横木交柱头,状若华也。形似桔槔,大路交衢悉施焉。或谓之表木,以表王者纳谏也,亦以表示衢路也。秦乃除之,汉始复修焉。今西京谓之交午木。'"b.古代立于宫殿、城垣外或陵墓前的石柱,柱身往往刻有花纹。北魏杨衒之《洛阳伽蓝记》三《龙华寺》:"宣阳门外四里,至洛水上,作浮桥,所谓永桥也……南北两岸有华表,举高二十丈,华表上作凤凰,似欲冲天势。"c.房屋外的装饰。《文选》三国魏何平叔(晏)《景福殿赋》:"故其华表,则镐镐烁烁,赫奕章灼。"《注》:"华表,谓华饰屋外之表也。"
商务印书馆编辑部:《辞源》,北京:商务印书馆,1983年版,第2665页。

何事足盘桓"①,也指丁令威羽化登仙之意。

丁耀亢对自己早年的这段经历应该是多次谈论,为他人所知。友人郭棻曾忆及与丁氏初次相见时的情景:

> 因自述其英龄嗜古,结纳贤豪,志在出塞,沛绩勋流。峨称遭时多艰,轮困坎坷,蒇由自见。乃趋然远走,浮淮湘,跨吴越,盘薄江陵,邅回赵魏,几廿余。霜面沧桑,遴止匿迹,海澨频危者,复比于担虎骑鲸焉。迁客指迷,才获出险。②

其中的"迁客指迷"指的就是丁氏当年出海避劫时屡次脱险而自认为有仙人保佑的情况。

(二) 他人诗文酬唱的评价

顺治十三年(1656)孙奇峰(1585—1675)在为丁耀亢诗集《椒丘诗》作序时说:

> 弟谓非忠孝之人不能作诗人。渊明、子美是何等识趣,人谓二公深于学,故深于诗。子贡论学而知诗,子夏论诗而知学,诗与学正不作歧观耳。薛宗伯十年受知,迩始谋面。一见便津津丁先生,意亦不专在诗也……弟绝不知诗之人,而与先生言此,为先生已得诗之趣矣。③

顺治六年傅维鳞在《赤松游引》中云:"遇北海畸人,自号漆园游鷃。骯爽磊落,坐论如风雨骤来。敦古人谊,绝无妮妮世态。遂与握荦谈心,上下千古。"④

王铎在《陆舫诗草序》中说:"野鹤今年强未仕,遭世坎壈,多奇遇,抱鲁连、子房之志,不逢其时。经兵火战斗之声,登泰山云亭之峻,睇沧岛蛟龙雷电之光怪,揽吴越山川潚沸回缘之物华,与夫逢仙问桔、赌墅解围之幻猛,敷扬去辽海秘琫弓刀之文武,一切于诗焉。"⑤王铎认为丁耀亢"年强未仕,遭世坎壈,多奇遇,抱鲁连、子房之志,不逢其时",故其诗中多"光怪""幻猛"之气,"时为激楚之音"。

刘正宗在《赠丁野鹤》中说:"多君负奇情,骀荡中绳墨。十年赋三都,徒步长

---

① (清)王鑨:《闻觉斯长兄讣音摧心裂肝,几不欲生,越月未能搁管。悲恸之余,以墨濡血,语无伦次,聊以代庙中之歌》(其七),《大愚集》卷二十一,《四库未收书辑刊》第七辑第24册,北京:北京出版社,2000年版,第249页。
② (清)郭棻:《椒丘诗序》,《学源堂文集》卷二,《四库全书存目丛书》集部第221册,济南:齐鲁书社,1997年版,第245页。
③ (清)孙奇峰:《椒丘诗序》,(清)丁耀亢《丁耀亢全集》上,第223页。
④ (清)傅维鳞:《赤松游引》,《四思堂文集》卷二,《四库全书存目丛书》集部第213册,济南:齐鲁书社,1997年版,第762页。
⑤ (清)王铎:《陆舫诗草序》,(清)丁耀亢《丁耀亢全集》上,第2页。

安陌。"①对丁氏的诗才予以肯定,称赞其传奇可比左思《三都赋》,但认为其"知君笔底富烟霞"②。薛所蕴因读丁耀亢《化人游》赠诗云:"吊诡化人传,庄游托彩毫。"③认为其作品充满庄子之风。

龚鼎孳在《赠丁野鹤》(其一)中曾说:

> 奇人端为草玄留,鲁壁岿然富九丘。波浪尚鸣虹剑愤,江天谁纵羽衣游。林深对烛常过雨,雁到缝衣好耐秋。埋照并期名姓隐,恐教关吏识青牛。④

其中的"奇人""羽衣""名姓隐""青牛"无不有道家烟霞之气。在该诗其三中将这种感受进一步深化:"避世不如忘世逸,逍遥神解失全羊。"⑤

王崇简与丁氏仅有的一首和诗《过丁野鹤》中也说:

> 一榻香深柏子炉,高怀事事不妨迂。佳辰得句帘常寂,静夜张琴月不孤。旅舍客来翻古帙,故乡梦醒听啼鸟。莫嗟弹剑归欤晚,云水苍苍遍五湖。⑥

高珩(1612—1698)《赠丁野鹤》云"灵气习习吹华表,知有新声试起予"⑦,认为丁氏诗文有"灵气""华表"意味,与刘正宗等认为的"青霞气"如出一辙。康熙十二年(1673)邓汉仪在其《诗观二集》中评所选丁耀亢诗《登岱》(其二)"磴转梯悬九扳回,晴云卷雪斗崔嵬。瀑流御帐眠青峡,影借仙人净碧台。阴桧拿空石笋出,阳轮拍海日峰开。不劳斗酒酬东帝,海若名山总劫灰",邓评:"神神鬼鬼,变幻莫测。"⑧

众人赠答诗文中的"畸人""幻猛气""青霞气""灵气"及"羽衣""青牛"意象,无不是丁耀亢诗文意蕴在其心目中的评价。故在他人眼里,丁耀亢有诗才,有性情,

---

① (清)刘正宗:《赠丁野鹤》,《逋斋诗》卷一,《四库未收书辑刊》第八辑第16册,北京:北京出版社,2000年版,第126页。
② (清)刘正宗:《丁野鹤移居》,《逋斋诗》卷四,《四库未收书辑刊》第八辑第16册,北京:北京出版社,2000年版,第184页。
③ (清)薛所蕴:《读丁野鹤化人游传奇二首》,《桴庵诗》卷三,《四库全书存目丛书》集部第197册,济南:齐鲁书社,1997年版,第272页。
④ (清)龚鼎孳:《定山堂诗集》卷十五,《续修四库全书》集部第1402册,上海:上海古籍出版社,1995年版,第603页。
⑤ (清)龚鼎孳:《赠丁野鹤》,《定山堂诗集》卷十八,《续修四库全书》集部第1402册,上海:上海古籍出版社,1995年版,第603页。
⑥ (清)王崇简:《过丁野鹤》,《青箱堂诗集》卷六,《四库全书存目丛书》集部第203册,济南:齐鲁书社,1997年版,第105页。
⑦ (清)高珩:《赠丁野鹤》,《栖云阁诗文集》卷十四,《四库全书存目丛书》集部第202册,济南:齐鲁书社,1997年版,第97页。
⑧ (清)邓汉仪:《丁耀亢》,《诗观二集》卷十一,《四库禁毁书丛刊》集部第2册,北京:北京出版社,2000年版,第392页。

但更是有"烟霞气"的"畸人"①,即所谓"奇人"。从他人的诗文答赠和流传于当时的逸闻轶事中可以看出丁耀亢是如何被士林目为"奇人"的。因此这种"畸人"意气,与台阁诗文中"温柔敦厚"的诗教传统是不和谐的。

(三) 逸事趣闻中的丁耀亢形象

在时人及后世的笔记中有关丁耀亢的逸事趣闻颇耐人寻味。郭棻在《椒丘诗序》中记述二人相识过程:

> 往予苓杂金马,时夏之夜,室隘郁蒸,袒而走同年张玄林邸舍。铜柝已唱,版扉尚启,排而入,有客在焉。蛾蚋纷沓,灭烛对语予,入争索衣履不得。予以袒告,始还,共坐。予与客咸不知何许人,蘸浆一倾,谈锋遂发。语状生平狂态及历乱涉险,唏古嘘今,嗣复纵论诗文,舌津颔汗,几于浃巾。语声未绝,屋角床头人忽跃起,击案豪叫,曰:"快哉!是为谁,何其怀抱之似我也。"因自述其英龄嗜古,结纳贤豪,志在出塞,沛绩动流……语毕,长歌悲凉豪壮,声震屋瓦。予亦惊起狂叫,曰:"快哉,是为谁?何其怀抱远过于我乎也?"生人急语予曰:"此山东丁野鹤也。"复语客曰:"此保定郭芝仙也。"索火睹面,相视一笑,遂成莫逆焉。②

此段文字行文颇似小说,人物描写形神毕肖,富有传奇色彩,足见时人眼中丁氏豪放不羁之气。

王士禛在《古夫于亭杂录》中记载:

> 诸城丁耀亢野鹤与丘石常海石友善,而皆负气不相下。一日饮铁沟园中(《东坡集》有《铁沟行》,即其地),论文不合,丘拔壁上剑拟丁,将甘心焉,丁急上马逸去。③

负气论文,甚至辄动干戈,前所未闻,此事最为同辈乐道。

王晫(1636—1705?)《今世说·风度》载有丁氏逸事:

---

① 畸:a.零片田地,《说文》"田":"畸,残田也。"引申为偏颇,不整齐。《荀子·天论》:"墨子有见于齐,无见于畸。"又:"故道之所善,中则可从,畸则不可为,匿则大惑。"b.特异。c.凡数之零余者均叫畸。同"奇"。畸人:奇特之人。《庄子·大宗师》:"畸人者,畸于人而侔于天。"《释文》:"司马彪云:不耦于人,谓缺于礼教也。"商务印书馆编辑部:《辞源》,北京:商务印书馆,1983年版,第2125页。
② (清)郭棻:《椒丘诗序》,《学源堂文集》卷二,《四库全书存目丛书》集部第221册,济南:齐鲁书社,1997年版,第245页。
③ (清)王士禛撰,赵伯陶点校:《丁耀亢丘石常》,《古夫于亭杂录》卷五,北京:中华书局,1988年版,第115页。

> 丁野鹤官椒丘广文,忽念京师旧游,策长耳驴,冒风雨,日驰三四百里。至华岩寺陆舫中,召诸贵游、山人、琴师、剑客,杂坐酣饮,笑谑怒骂,笔墨淋漓,兴尽策驴而返。①

文中丁氏不拘小节,行为近似荒诞,有违于儒家"温良恭俭"的礼教传统。对于自己的行迹,丁氏自己也说:"雪羽或殊众,鸡群未许同。不逢龙背叟,谁识橘皮翁?愿作丹丘侣,高抟向碧空。"②借以抒发自己不为时流所理解、赏识的愤懑。

丘石常《祝丁母袟序》云:"野鹤言满天下无口过,交遍天下无朋祸。则其与世推移,玩弄澹宕也。"③邓之诚称其:"权奇好事,不屑计较名节;且视富贵甚轻,及其穷也,虽末职亦复甘之。"④

王椷(1692—?)在《秋灯丛话》中载:

> 青郡丁野鹤,负逸才,放荡不羁。读书山中,署岩石曰:"有愿从吾游者,山魈皆良友,可勿猜也。"俄一道者至,丰骨棱棱,有出尘之概。丁询所自,道者笑曰:"知君奇士,聊共晨夕耳,无烦过诘邦族也。"谈次,甚相得,遂成倾盖交。他日,谓丁曰:"有契友见过,欲屈纪暂为承应。"遂引仆去。岩径崎岖,约数里许,至一处,壁立千仞,道者以扇拂壁,即有门豁然启,玉宇琼楼,迥异凡境。一虬髯叟先在矣。肴果纷陈,皆目所未经。仆供役竟日,见阶砌间碎石,殷红可爱,潜取二枚纳袖中,出视之,乃宝石也。往来年馀,一日,与丁话别曰:"我实非人,曩以罪被谪,今期满,当去矣。"踪迹遂杳。⑤

其故事近似荒诞不经,大概在时人眼中,丁耀亢虽有诗才,但其举止乖张,近于方外之人;言行放诞,不谐于世俗。丁耀亢本人并不讳言自己是"奇人"。顺治十年,在旗塾五年考核后,被遣为容城教谕,失望地慨叹"性本飞扬宜下考,天将游戏报奇人"⑥。故丁氏虽交游甚广,多有声名,但于文林士人为友、为趣,非为儒所容。顺治九年丁耀亢有《客老》一诗,以心酸的笔触写下自己在京师的感受:

---

① (清)王晫著,陈大康译注:《丁野鹤官椒丘广文》,《今世说·风度》,上海:东方出版中心,1996年版,第238页。
② (清)丁耀亢:《晚坐宋家亭子闻祝梁两侍郎有荐疏》,《椒丘诗》卷一,《丁耀亢全集》上,第251页。
③ 邓之诚:《邱石常》,《清诗纪事初编》卷六,上海:上海古籍出版社,1984年版,第687页。
④ 邓之诚:《邱石常》,《清诗纪事初编》卷六,上海:上海古籍出版社,1984年版,第687页。
⑤ 孔另境:《续金瓶梅》,《中国小说史料》,上海:上海古籍出版社,1982年版,第153-154页。
⑥ (清)丁耀亢:《李龙衮给谏传予教授容城欲辞未果》,《陆舫诗草》卷五,《丁耀亢全集》上,第199页。

客老情多变,秋风尔自知。闲行羸马倦,久住野鸥疑。旧好存颜面,新知已路歧。故乡多酒伴,谁醉菊花篱?①

丁氏对"旧好存颜面,新知已路歧"的现实有清醒的认识。"旧好"所存只是"颜面"而已,而非衷心相助。顺治元年清政府曾诏曰:"山泽遗贤,许所在官司,从实报名,当遣人征聘,委以重任。"②刘正宗与薛所蕴、王铎在清初京师诗坛甚有影响,"长安以诗名者,为王先生觉斯、刘先生宪石偕吾行屋薛夫子,所谓三大家也"③。三人无论当时在政坛还是诗坛,都是左右风气的人物,而且丁耀亢与之交游较深,应该为其诗文延誉,以助于其科举,皆因其"烟霞气"而湮没。龚鼎孳以奖掖新人,扶植寒士不遗余力而著称于世,也因其诗的"光怪""幻猛"而只以"奇人"视之,虽有才而绝非儒家礼教的"德者"。

在新朝进士中杨思圣与丁氏交往频频,感情真挚,相互激励,"相期各努力,或不在封侯";彼此欣赏,结下深厚友情,"不必恨交晚,相怜即弟昆"④。杨思圣在赠答诗《寄丁野鹤》中回忆与其亲密无间,"草堂得句常携手,萧寺看花数拍肩"⑤。与丁氏多有唱和,"尚余孤壁在,强半是君诗"⑥。杨思圣与魏裔介同为顺治三年进士,声名甚著,"天下称曰'杨魏',士子能自负才来阙下,必携卷轴谒两公,得其一言以为荣。两公亦勤汲引一艺之长,延誉恐后,盖因而成名者多矣"⑦。无论是由明入清的大员还是新晋士林的进士,与丁耀亢或关系密切、交往频繁、视为挚友,或碍于情面、浮于应酬,都因丁氏诗文中的青霞气和行迹中的狂放不羁而只以"畸人"视之,而非丁氏自己近于高古的"嵚崎人"。

二、才情与卑恭:干谒诗中的冲突

丁耀亢从顺治五年七月抵达北京后,在京师的五年内,结交了大批新旧官员,

---

① (清)丁耀亢:《客老》,《陆舫诗草》卷四,《丁耀亢全集》上,第163页。
② 《世祖章皇帝实录》卷五,《清实录》第3册,北京:中华书局,1985年版,第60页。
③ (清)彭志古:《桴庵诗序》,(清)薛所蕴《桴庵诗》,《四库全书存目丛书》集部第197册,济南:齐鲁书社,1997年版,第211页。
④ (清)杨思圣:《使回东丁野鹤》,《且亭诗·五言诗》,《四库全书存目丛书》集部第213册,济南:齐鲁书社,1997年版,第647页。
⑤ (清)杨思圣:《寄丁野鹤》,《且亭诗·七言律》,《四库全书存目丛书》集部第213册,济南:齐鲁书社,1997年版,第688页。
⑥ (清)杨思圣:《暑中答丁野鹤》,《四库全书存目丛书》集部第213册,济南:齐鲁书社,1997年版,第648页。
⑦ (清)申凫盟:《杨思圣本传》,(清)杨思圣《且亭诗》,《四库全书存目丛书》集部第213册,济南:齐鲁书社,1997年版,第622页。

渴望延誉士林、有助仕进。作为一介穷儒，丁耀亢在与旧友新识的交往中大多以诗文为执、互为唱和。这些酬唱诗大都是干谒诗。

干谒诗是我国古代文人士子为寻求入仕门径而向当朝达官显贵或当世有名望者呈送书信、进献诗文赋作①，以求得到他们赏识，以至援引、延誉、擢拔为目的的诗歌创作。科考主考官除审阅考生的试卷，还要顾虑考生的社会名气、品行及地位；考生更需要政坛重臣和文坛名公的举荐，提高声誉。故士人科考前，往往以一己诗文献诸朝中名贤，期冀得到赏识，以利科考。这种干谒行为在唐代随着科举地位的确立而流行。据《集异记》载："王维右丞年未弱冠，文章得名，性闲音律，妙能琵琶，游历诸贵之间，尤为岐王之所眷重……维起曰《郁轮袍》，公主大奇之……公主则召试官至第，遣宫婢传教，维遂作解头，而一举登第。"②据说王维中第与其以曲结交公主有关。杜甫困居长安十年，屡试不第，过着"朝扣富儿门，暮随肥马尘"③的生活，其中不乏干谒。

杜甫曾于公元751年向玄宗献三大礼赋，公元754年又献两篇赋，先后向张坦自、歌舒翰等献诗，以诗干进，表明自己渴望仕进之心。孟浩然的《临洞庭湖赠张丞相》中"欲济无舟楫，端居耻圣明。坐观垂钓者，徒有羡鱼情"，当属此类诗中成功的范例。李白当年以《与韩荆州书》干谒韩朝宗："白闻天下谈士相聚而言曰：'生不用封万户侯，但愿一识韩荆州。'"故赵彦卫《云麓漫钞》云："唐之举人，先籍当世显人以姓名达之主司，然后以所业投献。"④

明清时期随着党争炽烈，这种士林风气的援引评介显得尤为重要，以诗文拜谒，如得到名士的褒扬，甚至会左右科举取舍。"（张溥）先生性好士，穷乡末学，粗知好古攻文，辄许与不置口，赖其奖擢成名者数十百人，台使者视其所言以为取舍，以此附丽益众。"⑤张溥等复社名流对一般士子的一言抑扬常常关系其在举业的成败。这种状况南方尤甚，并已经波及全国：

当时南北风气，皆锓私所作制举业，以诩诩自矜，而扬越吴楚籍甚。就其中魁然雄鸣者，执牛耳以麾一方之人文，莫不翕然奔之若狂，谓之操选政者无

---

① 张玉璞：《论盛唐干谒文》，《石油大学学报（社会科学版）》，1997年第3期，第65页。
② （唐）薛用弱：《集异记》，文渊阁《四库全书》本第1042册，上海：上海古籍出版社，1987年版，第580页。
③ （唐）杜甫著，高仁标注：《奉赠韦左丞丈二十二韵》，《杜甫全集》卷一，上海：上海古籍出版社，1996年版，第1页。
④ （宋）赵彦卫：《云麓漫钞》，北京：中华书局，1985年版，第222页。
⑤ （清）吴伟业：《复社纪事》，《吴梅村全集》卷二十四，上海：上海古籍出版社，1990年版，第601页。

虑。若汉末之清议,魏晋之中正,不入此不得为知名士也。①

清人黄宗会上文所言虽是指八股选业的影响力,但将其影响比作汉末之清议和魏晋之中正,可见其当时舆论把持之甚。甚至有的督学取士时直接以其名气的大小来取舍,"倪元珙督学江南,有一士介其士父求科举,元珙答云:'访此人并非复社,恐不足以服众。'"②

丁耀亢长于诗词,而拙于时文,入清前多次参加科考,但都铩羽而归。纵观丁氏的干谒诗,既有才情的自觉外现,又不乏渴望援引的迫切之情,甚至还对所献之人表现出谦恭殷勤之情,才情与谦卑之间多有冲突。其干谒诗有如下特点:

(一)多用史典逞才,渴望援引

丁耀亢对自己的诗才颇为看重,上文已讨论,其干谒诗中多用史典逞才。《长安冬感杂著和李坦园太史秋感韵廿四首》是丁氏初入京师时写给太史李霨的和诗。李霨是顺治三年(1646)进士,时任检讨、编修。其唱和的二十四首诗中几乎都有典故,借史书怀。如其六:"相如斥秦庭,睨柱全其璧。何事武阳懦,登阶已无色。生死须臾事,勇怯不关力。留侯圯下归,藏侠以观德。卒为帝王师,始知非剑客。"其中用蔺相如完璧归赵及张良圯下授书故事。其十:"汉宫成废苑,罗绮悲新秋。当时辽后去,亦有梳妆楼。丘陵走狐鼠,翠钿无人收。事无三百年,往复如环流。天道诚一辙,盛衰各有由。"用汉宫成废苑,辽后梳妆楼人去楼空、狐鼠伏窜,道出世事变迁、盛衰各由的历史感叹。其十三:"江海无安澜,浮云日西驰。权势生忧患,田窦相倾移。桓桓灌将军,骂坐欲扶衰。蔡泽西入关,一言回范雎。成功者自退,此语达天时。"丁氏诗中用田婴、窦宪争权,相互倾轧、灌夫骂座、蔡泽入关等典故,借古喻今,表达自己怀才不遇、罕有知音、渴望援引的强烈愿望。其十九:"世乱求所急,古调非时宜。抱琴朝入市,笙竽杂歌吹。素丝蛇蚹纹,至音藏希夷。商调激且哀,四顾无钟期。日暮负琴去,空山有余悲。"③借古调不宜、古琴难觅钟子期,只能空山负悲来抒发自己"才在深山无人识"的悲哀。

(二)陈述所做政绩,以求荐举

顺治九年(1652),丁耀亢在镶白旗塾教习事结束,向时任国子监祭酒的王崇

---

① (清)黄宗会撰,印晓峰点校:《王元玄趾先生传》,《缩斋诗文集》,上海:华东师范大学出版社,2009年版,第137页。
② (清)吴翌凤撰,吴格点校:《逊志堂杂钞》,北京:中华书局,2006年版,第18页。
③ (清)丁耀亢:《长安冬感杂著和李坦园太史秋感韵廿四首》,《陆舫诗草》卷一,《丁耀亢全集》上,第9页。

简呈《旗塾事竣谢大司成王敬哉雍师四首》,在述职"译语翻经耐众哗,始知圣教本无涯"之余,丁耀亢在第四首诗中说:"北海风流酒满尊,郑玄客老旧从门。榛苓羞学公庭舞,桐漆谁收爇下魂?天使车书通朔漠,人依星宿仰昆仑。河汾夫子新开帐,桃李无言总是情。"①诗中既点明曾经与王崇简、孙承泽等的故旧之谊,又盼望王氏利用职务之便"通朔漠",对其考核多加提携。顺治十二年(1655)丁耀亢参加科考事务差役,赠诗刘正宗,"容城生事尽,荒岁士民稀。无禄仍捐米,有官能采薇"②。此事指顺治十一年(1654)捐俸赈济灾民之举,渴望刘正宗能以此举荐。顺治五年写给时任吏部侍郎的同乡孙廷铨,盼望其为自己"重一言","世短身谋急,怀恩重一言。未能酬狗监,何以慰龙门。草木逢秋拙,江河逼岁奔。卑之无可说,游士莫高论"③。

(三)以恭谦殷勤之意拜谒

拜谒名公巨卿,使对方有所印象,留有好感,仅靠诗文逞才是远远不够的,还需揣摩对方的兴趣喜好、政治得失,以尽力迎合、与之保持同步,三致其谦恭殷勤之意。胡仔曾指出:"近世士人与上官诗,无非谀词,未有规劝之语者。"④江万里说:"诗本高人逸士为之,使王公大人见为屈膝者。而近所见类猥甚,不能于科举者,必曰诗,往往持以走谒门户,是反屈膝于王公大人不暇。曾不若俯焉科举之文,犹是出其上远甚。"⑤

丁耀亢虽不像江氏所言"屈膝",但干谒迎合却不得已而为之。顺治五年丁耀亢在与张缙彦初次见面时以《冬夜过张天石京兆逢大司马张坦公泥饮歌声慨发因为大醉行》赠答,中有"英雄不死或立言,坎壈诗文眼中泪。与君失路任中流,雌伏雄飞各有位"⑥。其中"英雄不死或立言"句,当指甲申之变时,张缙彦任兵部尚书,迎降李自成,为时人视为国蠹,缙彦曾以"吊死在朝房,为隔壁人救活"为自己投降李自成辩诬。丁氏投其所好,赞扬其为"不死英雄"。王铎《坦公自里中至》诗中曾对此事有所指:

---

① (清)丁耀亢:《旗塾事竣谢大司成王敬哉雍师四首》(其四),《陆舫诗草》卷四,《丁耀亢全集》上,第148页。
② (清)丁耀亢:《留别刘太宰四首》(其三),《椒丘诗》卷一,《丁耀亢全集》上,第269页。
③ (清)丁耀亢:《夜坐柬孙枚先吏部二首》(其二),《丁耀亢全集》上,第16页。
④ (宋)胡仔:《本朝杂记上》,《苕溪渔隐丛话后集》卷三十五,北京:人民文学出版社,1962年版,第269页。
⑤ (宋)陈起:《江湖后集》,上海:上海古籍出版社,1987年版,第920页。
⑥ (清)丁耀亢:《冬夜过张天石京兆逢大司马张坦公泥饮歌声慨发因为大醉行》,《陆舫诗草》卷一,《丁耀亢全集》上,第18页。

君别君去春将老,红烛青罇君又来。卫地三迁山木毁,燕京五都杏花开。低头强忍玄猿泪,访寺休登甘露台。蝴蝶飞飞千载梦,秦宫汉畤已成灰。

邓汉仪评论此诗说:"新乡开门迎贼事,人争冤之,而出处之际不无可议者。"① 当指张缙彦降事不诬。顺治七年(1650)丁氏在《题京兆薛夫子文姬归国图》中以薛所蕴借文姬归汉故事说:"失身北嫁岂得已,归妆又学汉人笄。"② 为薛氏降清事宛转辩护。

顺治十一年(1654)丁耀亢时任容城教谕,在返京时受到直隶籍官员魏裔介(1616—1686)的款待,丁氏感激不尽,在《魏石生都宪招同杨犹龙纪伯紫晚集》云:"掖垣封秘谏书多,海内争传魏掌科。笔有风霜回砥柱,胸蟠星斗动天河。"③ 对魏裔介的立朝有声、勤于任事予以颂扬。

干谒因有求于人,往往有迎合献媚之嫌,对投谒者应是一种极大的伤害和刺激。士人最讲求"浩然之气",即孟子所倡导"富贵不能淫,贫贱不能移,威武不能屈"的大丈夫之气,在干进拜谒中常常消亡殆尽,有一种耻辱感。宋代张端义《贵耳集》中指出:

> 古人有言,登公卿之门,而不见公卿面目,一辱也;对公卿面目,而莫测公卿之心,二辱也;识公卿之心,不知我之心,三辱也。④

若不受此三辱,唯有双方以相互平等的朋友视之。作为年老身穷的乡村文士,只身衮衮京华,游走于达官新贵间干名求荐,已属不易;况要在云翻雨覆的清初官场中赢得尊重,谈何容易!

检索丁耀亢与京师新旧权贵宴集酬唱中,其诗文间的赠答往来是极不平衡的。一些由明入清的北方文人官员故旧的唱答虽然数量不等,但大都有赠有答。丁氏《陆舫诗草》中与刘正宗有关的唱和有 30 首,刘正宗的《逋斋诗》中答赠丁耀亢的有 16 首,大多是在刘正宗入阁前,这是丁氏京城唱和中得到赠答诗数量最多的,与二人多年的友情是分不开的。丁氏《陆舫诗草》中有关薛所蕴的诗有 12 首,薛氏《桴庵诗》有关丁氏的诗有 3 首;《陆舫诗草》中有关王铎的诗 17 首,而王铎《拟

---

① (清)王铎:《坦公自里中回》,(清)邓汉仪《诗观初集》卷一,《四库禁毁书丛刊》集部第 1 册,北京:北京出版社,2000 年版,第 201 页。
② (清)丁耀亢:《题京兆薛夫子文姬归国图》,《陆舫诗草》卷四,《丁耀亢全集》上,第 149 页。
③ (清)丁耀亢:《魏石生都宪招同杨犹龙纪伯紫晚集》,《椒丘诗》卷一,《丁耀亢全集》上,第 238 页。
④ (宋)张端义:《贵耳集》卷下,文渊阁《四库全书》本第 865 册,上海:上海古籍出版社,1987 年版,第 645-646 页。

山园选集》只收其为丁氏所作的序;《陆舫诗草》有关龚鼎孳的诗有 11 首,龚氏《定山堂诗集》顺治年间有关丁氏的诗有 4 首;《陆舫诗草》中有关王崇简的诗有 12 首,王氏《青箱堂集》有关丁氏的诗只有 1 首。

在新朝进士友人中,《陆舫诗草》有关杨思圣的诗有 11 首,杨氏《且亭诗》有关丁氏的有 7 首;《陆舫诗草》有关傅掌雷的诗有 3 首,傅氏《四思堂文集》有关丁氏的诗无顺治十年前的,只有顺治十三年的 1 首。《陆舫诗草》中有关宋琬的诗 12 首,诗评 1 篇,宋氏《安雅堂全集》未有记载与丁氏任何相关的文字。宋琬与丁氏为山东青州籍同乡,早年在山中结社读书,相识甚早,而且在京师也多有往来宴集。丁氏诗集中常记载二人在一起宴游角韵,甚至在梦中还与之联诗①。魏裔介、李霨等顺治三年新晋进士,丁氏都有赠答干谒,但其诗文集中都鲜有提及丁氏的只言片语。

古代文人诗文结集成帙后往往会请一些文坛或政坛有名望人士题序赐跋,借以抬高身价、扩大影响。翻阅薛所蕴、王铎、刘正宗、魏裔介等人文集,为他人所作序文数量甚夥,但丁耀亢诗集中所交名公只有王铎、龚鼎孳和宋琬为其序。这种不平衡,一方面是由于丁氏以诗干谒,多有用心;另一方面,新旧官员多是碍于情面予以应酬。即使一直有密切往来的王铎、刘正宗、张缙彦等,也只是将其视为酒伴、清客,并未以文士视之,所作诗文大都不会刻意用心于与丁氏的交游,自然不会在其文集中有所保留。

这种诗文唱和的随意漠视正是其内心鄙薄的外现,而诗文交往中的不平等应该是对视文名如生命的丁耀亢们伤害最为深刻的。丁氏对此应是深有体察,并在《薄交行》诗中有隐约透露:

  酒食欣然欢道故,掉臂东行复西顾。口内盟心眼下疑,翻手即在定交时。
  文章知己称同好,转盼张陈不自保。兔丝附葛安得长,久要之言谁不忘?②

此诗写于顺治九年(1652),丁氏在京师已四年,遍尝拜谒侯门、逢迎权贵的艰辛,对口是心非、覆手云雨的世态人情和反复无常、自保不暇的清初仕途宦海有深切的体察,激愤之情托之诗文,故《四库全书总目》云其入京后"交游渐广,声气日盛,而性情之故亦日薄"③;王士禛《池北偶谈》言其诗风"与王文安诸公倡

---

① 《梦宋荔裳联诗》:"梦里仍为客,同歌行路难。山深杉柚暖,江阔鹳鸰寒。雪燕摧龙剑,秦云老鹖冠。莫嗟留滞久,故国又摧残。"
 (清)丁耀亢:《梦宋荔裳联诗》,《椒丘诗》卷二,《丁耀亢全集》上,第 301-302 页。
② (清)丁耀亢:《薄交行》,《陆舫诗草》卷四,《丁耀亢全集》上,第 162 页。
③ (清)纪昀等:《丁野鹤诗钞》,《钦定四库全书总目》卷一百八十二,北京:中华书局,1997 年版,第 2546 页。

和,其诗亢历"①。"性情日薄""其诗亢历",正是愤懑之情郁结于中,自然只可形诸于诗,是其干谒诗中无法表述的内心真实感受。丁氏曾在顺治七年《自顾》中以自嘲的方式观照自我:

> 野性本高岸,况复成衰翁。老丑畏人面,自顾无可容。垂篱伏羸马,路逢与王公。王公何逶迤,华服飘缨红。逼侧牛车下,往来如乘风。劳役庶无悔,淑慎戒厥终。②

自我固本的"野性高岸",在简衣羸马道逢缨红华服、逶迤如风的王公,只能"逼侧牛车下"地俯仰,这种内在的"高岸"与外在情势的"垂伏",无时不在丁耀亢的内心中交织。

三、旅食与念土:穷达之间挣扎

(一) 旅食空怜驴背春,五年踏遍帝京尘

丁耀亢在京师生活的五年,其物质生活应该是比较困窘的。生活的窘困首先是居住条件的简陋。初到京师,丁耀亢尚未入旗塾,没有固定的收入来源。顺治五年所作《陋室二首》真实记录了其居住环境及生活状况。

其一

> 陋室长安里,席门一榻闲。莫云居近市,当作住深山。小灶云炊火,空床月掩关。出门尘似海,忽触鹿麋还。

其二

> 不作牛车客,居然有四垣。月窥天尺寸,风度榻方圆。粘壁留蜗迹,循墙笑鼠窜。最宜深雪卧,无地接高轩。③

所居寓所空间狭小,"月窥天尺寸,风度榻方圆";陈设简单粗鄙,"粘壁留蜗迹,循强笑鼠窜";环境恶劣,"出门尘似海",诗中真实反映丁氏当时的窘困。顺治六年(1649)新筑陆舫斋,"因卜寓于米市南里。傍华严兰若而西,筑屋三楹,启门于西户之隅,直入而曲行,如蜗之负庐,制有舟形焉"④。虽比前室改善,但只有"三楹",

---

① (清)王士禛:《丁野鹤诗》,《池北偶谈》卷十二,北京:中华书局,1982年版,第270页。
② (清)丁耀亢:《自况》,《陆舫诗草》卷二,《丁耀亢全集》上,第66页。
③ (清)丁耀亢:《陋室二首》,《陆舫诗草》卷一,《丁耀亢全集》上,第21页。
④ (清)丁耀亢:《出劫纪略·陆舫游记》,《丁耀亢全集》下,第285页。

"如蜗之负庐",家境状况常常"空斋烟火少,长怯夜深归"①。丁氏有时赴朋友之约,只能徒步而行,"履穿谁怜东郭冷,袜解未有廷尉遇。感君沽酒日招呼,口肥胫瘦何辛苦"②。因为生活困顿,丁氏经常接受友人的馈赠,包括酒食和金钱③。

除此,丁耀亢曾经卖文求资,"为文索酒钱"。

> 客久混无赖,为文索酒钱。晨煤封铧出,夜市控驴眠。世促情难待,人轻腹不便。相如能自誉,一字值千缗。④

顺治十年(1653)应友人曹尔堪之约,为其作《西湖扇》传奇,得到曹氏草堂资三百缗⑤。

(二) 远游终失志,禄薄岂荣身

丁耀亢在京师生活窘困,沉沦下僚,常常在人静夜深、欢节酒阑之际,对家乡亲人有无尽思念。远游千里,只身京师,原本是指望能够实现"朝为田舍郎,暮登天子堂"的夙愿,但现实却是"世短谋生拙,官轻虑老亲。远游终失志,禄薄岂荣身"⑥。远离故土,抛妻别子,每逢佳节,在异乡灯火阑珊之时,丁氏常常"腊鼓催除夕,残灯照旅身。世移嗟失路,客久叹违亲"⑦。这种彻骨的思念,不仅愧对老亲,还有不能与儿女相聚的遗憾和对老妻独自支撑家庭的感念,"灯火思亡友,砧春负老妻"⑧;"已识世途容足少,何须五斗赋归来"⑨。

饱受挫折后,丁耀亢对自己的选择产生了动摇。顺治五年七月,在进京途中,他难以抑制内心的无奈与苦恼,"避就违初志,江湖愧此生。年来漂泊惯,无复叹孤征"⑩;"吾志恋所习,蠹鱼啮残墨。无端感秋风,吹上故宫陌"⑪。

丁耀亢出身仕宦,父兄皆明朝进士,弟侄在明崇祯十五年(1642)十二月清军掳掠诸城时战死,入清后乡邻豪右诉讼其与抗清有关。因此,从情感和道义上,如不为身家计,丁氏不会赴京科考,"违初志"是因"无端感秋风"之故。顺治九年

---

① (清)丁耀亢:《客况二首》(其一),《陆舫诗草》卷一,《丁耀亢全集》上,第19页。
② (清)丁耀亢:《徒步行答谢刘太史》,《陆舫诗草》卷一,《丁耀亢全集》上,第14页。
③ (清)丁耀亢:《谢罗侍御馈酒》,《陆舫诗草》卷一,《丁耀亢全集》上,第17页。
④ (清)丁耀亢:《客罗钦瞻侍御斋中四首》(其四),《陆舫诗草》卷一,《丁耀亢全集》上,第15页。
⑤ (清)丁耀亢:《曹子顾太史寄草堂资三百缗时为子顾作〈西湖传奇〉新成》,《陆舫诗草》卷五,《丁耀亢全集》上,第200页。
⑥ (清)丁耀亢:《考后怀故山田园七首》(其一),《丁耀亢全集》上,第181页。
⑦ (清)丁耀亢:《刘宪石学士春夜招饮次除夕前韵四首》(其二),《陆舫诗草》卷一,《丁耀亢全集》上,第26页。
⑧ (清)丁耀亢:《考后怀故山田园七首》(其三),《陆舫诗草》卷五,《丁耀亢全集》上,第181页。
⑨ (清)丁耀亢:《病卧北城求假归省柬刘宪石学士》,《陆舫诗草》卷二,《丁耀亢全集》上,第68页。
⑩ (清)丁耀亢:《舟中夜坐》,《陆舫诗草》卷一,《丁耀亢全集》上,第11页。
⑪ (清)丁耀亢:《答谢刘宪石学士赠韵》,《陆舫诗草》卷一,《丁耀亢全集》上,第11页。

(1652)在《花市歌》中借山中野花上市作喻对自己赴京之举深感怀疑:"花乎何不开向深山中,却来市上争东风?"①顺治九年丁氏与查伊璜交好,查氏虽在京但没有参加当年的会试,丁氏对此非常钦慕。

> 名族落为娼,势夺非所好。初亦惭逢迎,久渐工调笑。群姬不敢并,自矜出权要。既已置沟渠,平生安足道。②

"名族落为娼,势夺非所好",这也许是丁耀亢为自己当时奔走名利,角逐闱屋最好的解释。顺治十年(1653)《李龙衮给谏传予教授容城欲辞未果》:"青袍委佩不因贫,手板何缘拜后尘。性本飞扬宜下考,天将游戏报奇人。传书种秦遗诸子,捧檄登车愧老亲。击柝抱关原不恶,归迟恐负故山春。"③穷则独善其身,达则兼济天下,"世短身谋急"④,饱受兵燹离乱、亲人罹难、田产被侵、豪右诉讼之苦的丁耀亢,驴背五春的京师中,汲汲于个人眼前的荣达,在俯仰逢迎中奔走。

作为士子,丁耀亢又对现实充满关注。清初政局动荡,人心叵测,诬陷告发之风盛行,在宴集应答中也常是"醉吟时激烈,常防喙三尺"⑤。丁耀亢自然不会在京师官僚中大谈政治,但在其诗文中有着对时局的关心。特别是对发式和衣冠的关注。

> 秋发晞阳短,晴檐快一髡。客尘清瓠蔓,霜气到蓬根。故镜劳凭吊,新缨笑独尊。人情习不异,如此任乾坤。⑥

"新缨笑独尊"是对清朝异族强制下的自我解嘲和无奈接受。丁氏诗集中对服饰一直保持了高度的关注。顺治七年与王铎观赏昆曲,喜见"汉衣冠","傀场喜见汉衣冠,一曲当筵白纻寒"⑦。顺治九年秋和王敬哉诗中有"上代衣冠存属国,殊方文物易中原",作者自注:"朝鲜供官多汉服。"⑧

> 圣主修文礼数宽,平台温语慰千官。锡车方识公卿重,赐服应怜鹓鹭寒。九陌銮和闻珮玉,五云阊阖拜衣冠。泰交尽复明王制,天宝同歌湛露欢。⑨

---

① (清)丁耀亢:《花市歌》,《陆舫诗草》卷四,《丁耀亢全集》上,第135页。
② (清)丁耀亢:《柏舟吟五章赠查伊璜》(其五),《陆舫诗草》卷四,《丁耀亢全集》上,第138页。
③ (清)丁耀亢:《李龙衮给谏传予教授容城欲辞未果》,《陆舫诗草》卷五,《丁耀亢全集》上,第199页。
④ (清)丁耀亢:《夜坐柬孙枚先吏部二首》,《陆舫诗草》卷一,《丁耀亢全集》上,第16页。
⑤ (清)丁耀亢:《答谢刘宪石学士赠韵》,《陆舫诗草》卷一,《丁耀亢全集》上,第12页。
⑥ (清)丁耀亢:《薙发》,《陆舫诗草》卷一,《丁耀亢全集》上,第15页。
⑦ (清)丁耀亢:《王尚书招听昆山部乐》,《陆舫诗草》卷二,《丁耀亢全集》上,第53页。
⑧ (清)丁耀亢:《秋怀和太史王敬哉夫子韵五首》(其五),《陆舫诗草》卷二,《丁耀亢全集》上,第68页。
⑨ (清)丁耀亢:《赐复汉官车服》,《陆舫诗草》卷四,《丁耀亢全集》上,第146页。

顺治十年初与众友人观剧时曾为传闻恢复汉服而欢欣不已,"不厌野夫存瀔落,时闻好语忆升平"①。

对于发式衣冠,清政府在入关之初一直强调,但并不强化;随着北方平定,清政府对此制度的执行力度越来越大。顺治二年多尔衮告谕礼部,对薙发易服之事语言强硬,处罚严厉:

> 遵依者为我国之民,迟疑者逆命之寇,必置重罪。若规避惜发,巧辞争辩,绝不轻贷。该地方文武官员皆当严行查验。若有复为此事渎进章奏,欲将朕已定地方人民,仍存明制,不随本朝制度者,杀无赦。其衣帽装束,许从容更易,悉从本朝制度,不得违异。②

"身体发肤,受之父母,不敢毁伤,孝之始也。"③清初发式衣冠成为汉人,特别是文人心中最深的痛楚。顺治元年九月,陈洪范等出使北京,被清朝羁留。多尔衮问对其如何处置时,冯铨说:"剃了他发。"④对于文人大夫来说,发式的改变,比杀头更可怕。丁耀亢对于发式衣冠的关注,正是当时文人官员所深藏于心而不敢形诸于口的名节大事,其间包含了对故国先祖的无尽缅怀之情。"稻粱"与"治平"之间,丁耀亢在内心与行为之间挣扎纠结。

第三节　清初北方贰臣文人京师业余生活考察
——以丁耀亢为视角

随着吴三桂引领清军占据北京城,大批明朝汉族文人官员成为新朝官吏,即所谓的"贰臣"⑤,其中以北方籍贯居多。除了极少数受宠幸的官员经常出入内廷,入值南苑候命外,这批身仕两朝的北方贰臣文人在退朝之后,其京师业余生活并

---

① （清）丁耀亢:《元宵前张举之招同宋玉叔张二瞻徐旸谷夜集观剧时闻欲复汉服》,《陆舫诗草》卷五,《丁耀亢全集》上,第186页。
② 《世祖章皇帝实录》卷一七,《清实录》第3册,北京:中华书局,1985年版,第151页。
③ （宋）邢昺注疏:《开宗明义章第一》,《孝经注疏》卷一,（清）阮元校刻《十三经注疏》,北京:中华书局,1980年版,第2545页。
④ （清）陈洪范:《北使纪略》,《崇祯长编》,上海:上海书店,1982年版,第123页。
⑤ 清乾隆四十年,清高宗诏令在国史中特立《贰臣传》,把清初"在明已登仕版,又复身仕本朝","大节有亏"的人物收入此类。
《高宗纯皇帝实录》（十四）卷一○五一,《清实录》第22册,北京:中华书局,1985年版,第50页。

不丰富。

顺治元年(1644)五月初三,大学士范文程等上启摄政王多尔衮:"燕京百姓,假托搜捕贼逆孽,首告纷纷,恐致互相仇害,转滋惶扰,应行严禁。"①足见当时汉人间互相评告尤烈。是年九月陈洪范北使到京后记载:"京城内外访察甚严,有南人潜通消息者,辄执以闻。陷北诸臣咸杜门噤舌,不敢接见南人。"②诸多降臣大都杜门谢客,扪舌自保,如丁耀亢所言"醉吟时激烈,常防喙三尺"③,因此即使有交往,也多在同气相求、同道相谋的故旧之间。

顺治元年、顺治五年(1648)清政府先后两次诏令满汉北京城南北分居,内城为旗人所据,强令京城内汉官及商民人等尽徙南城居住④。明、清北京城以宣武、正阳、崇文三门为界,以北为内城,以南为外城。身在京师的刘正宗记录了当时强迫汉人移庐城南的状况和给百姓生活、心理造成的伤害。

> 都城百万家,比屋三百载。甲申始荡析,运当玉步改。赈恤荷皇情,北偏负凉垲。市肆久不易,似未变沧海。五年时及秋,远略普怀柔。卧榻尚杂处,明伦晰隐忧。徙薪谋贵早,愚者徒悠悠。襁负去故间,赒给失啁啾。澽许移庐出,华屋逮蓬莱。牛车何阗阗,巷陌喧陉溢。人马为不行,道旁兢筑屋。犹是共晨星,彼此何得失。古昔际维新,故国多黄尘。转徙数武间,甘苦未经旬。王者化无外,此道可重陈。千秋肇干止,愿言念劳民。⑤

顺治五年(1648)丁耀亢初来京师,记录了满汉分居后北城的格局及生活世态:

> 满汉分城廓,君王有远谋。屋虚迁去燕,巷狭塞连牛。轧轧车摩毂,填填鼓聚讴。弓刀成世界,驼马识王侯。饱肉鹰韬帽,披毛豹反裘。毡帏珠弁女,金络玉花骝。瓯脱从禽便,胡旋跳鬼幽。天吴裁锦裤,海马銮彤鞦。匕首截

---

① 《高宗纯皇帝实录》(十四)卷一〇五一,《清实录》第22册,北京:中华书局,1985年版,第57页。
② (清)陈洪范:《北使纪略》,《崇祯长编》,上海:上海书店,1982年版,第120页。
③ (清)丁耀亢:《答谢刘宪石学士赠韵》,《陆舫诗草》卷一,《丁耀亢全集》上,第11页。
④ 顺治元年五月十一日颁剃发令,驱民出京师内城。摄政王谕民:谕到,俱即薙发,倘有故违,即行诛剿。限三日内虚燕城之半驻满洲兵,尽驱汉人出城。以南城为民居,而尽圈内城为营地。期限紧迫,妇子惊慌,扶老携幼,无可栖止,饥寒交迫,哭声震天。
顺治五年八月十九日令京城内汉官及商民人等尽徙南城居住。谕曰:京城汉官汉民原与满洲共处,近闻争端日起,劫杀抢劫,而满汉人等彼此推诿,竟无已时,似何日清宁,此实参居杂住之所致也。除八旗投充汉人不令迁移外,尽徙南城居住。
《世祖章皇帝实录》卷四〇,《清实录》第3册,北京:中华书局,1985年版,第6页。
⑤ (清)刘正宗:《移庐行》,《逋斋诗》卷一,《四库未收书辑刊》第八辑16册,北京:北京出版社,2000年版,第127-128页。

利,钩弦决柔指。觽环仍佩汉,席跽尚宗周。物力天心厚,章符古篆留。细看元魏史,南北一春秋。①

两诗从表面上看都对满汉分城的政策给予肯定,"王者化无外""君王有远谋",但刘诗重在着眼于分城给汉人造成生活的痛苦和心理文化的伤害,百姓扶老携幼、背井离乡、奔波经旬,百年老宅换来茅屋蓬莱,故"千秋肇干止,愿言念劳民"。刘正宗当时在京师任职居住,自然在迁徙范围之内,对迁居之苦深有体会。丁诗以新奇的眼光侧重从住行和装束等方面描绘定居后与南城迥异的北城满人的生活状况。

京师内外城空间被重新分配,对汉官而言,除官衙外,外城成为他们在京居住和交游活动的主要场所。大多数汉族文人官员政务与生活是在两个不同的区域,与满洲官员私下并没有多少交往。在这种独特的生活空间中,汉族官员叙友情、谈故旧,诗文唱和,宴饮赋歌,登高览胜,纵论朝政,进行着纵横捭阖的交往,形成了多元互动的人际网络。京师北方贰臣文人在自我有限的生活圈子里,业余生活主要有四个方面的活动:一是倾力诗文,以图立言;二是故旧宴集,饮酒寄怀;三是观剧赏曲,缅怀故国;四是参禅观寺,登高览胜。

一、倾力诗文,以图立言

京师期间,丁耀亢与刘正宗、王铎等以诗文相尚,多有唱和。薛所蕴在给刘正宗的《逋斋诗》作序云:

> 爰定一约,古体非汉魏晋宋不取材也,近体则断自开元大历以还;气必于浑,格必于高……长安士大夫皆知有宪石诗,风雅一道,亦遂大著……今兢为新声者,枯澹浮艳之习中于人心,非以气格矫之不能返之正而归于风雅。觉斯先生大昌明此,指其为空同有余。余固不敢望信阳,宪石集出其于历下,何多让焉?乃余尤惜不能重聚十六人者,共传诵,若金华步趋时,而亦惜我辈生平期许,仅仅绪余,自见一斑如斯也。②

这段文字作于顺治六年(1649),序文对刘正宗的诗文创作及其成就不无过誉,但却指出当时刘正宗为政之余,多倾力于诗文的状况。诗文唱和本是文人士大夫之

---

① (清)丁耀亢:《北城》,《陆舫诗草》卷一,《丁耀亢全集》上,第21页。
② (清)薛所蕴:《刘宪石逋斋诗序》,《澹友轩文集》卷三,《四库全书存目丛书》集部第197册,济南:齐鲁书社,1997年版,第40—41页。

间的一种雅事韵风,就连皇帝本人也经常召集大臣御赐题目,宴游唱和。邓之诚在《清诗纪事初编》中说刘正宗:"自负能诗,力主历下,与虞山娄东异帜。挤二陈一死一谪,而独得善终。其诗笔力甚健,江南人选诗多不及之,门户恩怨之见也。"①刘正宗的门人王天枢称其"史馆宿硕,诗家主盟,悬鉴取士,如照世杯"②。

彭志古在《桴庵诗序》中云:

> 长安以诗名者,为王先生觉斯、刘先生宪石偕吾行屋薛夫子,所谓三大家也。夫子与两先生劳精疲神,凡食寝其中廿余载而后工。觉斯先生没而调益孤,和弥寡。作者纷然争以字句取妍,而务为新奇险涩,无谓刻镂万,于风人忠厚之意,荡然无复。遗夫子与宪石先生更相酬倡,力挽之。和平一归大雅,含酿蕴蓄,盐梅之外,使人咀泳而自得其所以然。故至今长安之业是学者,取以为法焉。③

虽然后两者所言,多为弟子门人尊师阿谀之词,但刘正宗以其在京师的政治地位并多用力于诗文创作,有一定影响则应为事实。顺治十六年(1659),刘正宗因文受到政敌攻讦,顺治皇帝以刘正宗器量狭隘、终日诗酒自矜、大庭议论,降旨严饬④。

薛所蕴与刘正宗相交甚深,也致力于诗文创作,彭志古言:

> 夫子之桴庵,架书万卷,而半皆诗。自汉魏至元明诸家集选,无不备具,皆夫子手评而阅较再四过者。与人言诗,则亹亹,自朝至夕,虽盛暑严寒无厌。尝与觉斯先生雪夜论诗,立庭中至五更谈,尤高不倦。夫子于诗如此,其好之笃而学之精也。所著五七言,合近体约二千余篇。⑤

北方贰臣文人除了致力于诗文创作外,在经史文献等的整理研究方面也多有用心。孙承泽(1592—1676)入清后曾官至吏部侍郎,顺治十年(1653)因疏荐陈名夏(?—1654)补吏部尚书被顺治皇帝斥责,"因以侍郎推举阁臣,有乖大体"引罪称

---

① 邓之诚:《刘正宗》,《清诗纪事初编》卷六,上海:上海古籍出版社,1984年版,第660页。
② (清)王天枢:《逋斋诗序》,(清)刘正宗《逋斋诗》,《四库未收书辑刊》第八辑16册,北京:北京出版社,1997年版,第115页。
③ (清)彭志古:《桴庵诗序》,(清)薛所蕴:《桴庵诗》,《四库全书存目丛书》集部第197册,济南:齐鲁书社,1997年版,第211页。
④ 王钟翰点校:《刘正宗传》,《清史列传》卷七十九,北京:中华书局,1987年版,第6573页。
⑤ (清)彭志古:《桴庵诗序》,(清)薛所蕴:《桴庵诗》,《四库全书存目丛书》集部第197册,济南:齐鲁书社,1997年版,第211页。

疾乞归①。其后孙氏潜心经史,卓有成就:

> 闭户著书,岁有成帙。《经翼》一书,自公为县令时,即多方裒辑,有世所未睹者。复作《孔易传义合阐》《尚书集解》《禹贡考》《诗经朱翼》《春秋程传补》《仪礼经传合解》,皆阐明圣贤微旨,多前人所未发。尝以学者不达古今经济,皆非实学,于是著《历代史翼》及《水利考》《典制纪略》《治河纪》。明史未有成书,久或失实,纂述《春明梦余录》《人物志》《山书》《广记》《元明典故编年考》《典制纪略》《寰宇纪略》《山居小笺》《砚山斋集考》等书。于理学,则有宋五先生、明四先生《学约》《道统明辨》《诸儒集抄》《考正晚年定论》,皆公一力搜罗定正,手自脱稿,历二十年,日不释卷。今年目力不及,犹著《益智录》,日令子孙朗诵于侧,删定成书,勤勤开定来学之意,至殁不衰。②

细察清初北方贰臣文人倾力诗文的根本动机是强烈的"立言"意识。

明清鼎革,世人流离涂炭,文人士子的心灵受到强烈的震撼与冲击,正如曹丕(187—226)在经历汉末动荡后的切身体验:

> 生有七尺之形,死唯一棺之土,唯立德扬名,可以不朽,其次莫如著篇籍。疫疠数起,士人雕落,余独何人,能全其寿?③

陵谷更替,世事变迁,生命的脆弱易逝,常常令文人有恍如隔世之感。"无何,沧桑易位,兹十六人中或存或亡,或南或北,邈如隔世。重寻燕山之盟,朝夕过从,余与宪石皤焉两短发翁耳。回视金华篆炉时如在梦际,而生平期许亦同枯柿寒灰,无复着胸臆矣。"沧桑易位和友人飘零,转眼间相聚时已是霜鬓白发,少年雄心皆已化为寒灰,慨叹人生"繁华不终朝,百年亦云迭。世无百年人,岁月莫虚度"④。

对生命飘忽虚无的同感,使文人倍感文事的重要。王铎借为其弟王镛(1607—1671)《大愚集》作序抒发同样的感受:

> 文章,天地之积物之不敝者也。富贵功名,梦电泡影;人与骨朽,台榭池砾,美人黄土,一切车马衣服,鼎钟金玉,巧丽所好所宝之物,转眼都尽。惟此

---

① 王钟翰点校:《孙承泽传》,《清史列传》卷七十九,北京:中华书局,1987年版,第6597页。
② (清)王崇简:《光禄大夫太子太保都察院右都御史吏部左侍郎孙公承泽行状》,《青箱堂文集》卷八,四库全书存目丛书》集部第203册,济南:齐鲁书社,1997年版,第486页。
③ (晋)陈寿:《文帝纪》,《三国志·魏书》卷二,北京:中华书局,1959年版,第88页。
④ (清)刘正宗:《饮酒》(其十二),《逋斋诗》卷一,《四库未收书辑刊》第八辑16册,北京:北京出版社,2000年版,第123页。

败简蠹编,能为人存其志气须眉、香光笑貌,经千百劫不敝,斯非文章之权与。故曰:"文章之为物,能出其权,以与天地争寿,神鬼不能攫,风雨雪霜不蚀,不剥楚炬嬴烟土焦儒燎,又能匿光鲁壁,藏神伏腹,为世界存此蝌蚪鸟篆以终,存千百劫世道人心于不敝。回视富贵功名,一切所好所宝之物,泡梦电泡影哉? 然物之孰为敝,孰为不敝,当审其所宝矣……存世道人心不,斯非文章之权与,然则世之亦宝其所宝,不敝之物而可矣。①

"文章天地之积物不敝者",是王铎在身经世变、物非人移后对"文章不朽"的切身认识。明清鼎革不仅毁坏了许多人的家园、夺取了亲友的生命,而且使他们对生命的永恒感产生了怀疑;对于贰臣文人来说,觍颜异族、身事两府,使他们的精神道德承受着巨大的煎熬和压力。从小饱受经书和圣贤教诲所建立起的"修齐治平"的固有政治道德优势和"致君尧舜""化民以德"的士人期许,在薙发易服的瞬间坍塌,化为乌有,而且对照自己的内心产生强烈的反讽,以自嘲方式反思自我。

不是昔日貌,白须难认吾。力衰甘愿偃,心瘁强欢娱。习俗湖山贼,艰危鸟兽苏。官休休未得,怛怩说仙都。②

王铎的自我难认不仅是由翩翩少年郎到皤焉白须老翁的体貌年龄的变化,而且是内心对自己现实行径的否定。特别是在夜深人静之际,这种积压在其心底的愧辱心态,常常"欲寐不成寐,如有深彷徨""耿耿天为曙,缄泪拥衣裳"③。

这种由于政治"失身"而愧疚负罪的心理在身仕两朝的孙承泽、王崇简的内心产生的波澜应当是相当巨大的。孙承泽在入清后,一方面是惧于祸端,早早引咎托病身退,另一方面"教子孙读书砥行,不使习世俗之华腆,乡试及应仕进者皆不令预,曰:'衣食粗足,当知止足。'殁前一日,沐浴更衣,赋诗,有云:'进退死生两大事,孤心留取照幽墟。'"④谆谆教导子孙读书,却禁止其参加新朝乡试和仕进,这在以功名为荣的科举时代,只是一些决绝的明遗民的做法,孙承泽的行为无疑是对自己进退出处的反思和救赎。

仕清后,王崇简曾经因为上书建议表彰明末忠烈而受到朝野士人的一致肯

---

① (清)王铎:《大愚集序》,(清)王鑨《大愚集》,《四库未收书辑刊》第七辑第24册,北京:北京出版社,2000年版,第6页。
② (清)王铎:《不是昔貌》,(清)邓汉仪《诗观初集》卷一,《四库禁毁书丛刊》集部第1册,北京:北京出版社,2000年版,第200页。
③ (清)王铎:《独寐》,(清)徐世昌:《清诗汇》卷二十一,北京:北京出版社,1996年版,第243页。
④ (清)王崇简:《光禄大夫太子太保都察院右都御史吏部左侍郎孙公承泽行状》,《青箱堂文集》卷八,《四库全书存目丛书》集部第203册,济南:齐鲁书社,1997年版,第486页。

定,其好友明遗民申凫盟称其为"先生之诗,是即先生之古道矣",并对"古道"进一步阐释"道者,立人之本,万事所从出而诗其著焉。古之诗人,大抵禀清刚之德,有光明磊落之概,本之忠孝,敷以和平,三百篇皆诗皆道也"①。

王崇简在入清后与孙承泽就"忠诚""死节"有过探讨:

> 公尝与予论:"东林为宋杨龟山先生无锡之书院,明顾公购于寺僧,置龟山祠,与同志阐明理学于其中,初非要名植党。明之季也,推斥正人者,盖指东林为党人。"予谓:"逆党擅权,凡纠阉党死者,皆时所指东林;而附逆献媚,则凫所嫉恶东林之人。殆李自成之变,东林死节者比比;而委蛇于伪命,偷生视息,皆自以为不为东林党之人也。其邪正,有不待辨而昭然者。"公以为然。②

这里二人虽然讨论东林士人之正与其在甲申之变中的死节壮举,但其内心未必不对自己降清一事有所芥蒂。顺治五年(1648)王崇简在《寄怀梁仲木内弟》中向自己的至亲好友吐露衷情:

> 谋生出处岂能工,尔我行藏尚未同。履险厌闻天下事,怀惭羞说古人风。江头见月芦间笛,枕上思家夜半鸿。曾约暮年重聚首,烟云缥缈望难通。③

在巨大的社会变革面前,个人无法去左右自己的命运,但是由于"谋生"不顾"出处""行藏",有违传统儒家所推崇的"忠孝"的政治道德,所以在人前背后时时有"怀羞愧说"的痛楚。顺治九年(1652)王崇简借《范烈女》一诗来表达自己的内心道德拷问:

> 古人何尝今日在,今人何尝古人死?死者人之所不免,千秋旦夕在人耳。坚贞不夺如赤石,轻尘弱草何足拟?从一而终世所知,纵辞自解多诐诡。满城范女年十九,许聘未嫁丧其偶。流俗岂必失靡他,含悲赴吊难其母。题诗仰药往拜姑,死则同穴志不苟。可死不死叹失时,一死如生千古久。鬼神亦为泣幽魄,庭前海棠一夕白。④

---

① (清)申凫盟:《青箱堂集序》,(清)王崇简《青箱堂诗集》,《四库全书存目丛书》集部第203册,济南:齐鲁书社,1997年版,第10页。
② (清)王崇简:《光禄大夫太子太保都察院右都御史吏部左侍郎孙公承泽行状》,《青箱堂文集》卷八,《四库全书存目丛书》集部第203册,济南:齐鲁书社,1997年版,第486页。
③ (清)王崇简:《寄怀梁仲木内弟》,《青箱堂诗集》卷六,《四库全书存目丛书》集部第203册,济南:齐鲁书社,1997年版,第102页。
④ (清)王崇简:《范烈女》,《青箱堂诗集》卷八,《四库全书存目丛书》集部第203册,济南:齐鲁书社,1997年版,第126页。

王氏借范烈女未嫁殉夫的故事来探讨"生死"之节。死是人生在所难免之事,面临生死抉择,如何死法是事关个人"千秋"的大事;"从一而终"是每个人都知道的道理,"可死不死叹失时""纵辞自解多诐诡",因此为先朝"死节""忠诚",是清初仕清文人贰臣多存诸于心,反复自我掂量却不能形诸于口的敏感话题,以诗文抒怀成为最好的一种方式。

古人所强调的"立德"之业,贰臣文人因大节有亏而无从谈起,于是以诗文"立言",传于后世,成为许多贰臣文人的自觉选择和动力。王铎在临终前对自己一生的坎坷遭遇深感不平:

> 衰老余生,遭际坎坷,殊无快意事,无快意时,无相对快意之人物。迩来幸生疾,病中得就枕衾。有时欯尔悲,欯尔歌,欯尔气,填胸痞满,不能言。夫古今来,侏儒何限,不侏儒亦何限?不知造化小儿何独妒于老我,摧抑之,窘辱之,颠倒而拂乱之,生死不自为。政其留以告天下后世。天下后世读而怜其志者,只此数卷诗文耳……不合亲身经历,六十年人情物理之谲变,如苍狗白衣,奇险如澶渑。孟门不平日甚,坚忍日深,以故心沉力鸷,明明之识,洸洸之胆,尽出其气势于纸上。嬉笑怒骂,驱鬼驿神,此亦境之无如何而必出于是者也。吾兄弟其皆处无如何之境者,与忆吾家乌衣青毡,或以政事传,或以书法传。倘吾兄弟他日得以诗文书法传,是以不愧前人。勉乎哉,勉乎哉!造化小儿纵能妒人其能,复争吾兄弟千秋权耶?①

王铎入清后百无聊赖,"无快意事,无快意时,无相对快意之人物",心中有苦而"不能言",自觉地以诗文来求得"天下后世读而怜其志者",其"立言"用心和"不愧前人"的企盼,应该是大多数贰臣文人的良苦愿望。王崇简在顺治十八年(1661)请申涵光(1620—1677)帮助删定诗集时说:"为我删定之,千秋之业,非他世态可比幸,以古道自处也。"②顺治二年(1645)王崇简仕清前一年,有《至莱阳语宋玉伯玉仲玉叔》:

> 不能生值尧舜成康世,不能夔龙稷契相比肩。不然得为箕山颍水子,亦可笑傲卒天年。或者负质最愚下,不识名义,不解是非,朝起饱食夜醉眠。既若生来能识字,忧患即与相周旋。或者少年致青云,或者势力能熏天,或者衡泌可乐饥。或者贫贱难自全,不然草草而早死,无知草木同芊芊。数者既一

---

① (清)王镛:《长兄觉斯家报》,《大愚集·尺牍》,《四库未收书辑刊》第七辑第24册,北京:北京出版社,2000年版,第335页。
② (清)申涵光:《青箱堂诗叙》,(清)王崇简:《青箱堂诗集》,《四库全书存目丛书》集部第203册,济南:齐鲁书社,1997年版,第9页。

不可得,何乃生逢鼎革叹颠连！衣冠既已委草莽,盗贼又复如火燃。士生此际不得已,死难得所岂苟焉。弃捐坟墓别亲戚,跋涉辛苦为播迁。艰难甘为君父受,流离漂泊同飞烟。四方靡骋可奈何,已矣何如归园田。一旦生还如梦寐,上下四旁有余怜。我亦曰归中心悲,自笑何从授一廛？高天厚地亦局蹐,潜匪鱼兮戾匪鸢。但得此心无惭负,姓名何必传后人！①

出仕新朝前,在进退、行藏、节义、是非、君父等之间的局蹐挣扎,让王崇简悲痛万分。虽然索性说"姓名何必传后人",但自我"但得此心无惭负"的愿望只能在诗文中原心于后人。

刘正宗在清初被视为"权奸",王士禛在《分甘余话》中记载时人之见:

> 潍县老儒杨青藜,字禄客,又字石民,与安丘故相刘公宪石(正宗)老友也。相国假归,招之不往,答书略曰:"……某伏处草泽,稍有异闻,如龚芝麓之镌十三级,则以蜀洛分党也;赵韫退之坎壈终身,则以避马未远也;周栎园之拟立斩,则以报复睚眦也;陈百史之无辜伏法,则以争权竞进也。其他讹传尚多,事关鸿巨,有伤国体,有干名教。谅阁下所必不肯为者,愚不敢轻信,而妄言之。即此数端,亦足以招悔尤而犯清议矣"云云。②

文中历数龚鼎孳、赵韫退(进美)、周亮工(1612—1672)、陈名夏等人入清后的遭遇,指摘刘正宗政治伦理道德的败坏。刘正宗的道德、心胸虽为时人不齿,但刘氏诗集成帙后,嘱托好友任濬为其序留名:"宪石间出诗相示曰:'数十季心血所在,无论工拙,当存以诏子孙,不欲他人饰其弊帨,吾子可一言叙余。'"刘正宗虽然表面谦虚"不论工拙",不想借他人序以抬高自己,但其自信诗集为"数十季心血所在","存以诏子孙",即求立言世间以传后世。对此,任濬一语道破:"君之相嘱,欲以文章千古之气,存区区不肖于人间也。"③

邓汉仪在康熙十二年(1673)《诗观二集》中追叙:"昔客京师,承宗伯(薛所蕴,笔者注)展招谈诗,弗倦。仆曾制近体四章奉赠,宗伯喜甚,而卫公给谏时时相从于酒垆吟社之间,盖世好也。迩者缁林薛公临扬,以《桴庵诗》全集见示,因为选次

---

① (清)王崇简:《至莱阳语宋玉伯仲玉叔》,《青箱堂诗集》卷八,《四库全书存目丛书》集部第203册,济南:齐鲁书社,1997年版,第86页。
② (清)王士禛著,张世林点校:《杨青藜答刘正宗书》,《分甘余话》卷三,北京:中华书局,1989年版,第54页。
③ (清)任濬:《宪石诗序》,(清)刘正宗《逋斋诗》,《四库全书存目丛书》集部第197册,济南:齐鲁书社,1997年版,第285页。

若干首,登《诗观二集》。其诗浑健苍雅,全体少陵,固济源王屋,特产弄入,为之表仪者。"①当时邓汉仪在《诗观初集》中所选时人诗作甚广,但没有选薛所蕴之诗,后因"世好",薛氏之子携其诗集亲自到扬州,因此在《诗观二集》中得以选播。由此可见贰臣文人及其后人以诗文"立言"的意愿之强烈。

二、故旧宴集,饮酒寄怀

宴集饮酒是文人业余生活的重要组成部分,甚至成为他们的一种生活方式。《诗经·唐风·山有枢》云:"子有酒食,何不日鼓瑟?且以喜乐,且以永日。宛其死矣,他人入室。"②《古诗十九首》曰:"服食求神仙,多为药所误。不如饮美酒,被服纨与素。"③"人生天地间,忽如远行客。斗酒相娱乐,聊厚不为薄。"④

宴集饮酒不仅是文人日常交游的主要手段,而且也是文人士子风度的外现,"名士不必须奇才。但使常无事,痛饮酒,熟读《离骚》,便可称名士"⑤。陶渊明在《饮酒诗二十首》序言中道出自己的饮酒真味:"余闲居寡欢,兼比夜之长,偶有名酒,无夕不饮,顾影独尽,忽焉复醉。既醉之后,辄题数句自娱,纸墨遂多,辞无诠次,聊命故人书之,以为欢笑尔。"⑥

陶渊明式的诗酒相藉应该是大多数文人好酒乐饮的重要因素。入清后,京师汉人官员多闭门不出,或只与故旧亲朋相聚饮酒赋诗,以远离尘世及官场纷扰。丁耀亢《陆舫诗草》中大多记录与友人宴饮酬唱之作。卫周祚(1612—1675),字文锡,号闻石,平阳之曲沃人。卫氏是明崇祯十年(1637)年进士,授户部郎中,入清后以荐召,官至吏部考功郎中,"退朝,则杜门与兄少司马公饮酒赋诗相乐,若无官者;有干以私,辄不得入"⑦。卫周祚退朝后只与其兄闭门饮酒赋诗相乐,也许是一种极端,但只与故旧同年相聚饮酒,却是入清后许多贰臣文人业余生活的重要方式。

北方贰臣文人朝政之余宴集饮酒,大多与一般文人相聚相似,既有生日庆度、

---

① (清)邓汉仪:《薛所蕴》,《诗观二集》卷三,《四库禁毁书丛刊》第2册,北京:北京出版社,1997年版,第50页。
② 周振甫:《诗经译注》,北京:中华书局,2002年版,第161页。
③ 马茂元:《古诗十九首初探》,西安:陕西人民出版社,1999年版,第89页。
④ 马茂元:《古诗十九首初探》,西安:陕西人民出版社,1999年版,第49页。
⑤ 余嘉锡笺疏,周祖谟、余淑宜、周士琦整理:《世说新语笺疏·任诞第二十三》,上海:上海古籍出版社,1993年版,第764页。
⑥ 袁行霈:《饮酒诗二十首》(并序),《陶渊明集笺注》卷三,北京:中华书局,2003年版,第235页。
⑦ (清)徐文元:《光禄大夫少师兼太子太保和殿大学士户部尚书曲沃文清卫公周祚神道碑》,(清)钱仪吉:《碑传集》卷七,第1册,北京:中华书局,1993年版,第142页。

乔迁新居、送故迎旧等人情世故的俗务,又有赏花鉴古、分韵酬唱等雅事。

生日庆度在文人宴饮中既是故旧欢聚的方式,又是结交权贵的重要契机。如刘正宗赠丁耀亢的《花朝寿丁野鹤》:"羡尔朱颜好,觞开二月天。恰逢花纪日,宜用酒忘年。"①其另《罗钦瞻生日戏赠》:"问询君家酒,新来定几多。""今朝车马客,若个最先酡。"其又《行屋生日》:"尊前余大斗,切莫惜陶然。"②薛所蕴在《己丑宪石初度》中言"直须一吸尽一斗,勿辞侧弁与颜酡"③,觥筹欢饮是朋友间祝寿、相互增进友情的重要内容。

同时,生日宴集又是下级官僚向上司结交或拜谒的良好契机。顺治六年(1649)丁耀亢由顺天府拔贡,任旗塾教习,为曾任国子监祭酒的薛所蕴作《寿薛夫子大司成》:

……

> 兴高斗酒自淋漓,气吐山河忽岸帻。金马石渠满后尘,白日苍烟炼形魄。吾师历落真古人,亢也何缘捧几舄。老马伏枥空壮心,孤鹤号天无健翮。怜我剪拂出泥途,暂使射堂分鹅炙。渠丘故人刘学士,与君道气称无斁。鼓瑟时呼点尔狂,论文难化师也辟。长安侨寓不隔坊,常得扫门侍朝夕。两见华封进绛筹,眉间翠色芝颜赤。小子聊为引觞歌,阊风四起布瑶席。④

诗中称颂薛氏之余,以弟子身份引酒祝寿,对其帮助深表感激。顺治六年(1649)刘正宗、薛所蕴分别为时任太师的范文程祝寿上诗,刘诗赞其"规随符往躅,谋断掩前贤。一德君臣合,三台盯鼐悬。偓佺悬可匹,专美是凌烟"⑤,薛诗颂其"牧野后先师尚父,商王左右尹阿衡"⑥,二人诗文中不约而同将范文程(1597—1666)与姜尚、伊尹并举。范文程是当时权倾一时的汉人,借祝寿饮酒得以结交应是最好的契机。

文人宴集中乔迁新居也是重要内容。顺治五年朝廷将北京城南北分割,满汉

---

① (清)刘正宗:《花朝寿丁野鹤》,《逋斋诗》卷一,《四库全书存目丛书》集部第 197 册,济南:齐鲁书社,1997 年版,第 197 页。
② (清)刘正宗:《行屋生日》,《逋斋诗》卷一,《四库全书存目丛书》集部第 197 册,济南:齐鲁书社,1997 年版,第 216 页。
③ (清)薛所蕴:《己丑宪石初度》,《桴庵诗》卷二,《四库全书存目丛书》集部第 197 册,济南:齐鲁书社,1997 年版,第 256 页。
④ (清)丁耀亢:《寿薛夫子大司成》,《陆舫诗草》卷一,《丁耀亢全集》上,第 47 页。
⑤ (清)刘正宗:《寿范中堂八韵》,《逋斋诗》卷二,《四库全书存目丛书》集部第 197 册,济南:齐鲁书社,1997 年版,第 228 页。
⑥ (清)薛所蕴:《己丑上元寿范中堂太师》,《桴庵诗》卷四,《四库全书存目丛书》集部第 197 册,济南:齐鲁书社,1997 年版,第 297 页。

各辖,汉人百姓官员各自搬家择居。乔迁祝贺,以酒相庆在其诗文中多有记载。顺治五年(1648)王崇简有《同成青坛张中柱饮刘宪石前辈新居》:"避世聊金马,相逢且举杯。"①其另作《黄卜周招同米吉士小饮新居》《过成青坛新居》《饮米吉士新宅同玉叔卜周》,"但使相逢醉,何劳感慨生"②。

此外,老友新任送别,故旧重逢相聚,宴饮举杯成为常态。顺治六年(1649)刘正宗与老友重逢作《己丑秋日长安再逢李梅公言念今昔感而成诔》:

  人生有聚散,期会何茫茫。忆子登津要,余昔滞恒阳。神交十余载,一同鹓鹭行。岂谓倏纷飞,两地阅沧桑。汗漫余重来,齿发各已苍。荒伦虽独隔,浪与剑珮场。鸞鷟辞腥腐,鸺鹠竞翱翔。节士振孤标,流俗安足量。得丧果谁为,感慨摧中肠。龙蛇走大陆,惊飚来穷荒。宁不怀遄归,所苦道路长。浮云变白日,游子空彷徨。俯仰余高歌,匣锷吐光芒。掀髯对酒徒,击筑燕市傍。燕市酒易醉,素心贵不忘。沉叹欲竟夕,西风殒繁霜。③

老友乱后生离相聚,恍如隔世、感慨衷肠,自然是掀髯对酒、醉卧燕市,一吐离合相思之苦。

顺治十四年(1657)王崇简在《送梁慎可备兵武定(时禁宴会)》中云:

  花飞春去草迷离,绿柳阴中听子规。欲去频来长者驾,送君却忆论交时。徒然有梦随千里,未敢开筵饯一卮。此去定知多誉望,几回为寄颂功诗。④

朋友惜别,应该是劝君更进杯酒为快,但由于时政所限,只好把无酒饯行的遗憾化作寄颂功诗的期盼。

清初北方贰臣文人宴集饮酒除了形式上与常态相同外,还有其时代所具有的特殊内涵。明清替代,战乱频仍,人如飘蓬,生命如朝露夕霜,困危挟逼。生命的瞬息倏忽和世事的白云苍狗般变迁,人们对生命产生的虚无与怀疑,有甚于升平时期。许多文人借饮酒忘怀得失、超然物我,得到暂时的解脱。正如刘伶(221—300)在《酒德颂》中所称:"无思无虑,其乐陶陶。兀然而醉,豁尔而醒。静听不闻

---

① (清)王崇简:《同成青坛张中柱饮刘宪石前辈新居》,《青箱堂诗集》卷八,《四库全书存目丛书》集部第203册,济南:齐鲁书社,1997年版,第93页。
② (清)王崇简:《黄卜周招同米吉士小饮新居》,《青箱堂诗集》卷八,《四库全书存目丛书》集部第203册,济南:齐鲁书社,1997年版,第94页。
③ (清)刘正宗:《己丑秋日长安再逢李梅公言念今昔感而成诔》,《逋斋诗》卷一,《四库未收书辑刊》第八辑16册,北京:北京出版社,2000年版,第132页。
④ (清)王崇简:《送梁慎可备兵武定(时禁宴会)》,《青箱堂诗集》卷八,《四库全书存目丛书》集部第203册,济南:齐鲁书社,1997年版,第162页。

雷霆之声，熟视不睹太山之形。不觉寒暑之切肌，利欲之感情。"①陶渊明在《连雨独饮》中亦言："故老赠余酒，乃言饮得仙。试酌百情远，重觞忽忘天。天岂去此哉，任真无所先。"②在醉酒中，视盲耳钝，各种世情忧虑变得越来越遥远；在醉境中，物与我浑化，人与自然融为一体。白居易（772—846）在《酒德颂》中感慨："百虑齐息时，乃之德，万缘皆空时，乃之功，我尝终日不食，终夜不寐，以思无益，不如且饮。"饮酒可使人暂时摆脱尘世种种纷扰，忘却现实中千丝万缕的羁绊③。这种以饮酒来抒发幽情在清初北方贰臣文人中尤为突出。

许多仕清的贰臣文人在牺牲名节后，并未换取仕途的顺畅而一展抱负，大多在南北党争、满汉倾轧中危言危行、噤声自保，借酒浇愁，醉酒忘形，许多贰臣文人在举杯饮酒之际会有别样的心境蕴藉其中。

战乱打乱了人们的生活节奏，鼎革摧毁了人们的政治伦理道德秩序。在清朝新政权建立后，许多明朝官员不管是主动迎降，还是举荐授职，在新朝下剃发易服，故旧老友相见相聚、举杯叙旧之际自是唏嘘感慨。顺治三年（1646）刘正宗《薛行坞招饮见投长句作此答之》云：

> 回忆今春重觌面，忽忽岁月拟奔电。几度开尊卜良夜，欲醉不醉泪如线。新来益得却愁方，逢场潦倒愿相见。茫茫陆海眼皆青，浩歌不悟朱颜换。君从醉里为长句，风雅千秋俨未散。今宵举觞烛正明，地炉火暖树无声。臬庐不辨筹纵横，一斗百万何重轻。饮君酒，听君歌，扪舌已久影婆娑。干戈到耳二东多，客兴方酣乙漏过。刁斗催人奈若何。④

岁月忽如电、转眼朱颜已改，少年不再的虚无感，使得诗人"新来益得却愁方，逢场潦倒愿相见"，酒成为最好的解忧药、"却愁方"。薛所蕴在《宪石招饮同葆光今楚》中表达了同样的感受：

> 长安永日何所事，不如相过饮美酒。人生苦于无酒钱，有钱难买金兰友。吾友山东刘翰林，青州从事琥珀珍。招邀时许倾大斗，高谈雅谑披胸襟。檐

---

① （唐）房玄龄等：《刘伶传》，《晋书》卷四十九，北京：中华书局，1974年版，第1376页。
② 袁行霈：《连雨独饮》，《陶渊明集笺注》卷二，北京：中华书局，2003年版，第125页。
③ 《乐府大曲·满歌行》云："饮酒歌舞，乐复何须？"
（宋）郭茂倩：《乐府大曲·满歌行》，《乐府诗集》卷四十三，北京：中华书局，1979年版，第636页。
《善哉行》亦云："欢日尚少，戚日苦多。何以忘忧，弹筝歌酒。"
（梁）沈约：《志·第十一》，《宋书》卷二十一，北京：中华书局，1974年版，第616页。
④ （清）刘正宗：《薛行坞招饮见投长句作此答之》，《逋斋诗》卷二，《四库未收书辑刊》第八辑16册，北京：北京出版社，2000年版，第138-139页。

前烂漫锦花落,天上浮云月魄薄。物华时序都如此,胡为拘牵不行乐。回思走马曲江边,逐队曾看颜色好。迩来相看雪满头,风雨聚散谁常保。君不见,昭王台,往日亭亭今草芊。又不见,碣石山旧时溟渤。但将良酿浇心垒,海岳捶碎任婆娑。子云太玄真迂儒,夫子辙环奚为乎?①

生命易逝的惆怅和苦楚在欢饮中到消解。"生年曾几何,胡为常役役。日月有代谢,况人如虮虱。得酒且痛饮,忘形莫相猜。"②

贰臣文人们在故旧欢聚酒阑之后,故国往事常常忽涌心头,黯然神伤。顺治五年(1648)薛所蕴在《和宪石觅醉》中记录了北方仕清文人官员们的一次酒会:

> 惊飙摵摵敲虚牖,太仆斋中同杯酒。呼卢说剑任尔汝,逸气横飞乱星斗。墙头何处过歌舞,缭绕画梁风雨吼。道是邻舍张华筵,叩门觅醉三更后。叩门剥啄声太剧,秩筵骇散客狂逸。几席重设缇御幰,当轩正坐叫大白。大白翔飞鲸浪奔,驼峰豹炙琥珀文。一饮一斗嫌觥窄,直欲倒却金罍带。瓮吞击檀板,考龟鼓,坎坎蹲蹲交鹭。羽中有佳人,公孙伍仿佛。当年梨园谱高歌,一阕南内曲。众宾回首纷雨泣,此曲想见开元时,鹤发老翁心如失。须臾觥筹更参错,雄谈阔论天花落。太傅古调谱宫徵,尚书词赋感今昨。廷尉豪兴薄秋云,同卿喜思溢寥廓。尤怜白发老翰林,敲诗得句向我频。百年聚散尤斯日,四海哀角奈相寻。少年休笑老翁狂,得间切莫忘醉乡。古人累累土中骨,那堪睁眼问东皇。鸡鸣夜色蒙蒙曙,街鼓息声海光露。主意殷勤客兴阑,不交一语骑马去。③

诗歌以细致的笔触叙述众宾喧哗,狂饮豪放的场面。酒酣曲谐,借开元故事,引得"众宾回首纷雨泣",发出"古人累累土中骨,那堪睁眼问东皇"的人生感叹。邓汉仪在《诗观二集》中评此诗:"丧乱以后,诸老胸中实有一段说不出处,借诗酒发之,似狂欲歌欲泣,后人不能知其心曲也。"对诗末结句"主意殷勤客兴阑,不交一语骑马去",邓评:"原是借酒杯浇垒块,不交语良是。"④

---

① (清)薛所蕴:《宪石招饮同葆光今楚》,《桴庵诗》卷二,《四库全书存目丛书》集部第197册,济南:齐鲁书社,1997年版,第244-245页。
② (清)薛所蕴:《醉时歌简宪石》,《桴庵诗》卷二,《四库全书存目丛书》集部第197册,济南:齐鲁书社,1997年版,第249页。
③ (清)薛所蕴:《和宪石觅醉》,《桴庵诗》卷二,《四库全书存目丛书》集部第197册,济南:齐鲁书社,1997年版,第250页。
④ (清)邓汉仪:《薛所蕴》,《诗观二集》卷三,《四库禁毁书丛刊》集部第2册,北京:北京出版社,2000年版,第47页。

文人在饮酒之余还会对酒倍加关注,有时借酒之身价变迁来喻世抒怀。薛所蕴的《魏酒行并序》就表达了这样的情怀:

> 京师旧有魏酒之名,椒房魏戚畹所酿也。戚畹僻于酒酿,皆用银具。宫中百花露多分之,以资酿。御用非此酒不饮,今戚畹不可复见矣。家人有传得酒法者,肆而鬻诸市,仍以魏酒名,怅焉感赋。
>
> 昔日侯家擅酿名,长安欢呼贵魏酒。法自中山仙者传,人间曲药空盈缶。酿时首须金台露,未央宫中倾盎注。上苑琼花香味殊,贵嫔折送资醇酎。深洞曲房三百石,石石乘用银为饰。白须贵人揽貂裘,中宵三更绕槽立。酝成仙液如醍醐,至尊喜动中宫趋。日日金罂进供御,六宫非此不为娱。当时公卿间一尝,民间闻名不闻香。十年世态如反掌,椒房承恩事忽迤。帝城无复故侯垆,犹有侯门酿酒徒。新开小肆近市廛,一斤平沽廿余钱。贵贱何尝浑如此,衔杯欲饮泪潸然。①

昔日京师魏酒原为椒房贵戚所专有,酿酒器皿皆用银具,而且以花露作酿,民间只是"闻名不闻香";如今魏酒已经"肆而鬻诸市","一斤平沽廿余钱"。故邓汉仪在《诗观二集》中评:"太平数十年后,谁复有知此者,此种诗真是史诗。"②作者借酒之贵贱易位来抒发"旧时王谢堂前燕,飞入寻常百姓家"的世事人生感慨,寄托故国哀思的黍离之情。

三、观剧赏曲,缅怀故国

文人在宴集欢会,不仅有觥筹交错,还会有观剧赏曲以助兴。

明末,经过改进的昆山腔词曲优美、声腔柔婉、做功细腻,舞台效果夺人耳目,遂在民间戏台和士大夫的宴会上都抢占了优势,各种戏班也如火如荼。清初,虽然经历了兵燹和易代的灾祸,但在官僚士大夫那里,娱乐活动并未衰败。孟森云:

> 易代之际,倡优之风,往往极盛。其自命风雅者,又借沧桑之感,黍麦之悲,为之点染其间,以自文其荡靡之习。数人倡之,同时几遍和之,遂成为薄俗焉。由近日之事,追忆明清间事,颇多相类。③

---

① (清)薛所蕴:《魏酒行并序》,《桴庵诗》卷二,《四库全书存目丛书》集部第197册,济南:齐鲁书社,1997年版,第260页。
② (清)邓汉仪:《薛所蕴》,《诗观二集》卷三,《四库禁毁书丛刊》集部第2册,北京:北京出版社,2000年版,第48页。
③ 孟森:《王紫稼考》,《心史丛刊》,长沙:岳麓出版社,1986年版,第89页。

随着社会稳定，市井人生基本上延续过去的生存状态，各种娱乐活动繁盛依旧，戏班演出不可或缺。同时大批文人在喜好戏曲的同时，自觉加入创作队伍的行列中。据郭英德《明清传奇综录》的统计，仅顺治九年（1652）到康熙五十七年（1718）间，旧有传奇作品就有452种留名于世，其中作者姓名可考者约128人①。顺治皇帝也极喜欢戏曲，顺治十四年（1657）在观看《鸣凤记》时曾不满其结构安排，"思以正之"②。当时在京城的文人官员中如吴伟业、宋琬、王铎、赵进美、丁耀亢等都曾从事过传奇或杂剧的创作。文人们在宴集除了欣赏一些传统的经典剧目，还会就朋友的新曲近作作专场赏析。如薛所蕴顺治五年（1648）的《和宪石觅醉》中"当年梨园谱高歌，一阕南内曲。众宾回首纷雨泣，此曲想见开元时，鹤发老翁心如失"，即指传统的曲目。顺治六年（1649）丁耀亢邀请王铎观看其创作的传奇《化人游》，"莫矜细字频输眼，恐嗜奇吟误损神"③。顺治十年（1653）张桔存、郭卧候、叶天木、刘六吉等以考选入都，相逢燕市，在陈子修筵席上共同观赏丁耀亢新创作的传奇《赤松游》④。文人宴集除观剧外经常听曲，顺治九年（1652）丁耀亢在《冬夜集幼量斋中听美人弹琴》中云：

> 夜深秉烛出囊琴，有美淡妆如孤鹤。开帘拂榻整素衿，慢拨轻挑间复作。空山月堕冰瀑鸣，松下风来雪花落。萧萧飒飒入无声，四座不言皆静漠。⑤

诗中以优美笔触描绘了一幅宴集美人拂琴的动人画面。

观剧赏曲固然可以闲情怡性，但许多贰臣文人在酒色放纵中另有隐情。钱谦益（1582—1664）在《故宫保大学士孟津王公墓志铭》中说：

> 不为崖岸斩绝之行，不附炙热噂沓之党。以山水为园囿，以歌咏为鼓吹，以文章朋友为寝食。人曰公之品逸而端。平生规言矩行，动止有常。既入北廷，颓然自放。粉黛横陈，二八递代，按旧曲，度新歌，宵旦不分，悲歌间作。为叔孙昭子耶？为魏公子无忌耶？公心口自知之，即子弟不敢以间请也。⑥

这段文字记录了王铎入清前后的变化：入清前王铎"品逸而端""规言矩行，动止有

---

① 郭英德：《明清传奇史》，南京：江苏古籍出版社，1999年版，第309页。
② （清）郭棻：《〈新编杨椒山表忠蚺蛇胆〉弁言》，（清）丁耀亢：《丁耀亢全集》上，第914页。
③ （清）丁耀亢：《问王尚书觉斯病起约看〈化人游〉剧二首》，《陆舫诗草》卷一，《丁耀亢全集》上，第49页。
④ （清）丁耀亢：《张桔存郭卧候叶天木刘六吉以考选入都相逢燕市陈子修席上约观赤松词曲》，《陆舫诗草》卷五，《丁耀亢全集》上，第187页。
⑤ （清）丁耀亢：《冬夜集幼量斋听美人弹琴》，《陆舫诗草》卷四，《丁耀亢全集》上，第175页。
⑥ （清）钱谦益著，（清）钱曾笺注，钱仲联标校：《故宫保大学士孟津王公墓志铭》，《牧斋有学集》卷三十，《钱牧斋全集》第5册，上海：上海古籍出版社，2003年版，第1104页。

常",入清后"颓然自放。粉黛横陈,二八递代,按旧曲,度新歌,宵旦不分,悲歌间作"。王铎的纵情声色,与其心境有着密切的关联。顺治九年(1652)王铎去世后,其弟王鑨在挽诗《闻觉斯长兄讣音摧心裂肝,几不欲生,越月未能搦管。悲恸之余,以墨濡血,语无伦次,聊以代庙中之歌》(其八)中云:

> 晚年心事几人知,又作癫狂又作痴。放废行藏堪学圃,浮沉天地只论诗。①

王铎晚年的装癫卖痴、放废行藏,全系"心事",既有学石守信故事以声色远祸,又有纵情释怀的极端方式。葛万里在《钱牧斋(谦益)先生遗事及年谱》中有一段王铎的逸事:

> 田雄执弘光至南京,豫王幽之。司礼监韩赞周第令诸旧臣一一上谒。王铎独直立戟,手数其罪恶,且曰:"余非尔臣,安所得拜?"遂攘臂呼叱而去。②

这段文字不管真实性如何,但一定在当时士人中流传颇广,甚至后来孔尚任在《桃花扇》创作反思中对其也有揶揄③。王氏晚年内心的纠结与颓然自放的行为自然有极大的关联。观剧赏曲的同时,汉族文人又能从中得以瞻仰故国衣冠。顺治七年(1650)丁耀亢在与王铎等观剧时有这样的隐衷:

> 傀场喜见汉衣冠,一曲当筵白纻寒。老去文人耽乐理,古来贤者隐伶官。江天月冷时闻籁,河汉波流不起澜。梦依扁舟听吴咏,虎丘石上万人看。④

现实中不能拥有故国衣冠服饰,但傀儡登场,优孟粉墨时却能一睹旧貌,缅怀之情何其痛心!顺治九年(1652)丁耀亢在与京师的北方文人一起观剧时听说朝廷"欲复汉服",激动之余又不免怀疑,"高馆停云夜气清,六街箫鼓动春声。吴歈影乱回明烛,燕市人归惜别觥。不厌野夫存薨落,时闻好语忆升平。十年聚散长安月,宣

---

① (清)王鑨:《闻觉斯长兄讣音摧心裂肝,几不欲生,越月未能搦管。悲恸之余,以墨濡血,语无伦次,聊以代庙中之歌》,《大愚集》卷二一,《四库未收书辑刊》第七辑第 24 册,北京:北京出版社,2000 年版,第 249 页。
② 葛万里:《钱牧斋(谦益)先生遗事及年谱》,沈云龙主编《近代中国史料丛刊》第七十一辑第 701 册,台北:文海出版社,1966 年版,第 21 页。
③ 《桃花扇》第二五出《优选》:(开场)场上正中悬一匾,书"薰风殿",两旁悬联,书"万事无如杯在手,百年几见月当头"。款书"东阁大学士臣王铎奉敕书"。原评曰:"此折写香君入宫与侯郎隔绝,所谓离合之情也,而南朝君臣荒淫景态一一摹出,岂非兴亡之感乎?"此处王铎虽未出场,但作者讽喻之情溢于言表。(清)孔尚任:《桃花扇》,王季思主编《中国十大古典悲剧集》,上海:上海文艺出版社,1982 年版,第 870 页。
④ (清)丁耀亢:《王尚书招听昆山部乐》,《陆舫诗草》卷二,《丁耀亢全集》上,第 53 页。

室难期召贾生"①。

四、参禅观寺,登高览胜

陈垣在《明季滇黔佛教考》中说:

> 人当得意之时,不觉宗教之可贵也,惟当艰难困苦颠沛流离之际,则每思超现境而适乐土,乐土不易得,宗教家乃予以心灵上之安慰,此即乐土也。故凡百事业,丧乱则萧条,而宗教则丧乱皈依者愈众,宗教者人生忧患之伴侣也。六朝五代,号称极乱,然译经莫盛于六朝;五宗即昌于五季,足见世乱与宗教不尽相妨,有时且可扩张其势力。②

明清之际的社会动荡与六朝时代相似,而朝代的陵谷更替和华裔易位对士人的心灵冲击远远超过六朝。许多北方贰臣文人在退朝之后,除了饮酒赋诗、观剧赏曲之外,还有与故旧参禅观寺、登高览胜的喜好。

许多文人在明季时就受到佛道思想的影响。入清后,一部分文人为躲避清政府的征召或避免薙发易服的痛楚入山为僧,借禅林隐逸,或为逃避清政府的追捕而出家。仕清后的一部分文人官员有的则虔心向佛,这一点在南方贰臣文人身上表现尤为突出。钱谦益在《与减斋》中云:

> 抚躬责己,归命宿世,此理诚然诚然。然不肖历阅患难,深浅因果,乃知佛言往因,真实不虚,业因微细,良非肉眼所能了。多生作受,亦非一笔所能判断。惟有洗心忏悔,持诵大悲咒、金刚心经,便可从大海中翻身,立登彼岸也。③

在经历了人生的几度沉浮后,钱谦益反思自己,深感失节之"业因"深重,只能"洗心忏悔",持诵佛经,以祈能在内心"孽海"中早日登岸,求得解脱。吴伟业晚年遵奉佛教,遗命以僧装入殓,以诗人题碑,"勿作祠堂,勿乞铭于人",以僧服佛心求得脱离"天下大苦人"的愿望④。龚鼎孳《和答澹心兼寿其五十初度》中,"我生困百罹,忧来浩无方"之下,连篇累牍叙其毕生仕途之坎壈、老来心境之颓唐,最后却归

---

① (清)丁耀亢:《元宵前张举之招同宋玉叔张二瞻徐旸谷夜集观剧时闻欲复汉服》,《陆舫诗草》卷五,《丁耀亢全集》上,第186页。
② 陈垣:《乱世与宗教信仰第十七》,《明季滇黔佛教考》卷六,北京:中华书局,1962年版,第285页。
③ (清)周亮工:《尺牍新钞》,上海:上海书店,1988年版,第120页。
④ (清)顾湄:《吴梅村先生行状》,(清)吴伟业《吴梅村全集》附录一,上海:上海古籍出版社,1990年版,第1406页。

结"人理既遒尽,乞身势未遑。缠绵溺一竖,寂寞归空王"①,佞佛礼忏已成为他晚年重要的精神寄托。

相比较而言,京师北方贰臣文人也有参禅的活动,但大多是兴趣所致。顺治五年(1648)丁耀亢曾记录一次京师官员参禅的经历:

> 今夜月仍满,禅心久未降。文言初戒绮,高士呼旧庞。佛火分蓼照,金容暗琐窗。卜香连桂醑,贝叶蘸兰缸。天女来持偈,青童惯礼幢。月云虚点缀,风树耐鸣撞。怕作粘泥絮,休惊守户庞。待君梅子熟,呼我吸西江。②

在这里参禅更是一种风雅之举,并无多少宗教的意味。其后,丁耀亢以戏谑的口吻向其参禅的好友赋诗,取笑其参禅的"野狐味":

> 掀倒禅床一法无,摩挲铜狄意何如。吃茶问棒终劳汝,沽酒烧猪好待吾。鸠什有妻容结果,摩登无欲须求夫。闻钟何用攒眉去,自然青藜照野狐。③

京师文人多喜欢与二三友人游览佛寺。中国古代文人与佛寺有着密切的关联,许多文人士子在出仕前大多有读书游学山中或佛寺的经历。"(学宫书院)多在城市,不在山林,潜修之士,辄恶其嚣俗,惟寺院则反是,即在城市,亦每饶幽静之趣,故人乐就之。"④佛寺不仅地处幽静,而且其梵音山光也有利于士子专心攻读。"高楼卷幔得闲凭,山国秋容四面升。一室梵音传远盘,千峰寒影护孤灯。丹崖疑有长生药,破寺应无久住僧。人语忽然飘下界,始知身在白云层。"⑤

由于读书人大量占用寺院,以致僧儒之间发生纠纷。明人吕坤(1536—1618)言:"斋号堂庑,诸生皆可读书,或朋友书房,亦可会客。乃纷纷占住禅房,苦恼僧众,稍不如意,甚者呈官。"⑥可见士子禅寺游学读书在明清是一种普遍的风气。王崇简、丁耀亢等都曾有过早年读书山中的经历。经历了战火,在逃难途中,许多文人也曾经避难寺中,与僧人有过交往。顺治十六年(1659)丁耀亢在逃难途中曾夜宿云台寺,受到款待,"蒲塞若容分钵饭,鱼龙应不到恒沙"⑦。王崇简在明崇祯十

---

① (清)龚鼎孳:《和答澹心兼寿其五十初度》,《定山堂诗集》卷二,《续修四库全书》第1402册,上海:上海古籍出版社,1995年版,第384页。
② (清)丁耀亢:《中秋十六夜集张中柱学士斋共参禅悦》,《陆舫诗草》卷一,《丁耀亢全集》上,第14页。
③ (清)丁耀亢:《戏赠张中柱学士谈禅》,《陆舫诗草》卷一,《丁耀亢全集》上,第18页。
④ 陈垣:《读书僧寺之风习第九》,《明季滇黔佛教考》卷三,北京:中华书局,1962年版,第119页。
⑤ 陈垣:《读书僧寺之风习第九》,《明季滇黔佛教考》卷三,北京:中华书局,1962年版,第119-120页。
⑥ (明)吕坤:《修举学政》,《吕公实政录·民务》卷三,《四库全书存目丛书》子部164册,济南:齐鲁社,1997年版,第422页。
⑦ (清)丁耀亢:《云台寺遇月帆禅师》,《逍遥游·海游》卷一,《丁耀亢全集》上,第654页。

七年(1644)三月十七日至二十九日,因葬母滞留城外摩诃庵①。

京师寺庙颇多,京师文人多喜欢聚在寺中观花饮酒,与朋友欢会,其中报国寺是文人们最喜欢的去处之一。报国寺即慈仁寺,位于外城宣武门外之右,"每月朔、望及下浣五日,百货集慈仁寺"②;慈仁寺清幽的环境和常在此地举行的书肆吸引了众多汉官文士。"报国寺旧有矮松二株,其右尤奇,干长不过数尺,而枝横数丈,人往往觞咏其旁。"③"阅尽长安客,年年有岁寒"④,刘正宗、王崇简、薛所蕴、丁耀亢等诗文集中多次提及在报国寺与友人吟咏,赏花观景。佛寺古木静穆,禅院深森,历尽人间悲欢荣辱的贰臣文人心中,常常会领略到生命的短暂和宇宙的永恒,在宁静的佛塔神像前求得内心的平静。

  春寒大漠朔风寒,偶向招提净地来。短发几茎全似雪,壮心十载已成灰。空余鸟语喧晴日,剩有笳声送落梅。碌碌浮生仍梦里,忽闻清磬是燕台。⑤

须发似雪、壮心成灰的失落在鸟语晴日、笳声落梅、梵音清磬中得到了抚慰。除了观游佛寺,文人还经常约故友登高览胜。既能观赏"烟销平楚寒山出,云逐西风北雁来"的壮丽景色,又能体会"黄花胜日禁城隈,载酒联镳问古台"⑥的寻古访幽的情趣。但欢尽悲来,多数时候会"废兴今昔泪,杯斗友朋心"⑦。西山是京师文人登高的又一胜地,除了览胜,明王陵也在此。文人在游览之余常登高凭吊,缅怀故国。

  禅林旧是焚香处,无数红楼绕梵宫。鹫岭方增金刚刹,丽龙池又玉泉通。几家破屋荒草内,十里青山暮雨中。痛哭先朝功德寺,年年石马泣西风。⑧

"痛哭先朝功德寺,年年石马泣西风"是登高远眺后清初贰臣文人的共同感受。无

---

① (清)王崇简:《青箱堂文集·年谱》,《四库全书存目丛书》集部第 203 册,济南:齐鲁书社,1997 年版,第 554-555 页。
② (清)王士禛:《香祖笔记》卷三,上海:上海古籍出版社,1982 年版,第 55 页。
③ (清)朱一新:《京师坊巷志稿》,北京:北京古籍出版社,1982 年版,第 225 页。
④ (清)丁耀亢:《报国寺古松二首》,《陆舫诗草》卷二,《丁耀亢全集》上,第 67 页。
⑤ (清)刘正宗:《早春偶憩三教庵》,《逋斋诗》卷四,《四库未收书辑刊》第八辑 16 册,北京:北京出版社,2000 年版,第 181 页。
⑥ (清)刘正宗:《己九日同坦公行屋野鹤龙衮清熙诸君登高二首》(其一),《逋斋诗》卷四,《四库未收书辑刊》第八辑 16 册,北京:北京出版社,2000 年版,第 185 页。
⑦ (清)薛所蕴:《立秋日成青老高璁佩周宁章王敬哉招同刘宪石白子益李吉津汪园登登眺》(其五),《桴庵诗》卷三,《四库全书存目丛书》集部第 197 册,济南:齐鲁书社,1997 年版,第 270 页。
⑧ (清)王铎:《游西山感时》,(清)邓汉仪:《诗观初集》卷一,《四库禁毁书丛刊》第 1 册,北京:北京出版社,2000 年版,第 201 页。

论是观寺参佛还是登高览胜,历经沧桑的贰臣文人在故旧间举杯话旧,结伴凭吊之际,无不对自己的进退有所感慨彷徨。因此不管是与自己有限的故旧之间的交游,还是独自登高,多是忘情山水峰壑,不能自已。钱谦益在王铎的墓志铭中记载:

> (顺治八年,1651,六月)礼白帝于华山,度毛女峰,度回心石,自伤踠晚,赋诗以见志。登莲峰,望大壑,自托善载腐躯朽骨,屏营不欲下者久之。烽火噩梦,彳亍告劳,抵家未浃日,饰巾长逝。于乎悕矣!昔金源亡后,故直学士王若虚从之,与浑源刘祈东游泰山,至黄岘峰,憩萃善亭,谓同游曰:"汩没尘土中一生,晚年乃造仙府。"遣其子前行视路,垂足坐大石上,瞑目而逝。公与从之皆王姓,皆有声翰苑。从之游泰而解形,公游华而长往,百年而下,记二岳游者,其将比而同之耶?否耶?从之遗民旧老,微服东游……公易箦时,云有仙迎我,盖知之悉矣。①

王铎晚年忘情山水,托身五岳,企求如同金元的王若虚一样登仙不朽。张缙彦在王铎文集《拟山园初集叙》中对王氏在明清两朝的变化亦有同感:

> 先生少宗伯时,具疏争和议,忤武陵;经筵争加派,名动天下,与政府议差规,毅然不屈。所谓刚毅磊砢,危言危行,非与今高卧深箐,侣梅鹤而双飞仙,真遁之意也。②

王铎仕清前的规言矩行、疏争和议、毅然不屈,与后来的"卧深箐,侣梅鹤"的隐遁行径的反差,无不是北方贰臣文人内心道德煎熬和自我愧疚心态以隐晦扭曲形态的外现。丁耀亢在顺治五年至十六年间的诗文,以自己的视角真实记录了清初北方贰臣文人京师业余生活的状况。清初北方贰臣文人在入清后,由于外部强势政治的倾轧而屈辱懦弱的抉择和内心道德伦理的纠结挣扎令其生活在不安和惶惑中。梳理考察他们的京师业余生活,使我们能清晰而鲜活地感受其貌似平静的生活应酬背后并不平静的内心世界,对进一步了解特定历史时期士人心态有一定的帮助。

---

① (清)钱谦益著,(清)钱曾笺注,钱仲联标校:《故宫保大学士孟津王公墓志铭》,《牧斋有学集》卷三十,《钱牧斋全集》第5册,上海:上海古籍出版社,2003年版,第1104-1105页。
② (清)王铎:《拟山园选集》,《四库禁毁书丛刊》集部第87册,北京:北京出版社,2000年版,第121页。

第三章

游宦生涯

第一节　旗塾教习生涯

顺治五年(1648)年底,丁耀亢在友人的帮助下,改籍顺天府,取得拔贡资格;顺治六年(1649)至九年(1652),他在镶白旗和镶红旗旗塾任教习三年。丁氏在任教习期间积极参加科考,等待机会,求得录用。本节以丁耀亢旗塾教习为例考察讨论三个问题:一是考察清初改籍举贡的状况;二是考察清初旗塾生员及教习之状况;三是讨论旗塾的汉族教习丁耀亢的矛盾心态。

一、改籍入贡

(一)明清时期的贡生

凡臣有贡于君,均可称之为"贡",最重者当为"贡士",因为"盖士也者,国之桢干,必得士然后可以立国,故贡士莫重焉"①。贡生与科举有关联,据明代董其昌考证最早出现在武则天时期,"唐武德初,诸州号明经俊秀,州县取合格者,每年月随方物贡。武后时刘承庆疏:'伏见比来天下所贡物,至元日皆陈在御前,惟贡人独于朝堂拜,恐所谓重物轻人,请贡人列方物之前。从之。'此贡人群见之始"②。

贡生是监生的一种,然贡监生与普通监生有别。明初设国子监,其监生的来源较为简单,一是官生,一是民生。官生又分两等,一等是品官子弟,一等是土司

---

① (明)程文德:《岁贡会录跋》,《程文恭遗稿》卷十三,《四库全书存目丛书》集部第90册,济南:齐鲁书社,第223页。
② (明)董其昌:《学科考略》,《历代贡举志》(及其它五种),《丛书集成初编》第896册,北京:中华书局,1985年版,第3-4页。

子弟和海外学生(留学生)。官生由皇帝指派分发,出自特恩,民生由地方官保送①。

明末清初的朱之谕(1600—1682)记载:"我朝国初重贡,成、宏以后,谓之两榜。即如贡生,亦有不同:有选贡、有拔贡、有岁贡、有准贡、例贡高下之不等。"②生员选择贡生之路往往是出于无奈。清代叶梦珠(1624—?)云:

> 前朝学校最盛,廪贡最难……廪生非二十年之外,无望岁贡,甚或有三四十年,头童齿豁而始得贡者。③

晚明对考贡的定例也有明确要求:

> 考贡照近日事例,每岁预将次年应贡生员限年六十以下,三十以上,屡经科举者六人,严加考试,取其优者充贡。定限次年四月到部听候延试,文理不通者,即行停降;年老衰惫者,姑授予冠带荣身,不许但挨次滥贡。其有停廪、降廪者,必考居一、二等,方许收复,未收复者,不许起送应贡。④

由此可以看出,明代有资格成为考贡,需要有三个方面的条件:一是有年龄的限制,需在三十岁到六十岁之间;二是生员需为参加两次及以上乡试不第者;三是平日廪生考试须较为优异,不得有停廪、降廪的不良记录。因此并非所有符合上述条件的年老诸生都有机会成为贡生,其竞争也相当激烈。明代文徵明记载:

> 乡贡率三岁一举,合一省数郡之士,数千人而试之,拔其三十之一,升其得隽者曰举人。又合数省所举之士,群数千人而试之,拔其十之一,升其得隽者为进士。⑤

(二) 清初改籍问题

明代冒籍问题较为普遍。王世贞(1526—1590)《弇州史料前集》记载:"初,顺天乡试多冒籍中者……请令所司,核究顺天府学冒籍生员,俱遣回籍,降等肄

---

① 陈宝良:《明代儒学生员与地方社会》,北京:中国社会科学出版社,2005年版,第190页。
② (明)朱之谕:《安南供役纪事》,《朱舜水集》卷二,北京:中华书局,1984年版,第16页。
③ (清)叶梦珠撰,来新夏点校:《学校三》,《阅世编》卷二,上海:上海古籍出版社,1981年版,第29页。
④ (明)张居正:《请申旧章饬学政以振兴人才疏》,《张太岳集》卷三十九,上海:上海古籍出版社,1984年版,第498页。
⑤ (明)文徵明著,周道振辑校:《送周君振之宰高安叙》,《文徵明集》卷十七,上海:上海古籍出版社,1987年版,第462页。

业。"①针对冒籍问题，明清两代采取了一些相应措施。《大明会典》记载："弘治七年（1494），令应举生儒人等，不许未熟三场初学之士，及外处人冒滥入试，亦不许重冒古今显者姓名，有即改正。"②

清制也禁止考生"冒籍"，即非本县之人不得冒充本县籍应试。这是由于每县县学一次录取几人，例有定额，外籍人多取一人，本籍人便少取一人。为了防止冒籍，建立了严格的报名程序、审核程序，制定对于冒籍者和涉嫌官员的处罚制度。顺治初年规定，考试前一个月，应考童生报名，填写姓名、籍贯、年龄、三代履历，报考的童生必须五人联保，并有本县一名廪生作担保人，开具保结，以证明该童生确系本县籍贯③。

清初政府的运行体制大体承袭明朝旧制，科举考试亦不例外，"世祖定鼎中原，奄有四海。府州县卫诸学，皆沿明代旧制"④。明清时期每年乡试之后，还有"小试"制度，以补充正式的科考。

齐如山（1875—1962）说："小试又名岁考，亦名科试。"⑤明人艾南英（1583—1646）说："科考则三岁大比，县升其秀以达于郡，郡升其秀以达于督学，督学又升其秀以达于乡闱。不及是者，又于遗才、大收以尽其长。"在遗才、大收两项考试下，清人陶福履（1853—1911）加注："此与今小试等。"⑥可见从本质上，小考应指科考以后之"遗才""大收"两项。

遗才与大收在清代概称"录遗"。邓嗣禹解释说："'录遗'者，即当大比之年七月，新学正莅临省城，屦府州县之生员，于岁科考之年未经录取，或以故未与科试，恐有遗才，特再补录名次，以便录送科举，而免阻人上达也，故又谓之'遗录'。"⑦商衍鎏云："有录科未取及未与科试录科者，再考试录遗与大收一场，不限额数，取录有名者准其乡试。"⑧按照惯例，"小试之提调，向以府、县印为之，犹乡试都下用京兆尹，各省用方伯重其事也"⑨。丁耀亢在《续金瓶梅》中也曾提及"遗才"，指的是

---

① （明）王世贞：《科举考序》，《弇州史料前集》卷九，《四库全书存目丛书》史部第112册，济南：齐鲁书社，1997年版，第360-361页。
② （明）李东阳等撰，（明）申时行等重修：《礼部三五》，《大明会典》卷七十七，扬州：广陵书社，2007年版，第1229页。
③ 王炜：《〈清实录〉科举史料汇编》，武汉：武汉大学出版社，2009年版，第23页。
④ 李洵等点校：《学校志》，《钦定八旗通志》卷九十四，长春：吉林文史出版社，2002年版，第1530页。
⑤ 齐如山：《中国的科名》，沈阳：辽宁教育出版社，2006年版，第26页。
⑥ （清）陶福履：《常谈》，《丛书集成初编》第897册，北京：中华书局，1985年版，第31页。
⑦ 邓嗣禹：《中国考试制度史》，台北：学生书局，1967年版，第229页。
⑧ 商衍鎏：《清代科举考试述录》，北京：生活·读书·新知三联书店，1983年版，第21页。
⑨ （清）叶梦珠撰，来夏新点校：《学校五》，《阅世编》卷二，上海：上海古籍出版社，1981年版，第33页。

"原是没有科举的"①。

(三) 改籍顺天府入贡

丁耀亢是明朝诸生,顺治五年(1648)秋以秀才身份进京准备参加乡试,"时大司成胡君,不允入试,遂困居于都"②。"大司成胡君",即胡统虞,明崇祯癸未(1643)进士,湖广武陵人,顺治五年为国子监祭酒。明清时期"生员隶属于本籍的地方学校,并以其本人的学生身份而接受学校教官的约束,地方有司的提调,以及提督院道官员的考试"③。

顺治元年(1644),刚刚入主北京的清政府立足未稳,为笼络人心,曾规定:"设寓学于京城,远方士子游学者,取之当保结,准附顺天府学考试。"④即当时在京城游学的士子,并具有资格的诸生,无论省份,都可参加顺天府的乡试。顺治二年(1645)情况有所改变,"寓学诸生本年乙酉乡试,准暂分监生中额三名,嗣后俱发回本省。如父母坟墓向在北方,即系土著。学臣复实,许令入籍应试"⑤,即寓学京师的诸生以父母籍贯为准,须回所在省份参加乡试。作为山东籍的生员,按照规定,丁耀亢没有资格在京城即顺天府参加乡试。

"谒前司成薛君竹屋先生,因知旗下教习,以贡例可假一枝以安。乃由顺天籍府庠得试于京兆张君、司成高君,入礼曹拔送太学,隶镶白旗官学焉。"⑥丁耀亢困居京师时,在薛所蕴的帮助下,改籍顺天府,以顺天府贡生的身份,由京兆张天石和司成高珩考核举荐送国子监,后任镶白旗官学教习,顺治八年(1651)二月转任镶红旗官学教习。

顺治五年十一月辛未传谕礼部:

> 各直省顺治五年乡试副榜诸生、廪监准贡增附准入监肄业。各该地方儒学生员每学拔贡一名,即用顺治五年科举首卷,送部廷试。⑦

---

① 《续金瓶梅》第四十七回《木瓜郎语小莫破,石女儿道大难容》:天明却是宗师考这大罗遗才的日子,一群秀才们原是没有科举来考遗才的,连夜各将被褥送入城中去宿,五更预备进开封府考去了。《续金瓶梅》,《古本小说集成》,上海:上海古籍出版社,1990年版,第1279页。
② (清)丁耀亢:《出劫纪略·皂帽传经笑》,《丁耀亢全集》下,第284页。
③ 陈宝良:《明代儒学生员与地方社会》,北京:中国社会科学出版社,2005年版,第1页。
④ (清)素尔纳等:《寄籍入学》,《钦定学政全书》卷二十九,沈云龙主编《近代中国史料丛刊》第三十辑第293册,台北:文海出版社,1966年版,第535页。
⑤ (清)素尔纳等:《寄籍入学》,《钦定学政全书》卷二十九,沈云龙主编《近代中国史料丛刊》第三十辑第293册,台北:文海出版社,1966年版,第535页。
⑥ (清)丁耀亢:《出劫纪略·皂帽传经笑》,《丁耀亢全集》下,第284页。
⑦ 《世祖章皇帝实录》卷四一,《清实录》第3册,北京:中华书局,1985年版,第330页。

即当年十一月对各省的"遗才""大收"及拔贡进行"小试",由礼部组织廷试,所用的考题为顺治五年首卷。顺治五年十一月丁耀亢以顺天籍拔贡生参加朝廷的"录遗"小试,取得进入国子监的资格,并顺利成为旗塾教习。当时丁耀亢改籍引起他人的非议,顺治九年(1652)丁耀亢曾经向时任国子监祭酒的王崇简辩说此事①。

二、旗塾生涯

顺治六年(1649)三月,丁耀亢进入镶白旗旗塾任教习,顺治八年(1651)二月改任镶红旗旗塾。其中镶白旗官学,在东单牌楼之东象鼻子坑,学舍房三十五间。镶红旗官学,在宣武门内头发胡同,学舍共四十八间②。

(一) 清初旗塾

清代统治者非常重视弟子的教育。清天聪三年(1629)八月,皇太极下令考试生员,考试对象为汉族生员,"诸贝勒府以下,及满汉蒙古家,所有生员,俱令考试""各家主毋得阻挠,有考中者,仍以别丁偿之"。九月,考试儒生"得 200 人","凡在皇上包衣下、八贝勒等包衣下,及满洲、蒙古家为奴者,尽皆拨出"③。这些汉族生员大多为满洲贵族掳掠,有满人贵族家中为奴的经历,通晓满汉文言,后被充实到后金政府各级部门,或到书房中承担译书工作,或担任八旗学校的教师,如宁完我"出之奴隶,登之将列"④。

入关后,顺治元年十一月祭酒李若琳上疏:

> 满洲官员子弟咸就成均肄业,而臣衙门僻在城东北隅,诸子弟往返,昼短途遥。臣等议,满洲八旗地方各觅空房一所,立为书院。将国学二厅、六堂教官分教八旗子弟,各旗下仍设学长四人,俱就各旗书院居住,朝夕诲迪,臣等不时亲诣稽查勤惰。仍定于每月逢六日,各师长率子弟同进衙门,臣当堂考课,以示劝惩。

即丁耀亢所言:"共八旗,各以所居处立官署,一旗之子弟,皆往授业。"⑤

---

① 《旗塾事竣谢大司成王敬哉雍师四首》(其三):"令威旧是辽东籍,乐毅新归碣石宫。"作者自注:时有以予冒籍者。
(清)丁耀亢:《旗塾事竣谢大司成王敬哉雍师四首》(其三),《陆舫诗草》卷四,《丁耀亢全集》上,第 148 页。
② 李洵等点校:《学校志二》,《钦定八旗通志》卷九十五,长春:吉林文史出版社,2002 年版,第 1548 页。
③ 《太宗文皇帝实录》卷五,《清实录》第 2 册,北京:中华书局,1985 年版,第 73 页。
④ 《太宗文皇帝实录》卷一〇,《清实录》第 2 册,北京:中华书局,1985 年版,第 147 页。
⑤ (清)丁耀亢:《出劫纪略·皂帽传经笑》,《丁耀亢全集》下,第 284 页。

顺治二年(1645)五月,从国子监祭酒薛所蕴请,命满洲子弟就学分为四处,每处用伴读十人,勤加教习。十日一次赴监考课,遇春秋演射五日一次,就本处习演练,俾文武兼资,以储实用。旗塾生员包括满洲、蒙古、汉军子弟,由"该旗部都统选择聪明俊秀子弟,十八岁以下者,用印文咨送国子监,改该助教带领上堂公同察验,视其资质可造,然后记名注册充补"①。丁耀亢记载:"公卿行伍,每牛鹿额以子弟之数,故每旗诸生,壮稚不一。率八九十人,以满洲知清字者为学长,有教习五人共督之,教以四书如华语。""五日会射于太学,十日进课于司成,考其业之进退焉。"②

旗塾生员的课程有讲书、覆讲、上书、覆背诸课程,每月三回,周而复始。两厢及六堂官讲《四书》《性理》《通鉴》,博士讲《五经》。汉馆每日有常课,有授书、背书、讲书、回讲、习字、默书,诸事备书于功课册。每月八日,汉馆出题试文一篇,五言六韵诗一首;未能成篇者,令作半篇③。

旗塾严格规定生员尊敬师长,满汉各荫监生途遇师长步行者,旁立候过,乘骑者,远下趋避;敢有遨忽抗行者,决责。八旗新补入学,助教同满汉教习齐集学堂。学生行三叩头礼起,俟助教分拨定馆。其见本馆教习,亦如之,然年受业。助教到任,教习到馆,学生参见礼同④。

但生员们大都是行伍子弟,惯于弓箭刀马,往往彪悍无礼,"环立而进拜,虎头熊目之士班班也。弓矢刀鐊鐊,伏甲而趋。出其怀,虽有经书刀笔以请益。韦冠带剑,少拂其意则怒去"⑤。

(二) 旗塾教习

最初为伴读,顺治二年规定,酌取京省生员为八旗子弟伴读。每名月给米二斛,以资赡养。三年之内,果教习子弟有成,国子监咨行吏部叙用。后来教习大多从贡生及举人中产生,"考选教习止用恩、拔、副榜岁贡,其准贡例监不准考取"⑥。

八旗官学,每学额设满洲助教二人,满洲教习一人,汉教习四人,掌教满洲、汉军学生,即丁氏所言"有教习五人共督之"⑦。弓箭教习一人,掌教合学学生射骑。凡有关于学务,皆助教所职掌⑧。

---

① 李洵等点校:《学校二》,《钦定八旗通志》卷九十五,长春:吉林文史出版社,2002年版,第1539页。
② (清)丁耀亢:《出劫纪略·皂帽传经笑》,《丁耀亢全集》下,第284页。
③ 李洵等点校:《学校二》,《钦定八旗通志》卷九十五,长春:吉林文史出版社,2002年版,第1545页。
④ 李洵等点校:《学校二》,《钦定八旗通志》卷九十五,长春:吉林文史出版社,2002年版,第1547页。
⑤ (清)丁耀亢:《出劫纪略·皂帽传经笑》,《丁耀亢全集》下,第284页。
⑥ 李洵等点校:《学校三》,《钦定八旗通志》卷九十六,长春:吉林文史出版社,2002年版,第1549页。
⑦ (清)丁耀亢:《出劫纪略·皂帽传经笑》,《丁耀亢全集》下,第284页。
⑧ 李洵等点校:《学校三》,《钦定八旗通志》卷九十六,长春:吉林文史出版社,2002年版,第1554页。

旗塾教习的考核及出路有明确规定：

满汉教习三年期满，由国子监查明平日勤惰及成就学生名数，分别等第，出具切实考语，带领引荐后，咨明吏部办理及各旗查照①。

汉教习三年期满，分等引见：一等用知县，二等用知县或教职铨选；一等再教习三年，果实心训课者，知县即用②，即"入选者以七品小京官分部观政，或以知县分发直省补叙，其余贡生均以州佐教职选用"③。

三、丁耀亢旗塾教习的纠结心态

丁耀亢在经历了清初战乱罹难与乡邻豪右产业讼狱的重重纠葛后来到京城，企图以功名的取得，实现家族及个人自保以重振家业之目的。作为汉族旗塾教习的丁耀亢在华夷之防与个人恩怨、政治道德伦理与自我利益、文化自负与强权臣服之间不断矛盾纠结，最终现实利害战胜自我构建的自尊与清高，以小我的屈辱求取卑微的功名，从而实现自我内心虚幻的仕宦慰藉。

（一）重振家业的强烈幻想与华夷之防的短暂纠结

明清之际，出现了以商人和手工业者为主要成分的市民阶层，连一向不言利讳言利乃至反对谋利的士大夫阶层也出现了"商人化的倾向"，形成了"亦贾亦儒的社会潮流"④。南方主要表现为商品经济规模的不断扩大，北方主要表现在土地兼并的日益加强。崇祯十三年（1640）十一月李振声（？—1643）提出限田建议："请限品官占田，如一品田十顷、屋百间，其下递减。"⑤于是土地占有从分散趋向集中；土地兼并从一般地兼并自耕农土地，发展为大、中、小地主互相侵吞，互相兼并的混战，造成佣无常耕、田无常主的局面⑥。

丁耀亢出身世宦之家，早年自己虽然科举不畅，"厌薄时艺""大战则困，小战则勇"，后来入山耕读相业"采薪汲谷，耕牧是资。生业渐广，名心亦衰"⑦，但他对自己的经营治生能力颇为自负：

---

① 李洵等点校：《学校三》，《钦定八旗通志》卷九十六，长春：吉林文史出版社，2002年版，第1551页。
② 赵尔巽等：《选举志·学校一》，《清史稿》卷八十一，北京：中华书局，1977年版，第3111页。
③ （清）福格：《拔贡年份》，《听雨丛谈》卷五，沈云龙主编：《近代中国史料丛刊》第六十九辑第684册，台北：文海出版社，1966年版，第105页。
④ 朱义禄：《逝去的启蒙》，郑州：河南人民出版社，1995年版，第41-54页。
⑤ （清）计六奇：《李振声请限田》，《明季北略》卷十六，北京：中华书局，1984年版，第277页。
⑥ 张研：《清代族田与基层社会结构》，北京：中国人民大学出版社，1991年版，第23页。
⑦ （清）丁耀亢：《自述年谱以代挽歌》，《归山草》，《丁耀亢全集》上，第426页。

> 亢游庠后，弟始娶，老母同诸兄命折爨，每人分地六百亩，界墙而居。时予贫犹强自谋，弟心则专苦肄业，家道日乏焉。庚午，弟举于乡，治有远近庄产十余处，贷今东市宅而屋之。予居山十年，家颇裕，亦得薄产二十余顷，较之初析倍蓰矣。崇祯壬午避乱时，积谷约合千余石。①

丁耀亢在父亲去世后，分得六百亩的田产，从明崇祯四年（1631）至崇祯十五年（1642）经过十多年的经营，成为一个拥有约二十顷田亩庄园的中产地主。其弟在中举后也有庄产十余处，其兄为进士，弟侄为举人，其家族的政治声望与经济尊荣在地方上显赫一时。此时的丁耀亢过着富足而惬意的生活，"或山花映谷，溪雪流澌，载酒咏诗，呼朋命驾。时四方无事，夜不闭户，常于三更夜读后，月上雪晴，游于峰顶，燎薪达旦，乐而忘曙。奴仆欣欣，各自得也"②。这种悠然自适的富足生活正是丁耀亢疏放个性所向往的，"故十年山居，清乐自足，安知桃源忽为晋魏"③。正如顾炎武在明末崇祯年间所写的一封私人信件中所表白的人生观："夫人生一世，所怀者六亲也，所爱者身也，所恋者田宅财货也，所与居者姻旧乡曲也。"④这就很能反映当时具有的"商人化倾向"或"亦儒亦商"双重身份的士大夫的文化心态⑤。这种自私自利真性情的"爱身""恋财"乡曲情结的价值观，与当时市井小人的价值观是完全一致的，其实这也是丁耀亢当时真实心境的写照。

随着清军在明崇祯十五年（1642）入关掳掠，崇祯十七年（1644）李自成政权的短暂占领及清军的乘机入侵，丁耀亢营造的世外桃源都化为过眼云烟。"壬午（明崇祯十五年，1642）东兵破城，胞弟举人耀心、侄举人大谷皆殉难，长兄虹野父子皆被创，居宅焚毁，赤贫徒步，奴仆死散殆尽，苟活而已"；"先是叛仆乘乱为贼者，予归理之官。邑大姓阴为之主，使其反噬，或使人诬讼于郡，以谋叛谋杀人命等事，冀以试吾之强弱。又使亡命无赖者，率众登门殴骂"；"恶仆某跳梁，率众劫粮畜以去"⑥。

清军的入关改变了丁耀亢的一切，不仅是往昔的财富灰飞烟灭，而且弟侄惨死在清军的屠刀下，儿女也在逃难中丧生。丁耀亢怀着沉痛的心情记录清军入关

---

① （清）丁耀亢：《出劫纪略·保全残业示后人存记》，《丁耀亢全集》下，第286页。
② （清）丁耀亢：《出劫纪略·山居志》，《丁耀亢全集》下，第269页。
③ （清）丁耀亢：《出劫纪略·峪园记》，《丁耀亢全集》下，第271页。
④ （清）顾炎武著，华忱之点校：《答再从兄弟》，《顾亭林诗文集·蒋山佣残稿》卷一，北京：中华书局，1983年版，第199页。
⑤ 书当作于崇祯十五年其典卖遗田之后，清顺治二年顾维殉难之前，即顾炎武30～33岁之间。
　周可真：《顾炎武与中国文化》，合肥：黄山书社，2009年版，第96页。
⑥ （清）丁耀亢：《出劫纪略·乱后忍侮叹》，《丁耀亢全集》下，第282页。

屠戮的惨烈:"是夜,大雨雪,遥望百里,火光不绝,各村焚屠殆遍";"白骨成堆,城堞夷毁,路无行人。至城中,见一二老寡妪出入灰烬中,母兄寥寥,对泣而已";"时县无官,市无人,野无农,村巷无驴马牛羊,城中仕宦屠毁尽矣"①。

随着在战乱中举人弟侄的罹难,其政治地位一落千丈,大批田产为他人所占,陷入无休止的人事纠缠:"时县无印官,不能理,因诉之郡,诉之青莱宪司,日日奔走道路间。"②"时天寒,无所往,乃出游于外,假榻亲故之家。或旬月复易一主,自青而莱,复自莱而北。"③丁耀亢奔走诉讼不仅无果,而且反受到豪强的诬陷,疲于四处逃匿流亡。在政局动荡的特殊时期只有寻求官府的政治庇佑,才能实现自我保护,乃至重现往日家族的一切财富和荣耀。

饱读圣贤之书,深知"夷夏之防"高于一切,但为自保和家族振兴,却躬身新朝,求取功名,丁耀亢此时有着激烈的内心纠结。

儒家重视"夷夏之防"是从"四夷"与中国之间所存在的文化差异,即所谓"夷狄者,与中国绝域异俗"④方面考虑的。儒家之所以主张"夷夏之防",从本质上说是为了防止和抵御异域文化对中国文化的侵蚀,以维护华夏民族所特有的、作为维持其社会内部血缘宗法伦理之纽带的"礼义",从而保持其社会的有序性与稳定性。

明清易代,华夷颠倒,夷夏之防成为鼎革之际最为纠结的话题。顾炎武云:"君臣之分,所关者在一身;华夷之防,所系者在天下。故夫子之于管仲,略其不死子纠之罪,而取其一匡九合之功,盖权衡于大小之间,而以天下为心也。夫以君臣之分,犹不抵华夷之防,而《春秋》之志可知矣。"⑤即强调"华夷之防"已超越君臣之义,成为士人所最为重视的节义。王夫之指出:"天下之大防二:中国、夷狄也;君子、小人也。"⑥黄宗羲也说:"中国之与夷狄,内外之辨也。以中国治中国,以夷狄治夷狄,犹人不可杂之于兽,兽不可杂之于人也。"⑦

穷则独善其身,达则兼济天下,在"达"无望的情势下,自我"穷"否还是可以掌

---

① (清)丁耀亢:《出劫纪略·航海出劫始末》,《丁耀亢全集》下,第278-279页。
② (清)丁耀亢:《出劫纪略·乱后忍悔叹》,《丁耀亢全集》下,第283页。
③ (清)丁耀亢:《出劫纪略·避风漫记》,《丁耀亢全集》下,第283页。
④ (清)陈立撰,吴则虞点校:《王者不臣》,《白虎通疏证》卷七,北京:中华书局,1994年版,第318页。
⑤ (清)顾炎武著,(清)黄汝成集释:《管仲不死子纠》,《日知录集释》卷七,上海:上海古籍出版社,1985年版,第548页。
⑥ (清)王夫之著,舒士彦点校:《哀帝》,《读通鉴论》卷十四,北京:中华书局,1975年版,第372页。
⑦ (清)黄宗羲著,沈善洪主编:《留书·史》,《南雷诗文集》卷一,《黄宗羲全集》第11册,杭州:浙江古籍出版社,2005年版,第12页。

控在自己手中。"避就违初志,江湖愧此生"①,丁耀亢在赴京船上独坐静思,这种"违初志"的愧疚感是其内心最贴切的写照。这种愧疚在现实面前时隐时现,总是被残酷的处境压倒:薙发后"故镜劳凭吊,新缨笑独尊。人情习不异,如此任乾坤"②,面对镜中自己的异族发型,满心羞愧和自嘲,但在无力扭转的"乾坤"面前,只有"如此"而已。

丁耀亢内心时时有着"衣冠从北制,心事近南华"③的进退行藏的矛盾。顺治九年(1652)丁耀亢与查继佐在京城相识,当时查氏虽身在京城却并未参加当年的会试。丁耀亢以《泊舟吟五章赠查伊璜》表达对其敬仰之情:

> 南国有佳人,颜如明月光。皎洁流素盼,鱼雁惊游翔。言为越溪女,不肯嫁吴王。浣纱虽一诺,至义安可忘!(其一)

> 皎皎悬明珰,摇摇理纨素。至人贵全贞,玉肌不可辱。彼姝良及时,新妆炫行路。笄珈非不荣,故夫未忍负。(其二)

> 名族落为娼,势夺非所好。初亦渐逢迎,久渐工调笑。群姬不敢并,自矜出权要。既已置沟渠,生平安足道。(其五)

《诗·墉风》有《柏舟篇》五章,《小序》谓卫世子共伯早死,父母欲迫其妻共姜改嫁,姜作诗以自誓;后称妇丧夫为"柏舟之痛",夫死不嫁为"柏舟之节"④。全诗运用借物喻人的手法,赞颂查氏卓尔不群的才气和坚贞冰洁的气节。诗中以越女不嫁吴王、良姝不负故夫、二妃志从苍梧、望夫化石等多个意象和典故反复咏叹,隐约表达自己内心的不安。在第五首中丁氏以"名族落为娼,势夺非所好",为自己汲汲功名于新朝作辩,发出"既以置沟渠,生平安足道"的慨叹。

丁耀亢身在京师,感叹"已识世途容足少,何须五斗赋归来"⑤,自嘲"月俸例分

---

① (清)丁耀亢:《舟中夜坐》,《陆舫诗草》卷一,《丁耀亢全集》上,第11页。
② (清)丁耀亢:《薙发》,《陆舫诗草》卷一,《丁耀亢全集》上,第15页。
③ (清)丁耀亢:《刘宪石学士春夜招饮次除夕前韵四首》,《陆舫诗草》卷一,《丁耀亢全集》上,第26页。
④ (唐)权德舆《鄜坊节度推官大理评事唐君墓志铭》云:"继娶天水全氏,……结缡周月,遭瞿'柏舟'之痛。"(宋)李昉等:《鄜坊节度推官大理评事唐君墓志铭》,《文苑英华》卷九五六,北京:中华书局,1966年版,第5028页。
朱熹《与陈师中书》云:"朋友传说,令娣甚贤,必能养老抚孤,以全柏舟之节。"(宋)朱熹:《与陈师中书》,《朱子全书·晦庵先生朱文公文集》卷二十六,上海:上海古籍出版社,2002年版,第1173页。两者都指妇人丧夫后自守其节。
⑤ (清)丁耀亢:《病卧北城求假归省柬刘宪石学士》,《陆舫诗草》卷二,《丁耀亢全集》上,第68页。

仓鼠米,官身名在海雕旗"①;"违心投世好,厚面羡时名"②。顺治九年(1652)丁耀亢在三年旗塾教习考核结束后,何去何从,心中还没有着落,"世短谋生拙,官轻虑老亲。远游终失志,禄薄岂荣身"③。身已年过半百,可前途渺茫,官为荣亲,禄为养身,应该是丁耀亢远游最根本的目的。正如明代严嵩所言:"禄与位,世所慕以为荣者也。父母以是望其子,子之欲孝者,以谓非是无以慰悦其父母之心。读书为学,纂言为文,凡以为仕禄之具而已。故虽有贤者,不能以自振也。"④为温饱存身,应该不是丁耀亢年老赴京的最终目的,虽田产被侵,但还足以立世存身。顺治六年(1649)丁耀亢在京师,曾有一首《再命守山仆》:

  知尔性愿谨,因令守故山。云松阴易晦,苔朱厚难删。鸟过频看果,鱼肥好护湾。西林防野烧,麋鹿待人还。⑤

有山有林有仆,自然也有田。顺治七年(1650)年末,丁耀亢由京抵家,以诗《抵舍有感》记其心境:

  三年漂泊逐飞蓬,田舍萧条万虑空。世乱始知门户累,家贫渐见子孙庸。危巢雏燕争倾厦,小树啼乌一任风。兄弟不堪零落尽,漫劳牛马付痴翁。⑥

因世乱才愈求得门户立,因子孙庸更要以功名荫封后代。丁耀亢在京中艰难求仕为家族计,为重振家业的幻想,泯灭了国仇家恨,付出了自己引以为骄傲的士人大节。因此,顺治十年(1653)在听说自己考核之后出任容城教谕时,失望之余丁耀亢曾经做出辞职的姿态。考选教谕虽然也是一职,但相对于一等授知县而言,还是有一定距离。因此丁耀亢曾无奈地说:"三年考满,已得售,当选有司,后改广文,授容城谕,因知有定数云。"⑦当选有司,有可能在京师有司做七品官吏,但难遂人愿,只得归咎于天,怀着"传书种黍遗诸子,捧檄登车愧老亲"⑧的沮丧赴任容城教谕。

(二) 政治伦理道德标准与自我利益的错位

  丁耀亢在京师的交游中与入清后的先朝官员即所谓的"贰臣"相从甚密,其中

---

① (清)丁耀亢:《笑柬同乡人》,《丁耀亢全集》上,第 61 页。
② (清)丁耀亢:《多事二首》(其一),《陆舫诗草》卷四,《丁耀亢全集》上,第 153 页。
③ (清)丁耀亢:《考后怀故山田园七首》(其一),《陆舫诗草》卷五,《丁耀亢全集》上,第 181 页。
④ (明)严嵩:《赠胡用甫序》,《钤山堂集》卷十九,《四库全书存目丛书》集部第 56 册,济南:齐鲁书社,1997 年版,第 174 页。
⑤ (清)丁耀亢:《再命守山仆》,《陆舫诗草》卷二,《丁耀亢全集》上,第 54 页。
⑥ (清)丁耀亢:《抵舍有感》,《陆舫诗草》卷二,《丁耀亢全集》上,第 81 页。
⑦ (清)丁耀亢:《出劫纪略·皂帽传经笑》,《丁耀亢全集》下,第 285 页。
⑧ (清)丁耀亢:《李龙衮给谏传予教授容城欲辞未果》,《陆舫诗草》卷五,《丁耀亢全集》上,第 199 页。

与刘正宗、王铎、张缙彦、龚鼎孳最为频繁。作为先朝官员,四人在明末清初的朝野中曾因其政治道德操守而受人非议。

刘正宗顺治五年(1648)至十年(1653)任国史院编修。刘正宗曾依附冯铨,被视为北党党魁,以"权奸"著称。其好友儒生杨青藜致信刘正宗道:

> 阁下之所居与阁下之所行,众忌之而甘心焉者,非朝夕矣。乃知进而不知退,知存而不知亡,窃为阁下危之。①

不仅友人如此,清朝的最高统治者对其也有相似的论断。顺治十八年(1661),顺治皇帝遗诏《罪己诏》云:

> 朕于廷臣,明知其不肖,不即罢斥,仍复优容姑息。如刘正宗者,偏私躁忌,朕已洞悉于心,乃容其久任政地。可谓见贤而不能举,见不肖而不能退,是朕之罪一也。②

受到朝野的一致否定,可见刘正宗在时人心目中道德操守之卑劣。

王铎曾在南明弘光朝担任大学士,并与钱谦益率先降清,入清后在顺治五年(1648)至九年(1652)任礼部尚书。据传当年弘光被俘后,"王铎独立直戟,手数其罪恶,且曰:'余非尔臣,安所得拜?'遂攘臂呼叱而去"③。

张缙彦作为明朝兵部尚书,甲申事变后首降李自成,后又归顺清朝。在顺治五年(1648)至九年(1652)赋闲京师,十年(1653)迁山东布政使司右布政使。《明季北略》载:

> 明崇祯十七年(1644)三月廿一日,内监王德化因先帝未殡,痛哭争之。出朝,见兵部尚书张缙彦,青衣待罪于皇极殿前,叱曰:"辈误国至此,今不急殡先帝,乃复推戴新主耶?"曰:"与我无干,自有主之者。"化愤极,呼从者连搩其颊,缙彦掩面垂涕。④

不仅旧朝对其归罪,新朝清流也对其倍加攻击,《清史列传·贰臣传》亦载:

> 顺治十七年(1660)上甄别三品以上大臣,谕曰:"张缙彦自擢升侍郎,不能实心任事,且耽情诗酒,好结纳交游,沽名取悦,殊失人臣靖共之义,著降四

---

① (清)王士禛著,张世林点校:《杨青藜答刘正宗书》,《分甘余话》卷三,北京:中华书局,1989年版,第54页。
② 《世祖章皇帝实录》卷一四四,《清实录》第3册,北京:中华书局,1985年版,第1105页。
③ 葛万里:《钱牧斋(谦益)先生遗事及年谱》,沈云龙主编:《近代中国史料丛刊》第七十一辑第701册,台北:文海出版社,1966年,第21页。
④ (清)计六奇:《从贼入都诸逆臣附》,《明季北略》卷二十二,北京:中华书局,1984年版,第626页。

级调外用。"

御史萧震弹劾张缙彦以小说为自己辩护：

> ……是其在明季则倾覆天下以利身家，在本朝则亦煽惑人心，为害风俗。假令已死，尚当鞭戳其尸，示戒将来，岂容生存漏网？请敕明正典刑，以肃纲常于万世。①

无论是旧朝臣子还是新朝言官，或面斥痛恨或交章弹劾，足见张缙彦当时政治伦理道德的败坏。同张缙彦一样，龚鼎孳在甲申事变中三易其主，于顺治八年至京，为刑部左侍郎。顺治三年(1646)六月给事中孙昌龄疏言弹劾龚鼎孳：

> 鼎孳明朝罪人，流贼御史，蒙朝廷拔直谏垣，优转清卿。曾不闻夙夜在公，以答高厚，惟饮酒醉歌，俳优角逐。前在江南用千金置妓，名顾眉生，恋恋难割，多为奇宝异珍，以悦其心。淫纵之状，哄笑长安，已置其父母妻孥于度外。及闻父讣，而歌饮流连，依然如故。亏行灭伦，独冀邀非分之典，夸耀乡里，欲大肆其武断把持之焰。请敕部察核停格。②

龚氏好友余怀在《板桥杂记》中记载："时龚以奉常寓湖上，杭人目为'人妖'。"③

明清鼎革之际，对政治人物的政治伦理道德的评价并非是其人格的全部，有时还因政治斗争及个人好恶有失偏颇，但也可从中折射出其政治品格。刘、王、张、龚四人因都大节有亏，才会在清初积极参与新政权建设并握有一定权力。丁耀亢与上述诸位的交游上文已作详考，兹不赘言。丁耀亢在京华与他们举杯把盏、诗文酬唱，本身就是企图寻求一种巨大的社会资源，因为与上述名公的交往，丁耀亢才有了改籍出贡的机会。

当然，名公巨卿们与丁耀亢的交往也许并非以朋友视之，而以酒侣玩伴或清客视之，聊以解除朝堂后的寂寞。丁耀亢明知诸公之事，内心未必不对其有所鄙视，但在实际生活中热心与之交往，并以诗歌真诚干谒，祈求延誉，以助其功名仕进。

（三）强权臣服与文化自负的自我虚构

为实现功名仕进，屈身旗塾做卑微的教习，这对自视甚高的丁耀亢来说无疑是痛苦的，其间充满了为功名而向强权臣服的屈辱感。同时丁耀亢又以文化自

---

① 王钟翰点校：《张缙彦传》，《清史列传》卷七十九，北京：中华书局，1987年版，第6624页。
② 王钟翰点校：《龚鼎孳传》，《清史列传》卷七十九，北京：中华书局，1987年版，第6593—6594页。
③ （清）余怀著，李金堂校注：《板桥杂记》，上海：上海古籍出版社，2000年版，第34页。

负,自我虚构代圣贤立言、教化蛮夷的崇高感。

孔子说:"君子喻于义,小人喻于利。"丁耀亢在"义"与"利"之间不断以自己的方式说服自己。丁耀亢改籍入贡,在当时引起他人的非议,对此丁氏曾自圆其说。顺治九年(1652)丁氏在《旗塾事竣谢大司成王敬哉雍师四首》(其三)中为自己辩护:

> 避世真同牛马风,齐门漂泊入无终。令威旧是辽东籍,乐毅新归碣石宫。兰叶当门劳共护,盐车迷路自知穷。不因破甑林宗顾,谁引豨苓附药笼?

诗后作者自注:"时有以予冒籍者。""丁令威"故事语出托名晋陶渊明著《搜神后记》①。清政府入主中原后,大批满洲臣民内迁,鼓励内地百姓入籍辽东。顺治二年清政府规定:"寓学诸生本年乙酉乡试,准暂分监生中额三名,嗣后俱发回本省。如父母坟墓向在北方,即系土著。学臣复实,许令入籍应试。"②顺治十年(1653)规定"各处生童,愿赴辽东入籍应试者,由本地方官起文赴都,送至辽东垦田附籍";顺治十四年(1657)规定"直省俊秀,愿充辽生者,许全家移住,令该府收入版籍,一体考试"③。虽然朝廷允许以旧籍为限,参加科考,但丁耀亢以丁令威自称,以"令威旧是辽东籍"为自己辩护,已经颇为牵强,并且,这在清初的语境中,已有觍颜以辽籍为荣的嫌疑,其辩白理由自然是苍白无力,其气节自是不为人所重。

诗中多用典故,抒发自己怀才不遇的苦闷,其中"盐车"④"药笼"⑤两词尤表达

---

① 丁令威,本辽东人,学道于灵虚山,后化鹤归辽,集城门华表柱。时有少年举弓欲射之,鹤飞,徘徊空中,而言曰:"有鸟有鸟丁令威,去家千年今始归,城郭如故人民非,何不学仙冢累累?"高上冲天。今辽东诸丁云其先世有升仙者,但不知姓名耳。
 (晋)陶渊明:《搜神后记》卷一,北京:中华书局,1985年版,第13页。
② (清)素尔纳等:《寄籍入学》,《钦定学政全书》卷二十九,沈云龙主编《近代中国史料丛刊》第三十辑第293册,台北:文海出版社,1966年,第535页。
③ (清)素尔纳等:《寄籍入学》,《钦定学政全书》卷二十九,沈云龙主编《近代中国史料丛刊》第三十辑第293册,台北:文海出版社,1966年,第536页。
④ "盐车",原指运盐之车,后以之喻贤才屈居贱役。
 《战国策·楚》四:"君亦闻骥乎? 夫骥之齿至矣,服盐车而上太行。蹄申膝折,尾湛胕溃,漉汁洒地,白汗交流,中阪迁延,负辕不能上。伯乐遭之,下车攀而哭之,解纻衣而覆之。"
 (汉)刘向:《楚》四,《战国策》卷十七,上海:上海古籍出版社,1985年版,第573页。
 贾谊《吊屈原》云:"斡弃周鼎兮宝康瓠,腾驾罢牛兮骖蹇驴,骥垂两耳兮服盐车。"
 (汉)司马迁:《屈原贾生列传》,《史记》卷八十四,北京:中华书局,1982年版,第2493页。
 元稹《病马诗寄上李尚书》云:"遥看云路心空在,久服盐车力渐烦。"
 (唐)元稹著,冀勤点校:《病马诗寄上李尚书》,《元稹集》卷十九,北京:中华书局,1982年版,第217页。
⑤ "药笼",即药笼中物,比喻欲成大事需预先储备人才。唐时元行冲劝狄仁杰留意储备人才,并自请备药笼之末。狄仁杰笑而谓曰:"此吾药笼中物,岂可一日无也!"
 (后晋)刘昫等:《元行冲传》,《旧唐书》卷一百二,北京:中华书局,1975年版,第3176页。

其渴望援引的迫切心情。丁氏以"千里马""药笼"自比,叹时世不遇,不得施展其才。

与此同时,丁耀亢将旗塾教习职责自我崇高化,自比为曾经在异域传道授经的管宁①与洪皓②。丁耀亢在《归帐教习辽满诸生四首》(其一)表达教化异族的自我期许:

> 玄菟群英拜杏坛,朱樱蓬笠簇桓桓。鲁经初识服官易,译语尤多辨字难。环立虎头争进退,训来龙性问支干。讲堂四壁留风雨,应有先生愧素餐。③

诗作写出了顺治六年丁耀亢刚刚进入旗塾时的感受。"玄菟群英拜杏坛,朱樱蓬笠簇桓桓",指丁氏初登讲坛,满洲生员身着朱樱蓬笠躬身拜师。汉族教习虽然教授《四书》《五经》轻车熟路,但汉族教师与满洲子弟之间语言不通,交流尤为困难,"译语尤多辨字难"。"环立虎头争进退",满洲生员多熟稔弓箭,尚武好斗,入学目的自然是"训来龙性问支干"。作为教师,丁耀亢决定尽职尽责,"讲堂四壁留风雨";异域传经,不留"愧素餐"的遗憾。

顺治九年在结束旗塾后,丁耀亢向时任国子监祭酒的王崇简述职,《旗塾事竣谢大司成王敬哉雍师四首》(其二):

> 译语翻经耐众哗,始知圣教本无涯。长弓褶裤吾童子,佩剑琳琅古大家。雪夜空斋熏马火,泥途归路伴牛车。那堪行止仍添注,都护频来放晚衙。④

"译语翻经耐众哗,始知圣教本无涯",丁耀亢自觉将自己旗塾教习的职责看作是代圣贤传经教化蛮夷的高度,实践着儒家"仁者爱人"的理念。

孔子主张"仁者爱人",董仲舒进一步引申为"仁者所以爱人类也"⑤,"故王者

---

① 管宁(158—241),字幼安,三国魏北海朱虚人。少与华歆同席读书,有乘轩冕过门者,歆废书而往观,宁与割席分座。汉末避乱居辽东,聚徒讲学,北人"渐来从之"。三十七年后始归,文帝拜为大中大夫,明帝拜为光禄勋,皆辞不就。
(晋)陈寿:《管宁传》,《三国志·魏书》卷十一,北京:中华书局,1959年版,第354页。
② 洪皓(1088—1155),宋鄱阳人,字光弼。宋政和五年(1115)进士,建炎中任徽猷阁待制,假礼部尚书使金。金人留不遣还,皓不屈,被拘留在金十五年。其间屡次使人秘密遣返,报告金国虚实,时人比之汉苏武。绍兴十一年(1141)得归宋。后因说秦桧不可苟安钱塘,忤桧意,被贬英州,又迁袁州,至南雄州病卒,谥忠宣。"皓久在北廷,不堪其苦,然为金人所敬,所著诗文,争钞诵求锓梓。"
(元)脱脱等撰:《洪皓传》,《宋史》卷三百七十三,北京:中华书局,1985年版,第1157-1162页。
③ (清)丁耀亢:《归帐教习辽满诸生四首》(其一),《陆舫诗草》卷一,《丁耀亢全集》上,第48页。
④ (清)丁耀亢:《旗塾事竣谢大司成王敬哉雍师四首》(其二),《陆舫诗草》卷四,《丁耀亢全集》上,第147页。
⑤ (清)苏舆撰,钟哲点校:《必仁且智》,《春秋繁露义证》第三十,北京:中华书局,1992年版,第257页。

爱及四夷"①。事实上,丁耀亢在教习其间,确有教化满洲诸生的愿望,教化他们在将来牧民之时能实实在在做些有益民众的事情。他在《即事赠辽学诸子四首》(其四)中表达了自己的愿望:

> 中原方抚寇,东鲁未收兵。征敛多无地,干戈空在城。虚危星野暗,海岳劫波平。避地唯燕市,谁知塾隐名?②

此诗写于顺治六年,当时中原战事未定,清军攻城掠寨,多有杀戮,甚至屠城血洗。"中原方抚寇,东鲁未收兵。征敛多无地,干戈在空城",当指清初平定山东民乱和满洲贵族的圈地运动所造成的社会动荡。

顺治二年(1645)山东总督河道杨方兴奏言:"元年间七八月间,劫掠焚杀,殆无虚日。"③顺治元年(1644)至顺治四年(1647)清政府满洲贵族以京师为中心,进行了三次大规模的圈地运动。以京东滦州为例,顺治三年(1646)圈占 7 382 顷 42亩,顺治四年(1647)又圈去 4 192 顷 30 亩,两年共圈占 11 574 顷 72 亩。而滦州原有田土上中下民地共 30 086 顷 40 亩,被圈占的民地约占原有数的 38.5%④。大批农民失去土地,走投无路:

> 有父母夫妻同日缢死者;有先投儿女于河,而后自投者;有得钱数百,卖其子女者;有括树皮掘草根而食者;至于僵仆路旁,为鸟鸢豺狼食者,又不知其几何矣!⑤

对于这些现状,丁耀亢耳闻目睹,希望自己以圣贤之言教化满洲诸生,对其将来牧民有所帮助,"教以慈善,化其贪鸷,为他日牧民地耳"⑥。因为这些满洲诸生"凡三院六部,用人咸取于此。试以清字数行,略分句读,则用为他赤哈、笔帖式等官,不二年即为理事、修撰、侍郎矣"⑦。丁氏真诚盼望他们在将来执政牧民后尽力爱民惜民。

对满洲诸生,丁耀亢有既鄙薄其粗陋落后,又肯定其淳厚质朴的矛盾心理。

---

① (清)苏舆撰,钟哲点校:《仁义法》,《春秋繁露义证》第二十九,北京:中华书局,1992 年版,第 252 页。
② (清)丁耀亢:《即事赠辽学诸子四首》(其四),《陆舫诗草》卷二,《丁耀亢全集》上,第 58 页。
③ 《世祖章皇帝实录》卷一七,《清实录》第 3 册,北京:中华书局,1985 年版,第 153 页。
④ 故宫博物院明清档案部编:《户部尚书车克题直隶永平为圈补土地与滦州涉诉事本》,《清代档案史料丛编》(第四辑)三三,北京:中华书局,1979 年版,第 94—99 页。
⑤ (清)魏裔介著,魏连科点校:《流民急宜拯救并请发赈疏》,《兼济堂文集》卷一,北京:中华书局,2007 年版,第 19 页。
⑥ (清)丁耀亢:《出劫纪略·皂帽传经笑》,《丁耀亢全集》下,第 284 页。
⑦ (清)丁耀亢:《出劫纪略·皂帽传经笑》,《丁耀亢全集》下,第 284 页。

满洲诸生皆行伍出身,"朱樱蓬笠簇桓桓","长弓裪裤""佩剑琳琅"①,"环立虎头争进退","环立而进拜,虎头熊目之士班班也。弓矢刀韛韛,伏甲而趋。出其怀,虽有经书刀笔以请益"。大多生性卤莽、举止粗疏,"韦冠带剑,少拂其意则怒去""大抵羁縻少训者,终不能雍雍揖逊也"②。

同时,丁耀亢对他们古朴真挚的性情加以肯定,并记录了他们的风俗,"辽俗信巫,祭神为事,诸生每告假延师,炙羊为供,其真朴鹿枝,如太古拳垦,亦有可贵者"③。

满洲各族皆敬奉鬼神,且历史悠久,上至皇帝下至百姓,每逢祭祀时日虔诚膜拜。《钦定八旗通志》记载:

> 我满洲国,自昔敬天与佛与神,出于至诚,故创基盛京即恭建堂子以祀天,又于寝宫正殿恭建神位以祀佛、菩萨、神及诸祀位。嗣虽建立坛庙,分祀天、佛暨神,而旧俗未敢或改,与祭祀之礼并行。至我列圣定鼎中原,迁都京师,祭祀仍尊昔日之制,由来久矣。而满洲各姓均以祀神为至重,虽各姓祭祀皆随土俗,微有差异,大端亦不甚相远……原其祭祀所由,盖以各尽诚敬以溯本源,或受土地山川神灵显佑默相之恩而报祭之也。④

祭祀程序严格,气氛庄重,祭拜虔诚:

> 满洲祭礼,牵牲入,跲于案,灌耳使其鸣,而后祭之,即《礼经》之献牲也,主听也,殷人之尚声也。次以亚俎盛血荐之,即有虞氏之尚气也;次荐熟,次渥沮,即加明水及爂祭之义也。牲体既解,乃合其五体于俎,如全牲,幂以脂纲,即告全脾之义也。割耳、蹄、唇、心、肺、肝尖,共纳一器以荐,亦告全尚气之义也。⑤

诸生在祭祀后多请教习到家中做客,对老师尊敬有加,待为上宾,将祭肉中的上品敬给客人。

> 髀骨贵厚,周人尚文;肩贵其前,国朝之胙,并贵肩臂,文质相济,为盖美也。清语名肩为哈拉巴,名臀为乌义,皆祭肉之上品,拜胙者罕能及之。祭

---

① (清)丁耀亢:《旗塾事竣谢大司成王敬哉雍师四首》(其二),《陆舫诗草》卷四,《丁耀亢全集》上,第147页。
② (清)丁耀亢:《出劫纪略·皂帽传经笑》,《丁耀亢全集》下,第284页。
③ (清)丁耀亢:《出劫纪略·皂帽传经笑》,《丁耀亢全集》下,第284页。
④ 李洵等点校:《典礼志十二》,《钦定八旗通志》卷八十九,长春:吉林文史出版社,2002年版,第1462页。
⑤ (清)福格:《满洲祭祀割牲》,《听雨丛谈》卷五,沈云龙主编:《近代中国史料丛刊》第六十九辑第684册,台北:文海出版社,1966年版,第117页。

日,主人招亲故食胙,即《礼经》馂余之义也。肃客入席,主人亲持豚肩,置七以献客。客固辞,乃付庖丁割之。按:《礼经》食三老五更于太学,天子袒而割牲,执酱而馈,执爵而酳,是天子饷更老之礼,尚且亲割手馈,致其殷勤。则士大夫饷胙而请亲割,固其宜矣。①

丁耀亢的旗塾教习生涯较真实地反映了清初汉族下层文人徘徊在"食"与"道"之间的心境。

第二节 教谕生涯

清代在各州县所设置的正式职官有三类:一是所谓正印官,即各直隶州、属州的知州,各直隶厅、属厅的同知、通判和各县的知县;二是所谓佐贰杂职,包括各直隶州、属州的州同、州判、吏目,各县的县丞、主簿、典史、巡检;三是儒学学官,各州置学正、训导,各县置教谕、训导②。《清史稿·选举志》记载:"各学教官,府设教授,州设学正,县设教谕,各一,皆设训导佐之。"③

顺治十年(1653),丁耀亢旗塾教习期满,由吏部考核后得教谕职位。顺治十一年(1654)至十五年(1658),丁耀亢在直隶容城担任教谕。教谕虽位卑职微,但毕竟进入官僚体系。本节以丁耀亢的容城教谕为例,考察清初教谕的生存状况,即教谕在振铎教化与首蓿清贫、仕进无望与竭力升迁、放旷散淡与儒师尊严的矛盾交织中所表现出的复杂内心,揭示丁氏强烈的功名情结。

一、振铎善俗,教化士子

(一) 明清教官

明代中期以后,仕途升迁尤其讲究资格。甲榜进士往往把持着清要之职,即使出任地方官,也优于乙榜举人及贡生出身者。乙榜举人稍次。贡生仕途多被限制在两个方面:一是地方府、州、县官,或只能任佐杂,或偶尔有机会任边方正职;二是多出任教职,以县教谕为主。

---

① (清)福格:《满洲祭祀割牲》,《听雨丛谈》卷五,沈云龙主编:《近代中国史料丛刊》第六十九辑第684册,台北:文海出版社,1966年版,第117-118页。
② (清)乾隆官修:《职官九》,《清朝文献通考》卷八十五,杭州:浙江古籍出版社,1988年版,第5617-5620页。
③ 赵尔巽等:《选举志·学校一》,《清史稿》卷八十一,北京:中华书局,1977年版,第3115页。

教官职衔虽卑,贡生获取此职历尽艰辛;获得举贡之不易自不必说,出贡后尚须经过"四考"方有机会出仕。所谓"四考"依次是:士贡于廷,廷考之;廷考中,业于国子监,国子监考之;中,送吏部,吏部考之;中,再上于廷,廷再考之;中,始得授教官①。因此,丁耀亢说"不辞岁暮甘萍梗,渐苦官贫少蕨薇"②。大多教谕身老力衰,升迁无望,往往以此为养老栖息之地,并无作兴人才之心。"教官多属中材,又或年齿衰迈、贪位窃禄,与士子为朋俦,视考课为故套,而学臣又但以衡文为事,任教官之因循怠惰,苟且塞责,漫不加察。"③这些贫老教官不仅悠游苟禄,甚至行为不端,为当时士人乡里嗤笑④。

　　洪武二年(1369)朱元璋命在全国各地设置府、州、县儒学。儒学教官包括教授、学正、教谕、训导,俗称"博士"。在明代,学官有"冷官"之称,以形容其清苦。与此同时,明人又将学官与宰相并提,以示学官的重要性⑤。各级官学明确强调:"府教授、州学正、县教谕掌明经史,务使生员知孝悌、忠信、礼义、廉耻,通晓古今,识达时务,及提调各训导教习,必期成效。尚项教官,各处守令于儒士有才德、有学问、通晓时务者选,官为应付行粮脚力,悉赴中书省考验。"⑥《清朝文献通考》云:"教职职掌学校黜陟,统于学政,士习文风攸关焉。"⑦

---

① 陈宝良:《明代儒学生员与地方社会》,北京:中国社会科学出版社,2005年版,第281页。
② (清)丁耀亢:《保定道中夜宿开元寺》,《椒丘诗》卷一,《丁耀亢全集》上,第234页。
③ (清)胤禛:《世宗宪皇帝圣训》卷十,文渊阁《四库全书》第412册,上海:上海古籍出版社,1987年版,第148页。
④ 明人耿定向曾说:
余弟子健补博士弟子员,弟时犹髫也。释莱归,而悒悒无欢。余诘之曰:"父兄睹汝髫年游泮为荣矣,而不色喜,何也?"弟曰:"吾向以学官仁义之府,而今殆异所闻矣。吾始偕诸生谒先师,继于堂,伐鼓拜揖。礼成,庠师俨然升座,吾侪肃而侍,意初惢,必有发教。吾方延跂以聆,乃庠师旋从中座起,掀髯信眉,而扬声曰:'若等公堂币金尚不具,何也? 今而后不办者,视为夏楚!'诸生栗然而恐,吾为之赧然汗下矣。若斯而仁义府耶? 游之不足荣矣。"
(明)耿定向:《黄忍江先生传》,(清)黄宗羲编:《明文海》卷四〇九,北京:中华书局,1987年版,第4256页。
清初张履祥记载:
里有湖州教授者,丁祭宰牲,豫窃鹿肉脯食之。庙前古柏,斩一归。其余猥鄙狼籍,弗堪尽述。罢归,被中人率举义嗤笑窃鹿肉事。其人不齿,时时自言之。
(清)张履祥:《近鉴》,《杨园先生全集》卷三十八,北京:中华书局,2002年版,第7页。
⑤ 明人吴鼎言:萃天下已试之材,布列百执事,共成国家之盛治者,宰相之任也。蓄天下未用之材,淬砺以须,隐然为国家之利器者,典学之官也。学官虽卑,其责任至于宰衡等。
(明)吴鼎:《赠仁和陈学谕迁金华府教授序》,《过庭私录》卷二,《四库全书存目丛书》集部第75册,济南:齐鲁书社,1997年版,第238页。
⑥ (明)曾嘉诰修,(明)汪心纂:《官政类庙学》,《嘉靖尉氏县志》卷二,《天一阁藏明代地方志选刊》,上海:上海书店,1963年版,第32页。
⑦ (清)乾隆官修:《职官考九》,《清朝文献通考》卷八十五,杭州:浙江古籍出版社,1988年版,第5620页。

顺治九年(1652)题准,"儒学教官,士子观法所系",申饬教谕以道德礼义,专以课士,化导齐民①。

清顺治九年(1652)诏命刊立卧碑置于明伦堂之左,"朝廷建立学校,选取生员,免于丁粮,厚以廪膳,设学院学道学官以教之"②。设立学校的目的是教导"生员立志当学为忠臣、清官,书史所载忠清事迹,务须互相讲究。凡利国爱民之事,更宜留心",为国家"养成贤才"③。

教官平时严格督导生员熟读《四书》《五经》等经典教义:

> 顺治九年题准,说书以宋儒传注为宗,行文以典实纯正为尚。今后督学将《四书五经》《性理大全》《蒙引存疑》《资治通鉴纲目》《大学衍义》《历代名宦奏议》《文章正宗》等书,责成提调教官,课令生儒诵习讲解;务俾淹贯三场,通晓古今,适于世用。其有剽窃异端邪说,矜奇立异者,不得收录。④

每月十五、三十日,教官招集生员宣读教化之文,"每月朔望,令儒学教官,传集该学生员宣读训饬,务令遵守"⑤。

(二)丁耀亢在容城的振铎施教

顺治十一年(1654)丁耀亢从家乡山东诸城绕道北京到达容城。在其教谕任内,丁耀亢主要从事三方面的工作。

1. 捐俸赈灾,讽喻教化

顺治十一年(1654)直隶、山东、河南遭遇水患,哀鸿遍野,民不聊生。"南畿失恒业,三载沉沦漪。田里归王屯,少壮远流离。容城弹丸地,白昼绝烟炊。穷巷无行人,寒士空肝脾。"⑥时工科给事中魏裔介奏言:"连岁水灾频仍,直隶、河南、山东饥民逃亡甚众。请敕督抚,严饬有司,凡流民所至,不行收恤者,题参斥革;若能设法抚绥,即分别多寡,准以优等保荐。并乞大沛鸿恩,发银数万两,遣满汉贤能官员,沿途接济。务使流民得所,庶德泽布而闾井宁矣。"得旨:"饥荒流徙,民不聊生,朕深切悯念。其赈济安插、劝惩鼓舞事宜,俱属急务,着所司速

---

① (清)素尔纳等:《考覆教官》,《钦定学政全书》卷二十三,沈云龙主编:《近代中国史料丛刊》第三十辑第293册,台北:文海出版社,1966年版,第406页。
② (清)素尔纳等:《学校规条》,《钦定学政全书》卷二,长春:吉林文史出版社,2002年版,第39页。
③ (清)素尔纳等:《学校规条》,《钦定学政全书》卷二,长春:吉林文史出版社,2002年版,第40页。
④ (清)素尔纳等:《厘正文体》,《钦定学政全书》卷六,长春:吉林文史出版社,2002年版,第131页。
⑤ (清)素尔纳等:《学校规条》,《钦定学政全书》卷二,长春:吉林文史出版社,2002年版,第42页。
⑥ (清)丁耀亢:《甲午春畿南大饥捐俸纪事(并序)》,《椒丘诗》卷一,《丁耀亢全集》上,第241页。

议以闻。"①

丁耀亢就职方百余日,积极响应,捐出自己的俸禄,"谨捐岁俸百金,以赡士之赤贫者五十二家,量给谷麦,尽俸而止"②。

丁耀亢作为教谕,注重整饬士习,力行教化,常赋诗讽喻,如其《诫子篇》:

> 四座切勿言,听我诫子篇:诫子愿富贵,富贵须学命在天。诫子愿聪明,聪明虽巧误后生。浮荣德薄常伏祸,小慧生骄易败名。君不见,富贵轻薄子,纵赌喜娟夜醉死。又不见,富家任侠儿,一怒杀人命亦危。家有古书不知读,恰使旁人笑痴肉。藏诗藏画自送人,好宅好田弃偏速。挥尽黄金卖屋瓦,便向朱门鬻坟木。结交不喜近老苍,爱逐恶少寻欢场。长夜醉眠日高起,典衣揭债输官粮。醉梦朝朝日陵替,犹向人前夸宦裔。弃故捐新菽粟空,补破遮寒衣履弊。君看宦裔易伶仃,温饱从来志气冥。力田不识分五谷,稽古何曾力一经。勿惜劳,勿惮苦。劳苦能令神鬼怜,忧勤免受乡邻侮。祖德原从廉吏来,此身堕地各成材。栽培倾覆汝所造,诫尔多言何益哉!③

此诗写于顺治十三年(1656),丁耀亢在容城已任教三载。诗中以历史故事和现实经验为鉴,谆谆以语,告诫学中士子良秀者教学相长,益进于德业;不逮者亦能以之为戒而归于修谨,有益于修身进德,风化乡里。

2. 主持社祀,诗文结社

教谕作为儒师,自是以引导诸生拜祀圣庙,课士传教为主业,其它政务不允许干预。雍正七年(1729)雍正皇帝谕告:

> 教官之职,专司训迪士子,除钱粮封折,比较生员拖欠钱粮,并州县会审案件有关戒饬生员之处,仍令赴州县衙门公同办理外,其一切地方事务,俱不得干与。倘州县官不遵定例,仍传教官同办地方事务,而教官违例前往干与者,州县官照将事务交与不应交之人例议处,教官照不应得为之律,分别议处。④

即教谕的职责除非地方事务中涉及与生员有关的事情,否则是不允许参与地方政务管理的。顺治十一年(1654)朝廷派官员到容城赈济水灾,丁耀亢曾随行,"官卑

---

① 《世祖章皇帝实录》卷八一,《清实录》第3册,北京:中华书局,1985年版,第718页。
② (清)丁耀亢:《甲午春畿南大饥捐俸纪事(并序)》,《椒丘诗》卷一,《丁耀亢全集》上,第241页。
③ (清)丁耀亢:《诫子篇》,《椒丘诗》卷一,《丁耀亢全集》上,第322页。
④ (清)素尔纳等:《考覆教官》,《钦定学政全书》卷二十三,沈云龙主编:《近代中国史料丛刊》第三十辑第293册,台北:文海出版社,1966年版,第415页。

难自达,触目心酸悲。出位恐获戾,穷士我所司"①,即指此在赈济中作以一般随员行事,只负责与生员有关事宜,而没有其它权责。

"夫司教者,以多士为乐,以造士为功。"②每年的元旦率领众诸生举行的岁社祀圣庙是一项重大活动,也是教化的重要形式。丁耀亢在《丁酉元旦岁社祀圣庙享馂邀施君兼示容庠诸生》中记载教谕主持祭祀,教化士子的活动:

> 雨露思萍藻,泽宫岁序新。所司唯俎豆,何物答洪钧。圣大绝私祭,官微仗德邻。环桥除宿草,泮水荐春芹。礼简终三献,盘匜但五辛。酿钱欣结社,明水秘通神。余馂分冥福,遗醪饮醉醇。讲堂均割肉,醴席续传薪。勉立饩羊气,同留鲁朔真。③

举行岁社圣祀,一是可以让诸生感受圣教德泽,"雨露思萍藻,泽宫岁序新";再者在享用祭品时官士同席,勉励士子专心攻读,"讲堂均割肉,醴席续传薪。勉立饩羊气,同留鲁朔真"。

当时容城水灾后,士民多四散求食果腹,"问经无一士,持钵时有之"④。除督促生员温习经书外,还组织文社,以诗文唱和,广交当地文人,借以课士施教。"文酒漫成河朔饮,壶浆常感道傍情"⑤;"谭经帐冷少琴瑟,问字门开多酒浆。起予者谁足怀古,继追丁亥空典章"⑥。丁耀亢在容城施教赢得了当地名士的赞许,容城大儒孙奇峰曾在《椒丘诗序》中说:"立儿来此五月,每自道先生诱掖至意,隘而扩之,使宏遇而引之使达。"⑦其门生杨峄廷科试登第后,丁耀亢为之喜不自胜,"昨宵闻砾釜,鹊喜闹今晨",鼓励学生"穷达须存志,为儒莫讳贫"⑧。

3. 拜谒贤祠,结交乡贤

丁耀亢在容城多次拜谒乡贤祠,结交当地的文化名儒。入乡贤祠者,皆是在当地有道德事迹之人,即需有立德、立功、立言三不朽之业,即所谓"立德指刚方清介、厚德绝伦、堪为世法;立功则是有功地方乃至国家;立言则指有所建树,足以垂

---

① (清)丁耀亢:《甲午春畿南大饥捐俸纪事(并序)》,《椒丘诗》卷一,《丁耀亢全集》上,第242页。
② (明)汪佃:《送李君延训分教莆田序》,《东麓遗稿》卷六,《四库全书存目丛书》集部第73册,济南:齐鲁书社,1997年版,第246页。
③ (清)丁耀亢:《丁酉元旦岁社祀圣庙享馂邀施君兼示容庠诸生》,《椒丘诗》卷二,《丁耀亢全集》上,第326页。
④ (清)丁耀亢:《甲午春畿南大饥捐俸纪事(并序)》,《椒丘诗》卷一,《丁耀亢全集》上,第242页。
⑤ (清)丁耀亢:《乙未元宵同诸公夜集椒署》,《椒丘诗》卷二,《丁耀亢全集》上,第280页。
⑥ (清)丁耀亢:《中秋诸子持觞邀予就见于静修祠者廿有一人》,《椒丘诗》卷二,《丁耀亢全集》上,第314页。
⑦ (清)孙奇峰:《椒丘诗序》,(清)丁耀亢《丁耀亢全集》上,第223页。
⑧ (清)丁耀亢:《喜门生杨峄廷登科》,《椒丘诗》卷二,《丁耀亢全集》上,第344页。

世立训"①。

容城教署东邻为明代忠臣杨继盛②之祠,忠愍祠在"容城县儒学东,明万历四年建"③;西邻是元代名儒刘静修的讲习书院。杨继盛曾经官诸城县令,丁耀亢赴任后,多次拜谒杨忠愍祠,赞颂其"此日丹心留俎豆,千秋浩气见须眉"④。顺治十四年(1657)丁耀亢创作传奇《新编杨椒山表忠蚺蛇胆》以表达对杨继盛忠诚为公的敬仰之情。刘静修,容城人,入元后义不出仕,以讲学为业。丁耀亢对其高节景仰不已,"轩冕何能荣俎豆,周行原自足簧笙"⑤;"刘子风尘外,藏身重仕元"⑥。

丁耀亢还多次组织生员文人在静修祠结社,举行文事,"高士祠堂柏树森,逶迤小巷近招寻"⑦;"浊世谁能全大璞,浮名真愧对灵修"⑧。何良俊指出:"夫明宦、乡贤二祠,盖以崇德报功、激励来者,血食朝廷。"⑨丁耀亢拜谒乡贤祠,既是自己"椒兰是司",又引导文人士子以先贤自励,起了积极的教化作用。

丁耀亢还注意结交当地文人大儒,与孙奇峰、刘明府等多有唱和。当时孙奇峰寓居苏门,丁耀亢与其子过从,有"何日犹龙返,吾将问太玄"⑩的仰慕之情。孙奇峰称赞丁耀亢是"忠孝之人",其诗"时贤人人推重"⑪。

二、职卑俸微,生活清苦

(一) 教署状况

丁耀亢所在教署破败不堪,年久失修,"破屋仅三楹,蒿藜相蔽亏"⑫;"三间官

---

① (明)何良俊:《史十二》,《四友斋丛说》卷十六,北京:中华书局,1997年版,第142页。
② 杨继盛,明朝容城人,上疏"十不可""五谬""十罪"弹劾严嵩仇鸾卖国,惨遭酷刑,嘉靖三十四年弃市。临刑赋诗曰:"浩气还太虚,丹心照千古。生平未报恩,留作忠魂补。"明穆宗立后,恤直谏诸臣,以继盛为首。赠太常少卿,谥忠愍,予祭葬。已,又从御史郝杰言,建祠保定,名旌忠。
(清)张廷玉等:《杨继盛传》,《明史》卷二十九,北京:中华书局,1974年版,第5542页。
③ (清)唐执玉、(清)李卫等监修,(清)田易等纂:《祠祀》,《畿辅通志》卷四十九,文渊阁《四库全书》第505册,上海:上海古籍出版社,1987年,第130页。
④ (清)丁耀亢:《谒杨忠愍祠次壁间韵》,《椒丘诗》卷一,《丁耀亢全集》上,第234页。
⑤ (清)丁耀亢:《谒刘静修祠次壁上韵》,《椒丘诗》卷一,《丁耀亢全集》上,第235页。
⑥ (清)丁耀亢:《静修祠松下独坐终日待友人不至》,《椒丘诗》卷一,《丁耀亢全集》上,第249页。
⑦ (清)丁耀亢:《容城诸君子结社静修祠月之二日不速而集》,《椒丘诗》卷二,《丁耀亢全集》上,第281页。
⑧ (清)丁耀亢:《仲春九日为静修先生诞辰邑人岁有祭荐同社景从》,《椒丘诗》卷二,《丁耀亢全集》上,第282页。
⑨ (明)何良俊:《史十二》,《四友斋丛说》卷十六,北京:中华书局,1997年版,第142页。
⑩ (清)丁耀亢:《冬日晚行过孙征君故庐赠冢公君建》,《椒丘诗》卷一,《丁耀亢全集》上,第271页。
⑪ (清)孙奇峰:《椒丘诗·孙钟元序》,(清)丁耀亢《丁耀亢全集》上,第223页。
⑫ (清)丁耀亢:《甲午春畿南大饥捐俸纪事(并序)》,《椒丘诗》卷一,《丁耀亢全集》上,第242页。

署门窗坏,瓦漏将泥盖,东西分两斋,屋塌墙歪"①;"明伦堂没甚安排,见了个悬钟破鼓,四壁尘埃。并没有排衙皂快,投文画卯,放告抬牌。有几个冷秀才打躬下拜,有几个老门斗少袜无鞋。破庙枯槐,古碣荒苔,本像个野寺头陀。又多了个行香送考,瘦马空街。"②

教署虽有几个斋夫,但由于衣食无着,"门役三四人,缩颈如鹭鹚。老者病不起,壮者来长辞。乃卖所乘马,借质衣与卮。日给一馒粥,冀延麦黄时"③。丁耀亢有时因公外出乘马,需向县宰借马,"仆役饥饿衣裳单","马瘦疮残借不得"④。

(二) 薪俸衣食

丁耀亢作为教谕,"谨捐岁俸百金,以赡士之赤贫者五十二家,量给谷麦,尽俸而止"。丁氏自注:"时捐俸养士四百人,给三十升。"⑤即其年俸约有百金,廪米三十石。

一日三餐常以素为主,"买烧刀只办的黄韭菜,买豆腐只办的青盐块"⑥,有时还遇到断火无粮的境地,"萧然破壁朔风加,童子关门自煮茶。三日休粮常断火,五侯传食久无家"⑦。因此朋友的一次丰馔盛宴常常使其感激不尽:"座中一见相倾倒,茶香笋嫩鲥鱼肥。宣窑大碗白如玉,脍鲤烹羔珍品具。荒年久客苦藜羹,鼎食何堪饱柠腹。"⑧

三、教谕丁耀亢的去留矛盾

丁耀亢任容城教谕期间,内心一直在去留之间徘徊,既有去乡怀家、身老疲惫的苦楚,又有为求得进一步的升迁而做的种种努力。

(一) 自始至终的徘徊去意

顺治十年(1653),丁耀亢得到任容城教谕的消息后萌生退意,"捧檄登车愧老亲""归迟恐负故山春"⑨。顺治十一年(1654),丁耀亢赴任前与老友言别时三致其意:"风尘荏苒羞渔父,南北流移号雁臣"⑩;"前路莺花君自健,吾生归计已渔樵"⑪;

---

① (清)丁耀亢:《南北双调合套·青毡笑》,《家政须知》,《丁耀亢全集》下,第262页。
② (清)丁耀亢:《南北双调合套·青毡笑》,《家政须知》,《丁耀亢全集》下,第263页。
③ (清)丁耀亢:《甲午春畿南大饥捐俸纪事(并序)》,《椒丘诗》卷一,《丁耀元全集》上,第242页。
④ (清)丁耀亢:《借马行戏呈容城宰施君》,《陆舫诗草》卷一,《丁耀亢全集》上,第319-320页。
⑤ (清)丁耀亢:《甲午春畿南大饥捐俸纪事(并序)》,《椒丘诗》卷一,《丁耀元全集》上,第242页。
⑥ (清)丁耀亢:《南北双调合套·青毡笑》,《家政须知》,《丁耀亢全集》下,第263页。
⑦ (清)丁耀亢:《久客古庙戏答索酒诸客二首》(其一),《椒丘诗》卷一,《丁耀亢全集》上,第272页。
⑧ (清)丁耀亢:《谢刘玺楚明府见招》,《椒丘诗》卷一,《丁耀亢全集》上,第275页。
⑨ (清)丁耀亢:《李龙衮传予教授容城欲辞未果》,《陆舫诗草》卷五,《丁耀亢全集》上,第199页。
⑩ (清)丁耀亢:《次斗翁梅下对酌韵》,《椒丘诗》卷一,《丁耀亢全集》上,第226页。
⑪ (清)丁耀亢:《答丘子廪》,《椒丘诗》卷一,《丁耀亢全集》上,第227页。

"薄宦郑虔羞作客,闲居潘岳苦违亲"①。途经济南与其好友张缙彦诗中曾云:"悔不读书嗟岁暮,苦缘微禄去亲遥。"②

到达保定夜宿开元寺,静夜独思,"不辞岁暮甘萍梗,渐苦官贫少蕨薇"③。就任教谕后,容城"地瘠民风陋,名轻礼貌疏"④;生活艰辛,常有归去之念,"老去转忧谋食累,微官真可赋彭衙"⑤。顺治十三年(1656)正月丁耀亢赍万寿表进京,伤感满怀:"黄鹤近来消息渺,年年皂帽老辽东。"⑥是年四月初六省亲回东武,对家乡难舍难别:"路长归梦急,人老别家难。霜雪禁三年,风尘滞一官。"⑦

顺治十四年(1657),在经历"三年如梦里,官冷似闲居"⑧的教谕生活后,丁耀亢再次入都辞官:

> 鲍落何时了,微官岁月迁。思归忧乱土,久客惜残年。心远身相累,行违虑不全。浮生消妄想,高卧梦山田。⑨

与这种去意徘徊,前途渺茫的失意情绪相一致的是丁耀亢在教谕生活中的放旷散淡的行为。丁耀亢在其散曲《南北双调合套·青毡乐》和《南北双调合套·青毡笑》中以笑谑的方式,将微官岁月中"浮生消妄想"的情感表达得淋漓尽致:

> 【折桂令北】老头巾不受人怜,说什么炎凉冷暖,苦辣酸甜。到处有酒瓢诗卷,龙泉射电,彩笔如椽。扶世界不用俺登朝上殿,挽江河那用俺进表陈言。天赐平安平安,一任盘桓。受清贫,料没有暮夜黄金,论官箴那里讨犯法青钱。

> 【雁儿落带过得胜令北】穿一件旧乌青破绢衫,吃几口淡黄斋闲茶饭。白胡须扮出个四皓贤,黑皮靴活像个钟馗判。煞不出郭汾阳将相权,也没有伍子胥镯髅剑。森严,明伦堂紧对文宣殿。回也么贤,俺是个活寿星长命的老颜渊。⑩

---

① (清)丁耀亢:《赴容城答斗翁赠别》,《椒丘诗》卷一,《丁耀亢全集》上,第 227 页。
② (清)丁耀亢:《寄谢张方伯再和前什》,《椒丘诗》卷一,《丁耀亢全集》上,第 232 页。
③ (清)丁耀亢:《保定道中夜宿开元寺》,《椒丘诗》卷一,《丁耀亢全集》上,第 234 页。
④ (清)丁耀亢:《如梦》,《椒丘诗》卷二,《丁耀亢全集》上,第 323 页。
⑤ (清)丁耀亢:《夏日雨后即事二首》,《椒丘诗》卷一,《丁耀亢全集》上,第 244 页。
⑥ (清)丁耀亢:《丙申正月赍万寿表入都纪事》,《椒丘诗》卷一,《丁耀亢全集》上,第 294 页。
⑦ (清)丁耀亢:《四月初六日准假省亲回东武》,《椒丘诗》卷二,《丁耀亢全集》上,第 302 页。
⑧ (清)丁耀亢:《如梦》,《椒丘诗》卷二,《丁耀亢全集》上,第 323 页。
⑨ (清)丁耀亢:《入都辞官不果》,《椒丘诗》卷二,《丁耀亢全集》上,第 342 页。
⑩ (清)丁耀亢:《南北双调合套·青毡乐》,《家政须知》,《丁耀亢全集》下,第 261-262 页。

【沽美酒带太平令北】山鸟倦盼蒿莱,云出岫困烟霾,现放着青山在。茅屋疏篱竹树栽,访诗朋酒侪。烹茗笋,坐松崖。命孤舟长江一派,驾篮舆青林一带。任阴晴风涛澎湃,任炎凉浮云草芥。俺呵,也不羡州才、县才、鸾台、柏台。呀!老学官不消把黄粱梦赛。

【清江引南】功名困顿真苦海,误把儒冠戴。风波世路难,日暮光阴快,早学个归去来彭泽宰。①

散曲中丁耀亢借一个年老位卑、升迁无望的老教官的口吻,将自己绝望而又放诞的情绪生动形象地表述出来。

(二) 为求升迁所做的努力

明清朝廷对教官有严格考核,明正统九年(1444)谕礼部:"命教官任满,无举人、试学优者,教授、学正、教谕俱降训导,训导调任边远;试不中者,除杂职。"②即所教学生的中举优秀率是评价教官的重要指标。清朝承袭明制,清顺治九年(1652)题准:"儒学教官,士子观法所系,提学按临之日,考其学行俱优,教有成效者,除礼待奖励外,仍据实列荐。其行履无过,但学问疏浅者,姑行戒饬,责令勉进。有老病不堪者,准令以礼致仕。若钻营委署,横索束修,卑污无耻,素行不谨者,即行参奏,分别究革。其有学霸生员,书役门夫,行私惑诱者,一并究拟重治。"③

顺治十三年(1656)题准:"提学严考教官,除文行兼优,及文平而行无污亏者,分别应荐应留外,其文行俱劣者,开送抚按题参罢黜。"④即教官在期满考核,优者可得荐举升迁。

虽然满怀去留徘徊的矛盾,丁耀亢在赴任之始就为其教谕考核做着积极准备。在履行教职的同时,丁耀亢还为改变现状做了如下努力:

1. 捐俸赈济,以求举荐

顺治十一年(1654),上任三月后,适逢朝廷赈济水灾,"发内帑遣重臣巡行散赈,许各官量助"。丁耀亢捐出年俸,"奉部堂祝、梁二侍部特荐于朝"⑤。在陪祝、梁赈灾时,丁耀亢从其好友宋琬处得知二公善于知遇下吏,举荐后进,"风尘谁复

---

① (清)丁耀亢:《南北双调合套·青毡笑》,《家政须知》,《丁耀亢全集》下,第262—263页。
② (明)何乔远:《名山藏·典谟记》卷十一,《续修四库全书》史部第425册,济南:齐鲁书社,1995年版,第602页。
③ (清)素尔纳等:《学校规条》,《钦定学政全书》卷二,长春:吉林文史出版社,2002年版,第405页。
④ (清)素尔纳等:《学校规条》,《钦定学政全书》卷二,长春:吉林文史出版社,2002年版,第406页。
⑤ (清)丁耀亢:《甲午春畿南大饥捐俸纪事(并序)》,《椒丘诗》卷一,《丁耀亢全集》上,第241页。

念途穷,此日遭逢有上公""惭愧长安逢贺监,后车谁拟载扬雄"①。对于祝、梁二公的青睐,丁耀亢心怀感激:"微官司俎豆,有志喜遨游。宠膺上公召,枯草如新抽。"②"牛口无高士,龙门有荐书。人生知己贵,不待起穷庐""长鸣因顾盼,双泪落盐车"③。

丁耀亢对自己的捐俸多次向其上司提及:"落魄才名愧浪传,却从苜蓿仰高贤。因周贫士全捐俸,欲向明公横索钱。"④顺治十二年(1655),丁耀亢在京参加乡试执事,也曾向时任太宰的刘正宗提及此事,"容城生事尽,荒岁士民稀。无禄仍捐米,有官能采薇",希望好友能以此予以举荐,"贫贱终难达,羞沾国士恩"⑤。

2. 拜访故旧,以求援引

丁耀亢在容城期间,多次入京,与其京师好友相聚,以求援引。在与故旧的唱和诗中多倾诉自己处境的艰难,渴望好友能援以一臂之力。顺治十二年(1655)冬在给刘正宗的诗中说"最怜文酒追陪久,绝塞天涯岁已更。"⑥顺治十四年(1657)寄好友薛卫公农部说:"官微嫌日短,貌瘦苦腰强。忤俗应遭忌,闲曹可善藏。谋生无一计,沧海望津梁。"⑦是年,丁氏向都宪魏裔介、傅掌雷倾诉不遇苦恼:"欲去愁泥滓,短衣没至骭。枯鱼过河泣,神龙亦忧患。渔人望浮槎,徙倚凌霄汉。"⑧

3. 创作传奇,迎逢御命

丁耀亢的困境曾引起好友的同情,顺治十三年(1656)傅掌雷曾赋诗曰:"千云意气足千秋,笔底舌端海岳收。群到前堂回陆舫,谁令稷下滞椒丘。"⑨顺治十四年(1657)顺治皇帝欲命人谱写《杨椒山乐府》,傅掌雷举荐丁耀亢创作此剧。丁耀亢切实为此剧的创作倾注了大量的心血:"野鹤受书,屏居静室,整衣危坐,取公自著《年谱》,沉心肃诵,作十日思。时而濡毫迅洒,午夜呼灯;时而刿心断须,经旬阁笔。阅数月而兹编成。曰'蚺蛇胆',志实也;曰'表忠',飏美也。"但终因剧中《后疏》一折,借黄门口吻,指摘前代弊政、缙绅陋习,"过于贾生之流涕,有如长孺之直

---

① (清)丁耀亢:《往于宋荔裳闻祝司农好士今得遇于下吏志感》,《椒丘诗》卷一,《丁耀亢全集》上,第238页。
② (清)丁耀亢:《易州随赈陪上台宴集三首》,《椒丘诗》卷一,《丁耀亢全集》上,第240页。
③ (清)丁耀亢:《晚坐宋家亭子闻祝梁两侍郎有荐疏》,《椒丘诗》卷一,《丁耀亢全集》上,第251页。
④ (清)丁耀亢:《韩将军席上戏赠保属诸宰》,《椒丘诗》卷一,《丁耀亢全集》上,第245页。
⑤ (清)丁耀亢:《留别刘太宰》,《椒丘诗》卷一,《丁耀亢全集》上,第269页。
⑥ (清)丁耀亢:《暮冬上刘太宰》,《椒丘诗》卷一,《丁耀亢全集》上,第276页。
⑦ (清)丁耀亢:《寄薛卫公农部督仓德州》,《椒丘诗》卷二,《丁耀亢全集》上,第327页。
⑧ (清)丁耀亢:《阴雨叹寄显魏石生傅掌雷二都宪》,《椒丘诗》卷二,《丁耀亢全集》上,第339页。
⑨ (清)傅维鳞:《与野鹤共酌家酿》,《四思堂文集》卷八,《四库全书存目丛刊》集部第214册,济南:齐鲁书社,1997年版,第68页。

懑"①有失著书大臣体而没有呈进。顺治十五年（1658）江都吴绮（1619—1694）以谱《忠愍记》称旨，得宠于顺治帝，以杨继盛原官兵部主事改员外授之，时人以为荣耀难遇②。

顺治十六年（1659），丁耀亢教谕期满，以提学按临考核优等，其有弟子生员得中举人，且有捐俸赈济得以荐举等业绩，经吏部考核，授福建惠安县令。

第三节 惠安之行

顺治十六年（1659）七月丁耀亢经吏部考核，题补为惠安县令③。是年十一月，"奉檄而往"；顺治十七年（1660）四月寓居杭州，"决志抽簪。投劾不受，进退逡巡"④；顺治十七年八月中旬由杭州启程赴福建，十一月到达福建浦城，以病乞归，"风湿及肝脾，抽身悔不早"⑤，自求投劾，"止此三月，乃许放还"⑥；顺治十八年三月，"得复归来"⑦，共历时一年零七个月，完成了一次没有履职的县令赴任之旅。本节讨论两个问题：一是考察丁耀亢惠安之行的游踪；二是探究丁耀亢惠安县令辞职的缘由。

一、赴任惠安县令行踪

考察丁耀亢惠安之行，包括往、返两个时期，可分四个阶段。

---

① （清）郭棻：《〈新编杨椒山表忠蚺蛇胆〉弁言》，《丁耀亢全集》上，第914页。
② 《清史列传》卷七十一记载："吴绮……顺治十一年拔贡生，以荐授秘书院中书舍人。奉诏谱杨继盛乐府，迁兵部主事。"
    王钟翰点校：《吴绮传》，《清史列传》卷七十一，北京：中华书局，1987年版，第5775页。
③ 安双成：《顺康年间〈续金瓶梅〉作者丁耀亢受审案》，《历史档案》，2000年第2期，第29页。
④ （清）丁耀亢：《自述年谱以代挽歌》，《归山草》，《丁耀亢全集》上，第427页。
⑤ （清）丁耀亢：《舟中初度对雨自酌口占二十四韵》，《江干草》，《丁耀亢全集》上，第410页。
⑥ （清）丁耀亢：《自述年谱以代挽歌》，《归山草》，《丁耀亢全集》上，第427页。
    按：《吏部尚书伊图等为请将逾期不接任知县丁耀亢革职事题本》："顺治十七年十二月二十七日，吏部尚书降三级臣觉罗伊图等谨题，为知县借病长期不到任事。福建巡抚徐永祯为前事题，于顺治十七年九月二十四日具题，十一月二十四日奉旨：著吏部查议题报。钦此。钦遵。于十一月二十五日，抄出到部交司，宜复议奏。等因呈部。臣等议得，福建巡抚徐永祯疏内开，惠安知县丁耀亢早已抵浙，假借患病，并不到任。等语。查十六年七月间，经题补丁耀亢为惠安知县，其领凭内限定于十七年正月二十日到任。该员已逾限期半年多，尚未接任。因此之故，拟以照例革职。为此，具本题复。一俟臣部奉旨，务必遵照施行。臣等未敢擅便，谨题请旨。"
    安双成：《顺康年间〈续金瓶梅〉作者丁耀亢受审案》，《历史档案》，2000年第2期，第29页。
⑦ （清）丁耀亢：《自述年谱以代挽歌》，《归山草》，《丁耀亢全集》上，第427页。

（一）由诸城至姑苏

顺治十六年（1659）十一月初，丁耀亢变卖家产，奉檄赴任，"己亥十月，捧檄而往。空其家资，王事鞅掌"①。丁氏当时满怀喜悦与自豪，"万里怀人思赠荔，好乘双鲤下江东"②；与好友邱海石分别时热情邀其到惠安做客，"两地九仙山色在，相期同访武夷君"③。途经淮上逗留三日，好友薛卫公赠舟以送，到达扬州④。在扬州先后游览福缘庵、文昌楼、瓜洲、金山、郭璞墓⑤，由京口至常州⑥。由常州泊舟无锡登惠山汲泉访问老友黄心甫顾修远⑦。是夜乘船夜入苏州，抵达枫桥。在苏州游览虎丘及铁佛寺，与老友后人相聚⑧。顺治十七年（1660）元旦在虎丘铁佛庵旅祭其父，感慨"自怜白发依孺慕，渐觉形衰老不堪"⑨。正月二日与友人舟中饮酒达旦话别⑩。

（二）羁旅西湖

顺治十七年上元日（正月十五日）丁耀亢乘舟至西湖，在杭州滞留八个月，直至是年八月启程福建。"借宦消旅况，因湖暂作家"⑪，在此期间丁耀亢主要有三方面活动。

1. 游览西湖名胜

"西湖为唐、宋以来帝王都邑，一举目皆故迹"⑫，其地人文郁兴，繁盛风流。丁耀亢居杭期间先后游历孤山林和靖墓、昭庆寺、六一泉、岳武穆墓等，遂有"谁能同

---

① （清）丁耀亢：《自述年谱以代挽歌》，《归山草》，《丁耀亢全集》上，第427页。
② （清）丁耀亢：《奉答李渭清赠别四韵二首》，《江干草》，《丁耀亢全集》上，第359页。
③ （清）丁耀亢：《过别海石山房》，《江干草》，《丁耀亢全集》上，第358页。
④ （清）丁耀亢：《淮上薛卫公农部留饮三日》，《江干草》，《丁耀亢全集》上，第360页。
⑤ （清）丁耀亢：《邗上过福缘庵谢一足和尚见招》，《江干草》，《丁耀亢全集》上，第361页。
⑥ （清）丁耀亢：《常州访谢献庵别驾》，《江干草》，《丁耀亢全集》上，第363页。
按：丁耀亢离诸城赴任惠安时间记录有些模糊。《江干草》中《己亥仲冬日赴惠安过橡谷邱海石明府载酒候别留诗壁上奉答原韵》记载离家赴任时间为顺治十六年"仲冬至日"；"仲冬"，农历十一月，处冬季之中，故称。《书·尧典》："日短星昴，以正仲冬。""仲冬至日"当指十一月初。《归山草》中《自述年谱以代挽歌》中"己亥十月，捧檄而往"，离家赴任时间为"十月"；该诗作于康熙元年（1662）九月，时间距其赴任已过三年，故应以《江干草》中记载为准，即其离家赴任时间为顺治十六年十一月初。
⑦ （清）丁耀亢：《泊舟无锡登惠山汲泉访黄心甫顾修远》，《江干草》，《丁耀亢全集》上，第364页。
⑧ （清）丁耀亢：《故人陈古白长君孝宽过舟中同静香小集约刻古白遗诗》，《江干草》，《丁耀亢全集》上，第367页。
⑨ （清）丁耀亢：《元旦旅祭先柱史于虎丘铁佛庵中》，《江干草》，《丁耀亢全集》上，第367页。
⑩ （清）丁耀亢：《陈孝宽夜饮舟中达旦》，《江干草》，《丁耀亢全集》上，第368页。
⑪ （清）丁耀亢：《湖楼寓居》，《江干草》，《丁耀亢全集》上，第369页。
⑫ （清）全祖望撰，朱铸禹汇校集注：《厉太鸿〈湖船录〉序》，《鲒埼亭集外编》卷二十六，《全祖望集汇校集注》，上海：上海古籍出版社，2000年版，第1244页。

卜筑,此地可逃形"①之念。卜居期间,托口有疾在身,"谋官反失计,卧病已经旬"②,有归隐意,并在西湖寻踪丁令威旧迹③。丁耀亢一直以丁令威自许,对于这个故事应该耳熟心知,曾去寻踪。故此时已经于仕进心灰意冷,辞官之念已决:"京华如问泉州令,为赋归来寄所思""行藏不向时流说,唯有西泠明月知"④。

2. 结交新朋故旧

丁耀亢在杭州寓居时期,先后结遇了一批故旧新友。重访京师旧友官方山、宋琬、陆鹤田、容城秀才李晔蕃等,其间还亲往浙江东山访查继佐不遇⑤。

寓居杭州时丁耀亢与王仲昭、孙宇台、李渔等西湖名士交游,并以诗《王仲昭孙宇台章式九李笠翁载酒招游湖上陆鹤田移舟就饮》记其欢会场景:

> 于野同人集,平舟隐浪偏。壶觞移客席,炉茗上渔船。竹树烟初合,峰峦影欲连。寺通天竺路,桥接参寥泉。冉冉梅初放,青青草欲芊。岳坟石马古,林墓老松圆。放鹤亭空在,奸尸桧不全。水芹牵荡漾,湍鹭落联翩。柔舻声呷呀,清歌韵渺绵。两艘方并缆,促坐却同筵。令密多逃酒,输频转畏拳。东南推盛会,吴越足奇篇。竟作兰亭聚,居然竹里贤。西泠明月出,归棹似神仙。⑥

孙宇台,名治,号鉴庵,西山樵者,浙江仁和人,一说钱塘人。明诸生,尝与毛先舒游闻启祥之门,时人称"三俊";慷慨尚气,与陈廷会同为遗民高士之首,工诗文,名列"西泠十子",曾为李渔在杭州创作传奇五种作总序,著有《孙宇台集》《鉴庵集》等,与丁耀亢在西湖多次交游唱和。李渔(1611—1680),字笠鸿,号笠翁,初名仙侣,字谪仙,号天徒,明清之际著名文学家,时寓居杭州。丁氏与李渔交往不止一次,丘象随《西轩集》曾谓丁氏与丘象随、张惣、李渔同游西湖⑦。陆鹤田,名光旭,平

---

① (清)丁耀亢:《晚放舟净寺访孙宇台夜归同九如慎谋》,《江干草》,《丁耀亢全集》上,第369页。
② (清)丁耀亢:《昭庆寺逢陆鹤田内召还都》,《江干草》,《丁耀亢全集》上,第370页。
③ 《西湖志》载:"元至元间,道士徐洞阳改集庆堂为紫阳庵,其徒丁野鹤弃俗全真。一日,招其妻王守素入山,付偈抱膝而逝。守素奉其尸而漆之,端坐如生。萨天赐赠之诗曰:'不见辽东丁令威,旧游城郭昔人非。镜中人去青鸾老,华表山空白鹤归。'"
(清)章藻功:《思绮堂文集》卷三,《四库未收书辑刊》八辑,第24册,北京:北京出版社,2000年版,第169页。
④ (清)丁耀亢:《湖上送陆鹤田赴台召台员次韵答赠,甲午旧同人顺天闱中执事,鹤田为保定邑宰予教授容城二首》,《江干草》,《丁耀亢全集》上,第371页。
⑤ (清)丁耀亢:《访查伊璜于东山不遇》,《江干草》,《丁耀亢全集》上,第369页。
⑥ (清)丁耀亢:《王仲昭孙宇台章式九李笠翁载酒招游湖上陆鹤田移舟就饮》,《江干草》,《丁耀亢全集》上,第379页。
⑦ 张慧剑:《明清江苏文人年表》,上海:上海古籍出版社,1986年版,第674页。

湖人,顺治十二年陆氏为保定邑宰,丁氏为容城教谕,曾同入顺天闱中执事。

丁氏与山阴女名士王玉映有诗文唱和。王玉映,名端,映然子,浙江山阴人,王季重(思人)次女;适宛平贡士丁圣肇(睿子),偕隐青藤书屋,工诗画,长于史学①。顺治十七年王氏欲过寓访谒,丁耀亢婉拒之,以诗《山阴王玉映女史投诗为宗弟丁睿子元配诗以答之》记其事:

> 江海知名久,吾宗有孟光。流风推世谱,咏雪见文章。环佩来高士,诗文到老伧。愧予无鉴别,免拜德公床。②

后王氏以选诗《名媛诗纬》请丁耀亢为之序,丁氏对之赞赏有加:

> 海上仙人挽鹿车,五噫歌就出关初。黔娄偕隐称良友,班女工文续《汉书》。玉笈家乘超粉黛,青箱世业伴樵渔。又闻宫壶征闺范,不去翻来问索居。③

3. 创作《续金瓶梅》

羁旅杭州期间,丁耀亢完成长篇小说《续金瓶梅》,其中多涉及西湖故事,并在杭州付版雕刻。顺治十七年十二月由福建惠安返回苏州时嘱陈孝宽寄书版于虎丘铁佛庵。

> 江风吹雨过横塘,小圃春兰处处香。新市吹箎成独往,旧游吹笛兴难忘。枫桥月落同舟泊,瓜步梅残归梦长。珍重藏书岂无意,名山原近郑公乡。④

后由苏州虎丘乘船返诸城时,曾将书版随船偕行。顺治十八年(1661)春,陈孝宽将书版送至浒关随行。

> 又作湖干别,昨宵宿虎丘。江桥春草发,村浦晚樯收。离乱期难定,衰迟岁易流。东林书版在,相对慰穷愁!⑤

(三) 游历闽地

顺治十七年八月中旬,丁耀亢由江干买舟同惠安秀才陈宪台一同入闽。丁氏

---

① 翁尝抚而语之曰:"身有八男,不及一女!"顺治中欲延入纬中教诸王妃,力辞之。有《吟红》《留箧》《恒心》诸集,曾辑《名媛文纬》《名媛诗纬》《史愚》等。
单珩:《李渔交游考》,《李渔全集》卷十九,杭州:浙江古籍出版社,1992年版,第189页。
② (清)丁耀亢:《山阴王玉映女史投诗为宗弟丁睿子元配诗以答之》,《江干草》,《丁耀亢全集》上,第380页。
③ (清)丁耀亢:《再答山阴王玉映并宗弟睿子(时选诗纬来求序)》,《江干草》,《丁耀亢全集》上,第381页。
④ (清)丁耀亢:《姑苏别陈孝宽曾淡公郑三山时寄书版虎丘铁佛房》,《江干草》,《丁耀亢全集》上,第404页。
⑤ (清)丁耀亢:《陈孝宽送至浒关以书板托行》,《江干草》,《丁耀亢全集》上,第406页。

入闽并非是为赴任，而是游览闽地名胜，特别是武夷山，"力疾忧王命，辞官复远游"①。经兰溪县抵达江山县，游历清湖镇度岭、江郎山、五显庙等地。是年十一月初到达浦城，浦城县令刘震生留饮并劝其任职，"笑我辞官劝不回，八千岭海向人哀。岂缘高蹈甘长往，自负清时愧散材"②。游浦城南浦桥、绿波亭、梦笔山，因有诗文声与浦城诸文友集所寓西竺寺数日③。是年十一月初旬前往游武夷山，由黄嶅岭入崇安县，先后游历武夷山之幔亭峰、汉祀亭、万年宫、玉皇阁、大王峰、玉女峰、大藏峰、天游观、森天阁、朱文公书院。冬至日由武夷山再回浦城，等候罢免，以诗《久客浦城上台屡檄不放夜坐达旦》记其悲苦之情：

  山城风雨夜寒侵，欹枕灯残耐苦吟。故国青山万里梦，老亲白发五更心。
  微官求劾身仍系，薄俗依人病转深。自拥孤衾愁达旦，卧听僮仆有哀音。④

顺治十七年十二月二十七日以"假借患病，并不到任"，"该员已逾限期半年多，尚未接任。因此之故，拟以照例革职"。顺治十八年（1661）正月题参后准予放归北还。丁耀亢以诗《题参后放归北还，唐祖命、崔涛山、吴子文、陈止庵、潘僧雪、林宣子、翁寿如、僧秀初偕诸友作〈南浦图诗〉饯别绿波亭》记其如释重负之情：

  腊残云散北风寒，归去浑忘行路难。多病得休如放赦，衰年高卧胜加餐。
  诗成送客江波绿，酒尽临岐枫叶丹。此地别君南浦远，不堪频向画图看。⑤

纵观丁耀亢赴任游踪，其抵达福建浦城后，并未到惠安，以消极之举，俟朝廷将其罢免，故其惠安之行是一次没有赴任之行，只是一次"借宦消旅况"的南游。

（四）辞官北归

  参劾后，顺治十八年正月丁耀亢由浦城抵达杭州，稍作停留，归心似箭，"山阴今兴尽，何日式吾庐？"⑥同时旅资甚拙，只能卖书就道，"虞卿自卖穷愁赋，谁赠扬州十万钱？"⑦由杭州返苏州逗留数日，办理《续金瓶梅》书版事宜。先是将书版寄存虎丘铁佛庵，后由陈孝宽将之送至浒关随行，心中甚是宽慰，"离乱期难定，衰迟

---

① （清）丁耀亢：《自江干买舟从陈宪台诸子入闽二首》，《江干草》，《丁耀亢全集》上，第384页。
② （清）丁耀亢：《次浦城谢邑宰刘震生留饮》，《江干草》，《丁耀亢全集》上，第388页。
③ （清）丁耀亢：《闽中许有介先以予诗传之浦城，故止浦城数日，吴子文陈止庵林宣子诸友毕集寓西竺寺》，《江干草》，《丁耀亢全集》上，《江干草》，第389页。
④ （清）丁耀亢：《久客浦城上台屡檄不放夜坐达旦》，《江干草》，《丁耀亢全集》上，第401页。
⑤ （清）丁耀亢：《题参后放归北还，唐祖命、崔涛山、吴子文、陈止庵、潘僧雪、林宣子、翁寿如、僧秀初偕诸友作〈南浦图诗〉饯别绿波亭》，《江干草》，《丁耀亢全集》上，第402页。
⑥ （清）丁耀亢：《抵武林寄宋荔裳兵宪言别》，《江干草》，《丁耀亢全集》上，第402页。
⑦ （清）丁耀亢：《岁穷行李将尽鬻书就道》，《江干草》，《丁耀亢全集》上，第403页。

岁易流。东林书版在,相对慰穷愁!"①

经浒墅关,在権使李继白②署中见王士禛《玄墓看梅诗》,赋诗曰"我欲题诗到官阁,扬州鹤瘦少腰缠",有扬州相访之意③。过嘉禾访曹溶于其倦圃别业,与文可上人赋诗留饮。

由京口渡船经金山到达扬州,扬州司理王士禛留饮唱和。丁耀亢以"今来遇何逊,梅花正芬芳。把酒咏陶谢,高歌入白云",对王氏的盛情款待三致谢意。王士禛极尽地主之谊,为丁耀亢赋诗《题丁野鹤陶公归来图卷》《归鹤诗为紫阳道人野鹤赋》《仙山石室歌丁野鹤索赋》。

由淮上经清江浦渡黄河至王家营,顺治十八年(1661)三月抵家,"三月十六,集于故山。宗族兄弟,既和且欢。归见老母,喜为加餐"④。

二、丁耀亢辞官原因探究

顺治十六年七月,丁耀亢游食京师五载,旗塾教习后得授容城教谕,五年教谕后得以荐举授惠安县令。作为拔贡出身,丁耀亢对能除授知县一职还是很满意的,曾对自己的仕途充满信心;但在赴任途中却发生转变,心生辞官之念,故意迟延逾期,革职放归。丁耀亢辞官,主要有三个方面的原因:一是时局动荡,闽地战氛方炽;二是年衰身疾,念土怀乡;三是县令禄薄祸重,名心渐冷。

(一) 时局动荡,闽地战氛方炽

顺治十六年四月,郑成功约张煌言率兵水陆北上,势如破竹,震动朝野。虽然清军最终击溃郑成功,但时局动荡,东南战火绵延,正如清江南总督郎廷佐顺治十六年九月二十一日偈帖所奏:

> 不意海氛狂逞,自五月初旬即寇崇明,旋入京口;至六月中旬陷瓜洲,破镇江、仪征、六合、江浦,沿江一带四散蹂躏。直逼省城,又分侵上游,以致宁、太、池三三郡属邑,并和、含等州相继失守……以五、六、七月之间,在江北而

---

① (清)丁耀亢:《陈孝宽送至浒关以书版托行》,《江干草》,《丁耀亢全集》上,第406页。
② 李继白,字梦沙,临漳人。汪琬《江南游草序》:"临章李使君梦沙,権关浒墅,既用,厘奸剔蠹,著声吴中;而又以政事之余闲,数偕四方之贤士大夫,肆情山水,一觞一咏,若欲骚人寓公争其幽深秀润,可喜之观者。"
(清)汪琬:《江南游草序》,《钝翁前后类稿》卷二十九,《四库全书存目丛书》集部第227册,济南:齐鲁书社,1997年版。
③ (清)丁耀亢:《梦沙署中见王贻上玄墓看梅诗忆旧游三十年矣》,《江干草》,《丁耀亢全集》上,第405页。
④ (清)丁耀亢:《自述午谱以代挽歌》,《归山草》,《丁耀亢全集》上,第427页。

论,如瓜、仪、天长、六合、江浦、滁、和、含山被陷矣,而淮、扬等郡震邻滋蔓也。在江南而论,如丹徒、高淳、溧水、建平残破矣,而上元、江宁、溧阳、丹阳等处界连荼毒也……室庐货物被其烧毁,子女玉帛被其掳掠,田地禾陷被其蹂躏。①

可见郑成功北伐对当时江南江北影响甚重。顺治十六年十一月丁耀亢到瓜洲时,仍是一片兵戎严戒景象:"寇退兵犹驻,楼船护海门。"②京口等地多是战后狼藉:"战伐何时定,江流路欲迷。人烟稀市肆,虎迹印荒泥。"③昔日繁华富庶的苏州也满目疮痍,"腊残小市无鱼米,乱后名城有甲兵"④。

丁耀亢将要前去赴任的惠安县,在福建省南部。据《清史稿·地理志》载,清时惠安县隶属泉州府,"东际海"⑤,南与同安县厦门相去不远,而当时厦门为郑成功所据。顺治十六年九月,郑成功兵败南归,清政府"授达素安南将军,同固山额真索浑、巴牙喇纛章京赖塔等率师赴援,至则成功已败走,移师赴福建",战争一直持续到顺治十八年⑥。丁耀亢入福建时目睹战争造成生灵涂炭,民不聊生:

自从闽粤苦交兵,戎马平行山树秃。剧盗登峰搜富民,军令造船伐大木。邑人避难十万家,劫火焚林死沟渎。前代樟楠砍作薪,琳宫梁栋摧为烛。笋干茶茗贡上官,运豆征粮及樵牧。猿惊鹤怨真宰愁,水浊云腥山鬼哭。安知福地少安闲,转使黄冠走麋鹿。⑦

惠安东面临海,顺治十二年(1655)六月,清政府下令"严禁沿海省份,无需片帆入海,违者置重典",实施迁界令。迁界令造成福建沿海百姓流离失所,苦不堪言:

海滨迁民,初时带有银米及辎重,变卖尚可支持;日久囊空,既苦糊口无资,又苦栖身无处,流离困迫……谋生无策,丐食无门,买身无所,展转待毙,惨不忍言。⑧

刘桢(1608—1690),拔贡出身,官至贵州黎平知府,后任镇江知府。当时目睹迁海现状,丹徒百姓迁界时云:"丹徒各沙洲俱在大江中,四面皆水,不能代为宽减。目

---

① "中央研究院"历史语言研究所:《明清史料甲编》,台北:"中央研究院"历史语言研究所,1987年版,第457页。
② (清)丁耀亢:《瓜洲候潮》,《江干草》,《丁耀亢全集》上,第362页。
③ (清)丁耀亢:《京口江行五首》(其三),《江干草》,《丁耀亢全集》上,第363页。
④ (清)丁耀亢:《夜入姑苏晓达枫桥》,《江干草》,《丁耀亢全集》上,第364页。
⑤ 赵尔巽等:《地理志十七·福建》,《清史稿》卷七十,北京:中华书局,1977年版,第2259页。
⑥ 赵尔巽等:《达素传》,《清史稿》卷二百四十二,北京:中华书局,1977年版,第9581页。
⑦ (清)丁耀亢:《武夷行》,《江干草》,《丁耀亢全集》上,第399页。
⑧ (清)陈鸿、(清)陈邦贤:《清初蒲变小乘》,北京:中华书局,1980年版,第81页。

睹其播迁流离,与百姓痛哭七八日夜,即欲辞职归里。"①顺治十六年十一月清兵入闽围剿厦门,"官以兵至,预征后三年粮""兵所至,辄砌火麻,起马场,作凉亭,又用打银、裁衣、木工、泥水诸色匠人,及杉石砖瓦,皆呼唤地方官取办。官悉取之民间。司道府县奔命如走卒,至有巡抚至,其厮卒据床与之说话,亦驻马听之"②。顺治十六年(1659)刘桢在广东潮州任通判,初受海盗侵扰,亦受藩镇兵士之辱,"此年在潮,被平南、靖南两藩下镇潮兵丁欺侮凌辱,被人恐吓。此你年内之忧劳气怒,无所不至"。

食君之禄者,死君之事,经历过明清易代战乱之苦的丁耀亢深知乱世"破家县令,杀身刺史"的危害,况且闽地此时"烽火乱鲸鲵,楼船冲浩淼"③。顺治十八年刘桢知府镇江时曾为避祸几于辞职:"又加以从前己亥年,海寇破镇江时,从逆之绅衿家口,今皆起解入旗而儿啼女号,闻之伤心。本年年终大计,我于九月间即向同宗府堂及刑厅,求于计册内作才力不及,回家事已成。以春入,方知仕途诸相知及本厅书役,无不嗟怨。"④为身家计,丁耀亢自是以辞职避祸为上。

(二) 年衰身疾,念土怀亲

丁耀亢迁延赴职,以求辞官的借口是身有痼疾,"风湿及肝脾,抽身悔不早"⑤"衰病日增,宦情焉强"⑥。最终罢免放归,"福建巡抚徐永祯题疏内开,惠安知县丁耀亢早已抵浙,假借患病,并不到任"⑦。乾隆《诸城县志》卷三六云:"后为容城教谕,迁惠安知县,以母老不赴。"丁氏虽以年衰身疾作辞职托词,但其身有疾患,念土怀乡,"堂上辞老亲,啮指痛未了"⑧,确实是其心生辞官之念的一个重要原因。

荐选县令对一直孜孜功名的丁耀亢来说是巨大的安慰,但惠安距诸城有千里之遥,"闽海万里,霞岭千重"⑨,年届六十的丁耀亢对此也曾犹豫,"孤踪汗漫人将老,异域浮沉岁又过"⑩"白头仍不返,鼓枻何复言"⑪。辞家时对老友幽居林下的归

---

① (清)刘桢撰,李振宏标点:《刘桢年谱》,《史学月刊》,2001年第3期,第113页。
② (清)海外散人:《榕城记闻》,北京:中华书局,1980年版,第13页。
③ (清)丁耀亢:《舟中初度对雨自酌口占二十四韵》,《江干草》,《丁耀亢全集》上,第410页。
④ (清)刘桢撰,李振宏标点:《刘桢年谱》,《史学月刊》,2001年第3期,第113页。
⑤ (清)丁耀亢:《舟中初度对雨自酌口占二十四韵》,《江干草》,《丁耀亢全集》上,第410页。
⑥ (清)丁耀亢:《自述年谱以代挽歌》,《归山草》,《丁耀亢全集》上,第427页。
⑦ 安双成:《顺康年间〈续金瓶梅〉作者丁耀亢受审案》,《历史档案》,2000年第2期,第29页。
⑧ (清)丁耀亢:《舟中初度对雨自酌口占二十四韵》,《江干草》,《丁耀亢全集》上,第410页。
⑨ (清)丁耀亢:《自述年谱以代挽歌》,《江干草》,《丁耀亢全集》上,第427页。
⑩ (清)丁耀亢:《奉答李渭清赠别四韵二首》,《江干草》,《丁耀亢全集》上,第358页。
⑪ (清)丁耀亢:《过海州望云台旧居二首》,《江干草》,《丁耀亢全集》上,第359页。

隐生活甚是艳羡,"羡君高卧千峰紫,下视关门小吏迎"①。

目睹南方战乱,丁耀亢对自己年衰赴任产生了动摇,"横海楼船晴渡马,隔江渔火夜无灯。临风酹酒怜衰老,天半朱栏未可凭"②。顺治十七年(1660)元旦,丁耀亢在苏州铁佛庵旅祭其父时,深感"自怜白发依孺慕,渐觉形衰老不堪"③。顺治十七年春,丁耀亢在杭州时已经身有小疾,"谋官翻失计,卧病已经旬"④,而且眼疾在此期间比较严重,"堪伴云栖随老衲,双瞳待拨有金针"⑤。此后,丁耀亢晚年备受眼疾之困,"经年眼病悲春色,久客伤心怯路埃"⑥"永日如长夜,茫茫昧所终"⑦。晚年将其诗集命名为《听山亭草》,即有眼不能视,只能以耳听之的用意,"闭目观山不见山,松生泉韵两珊珊"⑧。因备受眼疾折磨,甚至有时梦中得上帝眼药复明,康熙六年(1667)"三月十九日午梦谒上帝,眼疾顿愈,光明如常,得一书有治眼方,当用红白凤仙花,捣汁点之。予异其梦,记之以诗,以为后验"⑨。

正是身衰疾患,才使丁耀亢念土怀乡之心日切,名利之心渐冷,遂生托病辞官之念,"梦游闽海官无路,病卧苏桥日有诗"⑩。

(三) 禄微祸重,名心渐冷

传统齐地文化注重事功物利,即有强烈的功利观念。这与鲁文化重视义理、道德的伦理型文化形成鲜明的对照⑪。

丁耀亢深受齐文化影响,其名利之心是非常强烈的。科举是与功名联系在一起的。因此,"自有科举制度以后,中国便产生了一个功名社会"⑫。顺治十二年(1655),丁耀亢时任容城教谕,选入顺天府乡试执事,感慨自己的科举之路:

> 二十四年月,棘闱梦已孤。桂林谁捷足,天窟半穿窬。墨海云生灭,玄霜

---

① (清)丁耀亢:《己亥仲冬日赴惠安过橡谷邱海石明府载酒候别留诗壁上奉答原韵》,《江干草》,《丁耀亢全集》上,第358页。
② (清)丁耀亢:《过金山不及登》,《江干草》,《丁耀亢全集》上,第363页。
③ (清)丁耀亢:《元旦旅祭先柱史于虎丘铁佛庵中》,《江干草》,《丁耀亢全集》上,第367页。
④ (清)丁耀亢:《昭庆司逢陆鹤田内召还都》,《江干草》,《丁耀亢全集》上,第370页。
⑤ (清)丁耀亢:《松陵皇甫尧臣寄归鹤诗次孝宽韵答之》,《江干草》,《丁耀亢全集》上,第375页。
⑥ (清)丁耀亢:《大风卧病》,《归山草》,《丁耀亢全集》上,第437页。
⑦ (清)丁耀亢:《眼病》,《归山草》,《丁耀亢全集》上,第499页。
⑧ (清)丁耀亢:《闭目观山》,《听山亭草》,《丁耀亢全集》上,第512页。
⑨ (清)丁耀亢:《三月十九日午梦谒上帝,眼疾顿愈,光明如常,得一书有治眼方,当用红白凤仙花,捣汁点之。予异其梦,记之以诗,以为后验》,《听山亭草》,《丁耀亢全集》上,第521页。
⑩ (清)丁耀亢:《湖上送陆鹤田赴召台员次韵答赠,甲午旧同人顺天闱中执事,鹤田为保定邑宰予教授容城二首》,《江干草》,《丁耀亢全集》上,第371页。
⑪ 王志民:《齐文化论稿》,济南:山东大学出版社,1995年版,第20页。
⑫ 杨国强:《晚清的士人与世相》,北京:生活·读书·新知三联书店,2008年版,第1页。

药有无。阴晴推不定，怀抱自冰壶。"①

丁氏自注："自甲子至辛卯入闱八次。"甲子为明天启四年（1624），时丁氏25岁；辛卯为清顺治八年（1651），时丁氏年届52岁。丁耀亢八次参见乡试，耗尽其一生精力，但一直未能中举，这种打击和羞辱对丁耀亢来说是刻骨铭心的。明崇祯六年（1633）仲冬，一家人为赴京会试的弟弟饯行，时丁耀亢落第，兄弟情形霄壤："兄虽落魄归，弟是春明客。炎凉人气殊，骨肉本无隔""见余惨不欢，颜色多局踏"②。顺治九年（1652）其友人朱寿朋初登进士即病殁京师，丁耀亢对其为功名而献身深表敬意，"丈夫贵成名，生死复何殊"，认为大丈夫重在功名而非寿命长短，"久暂同一轨，委蜕还虚无"③。

这种崇尚功名的观念在同受齐文化浸润的莱阳人宋琬身上表现尤甚。宋琬在其价值观中将事功放在首位。在其为好友王崇简诗序《王敬哉诗序》中就有如此表述：

> 嗟乎，士生百年之内，其所为成大名、显当世者，岁月政无几耳。是故上之则遭遇隆盛，副明天子任使，珥笔承华，直庐禁御，侍柏梁之雅宴，追飞盖于西园，诗歌存诸郊庙，制作谱于笙镛，昔贤所叹，良为盛轨。其次则握节边陲，悬旌陇戍，骖都护之军，赞嫖姚之幕，水弱山高，日荒烟紫，磨墨盾梁，吮毫马首，览沙碛之悠缅，纪川原之要害，意气之盛，可谓壮哉！④

作为士子当是以"珥笔承华""诗歌存诸郊庙"的扬名立功为人生的第一追求。教谕容城时，丁耀亢捐年俸求得举荐，对上司的召见受宠若惊，"宠膺上公召，枯草如新抽"⑤。

丁耀亢在赴任之初对自己担任惠安知县充满向往，"自携斗笠泛孤蓬，南国遥寻宗悫风。白发人移青海外，丹宫香满玉壶中"⑥。对在家的儿孙谆谆叮嘱"出门未定返山期，子舍松楸望转移"；对自己的南行赴任颇有信心，"再趋蚁梦南柯远，

---

① （清）丁耀亢：《中秋同诸公宴集贡院》，《椒丘诗》卷二，《丁耀亢全集》上，第263页。
② （清）丁耀亢：《癸酉仲冬送九弟会试》，《天史·问天亭放言》，第232页。
③ （清）丁耀亢：《友人朱寿朋初登进士即殁京师挽之四章》（其一），《陆舫诗草》卷四，《丁耀亢全集》上，第165页。
④ （清）宋琬著，马祖熙标校：《安雅堂未刻稿·王敬哉诗序》，《安雅堂全集》卷十三，上海：上海古籍出版社，2007年版，第570—571页。
⑤ （清）丁耀亢：《易州随赈陪上台宴集三首》（其二），《椒丘诗》卷一，《丁耀亢全集》上，第240页。
⑥ （清）丁耀亢：《奉答李渭清赠别四韵二首》，《江干草》，《丁耀亢全集》上，第358页。

欲问鹏程北海迟"①。

在目睹南方战乱后,丁耀亢途经西湖时思想发生转变,对自己求得功名重振家业感到无望,"南国方戎马,西湖自钓缗"②。

顾炎武曾对当世名利关系做过深刻剖析:

> 古人求没世之名,今人求当世之名。吾自幼及老,见人所以求当世之名者,无非为利也。名之所在,则利归之。故求之唯恐不及也。苟不求利,亦何慕名?③

顺治十三年(1656)二月刘桢选广东潮州通判,此时潮州常有海寇来往掳掠。刘桢家境贫寒,揭债赴任。八月二十七日赴任时"主仆九人,马驴九头,只有资斧四十两,若非有许州之相知汪公及代为周旋,之肇、升寇二兄得银四十两,又有云梦县正堂吴亲家送赆并牲口价值共得银二百三十两,则不能赴任"。到任后依然甚贫,"在潮衣食亦不能供给,焦愁之甚""此年任中,乏资困窘之甚"④。

在物质追求上,齐人更注重一种实在的、直接的利益。《管子·牧民》云:"仓廪实则知礼节,衣食足则知荣辱。"这种视物质高于精神生活的观念无疑在丁耀亢的内心深处根深蒂固。"微禄不自庇,迷途苦多忧"⑤,正是因为惠安县令不仅位卑名微,而且禄薄祸重,所以丁耀亢的赴任之念顿消。

在羁留西湖期间,其辞官之念经历了一个由模糊到逐渐坚定的过程。先是寓居湖楼,借以养病,"行藏不向时流说,唯有西泠明月知"⑥。在送好友陆鹤田赴京时,表露"京华如问泉州令,为赋归来寄所思"⑦,辞官之意渐露。顺治十七年七月间,在寄张缙彦诗中已明言辞官之意:"我已投簪回北海,君今分节卧南陵""愿向考功分半谤,辞官特简长西湖"⑧。在杭州与同乡邱长年亦说"官因僻地先投檄,田

---

① (清)丁耀亢:《出门示二子》,《江干草》,《丁耀亢全集》上,第359页。
② (清)丁耀亢:《昭庆寺逢陆鹤田内召还都》,《江干草》,《丁耀亢全集》上,第370页。
③ (清)顾炎武著,(清)黄汝成集释:《予一以贯之》,《日知录集释》卷七,上海:上海古籍出版社,1985年版,第550—551页。
④ (清)刘桢撰,李振宏标点:《刘桢年谱》,《史学月刊》,2001年第3期,第112页。
⑤ (清)丁耀亢:《拟陶〈归来辞〉和陈瓠庵赠韵五首》,《江干草》,《丁耀亢全集》上,第371页。
⑥ (清)丁耀亢:《湖上送陆鹤田赴召台员次韵答赠,甲午旧同人顺天闱中执事,鹤田为保定邑宰予教授容城二首》,《江干草》,《丁耀亢全集》上,第371页。
⑦ (清)丁耀亢:《湖上送陆鹤田赴召台员次韵答赠,甲午旧同人顺天闱中执事,鹤田为保定邑宰予教授容城二首》,《江干草》,《丁耀亢全集》上,第371页。
⑧ (清)丁耀亢:《闻张司空左迁徽宁兵宪以诗寄之二首》,《江干草》,《丁耀亢全集》上,第377页。

不逢年久废耘"①。是年八月十四日与闽地士子聚会时大家已知其"吏隐求投劾"，惠安人张子干劝其赴任，"劝驾怜吾病，辞官惜尔违"②。入闽地后，辞官之心益加坚定："自怜彭泽思归切，万里辞官向惠安"③"笑我辞官劝不回，八千岭海向人哀"④。在经历了艰难的等待之后，"微官求劾身仍系，薄俗依人病转深"⑤，丁耀亢如愿罢职放归，"多病得休如放赦，衰年高卧胜加餐"⑥"经岁得斥逐，开笼放飞鸟"⑦。

虽然因避祸保身而辞官放归，但未有履职的惠安县令之行，对于一生矻矻以求功名的丁耀亢来说，也是一次心理的补偿和慰藉。

---

① （清）丁耀亢：《武林逢同邑邱长年》，《江干草》，《丁耀亢全集》上，第377页。
② （清）丁耀亢：《张子干陈畴范会稽返过别》，《江干草》，《丁耀亢全集》上，第379页。
③ （清）丁耀亢：《清湖店壁见胶西王大行自闽回朝诗因次韵》，《江干草》，《丁耀亢全集》上，第386页。
④ （清）丁耀亢：《次浦城谢邑宰刘震生留饮》，《江干草》，《丁耀亢全集》上，第388页。
⑤ （清）丁耀亢：《久客浦城上台屡檄不放夜坐达旦》，《江干草》，《丁耀亢全集》上，第401页。
⑥ （清）丁耀亢：《题参后放归北还，唐祖命、崔涛山、吴子文、陈止庵、潘僧雪、林宣子、翁寿如、僧秀初偕诸友作〈南浦图诗〉饯别绿波亭》，《江干草》，《丁耀亢全集》上，第402页。
⑦ （清）丁耀亢：《舟中初度对雨自酌口占二十四韵》，《江干草》，《丁耀亢全集》上，第410页。

第四章

丁耀亢诗歌研究

第一节 丁耀亢诗歌创作思想

丁耀亢一生笔耕不辍,尤其倾力于诗歌创作。清人李澄中曾说:"先生(丁耀亢,笔者注)负盛名,中奇祸,走吴越、燕闽、大梁之区,与海内胜流切磨。晚以病盲其目,而謦欬之思,佗傺盘郁之气,横溢于中而不可抑。故官可弃,请室可下,目亦可以盲,而独不能一日去诸怀者,诗也。"①丁耀亢现存诗有《问天亭放言》一卷、《逍遥游》二卷、《陆舫诗草》五卷、《椒丘诗》二卷、《江干草》《归山草》《听山亭草》各一卷,共十三卷,约2700首。丁耀亢诗歌大多创作于清顺治五年入京求仕至其去世前夕,其诗作在当时已有影响。康熙《青州府志》卷一八记载:"公之诗俊发雄杰,成一家言。"康熙《诸城县志》卷七载:"公之诗刻苦雄杰,不寄人篱下,自成一家言。"②乾隆《诸城县志》卷三六亦载:"其诗蹈厉风发,开一邑风雅之始。"③

丁耀亢一生穷其毕生之力,积极进行诗歌创作,同时也将诗歌作为自己生命中最为重要的文体实践对象,但丁耀亢自己并未提出系统而明确的诗歌创作理论,从丁氏现存的诗集来看,其诗歌思想大致有如下特点。

一、以诗补史的诗教理念

明崇祯五年(1632),丁耀亢历经二年,遍览史书,撷取其中有关因果报应的事例,汇为十案,结集为《天史》。在《天史》后附有《集古》,即取之古诗中,"歌谣以助

---

① (清)李澄中:《江干草序》,(清)丁耀亢:《丁耀亢全集》上,第354页。
② 赵景深、张增元:《方志著录元明清曲家传略》,北京:中华书局,1987年版,第194页。
③ 赵景深、张增元:《方志著录元明清曲家传略》,北京:中华书局,1987年版,第195页。

戒,纪罪而不纪功,言祸而不言福"①。其在《集古序》中说:

> 史何为言诗也? 言乎诗之通乎史也。《诗》亡后而《春秋》作,三百篇固善言诗哉! 故尼父、丘明正论之乱章,每征诸歌谣,盖道有言此以起彼者,要不外疏通善气云耳。此诗有益于史也。吾欲人之不忘弦韦,故集《歌铭》;吾欲人之无负造物,故集《感遇》;吾欲人之为善恐不及,去恶之恐不尽也,故集《惜时》;吾欲人之回头顾影,转眼成尘也,故集《悲往》;吾欲人之忘物情,平世境,履险如夷,处穷二不陨,故集《幽愤》;吾欲人之万派千流,还源返本,故集《知命》;吾欲人之脱却纠缠,终归自在,云破月来,水落石出,故终之以《乐天》。夫古人之诗,不必如是观。以我之史,因而观诗,则我之史亦堪有诗,而诗固善注史也。故作《集古》。②

其《集古》中集取古诗 201 首,分"歌铭""感遇""惜时""悲往""幽愤""知命""乐天"七个部分;每首诗后有作者的简要评述,以点明自己的观点和看法。以诗补史,借以阐明诗教是其集古的目的。

孔子删定《诗经》,强调诗之"兴、观、群、怨"的社会功能,最终的目的是"事父""事君"的名教效果。故《毛诗序》云:"王道衰,礼义废,政教失,国异政,家殊俗,而变风、变雅作矣。"③这种思想在《淮南子·氾论训》得到进一步阐发:

> 王道缺而《诗》作,周室废、礼义坏而《春秋》作。《诗》《春秋》,学之美者也,皆衰世之造也,儒者循之以教导于世,岂若三代之盛哉! 以《诗》《春秋》为古之道而贵之,又有未作《诗》《春秋》之时。夫道其缺也,不若道其全也。④

"变风、变雅"就是改变常调讽刺时政的风、雅,就是变征之音的风、雅,就是衰乱之世的风诗(各地的诗)和雅诗(周王畿的诗)。如韩经太所说:"'变风变雅'乃'诗史'大传统的精神所在"⑤,"'诗史'传统,始终关系到治乱兴亡的大课题"⑥。丁耀亢《集古》的目的是学习古人诗歌中的诗教思想,加强自身的修养,重在"修身",为

---

① (清)丁耀亢:《天史自序》,《丁耀亢全集》下,第 10 页。
② (清)丁耀亢:《集古序》,《天史》,《丁耀亢全集》下,第 149 页。
③ (汉)毛公传,(汉)郑玄笺,(唐)孔颖达等正义:《毛诗序》,《毛诗正义》卷一,(清)阮元校刻《十三经注疏》,北京:中华书局,1980 年版,第 271 页。
④ (汉)刘安撰,(汉)高诱注:《氾论训》,《淮南子》卷十三,长春:吉林出版集团有限责任公司,2005 年版,第 151 页。
⑤ 韩经太:《诗学美论与诗词美境》,北京:北京语言文化大学出版社,2000 年版,第 131 页。
⑥ 韩经太:《诗学美论与诗词美境》,北京:北京语言文化大学出版社,2000 年版,第 128 页。

将来的"治平"奠定基础。

丁耀亢诗集中的作品是以时间的先后系年,读其诗便可以梳理其生活阅历和思想变迁。特别是明崇祯五年后,其诗歌中记录自己的所见所历所感,举凡小到剃发揽镜,大到明清易代的军国大事,皆可从其诗集中找到相关的记录和叙述。《四库全书总目提要》云:

> 《丁野鹤诗钞》十卷……是集凡分五种:曰《椒邱集》二卷,起甲午,终戊戌,官容城教谕时所作;曰《陆舫诗草》五卷,起戊子,终癸巳,皆其入都以后所作;曰《江干草》一卷,起己亥,终庚子;曰《归山草》一卷,起壬寅,终丙午;曰《听山亭草》一卷,起丁未,止己酉。自《陆舫诗草》以前,耀亢所自刻;《江干草》以下,皆其子慎行所续刻也。①

邓之诚《清诗纪事初编》认为丁耀亢诗"集中纪事诸篇,颇可参证时事"②,即指其诗具有强烈的史诗意识,可以之补史。

因此,其友人日干谦在《逍遥游叙》中说:

> 盖江海不忘其君,屺岵不忘其亲,离别生死不忘其友。野鹤之诗,一野鹤之人、之史也。岂与夫陶情花露,镂句冰云,与龙门、竟陵争一席,以自愉快者哉!当吾世,见野鹤之人而知其诗,千百世之下,读野鹤之诗而见其人。虽千古逍遥可也。③

"野鹤之诗,一野鹤之人、之史也",正是丁耀亢诗歌创作的理念实践的真实体现。

> 我行大化迁,所历厌机巧。奔走二十年,齿朽发已皓。雁乱自壬午,家国兵燹扰。附舶下东洋,移家入海岛。甲申天地崩,南奔何草草。监理淮海军,微官实自保。汉火须臾灭,前身不足道。戊子入燕都,再历春官考。甲午迁容庠,毡帷冷芹藻。五载推闽令,万里海波淼。烽火乱鲸鲵,楼船冲浩淼。堂上辞老亲,啮指痛未了。甲子六十三,倏忽成衰老。鞭挞黎庶悲,迫促租庸少。风湿及肝脾,抽身悔不早。税驾止江干,求劾赴岭表。经年得斥逐,开笯妨飞鸟。去年进寿觞,宾客笙歌绕。今年进寿觞,风雨一舟小。儿女倚帆樯,跪拜纷潦倒。高堂正倚闾,老妻亦悬眺。安知滞维扬,兀坐自懊恼。长言代

---

① (清)纪昀等:《丁野鹤诗钞》,《钦定四库全书总目》卷一百八十二,北京:中华书局,1997年版,第2546页。
② 邓之诚:《丁耀亢》,《清诗纪事初编》卷六,上海:上海古籍出版社,1984年版,第682页。
③ (清)日乾谦:《逍遥游叙》,(清)丁耀亢《丁耀亢全集》上,第633页。

纪年,任运答苍昊。①

此诗写于顺治十八年二月,丁耀亢由福建辞惠安县令之职归途中在舟中过生日,回顾自己由明崇祯十五年到清顺治十八年近二十年的人生阅历。诗作以时间为序,以高度概括的语言,记录自己的人生境遇,具有二十年人生履历的性质。

清康熙十二年(1673)李澄中在《江干草》作序时说丁氏"官可弃,请室可下,目亦可以盲,而独不能一日去诸怀者,诗也"②。丁耀亢不仅矻矻竭力,勤于创作,而且也以此自矜。明崇祯十三年(1640)孙廷铨游历东武与丁耀亢相别,"野鹤因谓余曰:'子今归途,荒山万叠,将无寥寂,余取诗卷,助子吟思'"③。王士禛曾在《池北偶谈》中记载丁耀亢赠诗与素不相识的徐夜的故事,这种倾心于诗歌创作的背后是其强烈的立言意识,顺治四年丁耀亢南游与龚鼎孳初次相识就表明"人贵立言,知本者尚之。是余平生志耳"④。故其临终时曾托付李澄中为其删定诗集,以求传世,"仆老矣!吾将以子为名山,尽以诗文付吾子"⑤。

二、转益多师,多种诗体的实践

丁耀亢诗歌创作风格前后期变化较为明显。《钦定四库全书总目》云:

> 耀亢少负隽才,中更变乱,栖迟羁旅,时多激楚之音;自入都以后,交游渐广,声气日盛,而性情之故亦日薄。王士禛《池北偶谈》载其《陶令儿郎诸葛妻》一律,曰:"野鹤晚游京师,与王文安诸公倡和,其诗亢厉,无此风致。"盖亦有所不满矣。⑥

(一) 时代变迁的幽愤心结

丁氏前期诗作"别有风致",具有田园意蕴的陶诗风韵,后期诗作"多激楚之音",这固然与其生活阅历有关。丁耀亢入清后交游渐广,有意识地进行多种诗体的创作实践。

入清前,丁耀亢主要生活在诸城自己幽景广阔的庄园中,过着闲适自得的乡绅耕读生活。甲申之变后,历经兵燹家难,饱尝世态倾轧,不平之气郁积胸中。顺

---

① (清)丁耀亢:《舟中初度对雨自酌口占二十四韵》,《江干草》,《丁耀亢全集》上,第410页。
② (清)李澄中:《江干草序》,(清)丁耀亢《丁耀亢全集》上,354页。
③ (清)孙廷铨:《陆舫诗草序》,(清)丁耀亢《丁耀亢全集》上,第1页。
④ (清)龚鼎孳:《江干草序》,(清)丁耀亢《丁耀亢全集》上,第353页。
⑤ (清)李澄中:《江干草序》,(清)丁耀亢《丁耀亢全集》上,第354页。
⑥ (清)纪昀等:《钦定四库全书总目》卷一百八十二,北京:中华书局,1997年版,第2546页。

治五年后,赴京求职,仕路坎坷,愤懑之情无法发之形声,只能诉诸笔端,如《感怀》一诗最能表现其当时心态:

> 畏饥常苦住山穷,作客难期倚市工。句可惊人防众怒,道能逢世愧才庸。蕨香久厌思肝炙,堇苦频劳避蓼虫。白云山青从所好,何妨黄叶舞秋风。①

这种幽愤是其创作的内在缘由和动因,形之于诗则有一种激越之气蕴含其中。余嘉锡认为:"读其诗,不失为承平气象。后之人遭遇如野鹤,虽欲以啸歌忘忧,其可得也!"②

《淮南子》曾从心理学角度就"愤"与艺术创作的关系有所阐发,指出内心愤懑必然通过外在行动予以宣泄:"人之性,心有忧丧则悲,悲则哀,哀斯愤,愤斯怒,怒斯动,动则手足不静。"③诗文中艺术的美感与"愤"的抒发有关:"愤于志,积于内,盈而发音,则莫不比于律,而和于人心。"④"夫歌者,乐之征也;哭者,悲之效也,愤于中而应于外,故在所有感。"⑤司马迁《太史公自序》提出"发愤著书"说:

> 诗三百篇,大抵贤圣发愤之所为作也。此人皆意有所郁结,不得通其道也,故述往事,思来者。⑥

韩愈云"大凡物不得其平则鸣"⑦,王安石亦说"《诗》三百,发愤于不遇者甚众"⑧。愤不仅是创作的动力,而且"愤"这种感情本身就是抒情写意作品的原料。陆游《读唐人愁诗戏作五首》(其四)云:"我辈情钟不自由,等闲白却九分头。此怀岂独骚人事,三百篇中半是愁。"⑨入清后遭罹国难家变,个人身世遭际的坎坷造成幽愤郁结心中,这种激愤也正是丁耀亢入清后诗风发生转变的根本内因。

---

① (清)丁耀亢:《感怀》,《陆舫诗草》卷一,《丁耀亢全集》上,第39页。
② 余嘉锡:《余嘉锡论学杂著·王觉斯题丁野鹤陆舫斋诗卷子跋》,北京:中华书局,1963年版,第635页。
③ (汉)刘安撰,(汉)高诱注:《本经训》,《淮南子》卷八,长春:吉林出版集团有限责任公司,2005年版,第90页。
④ (汉)刘安撰,(汉)高诱注:《汜论训》,《淮南子》卷十三,长春:吉林出版集团有限责任公司,2005年版,第153页。
⑤ (汉)刘安撰,(汉)高诱注:《修务训》,《淮南子》卷十九,长春:吉林出版集团有限责任公司,2005年版,第232页。
⑥ (汉)司马迁:《太史公自序》,《史记》卷一百三十,北京:中华书局,1982年版,第3300页。
⑦ (唐)韩愈著,钱仲联、马茂元点校:《送孟东野序》,《韩昌黎全集》卷四,上海:上海古籍出版社,1997年版,第201页。
⑧ (宋)王安石著,秦克、巩军标点:《杂著·书李文公集后》,《王安石全集》卷三十三,上海:上海古籍出版社,1999年版,第298页。
⑨ (宋)陆游著,钱仲联校注:《读唐人愁诗戏作五首》(其四),《剑南诗稿校注》卷八十,上海:上海古籍出版社,2005年版,第4311页。

（二）京师诗文唱和影响

丁耀亢诗歌创作风格的转化和其在京师与刘正宗、薛所蕴的交游唱和有关。康熙《诸城县志》卷七载："丁亥，游京师，为旗下教习。与王宗伯觉斯、龚司马孝升、刘相国宪石、薛宗伯行坞、张司马坦公，以诗抗衡。""公之诗刻苦雄杰，不寄人篱下，自成一家言。"①

顺治六年，薛所蕴在《逋斋诗序》中言刘正宗倾心于诗文：

> 爰定一约，古体非汉魏晋宋不取材也，近体则断自开元大历以还；气必于浑，格必于高……五七言近体或杜或高、岑，降亦不下钱左司、刘随州；七言歌行少陵之意为多，五言古风风乎晋宋以上，屹然称长城矣。

入清后，刘正宗、薛所蕴、王铎等北方诗人注重研习古体诗歌，讲求格调声气。刘正宗倾力于诗文创作，并兼取唐代众家之长，尤以宗杜为主，"五七言近体或杜或高、岑，降亦不下钱左司、刘随州；七言歌行少陵之意为多，五言古风风乎晋宋以上，屹然称长城矣"。邓之诚《清诗纪事初编》说刘氏："自负能诗，力主历下，与虞山娄东异帜……其诗笔力甚健，江南人选诗多不及之，门户恩怨之见也。"②徐世昌《晚晴簃诗汇》云："宪石簪笔禁近，躬阅兴亡，故诗多感伤之概。集中如《老妇行》、《对镜叹》，皆自况也。"③可见清初刘正宗的诗歌以宗杜为主，多涉及兴亡感慨，其身仕两朝自然内郁之情积结诗中。

薛所蕴的诗歌创作也以宗杜写实为主，故《钦定四库全书总目》云：

> 《桴庵集》四卷，国朝薛所蕴著，其门人彭志古跋，称其诗创辟似王建，蕴藉似张籍，豪纵似李白，悲壮似杜甫。盖弟子尊师之词也。④

邓之诚《清诗纪事初编》云：

> 薛所蕴……初，所蕴与王铎同里相得，以学杜标榜，复与刘正宗同年唱和。其诗多及时事，钱谦益为之序，遂谓石壕、新安之亲观者，彭衙、桔柏之崎岖，与少陵并争者岂止一二伟丽句而已，其辞若甚揶揄之。然当时情况，幸赖其咏叹以传。虽言不以诚，而未尝无可取也。⑤

---

① 赵景深、张增元：《方志著录元明清曲家传略》，北京：中华书局，1987年版，第194页。丁耀亢入清后进京师的时间为顺治五年（戊子）而非四年（丁亥），这一点在丁诗中已多次提到，县志记录有误。
② 邓之诚：《刘正宗》，《清诗纪事初编》卷五，上海：上海古籍出版社，1984年版，第660页。
③ 徐世昌：《刘正宗》，《清诗汇》卷二十一，北京：北京出版社，1996年版，第244页。
④ （清）纪昀等：《桴庵集》，《钦定四库全书总目》卷一百八十一，北京：中华书局，1997年版，第2515页。
⑤ 邓之诚：《薛所蕴》，《清诗纪事初编》卷八，上海：上海古籍出版社，1984年版，第883页。

彭志古在《桴庵诗序》中称薛所蕴、王铎、刘正宗为长安"三大家"①。薛所蕴历经明清易代的三朝更迭,饱览世态人情,遍尝人生的生死荣辱,以诗传志自然是其最佳的选择。入京后,丁耀亢与刘正宗、薛所蕴、王铎多有宴集唱和;他们又都经历家国之变,身仕两朝,心有郁结,同气相应。丁氏诗作中有许多诗的题材或意趣与之相近,相互应和,如顺治九年他们曾以蔡琰与王昭君为话题创作诗文。

昭君诔　　刘正宗

昭君入汉宫,本是良家子。相误嫁单于,恨深图画里。应悔惜黄金,氈幕长已矣。眉黛暗荒漠,燕支草空紫。琵琶马上弹,繁声乱纤指。何如老蓬门,荆布傲罗绮。青冢尚千秋,哀怨何时止。寄语后来人,红颜不足恃。②

题蔡琰归汉图　　薛所蕴

中郎有女好容仪,能读父书工属词。生不逢时遭颠踬,万里飘零陷绝域。穹庐毛帐逐草水,膻粥吹沙塞烟紫。膻肉酪浆克饮食,惊风夜夜愁人耳。曹公真是有心人,将金赎取双娥鬓。马上悲笳声咽塞,千年流恨十八拍。自分青冢里幽魂,不期重睹汉日月。丹青何人图遗迹,披图点点泪痕渍。有才有貌偏如斯,佳人薄命自古惜。③

题京兆薛夫子文姬归国图　　丁耀亢

平沙漠漠风凄凄,中有五马攒霜蹄。二马并行一马控,欲行不行声频嘶。南首两骑立背北,文姬拥儿向南啼。一儿乳哺未释抱,一儿牵衣求提携。徘徊倚马卷须者,无乃老羌来别妻。二子痛割心血碎,使我观者泪盈涕。人情失所念故土,久居胡地心转迷。失身北嫁岂得已,归妆又学汉人笄。君看汉使掉马尾,催行感动旁观氏。千金远赎自魏武,英雄作事留品题。胡笳遗拍失其谱,至今边角声惨凄。相看此画三叹息,人生感遇安得齐?④

三诗取材相近,立意却同中有别。同借王、蔡红颜薄命的不幸遭逢,感慨乱世人生

---

① (清)彭志古:《桴庵诗序》,(清)薛所蕴《桴庵诗》,《四库全书存目丛书》集部第197册,济南:齐鲁书社,1997年版,第211页。
② (清)刘正宗:《昭君诔》,《逋斋诗》卷一,《四库未收书辑刊》第八辑第16册,北京:北京出版社,2000年版,第130页。
③ (清)薛所蕴:《题蔡琰归汉图》,《桴庵诗》卷二,《四库全书存目丛书》集部第197册,济南:齐鲁书社,1997年版,第258页。
④ (清)丁耀亢:《题京兆薛夫子文姬归国图》,《陆舫诗草》卷四,《丁耀亢全集》上,第149页。

的苦痛际遇。但刘诗借昭君故事,"相误嫁单于,恨深图画里""寄语后来人,红颜不足恃",以其误嫁单于、红颜不足恃,似乎对自己仕清有所悔悟。薛诗借蔡琰有才有貌而惨遭乱世,"生不逢时遭颠踬,万里飘零陷绝域",赞颂曹操赎金回汉,"曹公真是有心人,将金赎取双娥鬟""自分青冢里幽魂,不期重睹汉日月",汉族士人期待清朝能恢复汉制的内心诉求隐含其中。丁耀亢则借蔡琰胡地抛子离家,感慨故土难离,人生不遇,"人情失所念故土,久居胡地心转迷。失身北嫁岂得已,归妆又学汉人笲""相看此画三叹息,人生感遇安得齐",其中自然融入个人当时离家奔波求仕的苦闷心境。三诗皆含蓄蕴藉,格调苍凉,取意少陵,饱含感慨。

（三）多种诗体的自觉实践

丁耀亢不仅善于向刘正宗、薛所蕴等学习其诗体风格,还自觉地进行多种文体的创作实践。从诗歌的形式看,丁耀亢入清以后的诗集中有古体诗、近体诗、词、赋、散曲、组诗等多种式样的作品。

丁氏古体诗中有四言、六言、歌行体。四言体如《题靖节赞图十一》其二《解绶去职》:"晋之士欤,宋之士欤？匪傲匪隐,行微心晦。"①此诗写于顺治十七年(1660)丁耀亢羁留杭州欲辞职时,借陶渊明表达自己的归隐心境。六言诗如《仿辋川六言体十六首》,是写于顺治十八年(1661)丁耀亢归隐田园的一组诗,仿照王维的辋川诗体,描写自己所在的橡檟山庄园的优美景色,展现自己得以放归林下的闲适心境。如《菊崦》:"秋林落叶无数,幽涧野香自来。何待重阳送酒,自能终日浮杯。"②

赋体有《怀仙感遇赋(并序)》,长达84行,记录了自己早年遇仙的经历。宋琬评曰:"野鹤斯篇,极瑰玮,沉郁之观而忠孝之思,缠绵凄恻,其旨深,其言远,奇而不诡,丽而有则。"③

词的创作有《江南词余》五首,包括《念奴娇·金陵卜居》《念奴娇·扬州怀旧》《满江红·问渡淮阴》《满江红·旅夜啼乌》《满庭芳·东归沧海》。组词写于顺治四年,丁耀亢漫游江淮,打算迁居江南。战乱后的江南虽经屠戮,但健忘的民众依然沉浸于笙歌酒色之中。

念奴娇·金陵卜居

万里长江,人道是、天限金陵南北。王气消沉,向此际、磨尽英雄千百。

---

① （清）丁耀亢:《题靖节赞图十一》(其二),《江干草》,《丁耀亢全集》上,第373页。
② （清）丁耀亢:《菊崦》,《归山草》,《丁耀亢全集》上,第425页。
③ （清）丁耀亢:《怀仙感遇赋(并序)》,《陆舫诗草》卷五,《丁耀亢全集》上,第213页。

歌舞遗风,繁华古地,抵死争声色。市儿斗富,楞腹满身罗绮!

  试看茶馆充衢,酒帘匝地,一片笙歌沸。士女官民竟日夜,谁是终焉之计?城戍荒闲,人烟散乱,处处投迁客。临江无语,再问武陵消息。①

丁耀亢在诗歌创作中有意识地学习和模仿杜甫,无论是用韵还是诗风上都向杜诗靠拢。其所作的组诗有的一韵多诗,有时甚至达到三十首之繁。如《落叶诗三十韵(并序)》,以落叶为题,运用比兴手法,咏物言情,正如其在序中所言:"永物,小品也。小品未能尽诗理,独少陵咏物各极天地性情之致。其以一勺具大海,拳石藏五岳乎!……予诗自鸣《落叶》耳,寸心千古,未可言诗也。"②除此之外,丁耀亢还创作了一批游仙诗、青词。

丁耀亢诗作还深受白居易的影响。杨钟义《雪桥诗话三集》云:"其(丁耀亢)《屠牛叹呈张中柱学士》云云,渔洋谓其晚作亢厉,然如此诗,亦香山之遗也。"③不唯如此,丁氏在创作中还着意模仿元白体,如作于康熙元年的《归山不易诗十九首》,作者自注:"仿元白体。"以组诗的方式反复吟咏,表达自己归山后对功名富贵的理解与体验。

  归山良不易,孤寂易生哀。学道徒为耳,求仙安在哉!躬耕难独乐,肉食每多灾。惟有饥驱士,长歌归去来。

  归山良不易,学佛与藏书。佛理耽茹苦,书田得自如。鸢鱼随钓弋,丘壑足樵渔。静看白云起,春风任卷舒。④

三、对竟陵派的修正

约邓孝威共订杜诗名以清归破时调也因次元韵

  对酒当歌我未能,携将古乐问延陵。长江水响鱼如马,远浦沙明月似灯。词自晋隋家尚艳,人夸王谢气难惩。传闻吴越佳山水,欲借天丁劈翠嶒。

  谈诗久已谢时能,新调空传说竟陵。春蠹有声吹细响,干萤无火续寒灯。乱鸣郊岛终难似,厚格杨卢岂合惩。千古高深唯五岳,君看何处不崚嶒?⑤

---

① (清)丁耀亢:《念奴娇·金陵卜居》,《逍遥游·江南诗余》卷二,《丁耀亢全集》上,第673页。
② (清)丁耀亢:《落叶诗三十韵(并序)》,《陆舫诗草》卷五,《丁耀亢全集》上,第203页。
③ 钱仲联:《清诗纪事》,南京:凤凰出版社,2004年版,第568页。
④ (清)丁耀亢:《归山不易诗十九首》(其七、八),《归山草》,《丁耀亢全集》上,第415页。
⑤ (清)丁耀亢:《约邓孝威共订杜诗名以清归破时调也因次元韵》,《逍遥游·江游》卷二,《丁耀亢全集》上,第699页。

此诗写于顺治四年，丁耀亢南游时在扬州与邓汉仪商讨订诗，诗中的"新调空传说竟陵"之"竟陵"指明末诗坛的竟陵派。

竟陵派缘起于明万历年间，钱谦益《列朝诗集小传》"钟提学惺"条云：

> 伯敬少负才藻，有声公车间。擢第之后，思别出手眼，另立深幽孤峭之宗，以驱驾古人之上。而同里有谭元春，为之应和，海内诗者靡然从之，谓之钟谭体……数年之后，所撰《古今诗归》盛行于世，承学之士，家置一编，奉之如尼丘之删定……当其创获之初，亦尝覃思苦心，寻味古人之微言奥旨，少有一知半解，掠影希光，以求绝出于时俗。久之，见日益僻，胆日益粗。①

钟惺认为："真诗者，精神所为也。察其幽情单绪，孤行静寄于喧杂之中，而乃以虚怀定力，独往冥游于寥廓之外。"②谭元春也提出："夫人有孤怀，有孤诣，其名必孤，行于古今之际间，不肯遍满寥廓，而世有一二赏心之人，独为之咨嗟彷徨者，此诗品也。"③钟、谭等人处于乱世之末流，在仕途坎坷中认识到世俗险巇，于是他们超脱现实生活，冥游于寥廓之外，从清净幽旷、虚无缥缈的生活境界中寻求精神的安慰与寄托。他们评诗只着眼于一字一句的得失，流于烦琐纤仄。他们自己的作品，力求僻涩诡谲，专在怪字险韵上翻花样④。

竟陵派在明末三十多年间风靡诗坛，但到明末清初却遭到了士人的猛烈攻击，其中以钱谦益最为典型。钱谦益在《南游草叙》中说："自近世之言诗者，以其幽眇峭独之指，文其单疏僻陋之学。海内靡然从之，胥天下变为幽独之清吟，诘盘之断句，鬼趣胜，人趣衰，变声数，正声微，识者之所深忧也。"⑤"斯人也，其梦想入于鼠穴，其声音发于蚓窍，殚竭其聪明，不足以窥郊、岛之一知半解。"⑥钱谦益将竟陵派的低卑格调与国家命运联系起来，指出这是末世之音、亡国之兆。其在《刘司空诗集序》中云：

> 使世之学者，服习是诗，奉为指南，必不至悼栗眩远，堕鬼国而入鼠穴，余

---

① （清）钱谦益：《钟提学惺》，《列朝诗集小传·丁集中》，上海：上海古籍出版社，1983年版，第570页。
② （明）钟惺：《诗归序》，谭元春辑：《古诗归》，《四库全书存目丛书》集部第337册，济南：齐鲁书社，1997年版，第656页。
③ （明）谭元春：《诗归序》，《谭元春集》卷二十二，上海：上海古籍出版社，1998年版，第594页。
④ 上海古籍出版社编辑部：《古典文学三百题》，上海：上海古籍出版社，1986年版，第339页。
⑤ （清）钱谦益著，（清）钱曾笺注，钱仲联标校：《南游草叙》，《牧斋初学集》卷三十三，《钱牧斋全集》第2册，上海：上海古籍出版社，2003年版，第960页。
⑥ （清）钱谦益著，（清）钱曾笺注，钱仲联标校：《曾房仲诗序》，《牧斋初学集》卷三十二，上海：上海古籍出版社，2003年版，第929页。

又何忧焉？史称陈隋之时，新声愁曲，乐往哀来，竟以亡国。而唐天宝乐章，曲终繁声，名为入破，遂有安史之乱。今天下兵兴盗起，民不堪命，识者以谓兆于近世之诗歌，类五行之诗妖。①

竟陵派连接古人之精神，企望在末世中寻求自我解脱。在中国诗歌史上，竟陵派的贡献在于诗论上力图做到师心和师古相结合，心灵上承接陶渊明、孟浩然、贾岛，为晚明的孤清之士筑起了一个精神家园。他们以寒士为主体，并不负有亡国的责任，钱谦益说他们败坏风雅，他们的诗歌是亡国之音，却是诋毁了②。

丁耀亢与邓汉仪在扬州订诗，批评竟陵派只注重个人幽思细声，提倡杜甫诗风的史诗精神，与时代有着密切的联系。在此时期创作的传奇《化人游词曲》中，丁耀亢借剧中人物之口对竟陵派揶揄微词："轰雷掣电下天宫。（生）太雄豪了！（净）这是李沧溟派，专讲气格。待我学竟陵派续完。（吟科）而今青海成黄土，做个泥鳅乐其中。（生）如何忽然自小，首尾不称了？"③

明代以八股取士，八股文能带来实际的利益，故人们重时艺选业而轻诗歌创作，如果用心于诗会被视为荒废学业。施闰章《汪次舟诗序》说："尝见前辈言，隆、万之间，学者窟穴帖括，舍是而及他文辞，则或以为废业；比其志得意满，稍涉声律，余力所成，无复捡括。"④这种状况一直持续到明末。陈子龙称少时喜爱李梦阳、王世贞诗文，但只能等到夜深人静时才能欣赏、模拟，"是时方有父师之严，日治经生言。至子夜人定，则取乐府、古诗拟之，疾书数篇"⑤。陈维崧《徐唐山诗序》中引徐唐山的话说：

> 昔予之为诗也，里中父老辄谯让之，其见仇者则大喜曰：夫诗者，因能贫人贱人者也。若人而诗，吾知其长贫且贱矣。及遇亲厚者，则又痛惜之。以故吾之为诗也，非惟不令人知也，并不令妇知。旦日，妇人门屏窥见余之侧弁而哦，若有类于为诗也，则诟厉随焉，甚且于涕泣。盖举平生之偃蹇不第，幽

---

① （清）钱谦益著，（清）钱曾笺注，钱仲联标校：《刘司空诗集序》，《牧斋有学集》卷三十一，《钱牧斋全集》第5册，上海：上海古籍出版社，2003年版，第908-909页。
② 丁功谊：《钱谦益文学思想研究》，上海：上海古籍出版社，2006年版，第102页。
③ （清）丁耀亢：《化人游词曲》，《丁耀亢全集》上，第733-734页。
④ （清）施闰章：《汪次舟诗序》，《学馀堂文集》卷五，文渊阁《四库全书》本，第1315册，上海：上海古籍出版社，1987年版，第57页。
⑤ 上海文献丛书编委会：《仿佛楼诗稿序》，《陈子龙文集》卷七，上海：华东师范大学出版社，1988年版，第376-377页。

忧愁苦而不免于饥寒，而皆归咎于诗之为也。①

专心诗文不仅为仇家所窃喜，还会给家人带来伤害，因为时人认为作诗会荒废举业。

明崇祯六年（1633），丁耀亢乡试落第，其母责之曰："汝命岂独厄？才名三十年，虚劳竟何益！"丁氏在自序中说"老母因责予疏狂下第之罪"②。丁氏早有文名，以诗人自许，"虚劳""疏狂"即指其以倾心诗文而"厌薄时艺"③。这种鄙薄诗词的风气直到崇祯末年犹存士子之间。毛奇龄曾记载："当明崇祯间，访友来杭，人士以艺文相往来。每通刺后，必出所携文互相质询，顾未尝及于诗也，及偶以诗及之，必谢去。"④

这种状况在明清之际发生了变化。明末以来先是内忧外患，继而国破家亡，士人的忧时悯乱之意，伤亲吊友之情，家国兴亡之感，哀怨激愤郁焉于中。长歌当哭，诗歌乃是一种最合适的形式。因而这一时期的诗歌与社会政治有着密切的关系。明清之际的社会大动荡和大灾难在诗歌中得到广泛而深刻的表现⑤。明亡后，无论是遗民还是贰臣，大都将诗作为人生的寄托，抒发各自内心的隐秘之情。

毛奇龄曾说："今之为诗者，大率兵兴之后，掣去制举，无所挟撼，而后乃寄之于诗。"⑥朱鹤龄也有同感："诗赋一道，余本无所能，惟少时读《离骚》《文选》；丧乱之余，既废帖义，时藉以发其悲悯。"⑦时代变迁使他们自觉把诗文作为自己表情达意的最佳选择。入清后，薛所蕴等降清文臣也将精力投入诗文创作中，以诗抒怀，以诗传心。彭志古曾记载薛所蕴倾力诗文的状况：

> 前年冬，客于夫子之桴庵，架书万卷，而半皆诗。自汉魏至元明诸家集选，无不备具，皆夫子手评而阅较再四过者。与人言诗，则亹亹，自朝至夕，虽盛暑严寒无厌。尝与觉斯先生雪夜论诗，立庭中至五更谈，尤高不倦。夫子

---

① （清）陈维崧：《徐唐山诗序》，《陈迦陵文集》卷一，《四部丛刊》初编本，上海：商务印书馆，1919年版，第27页。
② （清）丁耀亢：《癸酉仲冬送九弟会试》，《天史·问天亭放言》，第232页。
③ （清）丁耀亢：《自述年谱以代挽歌》，《归山草》，《丁耀亢全集》上，第426页。
④ （清）毛奇龄：《凌生诗序》，《西河集》卷四十一，文渊阁《四库全书》本，第1320册，上海：上海古籍出版社，1987年版，第353页。
⑤ 张健：《清代诗学研究》，北京：北京大学出版社，1999年版，第24页。
⑥ （清）毛奇龄：《王鸿资客中杂咏序》，《西河文集》卷三十三，文渊阁《四库全书》本，第1320册，上海：上海古籍出版社，1987年版，第280页。
⑦ （清）朱鹤龄：《传家质言》，《愚庵小集》附录，文渊阁《四库全书》本，第1319册，上海：上海古籍出版社，1987年版，第195-196页。

于诗如此,其好之笃而学之精也。所著五七言,合近体约二千余篇。①

清初诗歌出现兴盛的局面,杨凤苞《书南山草堂遗集》说:

> 明社既屋,士之憔悴失职,高蹈而能文者,相率结为诗社,以抒写其旧国旧君之感,大江以南,无地无之,其最盛者,东越则甬上,三吴则松陵。②

丁耀亢正是在批评时流新声的基础上,身历明清鼎革的时代大潮,自觉求变求新,在与师友的唱和中积极进行多种诗体实践,推进了自己诗风的转变与形成。

第二节 丁耀亢宗杜诗歌的艺术特色

一、清初士人对杜诗的重视

唐元稹在杜甫墓志铭中说:"至于子美,盖所谓上薄风骚,下该沈宋,古傍苏李,气夺曹刘,掩颜谢之孤高,杂徐庾之流丽,尽古今之体势,而兼人人之所独专矣。使仲尼锻考其旨要,尚不知贵,其多乎哉!苟以为能所不能,无可无不可,则诗人以来,未有如子美者。"③自唐开元以来,每当易代之际,往往引发士人对杜诗的别样情感。因为身处乱世的人们从国家的颠覆、百姓的血泪以及自身颠沛流离的切身感受中,对杜诗描绘的"万方多难"的时代苦难有了更为真切、深刻的体验。南北宋之际的李纲云:"平时读之,未见其工。迨亲罹兵火丧乱之后,诵其诗如出乎其时,犁然有当于人心,然后知其语之妙也。"④文天祥被俘后羁押燕京三年,唯以杜诗伴之,并用杜诗集成五言绝句二百首。他说:"凡吾意所欲言者,子美先为代言之。日玩之不置,但觉为吾诗,忘其为子美诗也。"⑤

清初诗人大多亲身经历了异族入侵、国亡家破的痛苦,而杜诗所呈现的为安

---

① (清)彭志古:《桴庵诗序》,(清)薛所蕴:《桴庵诗》,《四库全书存目丛书》集部第197册,济南:齐鲁书社,1997年版,第211页。
② (清)杨凤苞:《书南山草堂遗集》,《秋室集》卷一,谢国桢:《明清之际党社运动考》,北京:中华书局,1982年版,第167页。
③ (唐)元稹撰,冀勤点校:《唐故工部员外郎杜君墓志铭》,《元稹集》卷五十六,北京:中华书局,1982年版,第690页。
④ (宋)李纲著,王瑞明点校:《重校杜子美集序》,《李纲全集》卷一百三十八,长沙:岳麓书社,2004年版,第1320页。
⑤ (宋)文天祥:《集杜诗自序》,《文天祥全集》卷十六,北京:中国书店,1985年版,第397页。

史羯虏所蹂躏的国家社稷,人民屠戮流离的惨痛历史记忆,常常引起他们的共鸣,有着天然的认同和亲近感。精读杜诗,学习、注释杜诗成为清初的一股热潮,也成为他们寄托幽思的途径和载体。杜甫在诗中寄托的儒家道德精神对士人无疑具有巨大的吸引力。"杜甫在清初的影响之大,非其他任何人所可比拟。清初学杜是一个普遍的现象,无论宗唐派、宗宋派还是兼宗唐宋者,都提出要认真学习杜甫。"①傅山《读杜诗偶书》云:

> 杜老数太息,黎庶犹未康。此辈自刍狗,徒劳贤者忙。追忆甲申前,日夕盼冬鞾。只今死不怨,熙熙饱庆杨。皮业自应尔,天地有大纲。小仁无所用,故林何必尝。所悲数奔窜,奔窜复何妨。宴乐不可怀,仰屋无文章。有恨赋不尽,颇疑江生肠。②

申涵光记载遗民张盖说:"甲申后,忽自摧折,以次当贡太学不受,自脱诸生籍,闭门独坐,读杜诗,岁常五六过,诗亦精进,得少陵神韵。"③卢世㴶(1588—1653)在明亡后重读杜诗四十余过,于其所居尊水园建杜亭,设杜甫像祀之,自号"杜亭亭长"。邓之诚称其"始撰《读杜私言》",其诗"悲感凄怆,无一字非杜也,即其诗可以观其人"④。朱鹤龄注释杜诗时,始于明末"当变革时,惟手录杜诗过日,每兴感灵武回辕之举,故为之笺解,遂至终帙"⑤。

申涵光把宗唐归结为学杜,其在《青箱堂诗序》中云:"诗之必唐,唐之必盛,盛必以老杜为宗,定论久矣。"⑥魏裔介称申氏诗"一以少陵为宗"⑦。桐城遗民钱秉澄也认为杜诗无所不包,学杜可以矫正片面宗唐或者宗宋的弊端,其《季野堂集引》说:"盖少陵诗凡诗家各所之长,无不具有。唐者得之足以矫唐,宋者得之足以矫宋,惟其情真而气厚也。"⑧

---

① 孙微:《清代杜诗学史》,济南:齐鲁书社,2004年版,第64页。
② (清)傅山:《读杜诗偶书》,《霜红龛集》卷四,太原:山西人民出版社,1985年版,第111页。
③ (清)申涵光:《张履舆诗引》,《聪山集》卷二,《四库全书存目丛书》集部第207册,济南:齐鲁书社,1997年版,第492页。
④ 邓之诚:《卢世㴶》,《清诗纪事初编》卷六,上海:上海古籍出版社,1984年版,第697页。
⑤ (清)朱鹤龄:《传家质言》,《愚庵小集》附录,文渊阁《四库全书》本,第1319册,上海:上海古籍出版社,1987年版,第197页。
⑥ (清)申涵光:《青箱堂诗序》,(清)王崇简《青箱堂诗集》,《四库全书存目丛书》集部第203册,济南:齐鲁书社,1997年版,第15页。
⑦ (清)魏裔介著,魏连科点校:《申凫盟传》,《兼济堂文集》卷十一,北京:中华书局,2007年版,第300页。
⑧ (清)钱秉澄:《季野堂集引》,《田间文集》卷十六,《四库禁毁书丛刊》集部第145册,北京:北京出版社,2000年版,第51页。

屈大均在甲申之变前后,诗风发生了明显的变化。早年称李白"风流长在少陵前"①,后来在《西蜀费锡璜数枉书来自称私淑弟子赋以答之》云:"开元大历十余公,总在高才变化中。谁复光芒真万丈?谪仙犹让浣花翁。"②并表示创作上"始终以少陵为宗,从少陵以求夫变《风》、变《雅》,斯无负平生之所用心也已"③。

同时注笺杜诗成为清初士人学者的一种个人甚至群体性的文化行为。清初许多著名的杜诗注本的成书都有众多学者的参与,如顾宸《辟疆园杜诗注解》之《七律注解》(前有顺治十八年李赞元、严沆、黄家舒序),其侄采骥、子采麟都参与校对,评者有王士禛等16人,参与其书学者有20多人。陈式《问斋杜意》有张英等9人作序,援引师友评语多达70余条。陈醇儒《书巢笺注杜工部七言律诗》,参与者多达30余人④。

二、丁耀亢对杜诗的关注

丁耀亢的一生以甲申之变为分界线,前半生家世鼎盛,经济富足,悠游林下,过着闲适而又惬意的乡绅耕读生活。甲申之变前后,狼奔鼠窜,亡命江湖,虽保全性命,却在战乱中丧失田产和曾经拥有的安逸生活,多次因田产与他人诉讼。晚年为自保不得不进京赴考,求得功名。盛世的熏陶和战乱的体验形成强烈的反差,而这种强烈的反差造就了丁耀亢诗风的变化。丁耀亢对诗歌创作有着超人的执着精神,"故官可弃,请室可下,目亦可以盲,而独不能一日去诸怀者,诗也",简直视诗为生命。

诗人丁耀亢以自己个人在明末清初的遭际,广泛而深刻地反映了"甲申之变"后汉族北方下层文人的生活奋斗史。其诗,是其个人的一部自传,也是生活在那个时代的忠实记录。丁耀亢有着深厚的文化修养、深刻的社会体验和广阔的观察视野。丁耀亢在诗歌创作中采取开放的态度,转益多师,自觉以杜诗为宗,形成了自己的艺术特色。顺治四年(1647)龚鼎孳在《逍遥游·序》中说:"以杜陵之声律,写园吏之襟情,无响不坚,有愁必老,至其苍古真朴,比肩靖节,唐以下未易几

---

① (清)屈大均著,欧初、王贵忱主编:《采石题太白祠》,《翁山诗外》卷一十,《屈大均全集》第2册,北京:人民文学出版社,1996年版,第832页。
② (清)屈大均著,欧初、王贵忱主编:《西蜀费锡璜数枉书来自称私淑弟子诗赋以答之》,《翁山诗外》卷一六,《屈大均全集》第2册,北京:人民文学出版社,1996年版,第1351页。
③ (清)屈大均著,欧初、王贵忱主编:《书淮海诗后》,《翁山文外》卷九,《屈大均全集》第3册,北京:人民文学出版社,1996年版,第168页。
④ 孙微:《清代杜诗学史》,济南:齐鲁书社,2004年版,第74页。

也。"①邓汉仪在《诗观二集》卷十一选丁氏《泊舟留诗海岳庵》：

> 久客怯孤征,烟澜望若惊。人情到岸喜,天意与潮平。驿路墙编竹,江门水入城。一双沙鹜并,相对眼初明。

邓评:"'人情到岸喜,天意与潮平'二句杜陵得意句。诗用意周至,而机调极秀逸。"②

"杜陵得意句"是对丁耀亢学杜的中肯评价。丁耀亢对杜诗的学习和模仿主要体现在以下几个方面:

(一) 订杜诗以破时调

顺治四年夏秋之交,丁耀亢漫游江淮时与邓汉仪相识,并一起校订杜诗,力图纠正时调。他们对竟陵诗派的所谓"时调新声"有所批评,斥之"春蠛有声吹细响,干萤无火续寒灯。乱鸣郊岛终难似,厚格杨卢岂合惩"③,认为只有杜诗高深峻嶒,足以独步千古,传达士子胸怀。经历家国之难的丁耀亢对杜诗有了别样的认识和体验,自觉地将杜诗作为自己诗歌创作的楷模,这种思想在邓汉仪后来从事清初诗选时也得到充分的体现,他曾于先后选编《诗观》三集,在当时产生了巨大的影响。康熙十一年(1672)在其《诗观初集·诗观序》中表明自己的选诗目的:

> 而世之选者,顾乃遗小取大,专采取一二花草风云,厘祝燕饮闺帏之辞,是以谀说时人耳目,而于铺陈家国,流连君父之指盖或阙焉,乌在追国雅而绍诗史也。④

邓氏有感于时人选诗多"花草风云"而缺乏"家国君父"的"国雅""诗史"。因此,其在"凡例"中对选诗的标准进一步明确:

> 诗道至今日亦极变矣。首此竟陵矫七子之偏而流为细弱,华亭出而以壮丽矫之。然近观吴越之间,作者林立,不无衣冠盛而性情衰。循览盈尺之书,而略无精警之句,以是叶应宫商,导扬休美可乎？或又矫之以长庆,以剑南,以眉山,甚者起而嘘竟陵已燃之焰,矫枉失正,无乃偏乎？夫三百为诗之祖,

---

① (清)龚鼎孳:《逍遥游·序》,《丁耀亢全集》上,第632页。
② (清)邓汉仪辑:《丁耀亢》,《诗观二集》卷十一,《四库禁毁书丛刊》集部第1册,北京:北京出版社,2000年版,第391页。
③ (清)丁耀亢:《约邓孝威共订杜诗名以清归破时调也因次元韵》,《逍遥游·江游》卷二,《丁耀亢全集》上,第699页。
④ (清)邓汉仪辑:《诗观初集·自序》,《四库禁毁书丛刊》集部第1册,北京:北京出版社,2000年版,第191页。

而汉魏四唐人诗昭昭具在，取裁于古而维以己之情，何患其不卓越，而沾沾是趋，遂为故仆于是选首戒幽细，而并斥浮滥之习，所以云救。……温柔敦厚，诗之教也。骂座非伤时尤非，故仆以慎墨名其堂，芟除不遗余力。①

这种选诗标准是传统诗教观的深化，如邓氏在《诗观二集·自序》中所言："若是书之成，敷扬德化，以助流政教，有适合者。"邓氏的这种选诗标准和其与丁氏在江淮共订杜诗，提倡"千古高深唯五岳，君看何处不崚嶒"的尊杜思想不无关系。

（二）形式上对杜诗的学习和模仿

丁耀亢入清后的诗作，特别是顺治五年（1648）后的诗歌创作，对杜诗多有学习。如《陆舫诗草》卷一《长安秋兴八首》，模仿杜诗的《秋兴八首》，描写顺治五年其在京师亲眼所见异族统治下的北京，其间饱含着汉族士子悲壮强烈的故国之思：

其三

紫陌铜驼壮帝京，九门秋气下层城。湖残玉蝀垂杨尽，雨过石渠细草平。虎帐弓刀新列市，牛车红粉远归兵。夜深儿女声声咽，多少悲笳拍未成。②

"紫陌铜驼"本是映衬帝京的雄伟壮穆，但在异族弓刀铁血的映照下，只有湖残柳尽，红粉掳掠，声咽悲笳。故国战乱之情，读之欲绝。丁耀亢在诗作中有时直接借用杜诗韵律抒怀，如顺治十一年（1654）《椒丘诗》卷一《时维立秋百感斯集爰作〈秋兴〉取次杜韵聊以自娱》，康熙四年（1664）《归山草》中的《次少陵韵再上龚大司马二首》。丁耀亢还模仿杜诗中的小品诗创作小品借物抒情，如顺治十五年（1658）《椒丘诗》卷二中的《拟和杜陵咏物诸作》，以雁、鹦鹉、鹿、猿、鸂鶒、鸡、促织、萤火、鹊、花鸭、蝇、虱等十二种事物为对象，咏物抒怀，于常见的事物中赋予深刻的生活体验和社会感悟。

鹦鹉

远失陇山路，应知忆上皇。谁怜縶彩羽，终为恋余粮。巧舌翻增累，雕笼不自伤。身旁多鸷獭，搏击亦须防。

鸡

篱落随生化，司晨自性成。天机归一卵，嘴距见群争。鼎镬寻常命，稻粱尔辈情。居然存五德，雌伏慎经营。

---

① （清）邓汉仪辑：《诗观初集·凡例》，《四库禁毁书丛刊》集部第 1 册，北京：北京出版社，2000 年版，第 193 页。
② （清）丁耀亢：《长安秋兴八首》，《陆舫诗草》卷一，《丁耀亢全集》上，第 36 页。

促织

野物知时节,畏寒亦近人。哀鸣如有怨,咭聒尔何频?络绎总备切,薰砧意独亲。恼将归梦断,孤客最伤身。

鹊

鹊语关人事,物情欣尔来。逢迎偏送喜,欺罔亦多猜。郭璞经难注,京房卜易灾。不能避鸠隼,巢夺枉知裁!①

(三) 对杜诗"诗史"精神的自觉继承

"诗史"说主要源于"六经皆史"说。隋王通在《中说》中云:

> 昔圣人述史三焉:其述《书》也,帝王之制备矣,故索焉而皆获;其述《诗》也,兴衰之由显,故究焉而皆得;其述《春秋》也,邪正之迹明,故考焉而皆当。此三者,同出于史,而不可杂也,故圣人分焉。②

在"六经皆史"的影响下,唐人以"诗史"标示杜甫诗的思想和艺术特点。孟棨《本事诗·高逸第三》中首次出现"诗史"之称:"杜逢安禄山之难,流离陇蜀,毕陈于诗,推见至隐,殆无遗事,故当时号为诗史。"③宋祁《新唐书·杜甫传》赞云:"甫又善陈时事,律切精深,至千言不少衰,世号'诗史'。"④

丁耀亢充分继承了杜诗的这一诗史精神,在其2700多首诗词中既记录了时代变迁,又融入了个人生活的悲欢荣辱,涉及生活的各个层面,具有浓厚的社会精神史料价值。

(四) 对杜诗文化活动的关注

遥和宋荔裳胡苍恒游同谷杜陵草堂诸诗

春草连天末,高怀慰所思。杜陵堂在否?同谷景犹斯。陇树花开日,秦川客去时。何缘逢二仲,休和《七哀》诗。

昨夜梦君至,今晨寄我书。伤时蜀道切,怀古草堂虚。忆尔嗟歧路,及予问索居。春风吹别恨,重聚竟焉知。⑤

这两首诗创作于顺治十三年(1656),是写给其远在四川的好友宋琬的唱和诗,丁

---

① (清)丁耀亢:《拟和杜陵咏物诸作》,《椒丘诗》卷二,《丁耀亢全集》上,第344-345页。
② (隋)王通:《王道篇》,《中说》卷一,文渊阁《四库全书》本,第696册,上海:上海古籍出版社,1987年,第526页。
③ (唐)孟棨:《本事诗·高逸第三》,丁福保辑:《历代诗话续编》,北京:中华书局,1983年版,第15页。
④ (宋)欧阳修、(宋)宋祁:《杜甫传》,《新唐书》卷二百一,北京:中华书局,1975年版,第5739页。
⑤ (清)丁耀亢:《遥和宋荔裳胡苍恒游同谷杜陵草堂诸诗》,《椒丘诗》卷二,《丁耀亢全集》上,第302页。

耀亢时任容城教谕。顺治十一年(1654)冬,任职于四川的宋琬巡视陇南拜访成都杜甫草堂,作《同欧阳介庵拜杜子美草堂》;顺治十二年(1655)主持集兰州《淳化阁帖》王羲之、王献之字以及"二王"笔法相同的晋字,精选以秦州诗为主的杜甫陇右诗60首,合而刻之,因诗妙字妙,故谓之"二妙",又称"二绝",是为著名的《二妙轩碑帖》,是当时纪念杜甫的一项文化工程,颇引起士人的关注①。丁氏虽然不能亲临拜谒杜甫,但对宋琬瞻仰杜甫甚是羡慕,"杜陵堂在否?同谷景犹斯",表达了对诗圣的景仰之情。

三、宗杜诗作的艺术特点

(一) 鲜明而强烈的"诗史"精神

丁耀亢在青年时代就有济世救民的入世情怀,李澄中《丁野鹤耀亢小传》说:"莱有大泽社,当明末时,天下争门户,先生独与王子房讲求经世之学。"②自明崇祯十五年(1642)清军第五次入关、甲申之变前后,至清顺治十八年(1661)间二十多年,正是明清易代最为动荡的时期。清朝政权尚未稳定,南方南明武装势力此起彼伏,战争频仍。这段时间也是丁耀亢人生发生巨大转折的时期,家境殷实的乡绅走出山村,游走于京师大员间,孜孜求仕,经历着最为艰难而丰富的人生时期。与其有相似经历的邓汉仪曾对清初诗人诗风转变的客观因素作了较中肯的说明:

> 当夫前朝末叶,铜马纵横,中原尽为荆榛,黎庶悉遭虔戮。于是乎神京不守,而庙社遂移。有志之士,为之哀板荡、痛此离焉。此其时之一变。继而狂寇鼠窜于秦中,列镇鸱张于淮甸,驯至瓯闽黔蜀之间,兵戈罔靖,而烽燧时闻。此其时为再变。若乃乾坤肇造,版宇咸归,使仕者得委蛇结绶于清时,而农人亦秉耒耕田,相与歌太平而咏勤苦。此其时又为一变。夫惟变之之极,故其人之心力才智,亦百出而未有穷。③

---

① 宋琬顺治十一年六月下旬抵秦州任职,谒秦州杜甫草堂,作《同欧阳介庵拜杜子美草堂》;顺治十二年再谒杜甫草堂,有《祭杜少陵草堂文》《题杜子美秦州流寓诗石刻跋》。
(清)宋琬:《宋琬年谱》,《安雅堂全集》附录二,上海:上海古籍出版社,2007年版,第800页。
(清)宋琬:《题杜子美秦州流寓诗石刻跋》:因取先生诸诗,集古人书法勒之石,刻成,为文一通以告于先生之祠。
(清)宋琬:《题杜子美秦州流寓诗石刻跋》,《安雅堂全集》卷十一,上海:上海古籍出版社,2007年版,第528页。
② (清)《光绪三续掖县志》卷四,赵景深、张增元:《方志著录元明清曲家传略》,北京:中华书局,1987年版,第195页。
③ (清)邓汉仪:《诗观初集·诗观序》,《四库禁毁书丛刊》集部第1册,北京:北京出版社,2000年版,第190页。

陈田《明诗纪事》评杜濬诗:"于皇师法少陵,身际沧桑,与杜陵遭天宝之乱略同。故其音沉痛悲壮,读之令人酸楚。"①杜甫这种身遭乱世、怀才不遇、念君悯民、心结幽愤的沉郁顿挫的情感,在丁耀亢入清后得到心灵上的共鸣。刘禹锡曾指出,"发愤"之作的艺术成就与感染力,不仅取决于艺术家,而且与读者接受心理中有无"遭罹世故"的愤懑之情有关。刘禹锡《上杜司徒书》说:"昔称韩非善著书,而《说难》《孤愤》尤为激切。故司马子长深悲之,为著于篇,显白其事。夫以非之书可谓善言人情,使逢时遇合之士观之,固无异于它书矣。而独深悲之者,岂非遭罹世故,益感其言之至邪?……知韩非之善说,司马子长之深悲,迹符理合,千古相见,虽欲勿悲可乎?"②丁耀亢两次率家人航海避难,奔波于燕赵、吴越、闽浙一带,亲历战乱,目睹生灵涂炭,乱世命如草芥,对明清陵谷之际的社会有着深刻的体验,其诗歌真实记录时代状况,具有强烈的悲愤色彩和社会干预意识。

1. 明末战乱兵匪对士民的残害

丁耀亢诗歌真实记录了明清之际兵匪所造成的社会危害,并予以深刻的揭露和批判,如《官兵行》:

> 官军过处如虎屯,妇女逃走村起尘。鸡犬甘心供兵食,临行劫掠还伤人。持刀吓民一何勇,赴阵杀贼一何悚!留贼还作劫民资,马后斜驼双女儿。③

此诗写于明崇祯五年(1632),明朝危机四伏,陷入对清兵(东兵)和对李自成起义军两面作战的艰难境地。明朝官兵怯于对清兵、李自成军队(西兵)作战,却勇于扰民祸民。诗中将官兵比作"虎",不仅掳掠百姓财物,还伤害其性命,"持刀吓民一何勇,赴阵杀贼一何悚",是对官兵殃民的辛辣批判。官兵之祸甚于清兵,"留贼还作劫民资,马后斜驼双女儿"。丁耀亢在是年《壬申秋避乱山居》一诗中对兵祸也有揭露,"东贼围不解,西兵胆犹缩。流民血里疮,运车泥没辐"④。

兵祸一直是明朝社会的一大痼疾,不仅削弱了军队的战斗力,"格例缘贪,草草推用,节制无术,将不知兵,兵不能兵。非惟是也,兵之厉民,更甚于贼"⑤,还成为加速明朝败亡的一大因素。据《平寇志》载:崇祯十年(1637)二月左良玉被调到

---

① (清)陈田:《明诗纪事》,上海:上海古籍出版社,1993年版,第3149页。
② (唐)刘禹锡撰,卞孝宣校订:《上杜司徒书》,《刘禹锡集》卷十,北京:中华书局,1990年版,第116页。
③ (清)丁耀亢:《官军行》,《天史·问天亭放言》,《丁耀亢全集》下,第221—222页。
④ (清)丁耀亢:《壬申秋避乱山居》,《天史·问天亭放言》,《丁耀亢全集》下,第221页。
⑤ (清)计六奇:《总论流寇乱天下》,《明季北略》卷二十三,北京:中华书局,1984年版,第681页。

潜、太"入山搜捕"起义军,"良玉新立功,骄蹇不奉调发,惮入山险,屯舒匝月,拥降丁万余,妇竖数千,为营环数十里。所至排墙屋,污妇女,掠鸡豚,村集为墟"①。"兵之入山寨者,掠牲粮,辱子女,为害不减于贼。寨民瞭见裲裆持械者,不问为兵为贼,坚壁拒之。"②兵祸造成兵民对立,"百姓见兵过尚摇手闭户"③。后人称杜诗为"诗史",主要指其诗作的纪实性和叙事性特点。北宋蔡居厚《蔡宽夫诗话》云:"子美诗善叙事,故号'诗史'。"④南宋刘克庄云:"唐自中叶,以徭役调发为常,至于亡国。肃、代而后,非复贞观、开元之唐矣。新旧唐史不载者,略见杜诗。"⑤丁耀亢的诗作无疑是明季兵祸的形象注脚。

丁耀亢的诗作对甲申之变前后的清兵造成的社会动荡做了真实记录。

> 乱土无安民,逃亡乐奔走。岂无饘粥资,急命轻升斗。自遭房劫后,男妇无几口。日暮达空村,柴门对古柳。白骨路纵横,宁辨亲与友。昨闻大兵过,祸乱到鸡狗。茅屋破不补,出门谁与守?但恐乱日长,零落空墟薮!⑥

"白骨路纵横""祸乱到鸡狗"的社会荒乱是"遭房劫"和"大兵过"造成的,以实录的笔触,直指清军的罪恶。顺治十八年,丁耀亢入闽,目睹连年战乱给闽地百姓带来的苦难,以歌行体批判战争的残忍,表达了对民众的深切同情。

> ……道人留宿烹山茶,痛说山灵意黪黩。自从闽粤苦交兵,戎马平行山树秃。剧盗登峰上搜富民,军令造船伐大木。邑人避难十万家,劫火焚林死沟渎。前代樟楠砍作薪,琳宫梁栋摧为烛。笋干茶茗贡上官,运豆征粮及樵牧。猿惊鹤怨真宰愁,水浊云腥山鬼哭。安知福地少安闲,转使黄盖走麋鹿。我闻此语三叹嗟,世路名山总局促。但愿天平海不波,万里还来跨黄鹄。⑦

2. 对农民命运的关注

丁耀亢长期生活在农村,其诗歌中有大量作品描写明清易代之际农民的生活,对他们的命运倍加关注。

---

① (清)彭孙贻:《平寇志》卷三,上海:上海古籍出版社,1984年版,第54页。
② (清)彭孙贻:《平寇志》卷三,上海:上海古籍出版社,1984年版,第68页。
③ (清)计六奇:《马嘉植书》,《明季北略》卷二十,北京:中华书局,1984年版,第432页。
④ (宋)蔡居厚:《蔡宽夫诗话》,吴文治主编:《宋诗话全编》,南京:江苏古籍出版社,1998年版,第618页。
⑤ (宋)刘克庄撰,王秀梅点校:《李杜》,《后村诗话·新集》卷一,北京:中华书局,1983年版,第154页。
⑥ (清)丁耀亢:《冬夜闻乱入卢山》(其四),《逍遥游·海游》卷一,《丁耀亢全集》上,第659页。
⑦ (清)丁耀亢:《武夷山行》,《江干草》,《丁耀亢全集》上,第399页。

田家携壶

出门秋满溪,晓烟在平嶂。隔林见携壶,色笑远相向。入来皆默默,老者学揖让。自言礼数粗,欲来不敢上。今年过中秋,荒乱无好况。休笑盆酒薄,家穷无瓮盎。邻人自城来,能说杀贼状。官司事招募,奸狯投丁壮。老牛带犊卖,倾产赊年帐。杀人贼有数,深文吏无恙。含泪不敢落,旁闻心胆怆。①

此诗写于顺治四年,时丁耀亢南游归来,邻人老翁前来探望。诗中以"隔林见携壶,色笑远相向""自言礼数粗,欲来不敢上",来展现邻人老农的质朴淳厚。"休笑盆酒薄,家穷无瓮盎""老牛带犊卖,倾产赊年帐",披露农民濒临破产的艰难生活。"官司事招募,奸狯投丁壮""杀人贼有数,深文吏无恙",揭露了贪官污吏对农民的诬陷与掠夺,比嗜杀的盗贼更为可怕,从更深层次揭示了造成农民悲惨命运的社会原因。这种状况,不仅存在于清初,而且贯穿于整个封建社会。丁氏对此深感同情,"含泪不敢落,旁闻心胆怆"。丁耀亢的诗集中有大量的此类作品,对农民的生活给予密切的关注,将其对社会的干预和民众生活的关怀倾注到诗作中。

田家二首

乱后有田不得种,蚕后有丝不及用。官家令严催军需,杂差十倍官粮重。县官皂隶猛如虎,荒田不售鬻儿女。门前空有十行桑,老牛牵车运军粮。何时望得大麦黄?

柴门无人鸟雀噪,野日荒荒照古道。去年春旱谷不收,荞麦无花秋雨涝。行客但能留我家,泥墙土榻煎山茶。我家有牛不肯卖,丁男昨日随官衙。传闻新诏捐田租,官司奉行知有无?②

此诗写于顺治八年(1651),当时南北战事正酣,军需、徭役、抓壮士如同饿狼般附着于农民身上,吮血食肉,敲骨吸髓,将农民推向死亡的边缘。

良农苦

良农记岁功,终岁无暇日。半夜起饭牛,呼儿种早麦。雨旱识天时,蓄畜尽地力。妇饷子荷锄,日午汗浃背。冰雹与蝗蝻,三年不逢岁。忽然值大有,米谷恣狼戾。县尹催春粮,正月逼完税。斗粟钱数文,揭债利十倍。贫农经岁劳,只为富者益。岁荒食不足,岁丰粮亦匮。安得缓征徭,饘粥可常继!③

---

① (清)丁耀亢:《田家携壶》,《逍遥游·海游》,《丁耀亢全集》上,第682页。
② (清)丁耀亢:《田家二首》,《陆舫诗草》卷二,《丁耀亢全集》上,第88页。
③ (清)丁耀亢:《良农苦》,《听山亭草》,《丁耀亢全集》上,第546页。

此诗写于康熙六年(1667),此时丁氏已归隐家中,对农民的生活有了更深刻的认识和体验。农民终岁劳作,无片刻闲暇,"半夜起饭牛,呼儿种早麦""妇饷子荷锄,日午汗浃背"。灾荒岁饥自不必说,即使偶逢大收,仍是过着悲惨的生活。县官催粮逼税,徭役加倍,高利贷趁机盘剥,辛劳一年的农民"只为富者益""岁荒食不足,岁丰粮亦匮"!对农民生活的关注,正是丁氏强烈的社会干预意识的外现,具有浓重的民本意识。顾炎武说"文须有益于天下"①,认为"诗言志"是"诗之本","陈诗以观民风"是"诗之用"②。杜甫的诗教思想,在丁耀亢关注农民的诗中得到深刻的体现。

丁耀亢在诗中不仅展现了苛捐杂税及贪官污吏、高利贷者对农民的盘剥,更以广阔的视角展示了清初由于圈地、天灾等造成饥民铤而走险、聚众作乱以及兵匪纵横祸害百姓的黑暗。

朐山行

临朐山高接东镇,百里陂陀青不尽。太平未闻生蛇龙,潢池今于齐门近。去年贼在黄河岸,曹滕以西时作乱。今年贼势东南行,西决河流入大岘。大岘沿袤洞窟丛,内耕外掠难为攻。饥民下山掠妇女,食人肉与鸡狗同。官军堵截纷无数,战守攻围各有路。待得贼行兵始来,安知兵去贼如故。小民畏贼强负戈,兵来杀汝汝奈何?谁使泰山啼猛虎,昔者贼少今何多!③

此诗写于顺治八年,是丁耀亢由京师返回山东诸城途中的耳闻目睹。顺治六年(1649)正月山东巡抚吕逢春疏奏:"临清总兵宜永贵同满洲大兵往剿,毁其巢穴,斩全文齐并贼首二千余级。"④顺治八年六月,固山额真阿喇善奏报:"率师攻克山东盈河山等寨洞,斩贼首刘逊、张齐等二十一人,余贼斩杀无算,俘获甚众。"⑤其中"斩贼首二千余""斩杀无算"这些数字无疑指饥民或被胁迫的农民。许多农民既饱受饥民掳掠侵扰,"饥民下山掠妇女,食人肉与鸡狗同";还要被迫加入作乱,遭受官兵的屠戮,"小民畏贼强负戈,兵来杀汝汝奈何"。丁耀亢在诗中不仅描述兵匪之乱给农民生命财产的戕害,还引发了更为深刻的社会思考,"谁使泰山啼猛

---

① (清)顾炎武著,(清)黄汝成集释:《文须有益于天下》,《日知录集释》卷十九,上海:上海古籍出版社,1985年版,第1439页。
② (清)顾炎武著,(清)黄汝成集释:《作诗之旨》,《日知录集释》卷十九,上海:上海古籍出版社,1985年版,第1553页。
③ (清)丁耀亢:《朐山行》,《陆舫诗草》卷二,《丁耀亢全集》上,第87—88页。
④ 《世祖章皇帝实录》卷四二,《清实录》第3册,北京:中华书局,1985年版,第339页。
⑤ 《世祖章皇帝实录》卷五七,《清实录》第3册,北京:中华书局,1985年版,第455页。

虎,昔者贼少今何多",其矛头直指最高统治者。

丁耀亢诗歌中还将这种对社会的批判和怀疑在今昔对比中进一步深化,如《古臼井歌》:

>　　道旁废墟存古井,石上绳痕吊水影。犹有石臼无人舂,倾侧墙隅如覆鼎。忆昔村民千百家,门前榆荫桑麻。鸡鸣犬吠满深巷,男舂妇汲声欢哗。神宗在位多丰岁,斗粟文钱物不贵。门少催科人昼眠,四十八载人如醉。江山鼎革成故新,物化民移不知处。空村古鬼起寒磷,荒原野火烧枯树。井中白骨成青苔,舂碓之人安在哉?此物曾经太平日,如何过之心不哀!①

此诗写于顺治八年,丁氏借古井臼来回忆前明万历朝岁丰民安的太平岁月:"鸡鸣犬吠满深巷,男舂妇汲声欢哗。神宗在位多丰岁,斗粟文钱物不贵。门少催科人昼眠,四十八载人如醉。"以前朝之安乐对比今日之苦楚,寄托了深深的故国幽思和对民众的关怀。"江山鼎革成故新,物化民移不知处。空村孤鬼起寒磷,荒原野火烧枯树。井中白骨成青苔,舂碓之人安在哉?"丁耀亢对今昔民众苦乐的对比,何尝不是以诗补史,以诗传史的经世意识的自觉流露!

除此外,丁耀亢在《捕逃行》一诗中对逃人法对农民的迫害也予以强烈的关注。

>　　嗟尔逃人胡为乎来哉?昔为犬与豕,今为虎与豹。犬豕供人刀俎肉,虎豹反噬乡邑灾。尔生不时遭杀掳,不死怀乡亦悲苦。何以潜伏里中村,一捕十家皆灭门。择人而食虎而翼,仇者连坐富者吞。嗟尔已为人所怜,何为害众祸无边?皇恩新赦有宽令,都护爱人惜尔命。甘死北地莫投亲,普天何地非王民?②

此诗写于顺治十三年(1656),对因逃人法而流离逃亡的农民深表同情,"何以潜伏里中村,一捕十家皆灭门。择人而食虎而翼,仇者连坐富者吞"。丁氏呼吁统治者爱惜民命、体恤民情,"甘死北地莫投亲,普天何地非王民"。

3. 对汉文化的关注

顺治五年,丁耀亢入京后,科场不顺,沉沦下僚,担任旗塾教习。但丁氏对社会现实,特别是对清初汉文化的变化一直关注,汉服的更易一度成为其诗歌的焦点。

---

① (清)丁耀亢:《古井臼歌》,《陆舫诗草》卷二,《丁耀亢全集》上,第89页。
② (清)丁耀亢:《捕逃行》,《椒丘诗》卷二,《丁耀亢全集》上,第317页。

顺治二年多尔衮告谕礼部,严厉重申"剃发易服"令,发式服装成为当时满汉斗争的一个焦点,成为衡量一个人忠贰顺逆的标尺之一。《赐复汉官车服》中有"泰交尽复明王制,天宝同歌湛露欢"[①]句。此诗写于顺治九年(1652),丁耀亢时任旗塾教习,与王铎、刘正宗等内阁大臣多有交往。恢复汉族衣冠应是当时汉族士人们的迫切愿望。顺治八年(1651)丁耀亢在写给当时祭酒王敬哉的诗中亦有"上代衣冠存属国,殊方文物易中原"句,其中丁氏自注"朝鲜供官多汉服"[②],对属国朝鲜能保持汉服而大清汉人却服窄衣小帽愤愤不平。顺治十年元月十四日与友人夜集观剧时曾因听说将要恢复汉服而兴奋不已,"吴歈影乱回明烛,燕市人归惜别觥。不厌野夫存薄落,时闻好语忆生平"[③]。

丁氏对汉文化的关心还表现在对明代诸王陵的凭吊和缅怀。

望西山诸陵有感二十二韵

王气一朝尽,乌号杳莫扳。龙蟠分泗水,虎化失钟山。樵斧磨碑断,羌车伐木还。漆灯空耀地,玉匣不留颜。侍御陪弓剑,词臣纪佩环。苍梧千古泪,湘竹几人斑。开创兼天地,消藏类草菅。鸟飞烟漠漠,鱼逝水潺潺。大武终何弱,雄心细转悭。帑资成寇借,文物以兵孱。日月帑枪里,山河灌莽间。谶输唐运促,军老羽林顽。荐庙春官去,看陵阁竖闲。牛羊踩隧寝,狐魅学妆鬟。南北天心隐,君臣历数艰。千官悲社屋,八骏蹴天闲。雷火烧枯树,神蛟徙古湾。浑河仍绕塞,边月自临关。玄域开三极,神州阅百蛮。祖功存正统,国变有私删。野老吞声哭,前王创业艰。[④]

在凭吊与缅怀中寄托幽思,反思故国,倾诉着对已逝故国和文化的深深眷恋之情。丁耀亢在诗歌中继承杜诗的内容和功能,其反映的内容涉及社会生活的各个方面,军国大事、个人琐事、生活情趣,都可入诗。

(二) 善于用典,丰富诗歌的内涵

用典即用事,又称使事、隶事。钟嵘不主张用事,"'思君如流水',既是即目;'高台多悲风',亦惟所见;'清晨登陇首',羌无故实;'明月照积雪',讵出经史。观古今胜语,多非补假,皆由直寻。"[⑤]用事是写诗的常用方法,本身无所谓对错,关键

---

① (清)丁耀亢:《赐复汉官车服》,《陆舫诗草》卷四,《丁耀亢全集》上,第146页。
② (清)丁耀亢:《秋怀和太史王敬哉夫子韵五首》(其五),《陆舫诗草》卷二,《丁耀亢全集》上,第68页。
③ (清)丁耀亢:《元宵前张举之招同宋玉叔张二瞻徐旸谷夜集观剧时闻欲复汉服》,《陆舫诗草》卷五,《丁耀亢全集》上,第186页。
④ (清)丁耀亢:《望西山诸陵有感二十二韵》,《陆舫诗草》卷四,《丁耀亢全集》上,第142页。
⑤ (梁)钟嵘:《诗品·序》,上海:上海古籍出版社,2007年版,第10页。

在于善用与否。旧题白居易《文苑诗格》云："若古文用事，又伤浮艳，不用事又不精华。用古事似今事，为上格也。"① 用典活用要达到"入化"的境界，"用典如水中着盐，但知盐味，不见盐质"②。只有用事入化，才能做到"即事为情，不为事使"③。

丁耀亢诗中用典较多，一方面与其饱读史书有关，顺治四年龚鼎孳在《逍遥游·序》中说："野鹤自言：'吾等称诗，小异人者，腹中多数卷史书耳。'"④ 另一方面丁氏借用典以丰富诗作的内涵，增强其诗歌的表现张力。顺治五年冬，丁耀亢在《长安冬感杂著和李坦园太史秋感韵廿四首》二十四首唱和诗中有二十首用典，如"左思""荆轲""高渐离""蔺相如""田蚡""钟子期"等，借古人故事表达自己对历史的认识，抒发自己怀才不遇的愤懑之情，如其二十三首：

> 小儒困绳墨，达士藏优俳。战国功名子，驰鹜亦多乖。所志在鳞凤，但逢狼与豺。此去何所适，遥遥到江淮。黄石不可遇，狗屠非吾侪。寥寥四海空，龙剑终沉埋！⑤

诗中借用战国诸子、张良遇黄石公、扬雄、司马相如、龙剑等典故强化内涵，增强张力，表达自己"所志在鳞凤，但逢狼与豺"的不遇和"寥寥四海空，龙剑终沉埋"的怀才难施的幽愤。

> 城隅风雨易生哀，浊酒偏宜散木材。白首难从秦殺鬻，黄牛空挂汉书回。秋苏肺气愁增剧，病入乡心老渐催。已识世途容足少，何须五斗赋归来。⑥

此诗写于顺治七年底，丁耀亢在京师任旗塾，科举无望，心情郁闷。诗中运用"散木材""秦殺鬻""黄牛挂汉书""五斗赋归来"，借用百里奚、朱买臣、陶渊明等典故，抒发自己对仕途的失望和对两年前进京宏远的愧疚之情。这些典故的运用，有力地增强了诗歌的张力，全诗蕴含着英雄失路、才子不遇的悲剧色彩，丰富了作品的文化内涵。清赵翼《瓯北诗话》指出："诗写性情，原不专恃数典，然古事已成典故，则一典自有一意，作诗者借彼之意，写我之情，自然倍觉深厚，此后代诗人不得不

---

① （唐）白居易：《文苑诗格》，王大鹏等编选：《中国历代诗话选》，长沙：岳麓书社，1985年版，第68页。
② （清）袁枚著，王英志批注：《随园诗话》卷七，南京：凤凰出版社，2009年版，第130页。
③ （清）王夫之评选，张国星校点：《古诗评选》卷三，北京：文化艺术出版社，1997年版，第132页。
④ （清）龚鼎孳：《逍遥游·序》，（清）丁耀亢《丁耀亢全集》上，第632页。
⑤ （清）丁耀亢：《长安冬感杂著和李坦园太史秋感韵廿四首》其二十三，《陆舫诗草》卷一，《丁耀亢全集》上，第10页。
⑥ （清）丁耀亢：《病卧北城求假归省束刘宪石学士》，《陆舫诗草》卷二，《丁耀亢全集》上，第68页。

用书卷也……古诗动千百言,而无典故驱驾,便似单薄。"①

(三) 比兴的广泛运用,强化诗歌的哲理意蕴

郑玄《周礼注疏》引郑众语曰:"比者,比方于物也;兴者,托事于物。"②贾岛《二南密旨》说:"与者,情也。谓外感于物,内动于情,情不可遏,故曰兴。"③丁耀亢诗歌中广泛采用比兴手法,或托物言志,或借物抒情,或借事物以阐明事理。

> 老马关山远,孤鸣声带秋。西风双耳掠,落日一回头。骨重人难跨,蹄轻道未修。恨多皮相者,不识瘦骅骝。④

此诗写于明崇祯二年(1629),读书山中,此前已两次乡试落第。陈廷焯《白雨斋词话》云:"低回深婉,托讽于有意无意之间";"所谓兴者,意在笔先,神余言外,极虚极活,极沉极郁,若远若近,可喻不可喻,反复缠绵,都归忠厚"⑤。

诗中丁耀亢以老马不遇伯乐,食不饱瘦骨嶙峋,不被重视作比,抒发"恨多皮相者,不识瘦骅骝"的遗憾。

> 老将悲衰落,幽燕气尚雄。虬髯须挂剑,猿臂已伤弓。帝宠嫖姚少,人知廉颇忠。低头怜战马,日落大江东。⑥

沈德潜《清诗别裁集》卷十四评此诗"结尤悲壮"⑦。此诗亦写于明崇祯二年,丁耀亢此时与好友王子房结社山中,慷慨激昂,有经世之志,"伉爽磊落,心知为豪杰士"⑧。丁耀亢在诗中以比兴手法将老将之衰与其壮对比表现,自然有一种老骥伏枥、英雄尤壮的激烈情怀。

顺治四年,丁耀亢南游江淮,流连扬州,曾运用比兴手法创作一组有关扬州的诗词,描述乱后扬州的人情世态,抒发自己的别样情怀。

乱后再过扬州

城荒水阔野无烟,明月桥空暮雨残。新市鸭妆仍步楚,旧台马瘦尽归

---

① (清)赵翼著,霍松林、胡主佑校点:《瓯北诗话》卷一十,北京:人民文学出版社,1963年版,第160页。
② (汉)郑玄注,(唐)贾公彦疏:《周礼注疏》卷二十三,(清)阮元校刻:《十三经注疏》,北京:中华书局,1980年版,第796页。
③ (唐)贾岛:《二南密旨》,王大鹏等编选:《中国历代诗话选》,长沙:岳麓书社,1985年版,第71页。
④ (清)丁耀亢:《老马》,《天史·问天亭放言》,第221页。
⑤ (清)陈廷焯:《白雨斋词话》卷六,北京:人民文学出版社,1959年版,第158页。
⑥ (清)丁耀亢:《老将》,《天史·问天亭放言》,《丁耀亢全集》下,第218页。
⑦ (清)沈德潜:《清诗别裁集》卷十四,上海:上海古籍出版社,1984年版,第564页。
⑧ (清)龚鼎孳:《逍遥游·序》,(清)丁耀亢:《丁耀亢全集》上,第631页。

燕。铺来瓦砾堆金粉,炫出毡缨避税钱。都会东南争利地,物情穷处转凄然。

闹热悲凉百感生,繁花穷极转相平。扬帆巨舶天王贡,落日寒烟过客情。楚馆门排邗市粉,吴侬歌学满洲声。不堪湖柳千行秃,一任孤身到处横。①

扬州自古为烟花胜地、奢靡之乡,虽然历经鼎革兵火,饱受蹂躏,"城荒水阔野无烟,明月桥空暮雨残",但是生活中的人们似乎极易健忘,在拭干血泪后迅速进入新的角色,"楚馆门排邗市粉,吴侬歌学满洲声"。清顾嗣立《寒厅诗话》说:"兴者,因物感人;比者,以物喻人也;赋者,直赋其物也。"②《乱后再过扬州》中这种"铺来瓦砾堆金粉""炫出毡缨避税钱""吴侬歌学满洲声"的比兴描述,既是世态人情的真实写照,又寄寓了丁氏的幽愤之情。

(四) 对丁耀亢诗歌的反思:用典太多,内容隐晦,艰涩难懂

丁耀亢顺治五年后的诗作多喜欢用典。恰当的用典能丰富诗歌的文化内涵,强化其内在张力,但如果过度用典,造成所用典故与诗人情感意志相背离,就会为用事所累,所谓"有意逞博,翻书抽帙,活剥生吞,搜新炫奇"③。清沈德潜《说诗晬语》云:"援引典故,诗家所尚。然亦有羌无故实而自高,胪陈卷轴而转卑者。假如作田家诗,只宜称情而言;乞灵古人,便乖本色。"④丁耀亢部分诗作有时大量用事,造成语言生硬,内容晦涩。

君不见淮阴功高封侯王,兔死狗烹未尽央。又不见子胥败越兴阖闾,鸱夷沉江赐昆吾。彭泽不受督邮侮,申生终作髡钳徒。袁盎晁错巧相危,田蚡魏其同倾移。文章自号天下士,坎壈何用英雄为!公卿不可当,州郡劳彷徨。悠悠覆辙满天地,昏昏濡首如风狂。⑤

此诗写于顺治十三年,丁耀亢时任容城教谕,位卑禄微,自感仕途无望。丁氏以歌行体,运用比兴手法,罗列史典,铺排掌故,共用七个历史故事表达自己心中的激越苦闷之情。正因为铺排典故,"以故事填塞""若填塞词重而体不灵、气不逸,必

---

① (清)丁耀亢:《乱后再过扬州》,《逍遥游·江游》卷二,《丁耀亢全集》上,第691页。
② (清)顾嗣立:《寒厅诗话》,《清诗话》,上海:上海古籍出版社,1963年版,第84页。
③ (清)薛雪:《一瓢诗话》,北京:人民文学出版社,1979年版,第111页。
④ (清)沈德潜:《说诗晬语》卷下,北京:人民文学出版社,1979年版,第243页。
⑤ (清)丁耀亢:《行路难四章》(其三),《椒丘诗》卷二,《丁耀亢全集》上,第321页。

俗物也。本地风光，用之不尽。或有故事赴于笔下，即用之不见痕迹，方是作者"①。所以，过多用典致使诗作缺乏灵动，甚至艰涩难懂。王晫《今世说》载有《丁野鹤在椒丘》：

> 丁野鹤在椒丘，每晏起不冠，搦管倚树高哦。得佳句，呼酒秃发酣叫，旁若无人。间以示椒丘诸生，多不解，因抵地直上床，蒙被而睡。②

诸生的"多不解"正是由于其用典艰涩。胡应麟从文体的角度反对大量用典："用事非诗正体，然景物有限，格调易穷，一律千篇，只供厌饫。欲观人笔力才诣，全在阿堵中。且古体小言，姑置可也，大篇长律，非此何以成章！"③丁氏的部分作品由于用典过度，失却生气，但这是由其以诗传心，用于施教的创作初衷所决定的。

第三节 清诗重要选本中丁耀亢诗歌汇考

自清初以来，清诗选本对丁耀亢诗歌有选，现以时间为序加以梳理。

一、溯洄集

（清）魏裔介辑，清康熙元年刻本。

（一）《饮定四库全书总目·集部·总集类存目四》载《溯洄集》：

> 裔介尝选国初诗为《观始集》，今未见传本。是编乃所选康熙中诗，以续前集者也。意求备一时之人，故限于卷帙，不能备一人之诗，大抵一人三数首而已。惟每本之末。必附以己作，所收较他人为伙，则似不若待诸他人之论定焉。④

---

① （清）徐增：《而庵诗话》，《清诗话》，上海：上海古籍出版社，1963年版，第429页。
② （清）王晫著，陈大康译注：《今世说》，上海：东方出版中心，1996年版，第276页。
③ （明）胡应麟：《近体上·五言》，《诗薮·内编》卷四，上海：上海古籍出版社，1958年版，第64页。
④ （清）纪昀等：《溯洄集》，《总集类存目四》，《钦定四库全书总目》卷一百九十四，北京：中华书局，1997年，第2720页。
按：《总目》言"是编乃选康熙中诗"一说有误。魏裔介《溯洄集·自序》中言"辛丑之春，楗户无事，大加澄汰芟削，存十之二"，其落款时间为"顺治辛丑十二月"。顺治辛丑为顺治十八年（1661），现存有康熙元年刻本，从所选丁耀亢的三首诗看，两首为入清前，一首为顺治四年作品，故是编选顺治朝为主，几乎不涉康熙间作品。

(二) 选丁诗三首
1. 卷二

古意

古戍留边功,沿城铲叠嶂。秦人谋已竭,汉策亦非上。诏虽遣贰师,宛马日凋丧。不及大元时,万里空亭障。天寒莎鸡归,草肥骆驼放。何用屯田谋,平沙自旷荡。

又

往见出兵喜,今见出兵愁。久战剑锋尽,各为安居谋。卫霍既有家,何用穷荒陬。楼头少妇泣,马上莫回头。

按:中州古籍出版社 1999 年版《丁耀亢全集》未收此诗。就此诗的风格看,应是丁氏入清前隐居山中耕读时的作品,韵味悠长,有沧桑之气,与此时创作的《老将》《老马》等作品格调较一致。

2. 卷八

长安漫兴

燕台王气接幽并,南北千年有废兴。鸟译应寻崔浩史,草深遥拜魏文陵。侍臣簪笔时驱马,御帐屯营白臂鹰。闻道上林亲羽猎,相如词赋莫夸能。

按:此诗出自《陆舫诗草》卷四,作于顺治九年(1652)正月。顺治皇帝亲政一年,各地反清武装已渐消歇,清政权在全国的统治已经稳定。顺治皇帝重视文教,汉族士子对清政府已经接受。

二、诗风初集

(清)徐崧等辑,康熙十二年刻本。

选丁诗两首(卷五)

1. 薛宗伯大理石屏山水歌

画屏不省云烟起,海涛上接天河水。天开云断山互连,片石氤氲藏万里。米南宫、黄子久,丹青亦自称能手。不及石里开生面,画出玲珑紫翠乱。濛濛小树生层烟,曲曲回流垂断岸。大峰小峰如列矗,白云界出青苔斑。黝然深绿点峰头,疑有洞壑仙客巢其间。以手扪之竟无痕,肤寸之中恍千尺。石理不透面面殊,万顷苍茫开翠壁。更有一石如墨浓,黑云急雨翻白虹。山头半出露铁脊,云气幻作双飞龙。我昔曾入青霞洞,逢石破壁竟如梦。吁嗟!造物化工不可测,请君叩之有人应。①

按:此诗出自《椒丘诗》卷二,作于顺治十三年(1656)正月,丁耀亢时任容城教谕,因进京呈交万寿表,在薛所蕴斋中观赏其大理石屏山水景。此诗语言明快,灵动上口,在此时期丁氏诗作风格鲜有同者。

2. 花市歌

报国寺中月三市,市市花佣来卖花。花红花白杂草竹,亦有松桧根槎牙。出山路远无宿土,更怜北地多风雨。花头但得一时红,朝生暮死何足数。王公冶圃眼前新,那能培植待来春。千钱一本买不惜,须臾花落还为薪。可怜开落无停止,眼看春色如流水。花乎何不开向深山中,却来市上争东风?②

按:此诗出自《陆舫诗草》卷四,作于顺治九年(1652)三月,丁氏时任京师旗塾教习。全诗采用比兴手法,以三月花市中的鲜花为吟咏对象,叹息山花由山中来都市路远不适,"出山路远无宿土,更怜北地多风雨";而且购花者只悦花开之艳,而并不爱花,"可怜开落无停止,眼看春色如流水"。丁氏由花喻人,慨叹山花本在山中,而不应来都市,"花乎何不开向深山中,却来市上争东风",联系丁氏当时处境,功名不遇,困居旗塾教习,自是寄寓身世之感。

三、诗观二集

(清)邓汉仪辑,清康熙慎墨堂刻本。

诗观二集自序及凡例

若是书之成,敷扬德化,以助流政教,有适合者。

诗观凡例

观诗道至今日亦极变矣。首此竟陵矫七子之偏而流为细弱,华亭出而以壮丽矫之。然近观吴越之间,作者林立,不无衣冠盛而性情衰。循览盈尺之书,而略无精警之句,以是叶应宫商,导扬休美可乎?或又矫之以长庆,以剑南,以眉山,甚者起而嘘竟陵已燖之焰,矫枉失正,无乃偏乎?夫三百为诗之

---

① (清)徐崧等辑:《诗风初集》,《四库禁毁书丛刊补编》第56册,北京:北京出版社,2005年版,第719页。
② (清)徐崧等辑:《诗风初集》,《四库禁毁书丛刊补编》第56册,北京:北京出版社,2005年版,第719页。

祖,而汉魏四唐人诗昭昭俱在,取裁于古而维以已之情,何患其不卓越,而沾沾是趋,遂为故仆。于是选首戒幽细,而并斥浮滥之习,所以云救。仆历年来浪游四方,同人以诗惠教者甚众,藏之笥箧不敢有遗。庚戌家寡营,乃发旧麓,取诸同人之诗,略为评次,盖阅两寒暑而始竣厥书。

仆至邢同人即贻以公书,或以宁严勿滥,仆始守此盟,一人不敢妄入。①

选丁诗六首

1. 泊舟留诗海岳庵

泊舟甘露寺,问径米家山。吴楚移乡语,江湖抗客颜。潮音僧去住,春信鸟间关。独立深林晚,空墙泼墨还。

邓评:"吴语"二句"高而警"。

久客怯孤征,烟澜望若惊。人情到岸喜,天意与潮平。驿路墙编竹,江门水入城。一双沙鹜并,相对眼初明。

邓评:"人情"二句"杜陵得意句"。

邓评:诗用意周至,而机调极秀逸②。

按:此诗出自丁耀亢《逍遥游》卷二《江游》,作于明崇祯十二年(1639)游历江南途中,"自己卯避地,溯海而淮而江,既不得南枝,腊屐倦游,止于白下"③。

2. 报国寺浮屠

窣堵俯虚空,凌歊万化中。神天开色相,云物具洪濛。舍利风雷护,金光世界笼。国初有全力,今古思何穷!

邓评:色相庄严而结语最有关系④。

按:此诗原载丁耀亢《逍遥游》卷二《江游》,作于明崇祯十二年(1639)游历江南途中,原诗集中有注:"(报恩寺)国初成祖所建,华夷巨观。"⑤

---

① (清)邓汉仪辑:《诗观初集·凡例》,《四库禁毁书丛刊》集部第1册,北京:北京出版社,2000年版,第193页。
② (清)邓汉仪辑:《丁耀亢》,《诗观二集》卷十一,《四库禁毁书丛刊》集部第2册,北京:北京出版社,2000年版,第391页。
③ (清)丁耀亢:《逍遥游·江游》序,《丁耀亢全集》,第667页。
④ (清)邓汉仪辑:《丁耀亢》,《诗观二集》卷十一,《四库禁毁书丛刊》集部第2册,北京:北京出版社,2000年版,第391页。
⑤ (清)丁耀亢:《报国寺浮屠》,《逍遥游·江游》,《丁耀亢全集》上,第671页。

3. 登岱

其一

百里陂陀黛色平,沉寥云海隐霞城。根盘大麓开玄极,气结灵宫孕太清。路尽三天诸象渺,星分九野众峰明。倒骑龙背追风雨,日影岚光乱卷晴。

邓评:金书玉册,难此兴丽,而结语尤奇。

其二

磴转梯悬九坂回,晴云卷雪斗崔嵬。瀑流御帐眠青峡,影借仙人净碧台。阴桧拿空石笋出,阳轮拍海日峰开。不劳斗酒酬东帝,海若名山总劫灰。

邓评:神神鬼鬼,变幻莫测。

其三

自执壶觞叫帝阍,敢将生死理洪钧。芙蓉城里仙为母,蒿里山前鬼是民。注籍偶留娑劫海,虚空浪踏往生轮。安期不赴峰头约,敲火松岩煮石鳞。

其四

五帝之前鬼自灵,轩辕封后灭遗经。相传海上牵黄狗,空向山中勒玉铭。柴望几朝埋白璧,镌镂谁是点青冥。名心处处搜罗尽,欲拓摩崖覆酒瓶。

邓评:四诗只是眼空议高,韫退评以云气苍苍,高深之极,良然①。

按:此组诗原载丁氏《逍遥游》卷一《岱游》,作于明崇祯八年(1635)仲秋,时丁氏与友人同登泰山。原诗共八律,赵进美评:"游岱者,应制体也。作游山便非,游东岱即东帝早朝也。作游他岱便非,见此诗如见东岱。不见东岱,又未必见此诗也。云气苍苍,高深极矣。"②

四、皇清诗选

(清)孙鋐辑,康熙二十七年凤啸轩刻本。

孙鋐,字思九,江南华亭人。康熙初诸生,从学于汪琬。

(一)《钦定四库全书总目·集部四七·总集类存目四》载《皇清诗选》:

其书采国初诸诗,分体编录。其凡例有曰:"论诗者必规摹初、盛,诚类优

---

① (清)邓汉仪辑:《丁耀亢》,《诗观二集》卷十一,《四库禁毁书丛刊》集部第2册,北京:北京出版社,2000年版,第392页。

② (清)丁耀亢:《登岱八律》,《逍遥游·岱游》,《丁耀亢全集》上,第637页。

孟衣冠。然使挟其佻巧之姿,曼音促节,以为得中、晚之秘,则风斯下矣。"又曰:"数年以来,又家眉山而户剑南矣。在彼天真烂漫,畦径都绝,此诚诗家上乘。倘不衫不履,面目颓唐,或大袖方袍,迂阔可厌,辄欲夺宋人之席,几何不见绝于七子耶?"其持论未为不当。然其所选,则皆为交游声气之地,非有所别裁也。①

(二) 选丁诗一首(卷十三)

泊舟留诗海岳庵

久客怯孤征,烟澜望若惊。人情到岸喜,天意与潮平。驿路墙编竹,江门水入城。一双沙鹭并,相对眼初明。

按:同《诗观二集》选诗。

五、国朝诗选

(清)彭廷梅辑,清乾隆十二年金陵书坊刻本。

彭廷梅,字湘南,湖广攸县人。官河南河内县丞,有《击空吟》。

(一) 国朝诗选凡例　彭廷梅 乾隆十四年(1749)

1. 兹集鼓吹休明,皆盛世元音。其咏人逸客,有生于前明,目击兵燹,间有一二纪事之句,写其境遇究竟,并无刺讽,以此删去,未免可惜。乾隆二年内,欣奉圣旨,凡发人诗中隐私、无叛逆实迹者,罪坐。而作者选者,均得邀免咎戾。

2. 诗贵有品。以元穆冲淡为则。兹选淘汰再三,务归大雅。否则矜才使学,虽潘江陆海,弗敢滥登。

(二) 选丁诗一首[卷六(五言古)]

古意

大鱼善吞舟,次鱼能截流。小鱼但濡沫,浅港畏垂钩。伏身芦荻根,潜与虫沙游。既无风雷力,亦免鼎俎忧。努力慎鳞鳍,江湖诚阻修。②

按:此诗出自《逍遥游》之《吴陵游》,作于顺治四年(1647),时丁耀亢避祸南游

---

① (清)纪昀等:《皇清诗选》,《总集类存目四》,《钦定四库全书总目》卷一九四,北京:中华书局,1997年,第2724页。
② (清)彭廷梅辑:《国朝诗选》,《四库禁毁书丛刊补编》第56册,北京:北京出版社,2005年版,第426页。

吴陵，饱受战乱之苦，欲举家南迁。诗作以鱼喻人明理，表达自己渴望在乱世远祸自保的愿望。

六、国朝诗别裁集

（清）沈德潜（1673—1769），字确士，号归愚，谥文悫，江苏长洲（今苏州）人。乾隆四年（1739）进士，官至内阁学士兼礼部侍郎。有《归愚诗文钞》五十八卷，《竹晓轩诗钞》十八卷，《说诗晬语》四卷。

（一）《清诗别裁集》凡例

  诗之为道，不外孔子教小子、教伯鱼数言。而其立言，一归于温柔敦厚，无古今一也。自陆士衡有缘情绮靡之语，后人奉以为宗。波流滔滔，去而日远矣。选中体制各殊，要惟恐失温柔敦厚之旨。

  国朝选本诗，或尊重名位，或藉为交游结纳，不专论诗也。

  是选以诗存人，不以人存诗，盖建竖功业者重功业，昌明理学者重理学，诗特其余事也。故有功业理学可传，而兼工韵语者，急采之。否则人已不朽，不复登其绪余矣，观者谅之。

  ……

  亦有前明词人，而易代以来，食毛践土既久者，诗仍采入。编诗之中，微存史意。①

（二）选丁诗三首（卷十四）

丁耀亢，字西生，山东诸城人。由贡生官惠安知县。

  1. 老将

  老将愁衰落，幽燕气尚雄。虬须犹挂剑，猿臂已伤弓。帝宠嫖姚少，人知廉颇忠。低头怜战马，落日大江东。

沈德潜评：结尤悲壮②。

按：此诗出自《天史》附录三《问天亭放言》，作于明崇祯二年（1629）。时丁氏读书山中，以求功名有进。此前已参加二次乡试，均落第。与莱阳王子房等在山中结社，慷慨有经世之志，"戊辰之冬，筑舍五楹，曰'煮石草堂'，取唐人'归来煮白

---

① （清）沈德潜：《清诗别裁集》，上海：上海古籍出版社，1984年版，第1-4页。
② （清）沈德潜：《丁耀亢》，《清诗别裁集》卷十四，上海：上海古籍出版社，1984年版，第564-565页。

石'之句。是年,有友五人来山中结社"①。王士禛《古夫于亭杂录》卷五载:"丁著《天史诗》多奇句,如《老将》云:'低头怜战马,落日大江东。'《老马》云:'西风双掠耳,落日一回头。'此例皆警策。"②

2. 再答山阴王玉映并宗弟睿子

海上仙人挽鹿车,《五噫》歌就出关初。黔娄偕隐称良友,班女工文续《汉书》。玉笈家藏空粉黛,青箱世业伴樵渔。又闻宫壶征闺范,不去翻来问索居。

沈德潜注:玉映,山阴王季仲女,工著述,故以班大家为比。

按:此诗出自《江干草》,作于顺治十七年(1660)丁氏赴惠安知县途中羁留寓居杭州时。原诗有注:"以选诗纬来求序。"③顺治十七年春王氏欲过寓访谒,丁耀亢婉拒之,以诗《山阴王玉映女史投诗为宗弟丁睿子元配诗以答之》记其事④。

3. 久客浦城上台使屡檄不放夜坐达旦

山城风雨夜寒侵,欹枕灯残耐苦吟。故国青山万里梦,老亲白发五更心。微官求劾身仍系,薄俗依人病转深。自拥孤衾愁达旦,卧听童仆有哀音。

按:此诗出自《江干草》,作于顺治十七年十二月底,时丁氏寓居浦城不前,以病求劾免职。全诗情感深厚,表意孤苦,"故国青山万里梦,老亲白发五更心",为全诗警句,有温柔敦厚之气。

七、晚晴簃诗汇

徐世昌辑,北京出版社,1996年版。

选丁诗五首(卷三十二⑤)

丁耀亢,字西生,号野鹤,诸城人,诸生。由教谕历官惠安知县,有《逍遥游》

---

① (清)丁耀亢:《出劫纪略·山居志》,《丁耀亢全集》下,第269页。
② (清)王士禛撰,赵伯陶点校:《丁耀亢丘石常》,《古夫于亭杂录》卷五,北京:中华书局,1988年版,第115页。
③ (清)丁耀亢:《再答山阴王玉映并宗弟睿子》,《江干草》,《丁耀亢全集》上,第381页。
④ (清)丁耀亢:《山阴王玉映女史投诗为宗弟丁睿子元配诗以答之》,《江干草》,《丁耀亢全集》上,第380页。
⑤ 徐世昌:《丁耀亢》,《清诗汇》卷三十二,北京:北京出版社,1996年版,第424页。

《陆舫诗草》《椒丘诗》《江干草》《归山草》《听山亭草》诸集。

《诗话》：野鹤为少滨侍御子，犹及华亭董文敏之门，与陈古白、赵凡夫、徐闇公结文社。归，与莱州宋子房讲经世之学。子房死难，野鹤入国朝，诣京师，充教习，筑室米市，与王觉斯、傅掌雷、薛行屋、张坦公诗酒相过从。初除校官，旋迁宰县，以母老投劾归。诗逸宕有风致，兼通词曲，有《赤松游》《表忠记》诸传奇行世。

按："归，与莱州宋子房讲经世之学"，"宋子房"应为"王子房"，《逍遥游》卷二之《故山游》有《王子房登第后过斋中同社宴集》《同王子房集丘子廪斋中》，卷一之《海游》有《癸未十月入东莱哭挽王子房大中丞》。顺治四年龚鼎孳在《逍遥游·序》中提及二人因王子房故相识交游。

1. 瓜洲

水外苍烟一鹭明，长天雨歇半江晴。双舟对过如梭急，爱听船娘转舵声。

按：此诗出自《逍遥游》卷二之《江游》，作于明崇祯十二年（1639）。此时丁氏虽屡试不第，但家境殷实，生活安逸，负笈南游企图于功名有进，所以心境平和，故其诗作明快灵动，富有情趣。

2. 屠牛叹呈张中柱学士

燕市西番旧羌落，屠杀天生自安乐。都城用牛不计万，远近群驱就束缚。撑拄蹄角侧不起，努张血力睛犹烁。饮刃一啸微带声，中节砉然遂解腊。庖丁见惯谈笑轻，一瞬十牛如振箨。众牛旁立相待死，毛角渐渐神自若。骨肪同登大俎盘，皮骨群分百匠错。死犹济物不辞用，生本利人代耕作。虎豹凶残出于柙，劳生尽力填溪壑。功罪报施已不仁，造物何尝分厚薄。东风春草年年生，老牛死尽犊还耕。

按：此诗出自《陆舫诗草》卷一，作于顺治六年（1649），丁氏时任旗塾教习。诗中描述在京师目睹满洲人杀牛场面的惨烈，借屠牛曲折地表达了自己对满洲嗜杀成性的谴责和对乱世中遭受宰割的民众的悲悯情怀。后来丁耀亢在其创作的《续金瓶梅》（第十四回）中将这一情结融入其中。杨钟义《雪桥诗话三集》云："（丁耀亢）其《屠牛叹呈张中柱学士》云云，渔洋谓其晚作亢厉，然如此诗，亦香山之遗也。"[①]

---

① 钱仲联：《清诗纪事》，南京：凤凰出版社，2004年版，第568页。

3. 哀浙士陈章侯

到处看君图画游，每从兰社问陈侯。西湖未隐林逋鹤，北海难同郭泰舟。鼓就三挝仍作赋，名高百尺莫登楼。惊看溺影山鸡舞，始信才多不自谋。

按：此诗出自《陆舫诗草》卷四，作于顺治九年，陈章侯即明清之际画家陈洪绶。徐鼒《小腆纪传》："陈洪绶，字章侯，诸暨人……崇祯末入赀为国子生。鲁监国时，以画待诏。王师下浙东，大将军固山某从围城中搜得洪绶，大喜。令画，不画；刃迫之，不画；以酒与妇人诱之，画。久之，请汇所画署中，乃大饮，夜抱画寝，伺之，则已遁矣。既乃混迹浮屠氏，自称老迟，悔迟，亦称老莲，纵酒狎妓则如故。醉后语及国家沦丧，身世颠连，辄恸哭不已。后画名逾重，而意气逾奇。更数年，以疾卒。"①

邓之诚《清诗纪事初编》："案此诗作于顺治九年，陈洪绶以不良死，他书未及。"②

4. 梨口村

瑶草琪花徧地生，青禽红果不知名。层层列岫天如束，人在翠微深处行。

按：此诗写于顺治十七年（1660）十一月初旬，乃丁耀亢赴任福建惠安县令时，寓居浦城以病求劾解职时所作，"告病闲居，因自浦城往游武夷日纪山行，由翥岭始，较霞岭险秀百倍矣，为庚子十一月初旬"③。

5. 听笛

寂寂远峰青，梅花落洞庭。何人吹入破，能使客愁醒。鹤唳云门远，龙吟海气冥。悲秋兼别恨，明月满山亭。

按：此诗出自《听山亭草》，作于康熙五年（1666），经过续书案，丁耀亢返家归禅，时病目转深，以耳代目。此时丁氏一心向佛，心境转平，诗亦富有禅机。

八、清诗纪事初编

邓之诚撰，上海古籍出版社，1984年版。

---

① （清）徐鼒：《遗民陈洪绶》，《小腆纪传》卷五十八，周骏富辑《清代传记丛刊·遗逸类》（四），台北：明文书局，1984年版，第659页。
② 邓之诚：《丁耀亢》，《清诗纪事初编》卷六，上海：上海古籍出版社，1984年版，第684页。
③ （清）丁耀亢：《告病闲居，因自浦城往游武夷日纪山行，由翥岭始，较霞岭险秀百倍矣》，《江干草》，《丁耀亢全集》上，第390页。

(一) 序　邓之诚

黄宗羲谓：当以诗证史，不当以史证诗。小年读此，深喜其说。时正读吴梅村集，因摭诗中之事，举义诒人，资为笑乐。唐宋人诗集编年者，足尽其人一生之事，既非编年而为分体，时地人物，偶一及之。出于亲述，视后人记载为有别矣。诗有异于史，或为史所无者，斯足以证史，最为可贵。其与史合者，诗略而史详，史固专行，何劳辞费！若辞旨隐约，以史证之，类于商隐。钱谦益读杜小笺，事事征实，不免臆测。近人辨论李商隐诗，各申其说，终无定论。史证之与证史，得失判然，于斯可见。昔修清史时，湘中有创议辑诗中自注以庀史材者，其说固是，然自注者少，且有为避指摘，故布疑阵，饰以他语者，安能执一以概之？①

(二) 选丁诗十一首(卷六)

《丁野鹤集》十二卷附乐府三种。撰《丁野鹤集》十二卷，为《逍遥游》二卷、《陆舫诗草》五卷、《椒丘诗》二卷、《江干草》《归山草》《听山亭草》各一卷；附《化人游》《赤松游》《西湖扇》乐府三种；大约自崇祯六年至康熙八年，先后三十七年之诗，略备于此矣。②

少从董思白、乔剑圃游。尝与陈古白、赵凡夫结社山中。又与王子房同负经世大略。自言丁亥顺治四年于役淮上。《逍遥》一集，惟缺《山阳游》未刻，或虑触时禁，故讳言之。既不得志，乃泛海北游，为升斗计，有"无聊生理缺，奴仆请逢迎"之句。晚以著书被祸入诏狱，仅而得免，丧明归禅。文人之遇，斯为最酷……集中纪事诸篇，颇可参证时事。

按："自言丁亥顺治四年于役淮上"，当指顺治二年至四年，丁耀亢因田产案狱家乡豪右诉讼不止；四年夏丁耀亢南游江淮，欲觅地举家南迁，并非是因为参与战事，"丁亥仲夏，丁子家居，郁郁不得志，泛舟淮海，子焉无侣。闻故人刘君吏隐海陵，乘兴访戴。矫子猷不见之偏，倍平原留饮之约"③。

1. 薙发

秋发晞阳短，晴檐快一髡。客尘清秽蔓，霜气到蓬根。故镜劳凭吊，新缨笑独尊。人情习不异，如此任乾坤。

---

① 邓之诚：《清诗纪事初编·序》，《清诗纪事初编》，上海：上海古籍出版社，1984年版，第1页。
② 邓之诚：《丁耀亢》，《清诗纪事初编》卷六，上海：上海古籍出版社，1984年版，第682页。
③ 邓之诚：《丁耀亢》，《清诗纪事初编》卷六，上海：上海古籍出版社，1984年版，第688页。

按:此诗出自《陆舫诗草》第一卷,作于顺治五年八月下旬,时丁氏刚到京师。剃发看似生活琐事,但在清初异族入主、剃发易服的情势下,"新缨笑独尊"的发式包含着汉族士子无奈的复杂情感,"人情习不异,如此任乾坤"。

2. 流落二首

岂不嗟流落,因依借一廛。骥衰迷故道,雁冷就荒烟。小道归豚笠,雄谈坐马鞯。刘琨今罢舞,新授上林毡。

出市独行远,城隅落日黄。发兵愁触马,赛鬼喜分羊。面瘦怜生口,音同问故乡。夜眠闻鼓角,征雁不成行。

按:此诗出自《陆舫诗草》卷二,作于顺治七年八月,时丁氏任旗塾教习,诗中以流落他乡、离雁独行、歧路彷徨表达对自己未来感到迷茫的苦闷之情。

3. 盗乱

已见燕畿扰,相传邹峄空。如何焚此屋,不复乐归农。路断民频徙,烽连虎暗通。移家无可住,吾道已辽东。

按:此诗出自《陆舫诗草》卷二,作于顺治七年年底,时丁氏由京师归家,目睹盗乱遍地,以诗表达对战乱的厌恶之情。时河北、山东等地遭受水灾,饿殍遍地,加之满洲贵族在两地圈地,致使饥民起事,盗匪汹汹。顺治六年(1649)正月山东巡抚吕逢春疏奏:"土贼杜全、张文齐等分据村落,筑成浚濠,势甚猖獗。临清总兵宜永贵同满洲士兵往剿,毁其巢穴,斩全、文齐并贼首二千余级。"[1]此诗即指当时山东官兵与起事饥民间战乱不断的社会现状。

4. 田家二首

乱后有田不得种,蚕后有丝不及用。官家令严催军需,杂差十倍官粮重。县官皂隶猛如虎,荒田不售鬻儿女。门前空有十行桑,老牛牵车运军粮。何时望得大麦黄?

柴门无人鸟雀噪,野日荒荒照古道。去年春旱谷不收,荞麦无花秋雨涝。行客但能留我家,泥墙土榻煎山茶。我家有牛不肯卖,丁男昨日随官衙。传闻新诏捐田租,官司奉行知有无?

按:此诗出自《陆舫诗草》卷三,作于顺治八年春,丁氏探亲在家,以白描手法实录当时穷兵黩武,农民所承受的残酷盘剥,可与杜甫《石壕吏》对读,也是丁氏的

---

[1] 《世祖章皇帝实录》卷四二,《清实录》第3册,北京:中华书局,1985年版,第339页。

宗杜作品之一。

5. 哀浙士陈章候（时有黄祖之祸）

按：考见《晚晴簃诗汇》。

6. 同张尚书过天主堂访西儒汤道未太常

鬖鬖窃停垂双耳，渡海东来八万里。相传印度浮屠外，别有宗门号天氏。天氏称天人主教，自谓星辰手所造。因缘亦与儒释同，不识天人原一道。璇玑法历转铜轮，西洋之镜移我神。十里照见宫中树，毫发远近归瞳人。亦有井中暗溜巧，激而上注及东邻。手握寸石能五色，照人眩惑皆失真。钟依漏而自击，琴繁弦而自操。造化虽小称绝巧，童年不识阴阳窍。老人九十颜如丹，驼腰高鼻古衣冠。汉书鸟译皆不识，此亦大道非波澜。安得聃尼言化理，无用小技凿肺肝。

按：此诗出自《陆舫诗草》卷四，作于顺治九年秋。丁氏以新奇的眼光审视汤道未（若望）氏及其倡导的天主教和所带来的新科技，虽对汤氏怀有敬意，但汉儒以中国为尊的情感了然于诗，"安得聃尼言化理，无用小技凿肺肝"，从侧面可以看出西方文化在清初的状况。当时在京汉官刘正宗、薛所蕴、陈名夏等都与汤氏交往，并在诗集中有记录。

7. 大侠行（京有黄表李三是日伏法）

君不见长安马贩屠沽子，豪富一朝雄阙里。门前金碧起高楼，后房筝管披纨绮。名娼各领大官钱，长吏遥尊猾胥旨。翻覆立见起寒暄，喜怒令人判生死。郭解朱家集满门，座客三千跋珠履。不但声名逼霍卫，亦能车马通金史。炙手可热天可回，自谓富贵长如此。谁信风波在须臾，父子囊头入都市。劝君莫美死莫嗟，天道昭明直如矢！

按：此诗出自《陆舫诗草》卷四，作于顺治九年年底，借李三伏法抒发自己对世态人情的认识。

8. 移兵德州二首

瀛海人将尽，移兵驻德门。连营无鸟过，百里见尘昏。车力劳三郡，田封徙万屯。莫愁禾黍失，明主有恩纶。

经行如雁阵，万幕竞临河。雉女牵青牡，羌儿挚白驼。插旗收土著，牧马散平坡。正好图王会，民生莫浪嗟。

按：此诗出自《椒丘诗》卷一，作于顺治十一年(1654)，时丁氏任容城教谕。时河北、山东等地遭受水灾，饿殍遍野，民不聊生。

9. 捕逃行

嗟尔逃人胡为乎来哉？昔为犬与豕，今为虎与豹。犬豕供人刀俎肉，虎豹反噬乡邑灾。尔生不时遭杀掳，不死怀乡亦悲苦。何以潜伏里中村，一捕十家皆灭门。择人而食虎而翼，仇者连坐富者吞。嗟尔已为人所怜，何为害众祸无边？皇恩新赦有宽令，都护爱人惜尔命。甘死北地莫投亲，普天何地非王民？

按：此诗出自《椒丘诗》卷二，作于顺治十三年(1656)，揭露逃人法对民众的毒害。

10. 己亥八月，以续书被捕，待罪候旨。至冬季，蒙赦得放还山，共计一百二十日。狱司檀子文馨，燕京名士也，耳予名，如故交，率诸吏典各酿酒，三日一集，或至夜半酣歌达旦，不知身在笼中也。各索诗纪事，予眼昏，作粗笔，各分去，寄诗志感。

独坐怜寒夜，圜墙起鼓声。雪晴光不定，月暗影空明。掾吏藏文士，穷交仗友生。莫轻谈往事，一醉颂升平。

按：此诗出自《归山草》，作于康熙五年(1666)，时丁耀亢《续金瓶梅》案结束。此组诗共有八首，选诗是其第一首，记录《续金瓶梅》文字案的有关事宜。

11. 焚书

帝命焚书未可存，堂前一炬代招魂。心花已化成焦土，口债全消净业根。奇字恐招山鬼哭，劫灰不灭圣王恩。人间腹笥多藏草，隔代安知悔立言。

按：此诗出自《归山草》，作于康熙五年，记述《续金瓶梅》案对丁氏的伤害。

九、清诗纪事

钱仲联主编，凤凰出版社，2004年版。

选丁诗七首

1. 哀浙士陈章侯

按：考见《晚晴簃诗汇》。

2. 同张尚书过天主堂访西儒汤道未太常

按：考见《清诗纪事初编》。

3. 屠牛叹呈张中柱学士

按：考见《晚晴簃诗汇》。

4. 移兵德州

按：考见《清诗纪事初编》。

5. 己亥八月，以续书被捕，待罪候旨。至冬季，蒙赦得放还山，共计一百二十日。狱司檀子文馨，燕京名士也，耳予名，如故交，率诸吏典各酿酒，三日一集，或至夜半酣歌达旦，不知身在笼中也。各索诗纪事，予眼昏，作粗笔，各分去，寄诗志感。

按：考见《清诗纪事初编》。

6. 阅徐大拙《雪鸿草》有感

黄河吹角日将曛，故垒萧萧两岸分。侯是淮阴仍胯下，士非东海愧从军。梦中蚁幻全无味，雪里鸿飞尚有文。草檄共推君第一，中原何事不先闻。

按：此诗出自《逍遥游》卷二之《吴陵游》，作于顺治四年仲夏丁耀亢游吴陵时。邓之诚《清诗纪事初编》："北都之覆，(徐振芳)起义旅淮上。丁耀亢《逍遥游·阅徐大拙〈雪鸿草〉有感》云云，即指起义事，耀亢亦与其事。"①邓氏所说丁耀亢参与徐振芳起义事应有误。丁氏确实关心时事，但参与起义事似不可。丁氏甲申前后曾在避难海上时有从军经历，纯为自保，"(1644)九月，安邱刘太史入海而南，同行至淮谒刘镇泽清。先以赞画授予札""遣王将遵坦以兵磊共屯东海，荐予授纪监司理，以监其军"②。"(1645)五月，清兵渡江，弘光降，刘泽清解甲，王师亦遣兵散。邀入淮往见豫王，期叙功别用。"丁氏以老母思乡切为借口，乘船返乡。"甲申天地崩，南奔何草草。监理淮海军，微官实自保。"③后曾惋惜王遵坦虽授官巡外，却田荒祖废，"后王将遵坦入京，授川抚。膏田大宅皆荒芜他售。卒没于川。大翁王讳滢亦流落，没于外。人皆惜之"④。

---

① 邓之诚：《徐振芳》，《清诗纪事初编》卷二，上海：上海古籍出版社，1984年版，第156页。
② （清）丁耀亢：《出劫纪略·从军录事》，《丁耀亢全集》下，第281页。
③ （清）丁耀亢：《舟中初度对雨自酌口占二十四韵》，《江干草》，《丁耀亢全集》上，第410页。
④ （清）丁耀亢：《出劫纪略·从军录事》，《丁耀亢全集》下，第282页。

7. 失题

陶令郎儿诸葛妻,妻能炊黍子蒸藜。一家命薄皆耽隐,十载形劳合静栖。野径看云双屐蜡,石田耕雨半犁泥。谁须更洗临流耳,戛戛幽禽尽日啼。

按:此诗出自《问天亭放言》,作于明崇祯元年(1628)九月。组诗共有五首,是诗为其第二首,组诗前序曰:"余自乙丑(明天启五年,1625)营东溪书舍,结茅种树,决计卜居橡檞山之阳,至戊辰(1628)九月,复造煮石草堂焉。是月,自城移家,因为诗以落之。"①王士禛《池北偶谈》卷十二《谈艺·丁野鹤诗》载:徐东痴言,少时于章丘逆旅,见一客,裤褶急装,据案大嚼,旁若无人。见徐年少,呼就语曰:"吾东武丁野鹤也。顷有诗数百篇,苦无人知,子为我定之。"因抛一巨编示徐,尚记其一律云:"陶令儿郎诸葛妻,妻能炊黍子蒸藜。一家命薄皆耽隐,十载形劳合静栖。野径看云双屐蜡,石田耕雨半犁泥。谁须更洗临流耳,戛戛幽禽尽日啼。"野鹤晚游京师,与王文安(铎)诸公倡和,其诗亢厉,无此风致矣②。

---

① (清)丁耀亢:《戊辰九月自城移家入山五首》,《天史·问天亭放言》,第 220 页。
② (清)王士禛:《谈艺·丁野鹤诗》,《池北偶谈》卷十二,北京:中华书局,1982 年版,第 270 页。

第五章

丁耀亢戏曲研究

第一节 丁耀亢戏曲思想

丁耀亢曾倾力戏曲创作，据清同治十一年(1872)丁守存在湖北崇文书局重刻本《〈表忠记传奇〉书后》中说"传奇十三种，亦多散佚"①。其子丁慎行在《重刻〈西湖扇传奇〉始末》中言，至康熙十三年(1674)春尚有"《化人游》《赤松游》《表忠记》《非非梦》《星汉槎》等，久已流传远近，脍炙人口，惟《西湖扇》刊本失传"②。丁氏现存传奇四种：《化人游》(顺治四年，1647年完成)、《赤松游》(顺治六年，1649年完成)、《西湖扇》(顺治十年，1653年完成)、《表忠记》(顺治十四年，1657年完成)。另存剧目两种：《非非梦》《星汉槎》③。丁氏现存剧作已收入《古本戏曲丛刊》第五集。

丁耀亢在进行戏剧创作的同时，努力学习前人的理论，总结自身的实践，提出了自己的戏曲理论和思想。这集中体现在其顺治六年的两篇短文中，即《〈赤松游〉题词》与《啸台偶著词例》。这两则短文虽然行文简约，有些地方甚至语焉不

---

① (清)丁守存：《〈表忠记传奇〉书后》，(清)丁耀亢《丁耀亢全集》上，第1007页。
② (清)丁慎行：《重刻〈西湖扇传奇〉始末》，(清)丁耀亢《丁耀亢全集》上，第741页。
③ 《星汉槎》大约创作完成于顺治十四年七月，丁耀亢曾赋诗记之。《七夕赋〈星汉槎记〉》："海上浮槎久不回，明河霞起绣成堆。支机石在天将老，驾鹊桥成浪未开。星斗携归还浩渺，山川历尽失崔嵬。年年乞巧文无似，更被天孙送拙来。乘桴岁暮忆沧溟，野渡无津采水生。雨过河痕留晚照，云开月落见疏星。补天石化人难问，泛斗文成鬼欲听。一啸虚舟星汉渺，近游汗漫学逃形。"《丁耀亢全集》上，第339—340页)此诗作于顺治十四年七月七日，时丁耀亢任容城教谕四年，孤苦失落；不久后入京辞官，不果。《入都辞官不果》："瓠落何时了，微官岁月迁。思归忧乱土，久客惜残年。心远身相累，行违虑不全。浮生消妄想，高卧梦山田。"(《丁耀亢全集》上，第342页)
按：丁耀亢在每部传奇创作结束后，一般都有诗歌记录，丁氏创作传奇不会超过七部，十三部之说应该是臆测。

详,但其中渗透着丁氏自己的观点和主张,是丁氏个人创作实践经验的总结,对后世戏曲理论及传奇创作都产生了一定的影响。丁耀亢的戏剧理论及思想主要表现在四个方面。

一、结构观:布局合宜,自出机杼

《啸台偶著词例》数则云:

> 调有三难:一布局,繁简合宜难。二宫调,缓急中拍难。三修词,文质入情难。
>
> ……
>
> 词有七要:……七要照应密,前后线索,冷语带挑,水影相涵,方为妙手。①

丁耀亢将布局置于戏曲创作中的宫调和文词之前,强调布局繁简合宜之难;注意剧情前后照应,线索细密,这说明丁氏已经认识到布局结构在戏剧创作中的重要地位。

后人对丁氏的这一贡献大多肯定。郑骞《善本传奇十种提要》认为丁氏"所作传奇则沉雄清丽,兼而有之,远胜于《六十种曲》中之寻常作品。然流传不广,录曲诸家亦多不之及,至今遂在若存若无之间";并称赞《赤松游》"曲文佳处甚多,或沉雄悲壮,或清丽缠绵,不愧诗人之作";肯定《表忠记》"结构谨严,关目生动,词藻尤清丽遒健"②。黄霖《略谈丁耀亢的戏剧观》也持近似观点,"比较重视选取作为叙事文学的基本特征""丁氏的戏曲主张对李渔有直接的影响"③。

《〈赤松游〉题词》云:

> 近见自称作者,妄拟临川之四梦,遂使梦多于醒;因摹元海之十错,又令错乱其真。不知自出机杼,总是寄人篱下。仙侠为以人而补天,无非过脉;忠孝乃观风以化俗,妙在不板。士女风流,又作离合套本,刀马热闹,最忌清浊杂伦。词病多端,伤巧伤俚,同一病也;曲妙各种,用雅用俗,同一妙也。时曲既多,新声争艳,至有琢字镂词,截脂割粉,落韵不求稳而求生,立意不用平而用怪,故曲曰传奇,乃人中之奇,非天外之事。五伦外岂有奇人?三昧中总完至性。若以李贺鬼才,何不以之作诗?柳七艳情,止可因为散曲。④

---

① (清)丁耀亢:《啸台偶著词例》,《丁耀亢全集》上,第808页。
② 郑骞:《善本传奇十种提要》,《燕京学报》第24期,1938年12月,第142-147页。
③ 李增坡:《丁耀亢研究》,郑州:中州古籍出版社,1998年版,第198-202页。
④ (清)丁耀亢:《〈赤松游〉题词》,《丁耀亢全集》上,第806页。

丁耀亢批评时俗流行的戏曲创作模拟临川《四梦》与阮大铖《十认错》套路，抄袭成风，而无新意，"梦多于醒""错乱其真"，明确提出创作中要"自出机杼"，反对"寄人篱下"。创作中的"自出机杼"并非"不求稳而求生""不用平而用怪"，而是强调其传奇观是"乃人中之奇，非天外之事。五伦外岂有奇人？三昧中总完至性"。

丁耀亢在其理论中已经充分认识到布局结构的重要性，构思结构时并非一味求奇，强调自出机杼，奇而不诡，从人伦生活中求得人生的发现和见解。

明代王骥德(？—1623)《曲律·论章法》中指出"作曲，犹造宫室者然。工师之作室也，必先定规式"①；臧懋循(？—1621)《元曲选·序二》亦指出"关目紧凑之难"②。丁氏提出"布局繁简合宜""照应密"和"自出机杼"，无疑是对前人理论的深入推进。

丁氏注重布局结构的理论对后来李渔"结构第一"中的"立主脑""脱窠臼""密针线"等理论具有启发意义。丁氏剧论产生于顺治六年(1649)，李渔的《闲情偶寄》完成于康熙十年(1671)。顺治十七年(1660)丁氏在杭州与李渔多有交往，丁氏以《王仲昭孙宇台章式九李笠翁载酒招游湖上陆鹤田移舟就饮》记之。丁氏的结构论在其《表忠记》中得到很好的体现，"结构谨严，关目生动，词藻尤清丽遒健"③。《表忠记》基于对《鸣凤记》人物众多、枝蔓庞杂的认识，在创作中围绕中心人物布局构思。全剧三十六出，采用双线结构，其中十八出对杨继盛进行正面描写，其它十八出也是围绕杨继盛，或侧面烘托以邪衬正，或锦上添花渲染悲剧色彩，做到了结构合理，布局严谨。

对于传奇之"奇"，丁氏强调"人中之气""五伦奇人"，而非"天外之事"。这种观点与当时小说创作中"今之人，但知耳目之外，牛鬼蛇神之为奇，而不知耳目之内，日用起居，其为谲诡幻怪非可以常理测者固多也"④的理念是一致的。丁氏的传奇创作结构布局多有奇节，如《赤松游》中以张良有仙因，巧遇黄石老人授天书，后助刘邦定鼎天下，帮吕后母子"修韩""祀石""辟谷""归山"等情节，虽多涉神仙道气，但不脱现实关怀。《赤松游》围绕张良"始终为韩"的主题，隐晦曲折地表达了清初一部分贰臣士人虽身仕新朝仍不忘旧恩的心曲。

---

① (明)王骥德：《曲律·杂论第三十九上》，《中国古典戏曲论著集成》(四)，北京：中国戏剧出版社，1959年版，第123页。
② (明)臧懋循：《元曲选·序》，《元曲选》，北京：中华书局，1958年版，第12页。
③ 郑骞：《善本传奇十种提要》，《燕京学报》第24期，1938年12月，第147页。
④ (明)凌濛初：《初刻拍案惊奇·序》，丁锡根编著：《中国历代小说序跋集》，人民文学出版社，1996年版，第785页。

叶长海《中国戏剧学史稿》对此予以较高的评价,"(丁氏)着重指出创作戏曲必须注意出新,在语言方面提倡'白描'、'真色';他还批评当时那种模拟之风""提出了自己的主张"。究其"词有七要"理论,叶著说,"着重从戏曲的具体作法提供经验""更为深入细致""这是对戏剧创作发展的结果,同时也与丁氏掌握了创作实践的直接经验有关"。对于丁氏提出的"词有六反",叶著指出:"'六反'的一个显著特点,是充满辩证的思索,这是一份艺术创作辩证法纲要,其精神具有普遍的指导意义。'六反'还有一点值得注意,这就是揭示了中国传奇普遍具有的悲喜剧色彩。"最后叶著强调:"丁耀亢戏曲理论是一份较为完备的戏曲创作要领。它是对以往戏曲创作技法研究的继承和展开,也是作者多年创作实践中获得的亲身感受和概括。这份纲要的精神在稍后的《李笠翁曲话·词曲部》中都可以找到。"①

二、语言观:语出自然,慎于用典

《〈赤松游〉题词》云:

> 不得已而用典衬题,无奈何而加青敷色,岂必以类书为绘事,借客为正主乎?至于句语关目,尤贵自然。近多开口即排,直至结尾,皆成四六者,尤为不情。如能忽散忽整,方合古今;半雅半俗,乃谐观听。步元曲而囿其范围,愧成画虎;摹时词而流为堆砌,未免雕猴。②

《啸台偶著词例数则》云:

> 要安详,生旦能安详,丑净亦有安详,插科打诨,皆有安详处。

丁氏认为戏剧语言,无论是唱词还是人物的宾白,"尤贵自然",慎于用典。

李开先(1502—1568)《西野春游词序》云:"词宜明白而不难知……用本色者,为词人之词,否则为文人之词矣。"③何良俊《曲论》亦云"盖填词须用本色语,方是作家"④。

丁耀亢在戏剧中力求语出本色,将人物的心境以个性化的语言表现出来,如《西湖扇》第十二出《前难》:

> 【北沽美酒带过太平令】(合)尘起处,马乱喧;旗过处,甲兵攒。现挽着离弦箭,大戟长刀压战鞍,见羊裘垂辫。喊声沸,朔风殫。荒野里,人民逃窜;

---

① 叶长海:《中国戏剧学史稿》,上海:上海文艺出版社,1986年版,第354-356页。
② (清)丁耀亢:《〈赤松游〉题词》,《丁耀亢全集》上,第806-807页。
③ (明)李开先:《西野春游词序》,蔡景康编《明代文论选》,人民文学出版社,1993年版,第144页。
④ (明)何良俊:《曲论》,《中国古典戏曲论著集成》(四),北京:中国戏剧出版社,1959年版,第6页。

村落里,红烟缭乱。到处里,尸横血溅,无处避流星掣电。俺啊,说甚么前冤、现冤、情缘、祸缘!呀,会腾那叫不出各行方便。①

曲中语言自然,节奏简约,将金兵入侵时的凶残与南宋民众孱弱、尸骨横野的场面展现得生动形象,折射出清初战乱给人们带来的灾难。曲中短句排比,造成节奏的紧促,渲染了战乱中人物慌乱恐惧的心理状态。

第十六出《双题》:

【二郎神慢】(旦)难存济,叹薄命羁囚累系。听雁唳,长空云似水,正塞北晚秋天气。马上胡笳知几拍,似败叶因风自坠。伤心处,银瓶堕井,无地追寻消息。②

曲中用秋景的萧瑟肃杀渲染了宋娟娟飘零无主的凄苦内心,展现了战争给普通妇女造成的巨大痛苦。

丁耀亢把戏剧宾白中"开口即排""皆成四六""忽整忽散"的现象讥为"画虎""雕猴"。王骥德《曲律·论宾白》说:

大要多则取厌,少则不达,苏长公有言:"行乎其所当行,止乎其所不得不止。"则作白之法也。③

凌濛初(1580—1644)在《谭曲杂札》中也有论及:

盖传奇初时本自教坊供应,此外止有上台构栏,故曲白皆不为深奥。其间用诙谐曰"俏语",其妙出奇,拗曰"俊语"。自成一家言,谓之"本色",使上而御前、下而愚民,取其一听而无不了然快意。④

丁氏《赤松游》第十出《大索》中张良椎击秦始皇后,朝廷下旨搜拿,知县胡图在接到文书后与差役有大段宾白:

(丑念毕滚地科)(众扶起,丑哭科)我的皇天呵,我的亲娘呵,我的娇儿呵!(众)老爷因甚便哭起来?(丑)列位有所不知:我学生费了许多银钱力量,弄得一身京帐,求了个署印正堂,到此不曾挣的些大钱。我想秦皇法度,

---

① (清)丁耀亢:《西湖扇》第十二出,《丁耀亢全集》上,第763页。
② (清)丁耀亢:《西湖扇》第十六出,《丁耀亢全集》上,第769页。
③ (明)王骥德:《曲律·论宾白》第三十四,《中国古典戏曲论著集成》(四),北京:中国戏剧出版社,1959年版,第141页。
④ (明)凌濛初:《谭曲杂札》,《中国古典戏曲论著集成》(四),北京:中国戏剧出版社,1959年版,第259页。

不是耍的。这贼情大盗,一时难拿,误了钦限,将我老婆、儿子俱要入官,(作杀科)将我学生这点狗骨头儿,一刀弄的干干净净,倒不如央求列位诸兄,将我杀生不如放生。这顶官帽儿我戴着甚不合时,就让与众位,不拘谁戴。(作取帽跪科)老爷,请,请,请!(众)老爷请起,这是老爷买卖来了。这样钦件文书,就是挣大钱、拿鹅头的名色。不拘大家小家,看他有钱的,就说窝盗通贼,监禁拷打,不怕他一千五百不拿来救命,他若不肯,就申他一路文书,一样倾家。他自然要奉承老爷的。(丑作喜跳科)我的爷!你何不早说?这顶纱帽,还是老爷暂戴一戴。①

这段宾白以漫画的笔法,写得曲折生动、波澜有致,对白趣味纵横,各具情态,符合人物的身份与心态。知县的"滚地""哭""跪""喜跳"等动作及买官求财、临差保命、因狱生财、勒索百姓和差役贪赃枉法、鱼肉乡里的情状,形神毕肖,明清之际胥吏腐朽黑暗的现实跃然纸上。

丁氏认为戏剧语言中的用事须在必要之时,应服从于戏曲的剧情需要,而非炫才,以至喧宾夺主:"不得已而用典衬题,无奈何而加青敷色,岂必以类书为绘事,借客为正主乎?"

王世贞《曲藻》云:"用事。明事隐使,隐事明使。"②王骥德《曲律·论用事》云:

> 好用事,失之堆积;无事可用,失之枯寂。要在多读书,多识故实,引得的确,用得恰好,明事暗用,隐事显使,务使唱去人人都晓,不须解说,又有一等事,用在句中,令人不觉,若禅家所谓撮盐水中,饮水乃知咸味。③

丁耀亢在《新编杨椒山表忠蚺蛇胆》(简称《表忠记》)第二十七出《谋杀》中演绎严嵩与赵文华、鄢懋卿密谋铲除杨继盛一节。

【玉交枝】(净)人情掣肘,似临崖难将马收。从来缚虎翻成斗,提防网漏吞舟。那杨椒山的事,如何歇的下手?日久不决,常恐有变局之祸。杀人不死空自雠,开弓收箭非高手。怕当朝旁人借箸,致樊笼无端解扣。

(末)这件小事,何足烦太师忧虑?小子久有成算了。

【前腔】(末)笼禽槛兽,何劳过虑多求!朝中自有机关凑,须教露尾藏

---

① (清)丁耀亢:《赤松游》第十出,《丁耀亢全集》上,第825页。
② (明)王世贞:《曲藻》,《中国古典戏曲论著集成》(四),北京:中国戏剧出版社,1959年版,第28页。
③ (明)王骥德:《曲律·论用事》二一,《中国古典戏曲论著集成》(四),北京:中国戏剧出版社,1959年版,第127页。

头。如今圣上因倭寇失事,恨总督张经失误军机,定要行诛。正好将杨某名字附于本后。皇上见本上张经为首,自然要决的,那知杨某在内?亡猿安知林木忱,城门灾并池鱼受。谅重瞳难明暗钩,这神谋无人参透!①

这段唱词以用典、比喻等修辞,形象地将严嵩视杨继盛为芒刺,急于除之后快而又做贼心虚的心理和鄢懋卿贪赃枉法、草菅人命以及皇帝昏庸暗聩的形态刻画出来。王骥德《曲律·论家数》云:"大抵纯用本色,易觉寂寥;纯用文调,复伤雕镂。"②此处用事贴切自然,既揭示人物阴暗的内心世界,又传达出作者冷峻丰富的批判意识,增强了戏剧语言的表现力。

三、曲词观:声腔情词,双美兼重

《〈赤松游〉题词》云:

> 自元本久湮,杀狗荆钗,既涉俗而无当于文人之观,故时曲日竞,越吹吴歙。仅纂组而止可为案头之赏,较之元本大逕庭矣。愚谓凡作曲者,以音调为正,妙在辞达其意,以粉饰为次,勿使辞掩其情。既不伤词之本色,又不背曲之元音,斯为文质之平,可作名教之助。③

《啸台偶著词例数则》云:

> 调有三难:一布局,繁简合宜难。二宫调,缓急中拍难。三修词,文质入情难。
>
> 词有七要:……四要音律亮,去涩就圆,去纤就宏,如顺水之溜、调舌之莺。五要情景真,凡可挪借,即为泛涉;情景相贯,不在衬贴。④

丁氏在创作实践中充分认识到宫调词曲难以和谐的困境,提出在戏剧创作中追求双美并重的理想境界,"以音调为正,妙在辞达其意;以粉饰为次,勿使辞掩其情,既不伤词之本色,又不背曲之元音"。为达到这一目的,丁氏认为剧中要"音律亮""情景真""情景相贯"。

对于戏曲创作中的词曲孰轻孰重的问题,明代沈璟与汤显祖有过激烈的争论,有力地推动了明清戏剧创作的发展。明代许多学者对此也各抒己见。臧懋循

---

① (清)丁耀亢:《新编杨椒山表忠蚺蛇胆》第二十七出,《丁耀亢全集》上,第983页。
② (明)王骥德:《曲律·论家数》第十四,《中国古典戏曲论著集成》(四),北京:中国戏剧出版社,1959年版,第122页。
③ (清)丁耀亢:《〈赤松游〉题词》,《丁耀亢全集》上,第806页。
④ (清)丁耀亢:《啸台偶著词例数则》,《丁耀亢全集》上,第808页。

《元曲选·序二》中指出"情词稳称之难""关目紧凑之难"和"音律谐叶之难";区别"名家"与"行家",推崇"行家"的二者兼美:

> 曲有名家,有行家:名家者,出入乐府,文采烂然,在淹通闳博之士,皆优为之;行家者,随所妆演,无不摹拟曲尽,宛若身当其处,而几忘其事之乌有,能使人快者掀髯,愤者扼腕,悲者掩泣,羡者色飞,是惟优孟衣冠,然后可于此。故称曲上乘首曰当行。不然,元何必以十二科限天下士,而天下士何必各占一科以应之,岂非兼才之难得而行家之下易工哉?①

王骥德《曲律·论声调》说:

> 夫曲之不美听,以不识声调故也。盖曲之调,犹诗之调。……故凡曲调,欲其清,不欲其浊;欲其圆,不欲其滞;欲其响,不欲其沉;欲其俊,不欲其痴;欲其雅,不欲其粗;欲其和,不欲其杀;欲其流利轻滑而易歌,不欲其乖刺艰涩而难吐。②

丁氏《新编杨椒山表忠蚺蛇胆》第二十八出《赴义》中杨继盛就刑前的唱词慷慨激昂、声情和谐,表现其忠贞不贰、视死如归的气节:

> 【满庭芳】(生)你道俺魂归魄丧,哀哀痛楚,落泪牵裳。那知道幻形骸,化白虹,有赤光千丈,浩然气直透穹苍!赴沟壑,赢得丹心壮;就刀锯,生成白骨香。笑呵呵把俺威风长,不过是一条缰索,绞不尽万古纲常!③

丁氏在前人的基础上,明确提出以音调为正,以词达意、双美并重的原则,对后人的戏剧创作具有指导意义。

四、教化观:观风化俗,以剧渡世

《〈赤松游〉题词》云:

> 要使登场扮戏,原非取异工文,必令声调谐和,俗雅感动。堂上之高客解颐,堂下之侍儿鼓掌。观侠则雄心血动,话别则泪眼涕流,乃制曲之本意也……愚谓凡作曲者,以音调为正,妙在辞达其意,以粉饰为次,勿使辞掩其

---

① (明)臧懋循:《元曲选·序》,《元曲选》,北京:中华书局,1958年版,第12页。
② (明)王骥德:《曲律·论声调第十五》,《中国古典戏曲论著集成》(四),北京:中国戏剧出版社,1959年版,第122页。
③ (清)丁耀亢:《新编杨椒山表忠蚺蛇胆》第二十八出,《丁耀亢全集》上,第986页。

情。既不伤词之本色，又不背曲之元音，斯为文质之平，可作名教之助……仙侠为以人而补天，无非过脉。忠孝乃观风以化俗，妙在不板。①

《啸台偶著词例数则》云：

> 词有七要：……三要关系，布局修词，皆有渡世之音；方关名教，有助风化。②

丁氏在其两文中反复强调戏剧创作观风化俗的功效，具有强烈的教化渡世意识。明清戏剧家在创作时自觉继承了儒家"经夫妇，成孝敬，厚人伦，美教化，移风俗""上以风化下，下以风刺上"③的文艺教化传统。明代无论是宫廷文人如朱权、朱有燉、丘濬，还是布衣文人，都创作了大量的教化剧，全方位宣扬伦理道德观念。他们通过对忠臣、孝子、义夫、节妇等形象的塑造，将"三纲五常"形象化，推动道德教化，如朱有燉《继母大贤》中的李母，丘濬《五伦全备记》中的伍伦全、伍伦备等。明太祖称赞高则诚的《琵琶记》"全忠全孝，有贞有烈"。《琵琶记》第一出"副末开场"点明了创作的主旨：

> 正是不关风化体，纵好也徒然。
>
> 论传奇，乐人易，动人难。知音君子，这般另作眼儿看。休论插科打诨，也不寻宫调数调，只看子孝共妻贤。④

明代教化剧推进了明代的社会道德建设，叶盛《水东日记》云：

> 今书坊相传射利之徒，伪为小说杂书，南人喜谈如汉小王（光武）、蔡伯喈（邕）、杨六使（文广），北人喜谈如《继母大贤》等事甚多……有官者不以为禁，士大夫不以为非，或者以为警世之为，而忍为推波助澜者，亦有之矣。⑤

明代中后期的剧作家深化了这一理念。李开先《改定元贤传奇·后序》云：

> 传奇十二科，以神仙道化居首，而隐居乐道次之，忠臣烈士，逐臣孤子又次之，终以神佛、烟花、粉黛。要之激动人心，感移风化，非徒作，非苟作，非无

---

① （清）丁耀亢：《〈赤松游〉题词》，《丁耀亢全集》上，第 806 页。
② （清）丁耀亢：《啸台偶著词例数则》，《丁耀亢全集》上，第 808 页。
③ （汉）毛公传，（汉）郑玄笺，（唐）孔颖达等正义：《毛诗序》，《毛诗正义》卷一，（清）阮元校刻：《十三经注疏》，北京：中华书局，1980 年版，第 271 页。
④ （明）高明：《琵琶记》，（明）毛晋《六十种曲》（一），北京：中华书局，1958 年版，第 1 页。
⑤ （明）叶盛撰，魏中平校点：《小说戏文》，《水东日记》卷二十一，北京：中华书局，1980 年版，第 213-214 页。

益而作之者。①

汤显祖(1550—1616)《宜黄县戏神清源师庙记》云：

> (杂剧传奇)可以合君臣之节,可以浃父子之恩,可以增长幼之睦,可以动夫妇之欢,可以发宾友之仪,可以释怨毒之结,可以已愁愤之疾,可以浑庸鄙之好。然则斯道也,孝子以事其亲,敬长而娱死;仁人以此奉其尊,享帝而事鬼;老者以此终,少者以此长。外户可以不闭,嗜欲可以少营。人有此声,家有此道,疫疠不作,天下和平。岂非以人情之大宝,为名教之至乐也哉。②

丁耀亢正是继承了前人的名教观念,在剧作中倾注了自己的教化意识。《赤松游》传达了丁氏效忠新朝,不忘旧恩的清初士人心态,如第三十七出《修韩》：

> 近闻的张相国之子张子房,佐汉封侯,请旨修韩家陵墓,正是既扶新主,不忘旧恩。③

同时宣扬了儒释道三教合一的思想,如第四十五出《归山》：

> 【北沽美酒带太平令】(外)论三家本一菱,儒释道原投同派,完了忠义人伦,才炼形魄。饮东溟沆瀣,超西域出莲胎。道家要一个有,佛家要一个无,儒家要一个现在。各臻绝顶,俱是长生!④

第四十六出《双旌》：

> 【尾声】借宫商,传史记,乐道忠臣与孝子,一击升飞掌上雷。⑤

《新编杨椒山表忠蚺蛇胆》第三十六出《赠荫》：

> 【尾声】国运天心原不爽,御序颁行卿相。因此代表忠臣颂圣皇。
> ……
> 按谱写成真感慨,因天劝世愧荒唐。⑥

丁氏在剧评中云:"末结归重于表忠御序而颂美本朝者,既见盛典之不朽,亦以顺

---
① (明)李开先:《改定元贤传奇·后序》,蔡景康编《明代文论选》,北京:人民文学出版社,1993年版,第147页。
② (明)汤显祖著,徐朔方笺校:《宜黄县戏神清源师庙记》,《汤显祖诗文集》卷三十四,上海:上海古籍出版社,1982年版,第1127页。
③ (清)丁耀亢:《赤松游》第三十七出,《丁耀亢全集》上,第885页。
④ (清)丁耀亢:《赤松游》第四十五出,《丁耀亢全集》上,第905页。
⑤ (清)丁耀亢:《赤松游》第四十六出,《丁耀亢全集》上,第908页。
⑥ (清)丁耀亢:《新编杨椒山表忠蚺蛇胆》第三十六出,《丁耀亢全集》上,第1006页。

天心、彰王道也。"①"乐道忠臣与孝子""国运天心""因天劝世""顺天心、彰王道"鲜明地标示出丁氏创作的《表忠记》不仅是遵旨颂扬杨继盛忠贞之作,更是丁氏实践自己观风化俗,以剧渡世的戏剧教化观之作。这种教化观念成为清初剧作家创作的一种共识。清初苏州派剧作家的作品,总以严峻的笔触,揭示忠、节、义等道德操守与奸、佞、恶等卑劣行径的激烈冲突,既要"事关风化人钦羡""节孝忠贞万古传"②,更要"笔底锋芒严斧钺,当场愧杀负心人"③。故吴伟业评价李玉说:"所著传奇数十种,即当场之歌哭笑骂,以寓显微阐幽之旨,忠孝节烈,有美斯彰,无微不著。"④即使是"一人不笑是我愁"的李渔也强调戏剧创作的教化意义:

> 可传与否,则在三事,曰情、曰文、曰有裨风教,情事不奇不传,文事不警拔不传,情文俱备而不轨乎正道,无益于劝惩,使观者、听者哑然一笑而遂已者,亦终不传。⑤

第二节 《赤松游》:借史寓言,以剧明志

《赤松游》传奇是丁耀亢创作的一部历史传奇剧。该剧草拟于明崇祯十六年(1643),完成于清顺治六年(1649)。丁氏在《〈赤松游〉本末》中云:"计作于明之癸未(崇祯十六年),成于今之己丑(顺治六年),共得四十六出,名曰《赤松游》。"⑥剧作分上、中、下三卷,以张良椎秦、辅汉、归山三个阶段展开故事,铺叙剧情。《传奇汇考标目》著录,误入无名氏。乾隆《诸城县志》卷十三《艺文考》著录为丁耀亢作。现存顺治九年(1652)序刻本,中国社会科学院文学研究所图书馆藏,《古本戏曲丛刊五集》据之影印,题《赤松游》,未署撰者⑦。清康熙间煮茗堂刻《丁野鹤十种集》所收本,现藏北京图书馆,凡三卷四十六出。

此剧依托《史记·留侯世家》,参照正史杂传,以张良的生平为主线,构思情节、

---

① (清)丁耀亢:《新编杨椒山表忠蚺蛇胆》第三十六出,《丁耀亢全集》上,第1006页。
② (明)朱素臣:《未央天》末出《尾声》,清抄本。
③ (明)李玉:《人兽关》卷末收场诗,明崇祯刻本。
④ (清)吴伟业著,李学颖标校:《北词广正谱·序》,《吴梅村全集》卷六十,上海:上海古籍出版社,1990年版,第1214页。
⑤ (清)李渔:《香草亭传奇·序》,《笠翁文集》卷一,《李渔全集》第1册,杭州:浙江古籍出版社,1992年版,第47页。
⑥ (清)丁耀亢:《〈赤松游〉本末》,《丁耀亢全集》上,第805页。
⑦ 郭英德:《明清传奇综录》,石家庄:河北教育出版社,1997年版,第566页。

铺陈敷演。剧叙秦灭韩后，韩相后裔张良在高士沧浪君处与韩将子孙力士相遇，结为兄弟。二人相期于博浪沙中椎击始皇，后误中副车。张良避匿下邳，过桥时遇赤松子所化老人，授以《素书》，并约功成后于济北谷城山下黄石相见。张良以兵略知遇刘邦，决定辅汉灭秦，以尽报韩之一念。张良运筹帷幄，帮助刘邦先后取咸阳、联英布、灭项羽、定都长安，鼎成帝业。刘邦称帝后杀戮功臣、骨肉相煎，张良夫妇遂同入谷城山访仙拜师，后遇黄石。剧以儒释道三家共渡张良夫妇成仙，受封于人间天上作结。

一、《赤松游》创作特点探究

（一）创作起因：借史寓言

1. "赤松"寓意溯源

剧作以《赤松游》为题，取"赤松"所寓之意。《史记·留侯世家》中仅有一处提到"赤松子"，即"留侯乃称曰：'家世相韩，及韩灭，不爱万金之资，为韩报仇强秦，天下振动。今以三寸舌为帝师者，封万户，位列侯，此布衣之极，于良足矣。愿弃人间事，欲从赤松子游耳。'乃学辟谷，道引轻身"。《索隐》引《列仙传》作注："神农时雨师也，能入火自烧，昆仑山上随风雨上下也。"[①]《汉书》注引颜师古曰："赤松子，仙人号也，神农时为雨师，服水玉，教神农，能入火自烧，至昆山上，常止西王母石室，随风雨上下。炎帝少女追之，亦得仙俱去。""道，谓仙道。"[②]即"赤松子"作为仙人意象，在汉代已经深入人心。

后世小说稗家中对此意象多有指涉。赤松子既是随风雨上下的仙人，又是食药延寿的真人。《汉武帝别国洞冥记》卷三云：

> 有凤葵草，色丹，叶长四寸，味甘，久食令人身轻肌滑。赤松子饵之三岁，乘黄蛇入水，得黄珠一枚，色如真金。或言是黄蛇之卵，故名蛇珠，亦曰消疾珠。语曰："宁失千里驹，不失黄蛇珠。"[③]

赤松子作为仙人能食凤葵草入水得蛇珠。

《列仙传》卷上记载：

> 赤松子者，神农时雨师也。服水玉以教神农，能入火自烧。往往至昆仑山上，常止西王母石室中，随风雨上下。炎帝少女追之，亦得仙，俱去。至高

---

① （汉）司马迁：《留侯世家》，《史记》卷五十五，北京：中华书局，1982年版，第2048页。
② （汉）班固：《张良传》，《汉书》卷四十，北京：中华书局，1962年版，第2037页。
③ （汉）郭宪：《汉武帝别国洞冥记》卷三，《文渊阁四库全书》第1042册，台北：台湾商务印书馆，1983年版，第306-307页。

辛时复为雨师,今之雨师本是焉。①

文中的赤松子为神农时候的雨师,出入水火,亦为仙人。

《神异经》中"北方荒经"条载:

> 北方荒中有枣林,其高五十丈,敷张枝条数里余,疾风不能偃,雷电不能摧。其子长六七寸,围过其长,熟赤如朱,干之不缩,气味润泽,殊于常枣。食之可以安躯,益于气力,故方书称之。赤松子云:"北方大枣味有殊,既可益气,又可安躯。"②

《韩诗外传》卷五云:

> 哀公问于子夏曰:"必学然后可以安国保民乎?"子夏曰:"不学而能安国保民者,未之有也。"哀公曰:"然则五帝有师乎?"子夏曰:"臣闻黄帝学乎大坟,颛顼学乎禄图,帝喾学乎赤松子,尧学乎尹寿,舜学乎务成跗,禹学乎西王国,汤学乎贷子相,文王学乎锡畴子斯,武王学乎太公,周公学乎虢叔,仲尼学乎老聃。此十一圣人,未遭此师,则功名不着乎天下,名号不能传乎后世者也。"《诗》曰:"不愆不忘,率由旧章。"③

这里赤松子为帝喾之师,位列十一圣,有安国保民的圣人之学。

刘向在《新序·说苑》卷五"杂事第五"中记载子夏与鲁哀公的对话,取上文义:

> 哀公曰:"然则五帝有师乎?"子夏曰:"有。臣闻黄帝学乎大真,颛顼学乎禄图,帝喾学乎赤松子,尧学乎尹寿,舜学乎务成跗,禹学乎西王国,汤学乎威子伯,文王学乎铰时子斯,武王学乎郭叔,周公学乎太公,仲尼学乎老聃。此十一圣人,未遭此师,则功业不着乎天下,名号不传乎千世。"《诗》曰:"不愆不忘,率由旧章。"此之谓也。夫不学,不明古道,而能安国者,未之有也。④

葛洪《抱朴子内篇》云:

卷四　金丹卷

> 又赤松子丹法。取千岁蟇汁,及矾桃汁淹丹,着不津器中,练蜜盖其口,

---

① (汉)刘向:《列仙传》卷上,明正统道藏本。
② (汉)东方朔:《神异经》,《丛书集成初编》,北京:商务印书馆,1936年版,第25页。
③ (汉)韩婴著,(清)周廷寀注:《韩诗外传》卷五,《丛书集成初编》,北京:商务印书馆,1936年版,第71页。
④ (汉)刘向:《杂事第五》,《新序·说苑》卷五,上海:上海古籍出版社,1990年版,第27页。

埋之入地三尺，百日，绞柠木赤实，取汁和而服之，令人面目鬓发皆赤，长生也。昔中黄仙人有赤松子者，岂非服此乎？①

卷六　微旨

或曰："敢问欲修长生之道，何所禁忌？"抱朴子曰："禁忌之至急，在不伤不损而已。按《易内戒》及《赤松子经》及《河图记命符》皆云，天地有司过之神，随人所犯轻重，以夺其算，算减则人贫耗疾病，屡逢忧患，算尽则人死，诸应夺算者有数百事，不可具论。又言身体有三尸，三尸之为物，虽无形而实魂灵鬼神之属也。"②

葛洪景仰赤松子为中黄仙人，其"赤松子丹法"所做汁水，有服之长生之效，且微旨有感应果报之说。

由此可见，"赤松子"作为一个历史传说的人物名号，是成仙得道的代名词，有登仙遁世之意。丁耀亢以"赤松游"作为剧作的题目，借张良奇遇仙人指点，于乱世建功立业，勇而不武，宦而不溺，功成身退，传达了入世建功、身退归隐的强烈意愿。

2. 剧作情节历史本源

剧作内容涉及的时间跨度较大，从秦灭六国写到汉兴以后；塑造的人物颇广，举凡秦汉之际的重要历史人物多有牵涉，如秦始皇、李斯、赵高、刘邦、萧何、樊哙、韩信、英布、彭越、项羽、项伯、范增、吕后、虞姬、戚夫人、商山四皓；同时作者还依据剧情需要增加张良妻、圯上老人（剧中实以赤松子化为圯上老人、黄石二角色）、力士、沧海君、玉帝、阎罗等角色。考察剧中涉及的历史人物及其事件，张良的故事多取材于《史记·留侯世家》；秦皇东猎、焚书坑儒、徐福入海等情节，多取材于《史记·秦始皇本纪》；赵高谋立、诛死李斯等情节，取材于《史记·李斯列传》。剧中所详叙刘邦起兵、斩蛇、入关诸事，及登基后宠幸戚姬，欲废太子，吕后与临光侯吕媭计，招张良妻为质，逼良献计，良乃引商山四皓为太子客，废太子之议遂寝等情节，皆本《史记·高祖本纪》及张良本传。刘邦洗足气英布（第 24 出），本《史记·黥布列传》及《汉书·英布传》。元代尚忠贤作《汉高祖濯足气英布》杂剧，专演此事，现存《元曲选》本中。剧作第 41 出《冥报》，写韩信、英布、彭越三人冥府告状，遂托生为曹操、刘备、孙权，三分汉献帝天下，以见冤冤相报，事本《三国志平话》卷上。明代冯梦龙《古今小说》卷三《闹阴司司马貌断狱》，即叙此事。剧以黄

---

① 王明：《抱朴子内篇校释》卷四，《新编诸子集成》，北京：中华书局，1985 年第 2 版，第 79—80 页。
② 王明：《抱朴子内篇校释》卷六，《新编诸子集成》，北京：中华书局，1985 年第 2 版，第 125 页。

石公为赤松子,增饰力士证为菩提,又出故周大夫沧浪君为儒教大师,遂有儒、释、道三家合一,共度张良得道成仙。

(二) 创作主旨:以剧明志

丁耀亢创作《赤松游》传奇,借历史故事演绎现实遭遇,抒发一己易代黍离之感,寄托处于新旧朝代的士子文人内心的复杂情感。

1.《赤松游》创作初衷:寄托对亡友的悼念之情

丁耀亢在《〈赤松游〉本末》中云:"昔吾友王子房慕汉留侯之为人,因自号'子房'。既通朝籍,见逆闯起于秦,乃抱椎秦之志。明癸未(1643),请兵灭闯而及于难。予悲子房之亡,欲作《赤松》以伸其志。"①王汉,字子房,莱州掖县人,崇祯十年(1637)进士②。丁耀亢与王子房交情甚笃,王去世后,丁氏曾有《癸未十月入东莱哭挽王子房大中丞》诗,其诗云:

> 鸿雁本同群,鹈鸰非一俦。嘤嘤黄鸟交,所志各有求。交游非天亲,五伦恒相周。生死存真气,可与洪濛游。大泽聚文社,初结张徐邹。与君兄弟好,见则醇醪投。既入金闺籍,不忘灯火幽。风雪夜载酒,深山恣冥搜。连床各摩脚,说鬼忽蒙头。得金辄挥赠,有酒相歌讴。君实肠太热,肮脏不可留。承明荣帝简,仗钺巡中州。尚为朋友死,忍为君父仇。都门一分手,垂泪看吴钩。即知有今日,慰子平生谋。堪笑全躯者,议论仍啾啁。③

诗中详细地记录了丁耀亢与王子房志趣相近、意气相投的真挚而深厚的友谊。丁氏的诗集《逍遥游》中还有《王子房登第后过斋中同社宴集》《同王子房集丘子廪斋中》等诗。他们之间既有"猴山回首谢时流,共问舟成几日游"的结社游宴,又有"念旧偶然思管蒯,嗜甘常忆食河豚"的相互思念。顺治四年(1647)龚鼎孳在给丁耀亢的《逍遥游》作的序中说:"已出哭子房诗,并索吾为子房所上书。共读之,草亭灯绿,风雨无端,林木飒然,鬼神出听。"④虽不无夸饰之词,但丁耀亢对于王子房的感怀之情却一直耿耿于怀。顺治六年,丁耀亢"今来长安,遇西楼词客、北岳樵

---

① (清)丁耀亢:《〈赤松游〉本末》,《丁耀亢全集》上,第 805 页。
② 王汉除高平知县,调河内。在围剿农民军的过程中屡立战功,先被任命为御史,监军左良玉军,未几,巡按河南。明崇祯十六年在平定刘超叛乱时,"公见兵大捷,乃单骑入北门,大呼:'勿杀百姓。'天忽雨,兵少却,拥突门下,公为贼刃所及""上闻,赠兵部尚书,荫一子锦衣卫百户世袭。"
(清)计六奇:《王汉战死》,《明季北略》卷十九,北京:中华书局,1984 年版,第 399 页。
③ (清)丁耀亢:《癸未十月入东莱哭挽王子房大中丞》,《逍遥游·海游》卷一,《丁耀亢全集》上,658 页。
④ (清)龚鼎孳:《逍遥游·序》,(清)丁耀亢《丁耀亢全集》上,第 631-632 页。

史,传余以音律之秘共相倡和,续前数年未完之业"①。

在创作中丁氏也得到好友傅维鳞的帮助:

> 乃共唱和而传《赤松游》,以当古人穷愁著书,弹剑相和之意。遇风日晴阅,意愉愉则歌,烟暝云横,思恇恇则歌,感愤唏嘘拔剑酒酣则歌。静对悄然,如有所愁者,口不能言所愁则又歌。历月白海峤菊黄篱落,不觉秋老兼菔也。足四十余段,五万余言。②

两人曾就剧作主旨、剧情、词曲多有探讨,由此可知,《赤松游》是丁耀亢前后历时六载创作完成。

2.《赤松游》创作深层动机:对张良人品和事功的仰慕

丁耀亢在《〈赤松游〉本末》中说:

> 千古传奇之妙,安有如太史公者? 何假别作注脚,登场扮演乎? 每念子房第一人品,第一事功,侠矣而不死,宦矣而不溺,勇矣而不武,仙矣而不诡。③

丁耀亢认为张良是历史上具有第一等人品和事功的人物,具体表现在"侠而不死",即任侠豪气而不易死身为事;"宦而不溺"即仕宦出世以救民济世为任,功成身退,而非贪恋于口服声色之欲;"勇而不武"即遇事敢担当有静气,面对强秦与霸楚,谈笑间灰飞烟灭;"仙而不诡"即崇尚道家柔刚之辨,抛却万户侯爵而从赤松游。与这种"侠矣而不死,宦矣而不溺,勇矣而不武,仙矣而不诡"相对照,范蠡虽似张良功成身退,但毕竟携姝载宝而去,尚有霸气之嫌,贾心之贪。正如傅维鳞所言:"从来豪杰行事,皆有歌曲播其音徽,独子房以千古奇人,曲不概见。近多艳称情种,遂使英雄气骨全为儿女子占据,销铄殆尽。忠孝侠烈,几不得粉人颊舌,饱人眼孔。乃共唱和而传《赤松游》,以当古人穷愁著书,弹剑相和之意。"④

对张良事功的向往首先是对张良遭遇仙人的奇异之遇的无限向往和认同。

早在崇祯五年左右,丁耀亢就在隐居诸城橡檟山所创作的诗集《问天亭放言》中《问山中所遇》一诗中对张良的奇遇伟业充满羡慕向往。

---

① (清)丁耀亢:《〈赤松游〉本末》,《丁耀亢全集》上,第805页。
② (清)傅维鳞:《赤松游引》,《四思堂文集》卷二,《四库全书存目丛书》集部第213册,济南:齐鲁书社,1997年版,第762页。
③ (清)丁耀亢:《〈赤松游〉本末》,《丁耀亢全集》上,第805页。
④ (清)傅维鳞:《赤松游引》,《四思堂文集》卷二,《四库全书存目丛书》集部第213册,济南:齐鲁书社,1997年版,第762页。

子房未遇汉,追随黄石公。安期本齐士,结交善蒯通。椎惊博浪沙,鼎炽建章宫。由来仙与侠,理异气则同。常以浑沦气,往来天地中。杀人若有道,刺客多善终。男儿存血性,能使心常童。齿发虽脱落,性地岂聩聋? 死生本虚理,灭没随飘鸿。何必餐丹砂,瘦脑撑方瞳。蓬壶隔天海,安知非樊笼? 试看成仙者,往往皆英雄。①

丁耀亢早年曾买山卜居,读书山中。"余自乙丑(明天启五年,1625)秋营东溪书舍,结茅种树,决计卜居橡榵山之阳。"②读书应试的同时,丁耀亢又醉心于参禅修道:

辛酉孟冬同九弟见复游五垜醉赠友人王子

　　不须东致安期生,对岸长揖可相唤。有客西来瘦似樗,放歌提酒歪驴骑。丁家兄弟皆仙骨,不向人间恋华发。同跨金鳌醉里回,一杯先吸沧州月。③

辛酉即明天启元年(1621),丁氏二十二岁;丙寅即明崇祯天启六年(1626),是年丁氏二十七岁,正是攻读功名之时。此时丁耀亢的诗集中多关注释道仙家,语多涉及"黄石""赤松"等意象。

自城移家五首(其四)

　　闲看秋水洗云根,岚风氤氲满绿村。黄石赤松仙眷属,丹山碧壑古乾坤。迷蕉觅鹿原非梦,破桔寻棋别有门。抛却长镵拾橡栗,欲将樵牧养儿孙。④

青霞洞

　　仙家无食但饮酒,杯气熏醺香彻发。堂上巍巍传赐丹,道冠黄服赤云袜。紫石磴上玛瑙盘,银液生光冰箸滑。至今不复记滋味,甜雪到肠尘胃没。檐悬瀑布白练飞,人言此下通溟渤。⑤

丁耀亢不仅在诗中多有语涉,而且他还郑重其事地专门著文记录其遇仙的经历。其《出劫纪略》中的《山鬼谈》一文记录自己耕读山中与一位青霞山人交往的经历。

---

① (清)丁耀亢:《问山中所遇》,《天史·问天亭放言》,第228页。
② (清)丁耀亢:《移家山中》,《天史·问天亭放言》,第220页。
③ (清)丁耀亢:《辛酉孟冬同九弟见复游五垜醉赠友人王子》,《天史·问天亭放言》,第220页。
④ (清)丁耀亢:《自城移家五首》(其四),《天史·问天亭放言》,第221页。
⑤ (清)丁耀亢:《青霞洞》,《天史·问天亭放言》,第226页。

张青霞是一位"黄冠、青袍、白面、修髯"的"羽衣者",不仅来去无踪,而且所居在山中"青霞冠玉垂裳,侍立皆美人、甲士"①。青霞曾索丁氏的《天史》观看,归还时手批:"即此,可成仙成佛,不必再讲野狐禅矣!"②朋友闻说此事大都质疑,丁氏劝说朋友亲历其地以验真伪:

> 山友王钟仙者,能诗而豪,闻之大惊,过予宅为怪。因道其详,不信。偕予至洞口,荒崖石裂,野水流渐而已,愈不信。少焉,涧之上流浮红果、胡桃而出,如奉客然。先钟赋一绝于纸未达,童子胜曰:"此石缝即其门,予来即大启。"试以纸探入,拈纸戏投其隙,不能尽,若有人抽者,而纸尾竟入,束束有声。少顷,有一纸出,曰:"即至。"众大惊,未返舍,青霞已立草堂外矣。是夜,联诗十余首,钟仙惊去。③

丁耀亢不仅详尽记述自己与青霞的奇异交往,而且对于自己的这段经历深信不疑:"予读《虞初志》《山海》《述异》诸书,皆六合之外,不可穷诘,以为文人幻笔,乃亲遇之,不可以思议也。"④不管丁耀亢所言是否属实,但是皈佛信道对其一生有着深远的影响。丁耀亢对张良遭遇圯上老人授书成就一番事业的奇迹,充满了向往和艳慕。

3. 对张良始终为韩的忠孝气节和侠而不死、勇而不武古风的颂扬

张良椎秦报韩、圯下奇遇,辅佐汉王灭秦击楚,得以深受恩遇⑤;以三寸之舌为帝王师,"运筹帷幄之中,决胜千里之外",得以功成,封万户,位列侯爵,成就千百年来士子文人梦寐之业。丁耀亢在剧中塑造的张良不仅建立了不世功勋,而且所有这些始终围绕"为韩报仇"的忠孝气节展开。

秦灭韩之初,张良散家财募士,以报五世相韩之忠,为强化故事情感,丁耀亢在剧作伊始,运用景物描写,将张良一去不复返的悲壮气氛,渲染得极为浓烈。

【正宫引子破齐阵】(生)故国青门不改,乌衣紫燕归巢。海宇关心,江山

---

① (清)丁耀亢:《出劫纪略·山鬼谈》,《丁耀亢全集》下,第271页。
② (清)丁耀亢:《出劫纪略·山鬼谈》,《丁耀亢全集》下,第272页。
③ (清)丁耀亢:《出劫纪略·山鬼谈》,《丁耀亢全集》下,第272页。
④ (清)丁耀亢:《出劫纪略·山鬼谈》,《丁耀亢全集》下,第275页。
⑤ 清人林伯桐云:汉高一生最喜狎侮,又多猜忌。老成如鄩侯,英雄如淮阴,皆不免于疑忌;他如黥布之勇,郦食其之辩,其始皆不免于狎侮。唯遇留侯则始终无敢失礼,亦无有疑心。岂徒以其谋略哉?观留侯自称,一则为韩报仇强秦,再则曰弃人间事,欲从赤松子游,其进退绰绰有余于功名爵禄之外矣。考其生平,居得为之地,无田室之好,无声色之嗜,至其经营天下,则如行无所事者,谁能及之哉?
(日)泷川资言《史记会注考证·留侯世家》,韩兆琦《史记选注集说》,南昌:江西人民出版社,1982年版,121页。

洒泪,浩气直干云表。杜鹃恋魄啼残照,野鹿无情覆梦蕉,雄心惜佩刀。①

【前腔】(生)痛韩亡故国伤残,更孤羽遭时淹蹇。欲倾家报主,怕失机先。俺待藏刀炙鲙,击袂环桥,国士空吞炭。独夫骄甚也,枉求仙,狭路相要血可溅。②

辅佐刘邦完成帝业,列茅封侯时,张良不愿为三万户侯,辞丰居俭,自择留地,"俺虽扶汉功成,存韩未遂。感汉王客卿之礼,因而竭忠;受黄石守素之书,志在不禄"③;"三万辞封意已深,始终不负为韩心"。即使是位列汉卿,张良依然心怀故国:"鸟尽弓藏诚,古今显昭。废兴存亡,都是汤雪炉毛。况以报秦仇愤气消。那韩家呵,叶逐西风杳,凄凉故巢。"④功名成就之时,张良心中挂念的依然是故国家园,强调的始终是为祖报韩的忠孝两尽。

(生)……青山不改韩家土,白发争看相国孙。我张良功成十载,爵列封侯,今值皇上归沛,行幸敕赐四方群臣,衣锦荣归。我又奏过皇上,将韩陵重加葺治,敕增陵户看守。又敕赐御祭一坛,将韩王讳成的骸骨葬入故陵。来此故乡,只得先拜扫亲荣,再修君墓。……(旦)相公封侯归里,修治韩陵,拜省祖墓,实忠孝两尽矣。⑤

在新主和旧恩之间,张良辅汉封侯,请旨修故韩王陵,何尝不是清初仕清汉族士大夫的一种普遍心愿?

(净)近闻的张相国之子张子房,佐汉封侯,请旨修韩家陵墓,正是既扶新主,不忘旧恩。……(生上)霜露多前感,丘园想旧封。

(众)豁达新帝德,萧瑟故幽宫。……

(外合相见介)君侯功高帝室,业继前辉,既佐汉而灭秦,又修韩而念故,可敬,可敬!(生)壮岁从戎,嗟先志之莫继;新朝列土,幸故里之生还。⑥

查继佐在《赤松游·序》中云:

紫阳曰:"张良始终为韩,野鹤子所为寓言而心伤者哉!"亡秦以韩,善耳。

---

① (清)丁耀亢:《赤松游》第二出,《丁耀亢全集》上,第809页。
② (清)丁耀亢:《赤松游》第四出,《丁耀亢全集》上,第815页。
③ (清)丁耀亢:《赤松游》第二十九出,《丁耀亢全集》上,第865页。
④ (清)丁耀亢:《赤松游》第三十七出,《丁耀亢全集》上,第880页。
⑤ (清)丁耀亢:《赤松游》第三十七出,《丁耀亢全集》上,第883页。
⑥ (清)丁耀亢:《赤松游》第三十七出,《丁耀亢全集》上,第885页。

不然,亡秦不以韩,而秦亡即何必以韩?顾余以留侯之始终为韩者,一在秦,一在楚。秦之有韩不可忘,楚之无韩不可忘。不忘秦,于是从汉王入武关;不忘楚,于是从汉王逼垓下。此留侯之所为始终也。①

丁耀亢正是借张良的忠孝气节表达自己隐匿胸中的家国之恨,即其在《〈赤松游〉本末》中说,此剧的创作目的是"勉忠孝"。丁耀亢十一岁而孤,所得遗产甚薄,家道贫乏,"岁终多不给"②;后来自谋治家,"治有远近庄产十余处";生活无虞,辟山筑舍,悠游林下。但是所有这一切世外桃源的恬淡宁静,都随着明末清兵东进和农民起义战火的焚燹瞬间化为乌有。明末战火使丁耀亢苦心经营的田园家私化为灰烬,并因此遭受豪右无赖的欺辱;清兵东进掳掠诸城又使数位亲人陨丧,家国之悲诉诸笔端,自然有一种疾首愤恨之情。剧中丁耀亢称秦为"秦贼""土寇",对起义军的仇恨之情溢于言表。

传奇详尽描述张良结士椎秦,后助刘辅汉亡秦灭楚、始终为韩的忠孝气节,其中不无丁耀亢自己的寄托。查继佐在《赤松游·序》中说:"壬辰之春,遇野鹤子燕市。相把欷歔,为余言亡匿故事,若有十日索不可得者也。"③丁耀亢在战乱中为避难曾经多次出海或南游避劫,饱受流离颠沛之苦。

"千年书剑江湖梦,万里旌旗关塞心。"④身经动荡的丁耀亢,饱受兵燹之苦之余体验战火中生命的极其屡弱,时时有弃笔从戎、救民于倒悬的强烈冲动。避劫海上时丁耀亢曾经有过短暂的军旅生涯。明崇祯甲申(1644)丁耀亢在日照遇好友王遵坦,为其献计,壮大王军的力量及声势:

> 王将素名家,弃儒而将,与予善,因止予宿。予曰:"子有骑无兵,行则前后绝。贼知无兵,是以马赏盗也。今大姓多拥兵自卫,方苦无名,如能以虚札委之,使彼从军,不一日可得数千人。步在中而马分两翼,前后不见尾,称大军,贼必走矣。"王将如所言,明日各以书招授札。至诸邑,得兵五千余,百里中牛酒迎劳不绝。至渠邱,遇大盗连营十余万,围城不解,焚郭外灰焰涨天。遇前哨以为大军,披靡走。是日斩级千余。至城下见太史刘君宪石于城楼,握手相劳,以为自天至也。为设宴备饷。⑤

---

① (清)查继佐:《赤松游·序》,(清)丁耀亢:《丁耀亢全集》上,第803页。
② (清)丁耀亢:《出劫纪略·山居志》,《丁耀亢全集》下,第270页。
③ (清)查继佐:《赤松游·序》,(清)丁耀亢:《丁耀亢全集》上,第803页。
④ (清)丁耀亢:《秋日雨后同李方壶九弟见复登超然台二首》,《天史·问天亭放言》,《丁耀亢全集》下,第237页。
⑤ (清)丁耀亢:《出劫纪略·从军录事》,《丁耀亢全集》下,第280页。

是年九月,丁耀亢与安邱太史刘正宗南下入淮见刘泽清,并献计陈己见:"欲援东之大姓,结连诸盗,各自为守,使藩篱外固,为淮上声援,徐观进取。"刘泽清虽然赏识其说,但无恢复之志,大兴土木,偏安一隅。后遣王遵坦屯兵东海,丁耀亢为其监军。第二年五月,清兵渡江,南明弘光降,刘泽清解甲,王师亦遣兵散。邀入淮往见豫王,期叙功别用。丁耀亢以母老思归的缘故脱身。正因有了这样的经历,丁耀亢对张良的避匿逃亡有了一份同情,对张良以羸弱之躯建功立业多了一份向往之情。

4. 剧作借历史故事隐秘地表达对清王朝的复杂情感和对现实世风的强烈批判

首先是对定鼎中原的清王朝的复杂情感。

丁耀亢在《〈赤松游〉本末》中曾明确"我大清入而扫除秦寇,真有汉高入关之遗风焉",将大清入主中原扫除李自成义军比作汉高祖入关灭秦,颂扬其救民于水火之中,但作者在剧中对汉高祖的描写又有极其复杂的意味。

丁耀亢在剧中对汉高祖的塑造既有遵循历史记载的取材,又有对前代戏曲创作的继承和剪裁。丁耀亢对于剧中的汉高祖形象的塑造是矛盾的,全剧对汉高祖的描写集中在第九出《斩蛇》、第十九出《遇留》、第二十二出《入关》、第二十四出《洗足》、第二十八出《尊帝》、第三十出《宠戚》、第三十二出《扶祚》、第三十三出《藏弓》和第三十八出《歌风》中,剧中对汉高祖的刻画是多层面的。身为亭长解押犯人进京,"俺刘季也是一条好汉,因何见死不救,还要助桀为虐?俺本是宽仁大度一英豪,驱人就死伤怀抱"[1]。剧中刘邦既有救民于倒悬的慈悲情怀,又有斩杀白蛇的义勇和诡异;既有在留遇张良后相识相知共图大业、挥兵入关、约法三章的英武,又有称帝后宠爱戚夫人,欲立如意为太子而不得的无奈。丁耀亢又用侧笔手法描写汉高祖定鼎后枉杀韩信、裔醢彭越、斩杀英布、鸟尽弓藏、诛戮功臣的卑劣行径。作者对汉高祖的揶揄嘲讽在第三十八出《歌风》中表现得淋漓尽致。《歌风》一出叙述汉高祖击败英布后衣锦返乡的场景。作者以戏谑的笔法,通过一个久住邻居之口对汉高祖的旧事作了揭露:"当初村东住的刘太公的儿子刘邦,一生不知做庄农,只是吃酒好嫖,狂口骂人,专说滔天大话。后来他太公因他不守本分,着他县里投充个亭长,做个官身。因他嫖风,人家女儿不肯招他,连媳妇也是没有的。"[2]剧中不仅介绍刘邦年少时吃酒好嫖,狂口骂人,还欠了一屁股旧债:"刘

---

[1] (清)丁耀亢:《赤松游》第九出,《丁耀亢全集》上,第822页。
[2] (清)丁耀亢:《赤松游》第三十八出,《丁耀亢全集》上,第886页。

家皇帝老官儿,我还有一本帐,和你该算!"①此出丁耀亢借鉴元代睢景臣的《般涉调·哨遍·高祖还乡》:

> 【三煞】那大汉下的车,众人施礼数,那大汉觑得人如无物。众乡老展脚舒腰拜,那大汉那身着手扶。猛可里抬头觑,觑多时认得,险气破我胸脯。
>
> 【二煞】你须身姓刘,你妻须姓吕,把你两家儿根脚从头数:你本身做亭长耽几盏酒,你丈人教村学读几卷书。曾在俺庄东住,也曾与我喂牛切草,拽坝扶锄。
>
> 【一煞】春采了桑,冬借了俺粟,零支了米麦无重数。换田契强秤了麻三秤,还酒债偷量了豆几斛,有甚糊突处?明标着册历,见放着文书。
>
> 【尾声】少我的钱差发内旋拨还,欠我的粟税粮中私准除。只道刘三谁肯把你揪摔住,白甚么改了姓更了名唤做汉高祖。②

丁耀亢在此出中虽不如睢景臣辛辣,但已是借此笔抒发胸中之愤懑。顺治四年(1647)正月,清政府制定《大清律例》,其中《大清律例·刑律杂犯》"搬做杂剧"条规定:

> 凡乐人搬做杂剧戏文,不许妆扮历代帝王后妃忠臣烈士先圣先贤神像,违者杖一百;官民之家,容令妆扮者与同罪。③

丁耀亢在《赤松游》中不仅搬演汉高祖刘邦,而且对其流氓无赖的嘴脸和鸟尽弓藏的险恶作了较为深刻的揭露讽刺。

其次,借剧中故事对世风败坏和官吏凶残作了深刻的批判。

第九出《斩蛇》借人物之口说:"可怜这些百姓,被人诬告的(得)好苦也!"④"【前腔】(杂)孤鸟辞巢,诬告株连法莫逃。那些个穷凶巨蠹,都是坐罪图财,万炼千敲。"⑤

第十出《大索》借贪官胡图之口揭示官吏买官索民的境况:"我学生费了许多

---

① (清)丁耀亢:《赤松游》第三十八出,《丁耀亢全集》上,第887页。
② (元)睢景臣:《般涉调·哨遍·高祖还乡》,隋树森编《全元散曲》,北京:中华书局,1964年版,第544-545页。
③ 王利器:《清代法令》,《元明清三代禁毁小说戏曲史料》第一编,上海:上海古籍出版社,1981年版,第18页。
④ (清)丁耀亢:《赤松游》第九出,《丁耀亢全集》上,第821-822页。
⑤ (清)丁耀亢:《赤松游》第九出,《丁耀亢全集》上,第822页。

银钱力量,弄得一身京帐,求了个署印正堂,到此不曾挣的(得)些大钱。"①当遇到官文辑盗时,胡图怕担风险,死活要辞官,手下差役说:"这样钦件文书,就是挣大钱、拿鹅头的名色。不拘大家小家,看他有钱的,就说是窝盗通贼,监禁拷打,不怕他一千五百不拿出来救命。他若不肯,就申他一路文书,一样倾家。他自然要奉承老爷的……(末上)卖法朝朝乐,欺官日日闲;非因官怕吏,只为吏生官。"②

顺治二年,丁耀亢在清朝定鼎后,拒绝王遵坦南下觐见豫王以图叙功别用的邀请,回到家乡诸城,引起了曾经乱中侵吞其家产的豪右的恐慌,"自甲申三月入海,至乙酉六月东归,营产作官,定业为南籍,诸之族邻藏获,各私所有。闻归来惊惧,咸不安"③。同时因诉讼受到县官胥吏的残酷敲诈:

> 凡生儒入县,皆以铁锁系颈于庭,方候理。或无事拿入狱禁,与死囚同桎梏死。出入无时,以鹰犬甲马前驱,一邑无人声,不寒而栗。其时士宦等咸尽矣。④

丁耀亢在《赤松游》创作中借历史人物寓意明志,倾注自己对历史和现实的思索,具有强烈的社会干预意识。

二、清初张良意义阐释的嬗变

引论:《史记》中关于张良的记载

张良(?—前186)以祖受恩旧主,椎秦以尽忠孝。"悉以家财求客刺秦,为韩报仇,以大父、父五世相韩故。""良与客狙击秦皇帝博浪沙中,误中副车。"⑤事败,避匿下邳,遇圯上老人折节受书。后"项梁使良求韩成,立以为韩王"⑥。

受知人主,忠于其事。张良道遇刘邦,"良数以《太公兵法》说沛公,沛公善之,常用其策"⑦。克咸阳后,刘邦贪恋秦宫珠宝女色,张良进言:"夫秦为无道,故沛公得至此。夫为天下除残贼,宜缟素为资。今始入秦,即安其乐,此所谓'助纣为虐'。且'忠言逆耳利于行,毒药苦口利于病',愿沛公听樊哙言。"⑧项羽集军鸿门,项伯约张良急遁。张良告知汉王,并与之约为婚姻。汉元年正月,汉王令良以财

---

① (清)丁耀亢:《赤松游》第十出,《丁耀亢全集》上,第824页。
② (清)丁耀亢:《赤松游》第十出,《丁耀亢全集》上,第825页。
③ (清)丁耀亢:《出劫纪略·从军录事》,《丁耀亢全集》下,第282页。
④ (清)丁耀亢:《出劫纪略·避风漫游》,《丁耀亢全集》下,第283页。
⑤ (汉)司马迁:《留侯世家》,《史记》卷五十五,北京:中华书局,1982年版,第2033页。
⑥ (汉)司马迁:《留侯世家》,《史记》卷五十五,北京:中华书局,1982年版,第2034页。
⑦ (汉)司马迁:《留侯世家》,《史记》卷五十五,北京:中华书局,1982年版,第2036页。
⑧ (汉)司马迁:《留侯世家》,《史记》卷五十五,北京:中华书局,1982年版,第2037页。

厚遗项伯，请汉中地，遂如愿。张良劝汉王烧栈道以示无反意。汉王兵败，张良建言捐地黥布、彭越、韩信封侯，"然卒破楚者，此三人力也"①。汉三年，汉王欲纳郦食其策，封六国后，张良以"八不可"献疑。汉四年，汉王以张良计立韩信为齐王，是年秋败项王于垓下。

汉六年六月，诸将争功不休，张良献计封仇平怨。汉高祖欲废太子，吕后求助张良。汉高祖面对商山四皓辅佐的太子，"我欲易之，彼四人辅之，羽翼已成，难动矣""竟不易太子者，留侯本招此四人之力也"②。张良怀维护汉家宗室，避免更易太子引发天下板荡、黎民涂炭的仁人之心。

（一）忠臣孝子：干进求仕的下层文人对张良的定位

丁耀亢创作《赤松游》的目的之一是"勉忠孝"③，即着力刻画张良始终为韩、为君父报仇的忠孝气节。丁氏用景物描写渲染张良一去不复返的悲壮气氛。"故国青门不改，乌衣紫燕归巢。海宇关心，江山洒泪，浩气直干云表。杜鹃恋魄啼残照，野鹿无情覆梦蕉，雄心惜佩刀。"④剧中多运用直抒胸臆和侧面烘托的手法来突出主题。张良与力士结盟："痛韩亡故国伤残，更孤羽遭时淹蹇。欲倾家报主，怕失机先。俺待藏刀炙鲙，击袂环桥，国士空吞炭。独夫骄甚也，枉求仙，狭路相要血可溅。"⑤功成后张良辞丰居俭，自择留地，"俺虽扶汉功成，存韩未遂。感汉王客卿之礼，因而竭忠；受黄石守素之书，志在不禄""故国烟埋，怀志图存，非荣冠盖。"⑥"三万辞封意已深，始终不负为韩心。"⑦身居朝阙，却始终心怀韩土，"青山不改韩家土，白发争看相国孙。""我（张良）又奏过皇上，将韩陵重加葺治，敕增陵户看守。又敕赐御祭一坛，将韩王讳成的骸骨葬入故陵。"⑧借张良妻点明主旨："相公封侯归里，修治韩陵，拜省祖墓，实忠孝两尽矣。"⑨乡人赞颂："近闻的张相国之子张子房，佐汉封侯，请旨修韩家陵墓，正是既扶新主，不忘旧恩。""君侯功高帝室，业继前辉，既佐汉而灭秦，又修韩而念故，可敬，可敬！"⑩丁耀亢剧中借张良故

---

① （汉）司马迁：《留侯世家》，《史记》卷五十五，北京：中华书局，1982年版，第2039页。
② （汉）司马迁：《留侯世家》，《史记》卷五十五，北京：中华书局，1982年版，第2047页。
③ （清）丁耀亢：《〈赤松游〉本末》，《丁耀亢全集》上，第805页。
④ （清）丁耀亢：《赤松游》第一出，《丁耀亢全集》上，第809页。
⑤ （清）丁耀亢：《赤松游》第四出，《丁耀亢全集》上，第815页。
⑥ （清）丁耀亢：《赤松游》第二十九出，《丁耀亢全集》上，第865页。
⑦ （清）丁耀亢：《赤松游》第二十九出，《丁耀亢全集》上，第866页。
⑧ （清）丁耀亢：《赤松游》第三十七出，《丁耀亢全集》上，第883页。
⑨ （清）丁耀亢：《赤松游》第三十七出，《丁耀亢全集》上，第883页。
⑩ （清）丁耀亢：《赤松游》第三十七出，《丁耀亢全集》上，第885页。

事强调始终"为君父报仇"的忠孝两全之节。

战乱兵燹不仅使丁耀亢亲人罹难,且其田产祖业化为乌有,还因此受诉讼之累,"或使人诬讼于郡,以谋叛谋杀人命等事"①。顺治五年入京,"名为赴试,实避诸艰"②。入京既为避祸,更为求取功名,以求乱世自保。初入京师,丁耀亢自感知遇无门,"江河坚冰腹,日暮津无梁"③"欲截爨下桐,吹竽恐难遇"④。"日暮津无梁"和"吹竽恐难遇"的仕途坎坷,让丁耀亢自觉地将《赤松游》作为人生的一次机遇。

"至甲申,而中原沦于闯。我大清入而扫除秦寇,真有汉高入关之遗风焉。"⑤《赤松游》中丁耀亢将大清进兵中原驱逐"秦寇"(李自成义军)比作汉高入关,颂扬其帮助张良们实现为君父报仇的愿望。其实"为君父报仇"一直是清军入关征服中原时最为有力的政治宣言。

甲申事变后,明总兵吴三桂(1612—1678)欲借清兵剿灭李自成,其致信多尔衮:"况流贼所聚,金帛子女,不可胜数;义兵一至,皆为王有。"⑥吴三桂的求援为清军入关提供了最为有利的机缘。范文程(1597—1666)对多尔衮说:"中原百姓蹇罹丧乱,荼苦已极,黔首无依,思择令主以图乐业……我国虽与明争天下,实与流寇角也。"⑦多尔衮复信吴三桂:"予闻流寇攻陷京师,明主惨亡,不胜发指!用是率仁义之师,沉舟破釜,誓不返旆。"⑧其后清军入关沿途驰草传檄:"义兵之来,为尔等复君父仇,非敌百姓也。"⑨清军进京安民告示:"我今居此,为尔朝雪君父之仇,破釜沉舟,一贼不灭,誓不返辙。"⑩顺治皇帝(1638—1661)定都北京时告谕:"顷缘贼氛渐炽,极祸中原,是用倚任亲贤,救民涂炭。乃方驰金鼓,旋奏澄清,用解倒悬,非富天下。"⑪

鉴于早年清军屠永平城及入关烧杀掳掠给汉人留下的惨痛记忆,清军反复强

---

① (清)丁耀亢:《出劫纪略·乱后忍侮叹》,《丁耀亢全集》下,第282页。
② (清)丁耀亢:《自述年谱以代挽歌》,《归山草》,《丁耀亢全集》上,第426页。
③ (清)丁耀亢:《长安冬感杂著和李坦园太史秋感韵廿四首》(其四),《陆舫诗草》第一卷,《丁耀亢全集》上,第7页。
④ (清)丁耀亢:《长安冬感杂著和李坦园太史秋感韵廿四首》(其十一),《陆舫诗草》第一卷,《丁耀亢全集》上,第8页。
⑤ (清)丁耀亢:《〈赤松游〉本末》,《丁耀亢全集》上,第805页。
⑥ 《世祖章皇帝实录》卷一七,《清实录》第3册,北京:中华书局,1985年版,第154页。
⑦ 《世祖章皇帝实录》卷一七,《清实录》第3册,北京:中华书局,1985年版,第154页。
⑧ 《世祖章皇帝实录》卷一七,《清实录》第3册,北京:中华书局,1985年版,第154页。
⑨ 萧一山:《清代通史》,上海:华东师范大学出版社,2006年版,第235页。
⑩ 萧一山:《清代通史》,上海:华东师范大学出版社,2006年版,第235页。
⑪ 《世祖章皇帝实录》卷九,《清实录》第3册,北京:中华书局,1985年版,第94页。

调其"仁义"之师出兵为明"君父报仇"。1644年9月清军南下,多尔衮致信史可法"报乃君国之仇,彰我朝廷之德"①。大清不仅有德于明朝,所得北京政权非取自明朝:"国家之抚定燕都,乃得之于闯贼,非取之于明朝也。贼毁明朝之庙主,辱及先人,我国家不惮征缮之劳,悉索敝赋,代为雪耻,孝子仁人,当何如感恩图报!"②因此,"为君父报仇"的忠孝宣传成为清初顺治朝入关最强有力的政治宣言,取得了北方大多数汉族官民的拥戴,为其顺利统一北方奠定了坚实的舆论基础。

丁耀亢在《赤松游》中借张良故事,宣扬了大清"为君父报仇"这一忠孝大义的政治标榜,曲折地表达了清初下层士人科举无望的情势下,求仕新朝,企图得以重用的心曲。

(二) 义士与仁人:入仕新朝的汉族士大夫以张良自期

"汉留侯张子房,义士也,亦仁人也。"③魏裔介(1616—1686)在其《留侯论》中认为张良是义士,更是仁人。魏氏认为世人皆谓张良始终为韩报仇,"此殆不足以知子房"④。

在魏氏看来,张良"为韩报仇者,义也;佐汉定天下者,仁也"⑤。"良之不复立六国后,盖以己心已尽,大义已明,天下苍生久困,不可以一国一己之私,而有拂于天道人事自然之势也,岂非仁义兼尽者哉!若区区复仇,不以康济为怀,则豪侠之举而已,何足以为子房?"⑥魏氏认为张良以康济天下苍生为念,顺应时代,具有义士仁人的情怀。所谓义士,即为韩报仇,完成故国臣子对先祖旧主的忠孝之举;所谓仁人,顺应大势,悯天下苍生久困,而非一国一己之私,有济世救民的普世情怀。

作为新朝进士,魏裔介没有像吴梅村一样背负新旧两朝恩、愧作两截臣的心理重负,但毕竟其父祖曾任职明朝,内心深处的故国之思令其心怀忐忑。魏裔介的祖父"万历甲午举于乡,甲辰第进士,任河南武阳知县。四举循良,皆居第一,行考取授山西道监察御史"⑦。其父"天启辛酉选贡,考中县令,未仕"⑧。魏裔介为明崇祯十五年举人,甲申年魏裔介二十九岁,"五月,大清定鼎,催举人赴选,遂至都。

---

① 《世祖章皇帝实录》卷六,《清实录》第3册,北京:中华书局,1985年版,第70页。
② 《世祖章皇帝实录》卷六,《清实录》第3册,北京:中华书局,1985年版,第70页。
③ (清)魏裔介著,魏连科点校:《留侯论》,《兼济堂文集》卷十四,北京:中华书局,2007年,第346页。
④ (清)魏裔介著,魏连科点校:《留侯论》,《兼济堂文集》卷十四,北京:中华书局,2007年,第346页。
⑤ (清)魏裔介著,魏连科点校:《留侯论》,《兼济堂文集》卷十四,北京:中华书局,2007年版,第346页。
⑥ (清)魏裔介著,魏连科点校:《留侯论》,《兼济堂文集》卷十四,北京:中华书局,2007年版,第347页。
⑦ (清)魏裔介著,魏连科点校:《魏贞庵先生年谱》,《兼济堂文集》卷二十,北京:中华书局,2007年版,第586页。
⑧ (清)魏裔介著,魏连科点校:《魏贞庵先生年谱》,《兼济堂文集》卷二十,北京:中华书局,2007年版,第586页。

上疏愿会试,不愿即仕"①。魏裔介虽然没有当即接受大清的委任,但毕竟对新朝的市恩做了积极回应,顺治三年考中进士。魏裔介身经明末清初的社会动荡,深察生民涂炭。顺治十一年(1654)魏裔介在《甲午春,流民南走如蚁。有夫妇至滹沱河欲渡,舟子索值,无以应,遂并其子女赴河死。余闻而哀之,作投河叹》一诗中真实记录了因无钱渡河举家赴河而死的人间悲剧。

> 望望弃故里,蹩蹩度层阿。积雪愁未尽,寒雨漫长坡。岂不念乡闾,命也婴祸罗。行期计匝月,遥望见滹沱。滹沱何澎湃,春风增白波。对此心怵惕,四顾空延俄。饥夫前致词,亦欲渡此河。离乡日已远,无食一身多。况今襁褓妇,黄口一肩驼。但获渡济去,冥报岂有他。舟子瞪目视,笑为船上歌。饥夫语饥妇,我当葬蛟鼍。尔携怀中雏,丐食行逶迤。饥妇更无语,长号赴奔涡。饥夫投其雏,捐命同飞蛾。是时天地黯,惨色起嵯峨。饥民岸林立,咽泣空跌蹉。哀哉今之民,而不如鸳鹅。②

同年魏裔介在《题为流民死伤堪悯疏》中详细记述水灾、圈地给民众造成的疾苦:

> 有父母夫妻同日缢死者,有先投儿女于河而后自投者,有得钱数百卖其子女者,有刮树皮抉草根而食者。至于僵仆路傍为乌鸢豺狼食者,又不知其几何矣。③

魏裔介的奏疏被皇帝采纳,拨出白银二十万两赈济,全活民众数十万人,同时圈占土地被禁止。入仕后魏裔介积极任事,先后上疏二百余次,仅顺治十二年就连续上疏六次(《破资格以用言官》《定会计以清财赋》《兴教化以正风俗》《重农工以资兵力》《讲律令以清刑罚》《竣大工以恤民生》)。

魏裔介对国计民生、军事战略无不用心,顺治皇帝加以超擢,并面谕:"此番擢用,出朕之意,非有他人荐举,不可听人引诱。须力破党羽之习,以副眷注。"④顺治皇帝对魏裔介赏赐名马以示荣宠,"是日赐公所乘马,烧獐兔割而啖之"⑤。魏裔介

---

① (清)魏裔介著,魏连科点校:《魏贞庵先生年谱》,《兼济堂文集》卷二十,北京:中华书局,2007年版,第591页。
② (清)魏裔介著,魏连科点校:《甲午春,流民南走如蚁。有夫妇至滹沱河欲渡,舟子索值,无以应,遂并其子女赴河死。余闻而哀之,作投河叹》,《兼济堂文集》卷十八,北京:中华书局,2007年版,第465页。
③ (清)魏裔介著,魏连科点校:《题为流民死伤堪悯疏》,《兼济堂文集》卷一,北京:中华书局,2007年版,第20页。
④ (清)魏裔介著,魏连科点校:《魏贞庵先生年谱》,《兼济堂文集》卷二十,北京:中华书局,2007年版,第598页。
⑤ (清)魏裔介著,魏连科点校:《魏贞庵先生年谱》,《兼济堂文集》卷二十,北京:中华书局,2007年版,第598页。

也满怀感激,"凌晨谒黄幄,烟中雨露微""天颜思喜起,作赋近光辉"①。

清政府在大学士及各部尚书中设满汉人员,对降清的刘正宗、冯铨等信任有加,对新取进士更是委以重任。魏裔介的同年进士李霨(1625—1684)"每于谈笑间婉言曲喻,徐使更正。其间调和匡救,保护善类,霨有力焉"②。冯溥(1609—1692)"世祖幸内院,顾大学士曰:朕视冯溥乃真翰林也!"③王熙(1628—1703)"时三藩拥兵逾制,吴三桂尤崛强,擅署官吏,浸骄蹇,萌异志……熙首疏请裁兵减饷"④"熙持大体,有远虑。平定三藩后,开方略馆"⑤。顺治皇帝曾多次下旨谕告君臣一心一德,满汉一体⑥。吴梅村说魏裔介在顺治朝的恩遇:"圣主良臣,相得益彰,于以调元赞化,经国庇民,千载一时也。"⑦此语虽有过谀之嫌,但顺治皇帝对新晋官吏的重用是出于对明朝党争所引发的政治内耗的警惕和满汉一体的期盼,"希望通过加强他与他的阁臣的关系,以在最高层形成一种融洽信任的气氛,使臣僚可以依靠上下间的关系而不是横向的联系,为可预见的未来政治赢得一种保障"⑧。

正是有了君主的信任和重用,任仕新朝的汉族士人大多抛开华夷之辨,积极任事,以救世济民、致君尧舜的仁人情怀,为清初政权的巩固和社会的发展发挥了积极作用。魏裔介对张良的义士仁人的认识正是当时深受信任的新晋汉族士大夫自我治平理想的真实表露。

(三) 忠臣与仁人:明遗民对张良意义的转变

"子房始终之节皎然明白,忠臣仁人,兼而有之。"⑨康熙二年(1663),魏禧(1624—1681)在其《留侯论》中认为:"忠臣以兴复为急,虽杀身殒民而无悔。仁人以救民为重,故通权达节以择主。"⑩在兴复旧朝无望的境地下,不是忠于一家一姓的君主,而是化为以天下苍生为感怀的仁人之心。

> 且夫天下公器,非一人一姓之私也。天为民而立君,故能救生民于水火,

---

① (清)魏裔介著,魏连科点校:《魏贞庵先生年谱》,《兼济堂文集》卷二十,北京:中华书局,2007年版,第601页。
② 赵尔巽等:《李霨传》,《清史稿》卷二百五十,北京:中华书局,1977年版,第9686页。
③ 赵尔巽等:《冯溥传》,《清史稿》卷二百五十,北京:中华书局,1977年版,第9690页。
④ 赵尔巽等:《王熙传》,《清史稿》卷二百五十,北京:中华书局,1977年版,第9694页。
⑤ 赵尔巽等:《王熙传》,《清史稿》卷二百五十,北京:中华书局,1977年版,第9695页。
⑥ 《世祖章皇帝实录》,《清实录》第3册,北京:中华书局,1985年版,第559-560页。
⑦ (清)魏裔介著,魏连科点校:《兼济堂文集·前言》,北京:中华书局,2007年,第1页。
⑧ (美)魏斐德著,陈苏镇、薄小莹等译:《洪业——清朝开国史》,南京:江苏人民出版社,2008年版,第661页。
⑨ (清)魏禧著,胡守仁等校点:《留侯论》,《魏叔子文集·外篇》卷一,北京:中华书局,2003年版,第42页。
⑩ (清)魏禧著,胡守仁等校点:《留侯论》,《魏叔子文集·外篇》卷一,北京:中华书局,2003年版,第42页。

故天以为子,而天下戴之以为父。子房欲遂其报韩之志,而得能定天下祸乱之君,故汉必不可以不辅。①

魏禧认为即使是孔孟尊周游说列国,虽欲周氏之子孙王天下、朝诸侯,但是周之子孙不能胜任,不因一姓之兴亡而置天下之生民不顾。

> 夫孟子学孔子者也,孔子尊周而孟子游说列国,惓惓于齐、梁之君,教之以王。夫孟子岂不欲周之子孙王天下而朝诸侯?周卒不能,而天下之生民不可以补救。天生子房以为天下也,故欲责子房以匹夫之谋,为范增之所为乎,亦已过矣。②

魏禧是清初著名的明遗民,明亡后随父隐居翠微峰,"与兄际瑞、弟礼,及南昌彭士望、林时益,同邑李腾蛟、邱维屏、彭任、曾灿等九人为易堂学"③。他们躬耕自食,切劘读书,"三魏"之名遍海内。"易堂独以古人实学为归,而风气之振,由禧为之领袖。僧无可尝至山中,叹曰:'易堂真气,天下无两矣!'"④魏禧入清后虽隐居山林、绝意仕进,但他关心时事、注重经世。魏禧认为:"读书所以明理也,明理所以适用也,故读书不足经世,虽外极博综,内析秋毫,与未尝读书同,经世之务,莫备于史。"⑤魏禧曾作《救荒策》,辑录古人成法,"增美去恶,以成万世万民之利"⑥。

魏禧四十岁后出游,交天下才俊,咸以为其有古代宰相的才度:"房玄龄不以已长格物,魏叔子有之。""凡戚友有难进之言,或处人骨肉间,先生批隙导窾,令人心开,友党中方诸李邺侯焉。或问其故,先生曰:'吾每遇难言事,必积诚累时,与其人神情相贯注,然后言之。'"⑦对张良由忠臣向仁人认识的转变,正是明遗民随时势转变、入世情怀的真实外现。

随着南明武装割据的消歇和清朝政权的巩固,以及1660—1661年"奏销案"等对江南缙绅的打击,许多遗民感到复明无望,逐渐由武装对抗转向经世泽民。他们虽然以兴复为念,但对舍身死节有着清醒的认识。

---

① (清)魏禧著,胡守仁等校点:《留侯论》,《魏叔子文集·外篇》卷一,北京:中华书局,2003年版,第43页。
② (清)魏禧著,胡守仁等校点:《留侯论》,《魏叔子文集·外篇》卷一,北京:中华书局,2003年版,第43页。
③ 赵尔巽等:《魏禧传》,《清史稿》卷四百八十四,北京:中华书局,1977年版,第13315页
④ 赵尔巽等:《魏禧传》,《清史稿》卷四百八十四,北京:中华书局,1977年版,第13316页。
⑤ (清)魏禧著,胡守仁等校点:《左传经世叙》,《魏叔子文集·外篇》卷八,北京:中华书局,2003年版,第367页。
⑥ (清)魏禧著,胡守仁等校点:《救荒策》,《魏叔子文集·外篇》卷三,北京:中华书局,2003年版,第182页。
⑦ (清)魏礼:《先叔兄纪略》,(清)钱仪吉纂:《碑传集》卷一百三十七,第11册,北京:中华书局,1993年版,第4088页。

陈确（1604—1677）在《死节论》中认为："死合于义之为节，不然则罔死耳，非节也。""死生极平常事，人谁不死，绝无足奇者，要善其死之为难耳。子曰：'志士仁人，无求生以害仁，有杀身以成仁。'孟子曰：'生我所欲，义我所欲，二者不可兼，则舍生取义。'皆推极言之。故义可兼取，则生有不必舍；仁未能成，而身亦不必杀也。"①"甲申以来，死者尤众，岂曰不义？然非义之义，大人勿为……今士动称末后一着，遂使奸盗优倡同登节义，浊乱无纪未有若死节一案者，真可痛也！"②即对前朝的忠心并非一味的一死了之。

顾炎武（1613—1682）对"舍身"与"为仁"有着深入的讨论。他在写给李颙（1627—1705）的信中说："天下之事，有杀身以成仁者；有可以死，可以无死，而死之不足以成我仁者。子曰：'吾未见蹈仁而死者也。'圣人以能不蹈仁而死？时止则止，时行则行，而不胶于一……于是有受免死之周，食嗟来之谢，而古人不以为非也。使必斤斤焉避其小嫌，全齐小节，他日事变之来，不能尽如吾料，苟执一不移，则为荀息之忠，尾生之信。不然，或至并其斤斤者而失之，非所望于通人矣。"③其中的"时止则止，时行则行，而不胶于一"和"通人"的主张与魏禧的"通权达节"如出一辙。顾氏在《病起与蓟门当事书》中说："天生豪杰，必有所任，如人主于其臣，授之官而与以职。今日者拯斯人于涂炭，为万世开太平，此吾辈之任也。仁以为己任，死而后已。故一病垂危，神思不乱，使遂溘然焉长逝，而于此任已不可谓无尺寸之功，今既得生，是天以为稍能任事而不遽放归者也，又敢怠于其职乎？"④顾炎武进一步明确"仁人"今日的职责是："拯斯人于涂炭，为万世开太平"。

清初明遗民在继续强烈反对入清为官的同时，也能注意到那些通过与满族合作来完成其士大夫之使命的汉族同胞正逐渐取得具体的成就，后者实际上正在进行晚明士大夫想进行但未能完成的财政、法律和经济改革⑤。陆世仪（1611—1672）认为："度其才可以有为于时度，其时必能用，我进以礼，退以义。上则致君，下则泽民，功及于一时，德被于天下。"⑥即他们从由对"亡国"与"亡天下"的辨析与反思，走向"为万民而非为一姓"，造福百姓的转变。

---

① （清）陈确：《死节论》，《陈确集》卷五，北京：中华书局，1979年版，第152页。
② （清）陈确：《死节论》，《陈确集》卷五，北京：中华书局，1979年版，第154页。
③ （清）顾炎武著，华忱之点校：《与李中孚书》，《顾亭林诗文集》卷四，北京：中华书局，1983年版，第82页。
④ （清）顾炎武著，华忱之点校：《病起与蓟门当事书》，《顾亭林诗文集》卷三，北京：中华书局，1983年版，第48-49页。
⑤ （美）魏斐德著，陈苏镇、薄小莹等译：《洪业——清朝开国史》，南京：江苏人民出版社，2008年版，第702页。
⑥ （清）陆世仪：《思辨录辑要》，台北：台湾商务印书馆，1973年版，第3-4页。

黄宗羲(1610—1695)在《明夷待访录·原君》中认为："古者天下之人爱戴其君,比之如父,拟之如天,诚不为过也。今也天下之人怨恶其君,视之如寇仇,名之为独夫,固其所也。而小儒规规焉以君臣之义无所逃于天地之间,至桀、纣之暴,犹谓汤、武不当诛之,而妄传伯夷、叔齐无稽之事,使兆人百姓崩溃之血肉,曾不异夫腐鼠。岂天地之大,于兆人百姓之中,独私其一人一姓乎？"①对于臣子的职责,黄氏认为出仕并非为一家一姓之君主兴亡,而是为天下苍生着想："我之出而仕也,为天下也,非为君也;为万民也,非为一姓也。""天下之治乱,不在一姓之兴亡,而在万民之忧乐。是故桀、纣之亡,乃所以为治也;秦政、蒙古之兴,乃所以为乱也;晋、宋、齐、梁之兴亡,无与于治乱者也。为臣者轻视斯民之水火,即能辅君而兴,从君而亡,其于臣道固未尝不背也。"②

对张良历史形象所赋予的意义由忠臣到仁人内涵的界定与转变,正是清初由顺治朝转向康熙朝的政治形势所决定的,也是大部分明朝遗民顺应时局、积极入世的时代回应。无论是奋不顾身、舍生就义,还是著书立说、编史施教,他们以天下黎民为念的民本情怀始终是中华民族精神中最璀璨的部分。

"夫玄象著明,以察时变,天文也;圣达立言,化成天下,人文也。达幽显之情,明天人之际,其在文乎！"③清初汉族士人正是基于对幽显之情的通达和时势的体察,赋予张良这一历史人物不同的阐释内涵。这种意义因时势和个人际遇的不同,经历了由顺治初年为迎合政治而以干仕进的"为君父报仇"的忠臣孝子的宣扬,到顺治中后期新锐士子受恩新朝,勇于任事,"不以一己一国之私",顺应自然之势,以求致君尧舜的义士仁人自期,再到康熙初期因时局转变而通权达节的明遗民们,"非一人一姓之私",而以"万民之忧乐"为念的忠臣仁人观念的嬗变。这种阐释清晰地传达出清初汉族士大夫、中下层文人急于求取功名以求自保,以及新晋士子深受朝廷恩遇,抛弃种族偏见竭忠尽智,和明遗民在复明无望的境况下,济世救民的入世情怀的心态演变轨迹。梳理其个中变化,对于人们深刻理解清初汉族知识分子因外界环境而促成的个体思想及行为的差异具有积极意义。

---

① (清)黄宗羲著,沈善洪主编:《明夷待访录·原君》,《黄宗羲全集》第1册,杭州:浙江古籍出版,2005年版,第3页。
② (清)黄宗羲著,沈善洪主编:《明夷待访录·原臣》,《黄宗羲全集》第1册,杭州:浙江古籍出版,2005年版,第4-5页。
③ (唐)李百药:《文苑》,《北齐书》卷四十五,北京:中华书局,1972年版,第601页。

第三节 《西湖扇》：借题说法，寓意写生

《西湖扇》传奇，《今乐考证》著录，作者题"紫阳道人"。清乾隆《诸城县志》卷十三《艺文考》著录，为丁耀亢作。现存清康熙十三年（1674）重刻本，中国社会科学院文学研究所图书馆藏，《古本戏曲丛刊五集》据之影印，题《西湖扇》，署"紫阳道人著"，凡二卷三十二出①。

一、《西湖扇》创作特色解析

（一）宋蕙湘、宋娟题壁诗及其影响

《西湖扇》的创作缘起于顺治五年广有影响的宋蕙湘题壁诗以及宋娟的题壁诗。

1. 宋蕙湘题壁诗及影响

宋蕙湘原诗

蕙湘，金陵人，弘光宫女也，年十四，为兵掠去，属镶黄旗下。

风动空江羯鼓催，绛旗飘展凤城开。将军战死君王系，薄命红颜马上来。
春风如绣复如烟，良夜心知尽阁眠。今日相思浑是梦，算来可恨是苍天。
广陌尘沙满冀鸦，北风吹雨落铅华。可怜明月箜篌引，几度穹庐伴暮笳。
盈盈十五破瓜初，已作明妃别故庐。谁散千金齐孟德，镶黄旗下赎文姝！

该诗除丁耀亢《西湖扇》传奇引用外，计六奇《明季南略》卷四、《甲申朝小纪》卷二、余怀《余怀集》均有记载②。计六奇《明季南略》记载时间为清顺治乙酉五月（顺治

---

① 郭英德：《明清传奇综录》，石家庄：河北教育出版社，1997年版，第568页。
② （清）宋蕙湘：《宋蕙湘原诗》，（清）丁耀亢：《丁耀亢全集》上，第745页。
计六奇记载《宋蕙湘题诗汲县壁》谓诗壁所在地在汲县。
（清）计六奇：《明季南略》卷四，北京：中华书局，1984年版，第227页。
《甲申朝事小纪》载《难女宋蕙湘诗》曰在卫辉旅舍。
（清）抱阳生编著，任道斌校点：《甲申朝事小纪》，北京：书目文献出版社，1987年版，第53-54页。
余怀《板桥附录》记曰河南卫辉城"潞王城之东"。
（清）余怀：《余怀集》，扬州：广陵书社，2005年版，第526-529页。
按：汲县、卫辉旅舍、卫辉城，明清两代为卫辉府，三者所记地址大体相同，即今河南省汲县。
《明季南略》佚其二，《甲申朝事小纪》及《丁耀亢全集·宋蕙湘原诗》均四首，字辞略有不同，今引《明季南略》二以《甲申朝事小纪》补其缺。

二年,1645),丁耀亢在其诗集中记载为顺治六年。宋蕙湘题壁诗在清初影响颇广,当时许多文人作诗和之,对其遭遇深表同情。

张煌言《和秦淮难女宋蕙湘旅壁韵》:

> 猎火横江铁骑催,六朝锁钥一时开。玉颜空作琵琶怨,谁教明妃出塞来。

徐釚《本事诗》后记:

> 按宋蕙湘题壁在卫辉旅舍中。长洲尤侗悔庵和云:"管弦未散鼓鼙催,金粉飘零宝镜开。好似明妃出塞去,几时桃叶渡江来?"又云:"青楼梦断杳如烟,懊恼邮亭一夜眠。回首长干天外隔,洛阳别有断肠天。"

施闰章《蠖斋诗话》:蕙湘,秦淮女子,题卫辉驿壁云云。

陈维崧《妇人集》:

> 秦淮宋蕙湘,教坊女也。被北兵掠去,题诗邮壁,凄然有去国离家之痛焉。诗凡四首,犹记其一云:"风动江声羯鼓催,降旗飘扬凤城开。君王下殿将军死,绝代红颜马上来。"王西樵曰:"绝代"一作"绝命"。

金燕《香奁诗话闺秀部》:

> 宋蕙湘为北兵所掠,辗转至卫州,自题旅壁云:"被难以来,即欲效新嘉故事,稍留踪迹,以告君子,不可得也。偶居旅舍,辄题四章,以期万一之遇,命薄如此,恐亦无望矣。"诗云云。

王豫《江苏诗征》引《三冈识略》:

> 乱离以来,东南闺阁,间关戎马,情殊可怜。金陵宋氏蕙湘题《卫州旅店》云云。香粉流离,红颜薄命。读之凄然鼻酸也。

雷瑨《青楼诗话》:

> 《板桥杂记》载:淮女宋蕙湘,被北兵掠去,题诗四绝于卫辉府邮壁云云。措语之妙,隶事之工,凄婉情深,迥非寻常可并。似此清才,倘为造物所忌耶?

陈去病《五石脂》:

> 苍水集中尝有《和秦淮难女宋蕙湘旅壁韵》,诗云云。余求其原诗不可得,别从《三冈识略》得一首,谓系蕙湘题卫州旅壁者。董含云:"香粉流离,红

颜薄命,读之凄然鼻酸也。"诚哉是言!偶阅计六奇《南略》,适睹所载《宋蕙湘汲县题壁诗》,为之狂喜,急录之如下,诗云云。①

2. 宋娟题壁诗

宋娟题清风店原诗并序

妾本虎林女也。遇人不淑,再罹干戈。腊月甚寒,挟之北上,终日坐破车中哼哼,筋骨欲脱。寒风惨裂,塞马悲鸣,尘沙眯目,真蔡琰车中、明妃马上所不能仿佛者。几欲自刭,念妾本良家,流落至此,曾与魏里顾生订终身交。顾,才士,必不弃予,已后念此,乃又强食。偶从将士阅省录,知顾已乡荐,旦夕公车过此。恐谓妾已死,遂尔捐弃。故乘暇窃书此诗,令知薄命妾犹然西湖月下心也。当妾与郎晤时,六桥明月,十里湖山,澄波荡水,万籁萧寂。妾忽悲泣,郎举酒酾之曰:"终当贮汝以金屋。"妾改颜谢曰:"无媒妁,何先是?"顾郎尝怀一扇,妾甚爱其扇上诗。诗为洞山方生作,有曰:"苍壁倚千寻,空江自古进。浪翻丹树合,庙枕碧流深。"以四句妾甚赏其壮亮高逸,是时顾郎出其扇曰:"汝佳此人诗,此人吾好友,即以为媒妁可乎?"妾拜受之。至今数濒死不去衽中。又闻此生亦领乡荐,或顾不此及,万一洞山寓目焉,幸与顾云妾尚在,亦不负当日以胥长公待先生意也。

妾命如朔风,飘然振落叶。不入郎罗帏,乃遂尘沙陌。妾本良家儿,流落平康劫。十三工秦筝,十五好笔墨。尊前柔声歌,泪湿江州褶。人谓妾颜好,妾谓前世孽。武林遇公子,知心不徒悦。忽而天地崩,遂令山川别。一为俗子羁,再为干戈绁。哼哼破车中,尘土满鬟髻。塞马嘶寒风,玄冰真惨裂。披掷一羊裘,皴肌冷如铁。昼则强欢笑,夜则潜哽咽。谁谓文姬哀?文姬犹返阙。谁谓明妃怨?犹能封马鬣。而我命薄妾,终当染锋血。胡不即就死?心为公子结。公子尔多情,岂忘西湖月?公子尔多智,岂不谅我节?公子尔任侠,忍妾委虎穴?公子尔多交,交岂无豪杰?媒妁扇上诗,颠沛不忍撇。忍死一相待,悲酸难再说。又闻洞山方,风流当世杰。尔既善顾郎,何不一救妾?

西湖薄命妾宋娟和泪书②

诗中宋娟是清初武林即杭州人,顾生为当时才子曹尔堪原型。丁耀亢在顺治六年

---

① 钱仲联:《烈女卷》,《清诗纪事》第4册,南京:凤凰出版社,2004年版,第15625-15626页。
② (清)宋娟:《宋娟题清风店原诗并序》,(清)丁耀亢:《丁耀亢全集》上,第743-744页。

曾以诗《感宋娟诗二首》记之。

> 娟,浙中名妓。没于兵,题诗清风店壁,寄浙中孝廉曹子顾求赎。都中盛传其事。
>
> 一首新诗海内传,人人解识惜婵娟。不知国士埋尘土,马上何人荐惠连?春尽飞花故苑空,休怜红粉泣东风。燕台马瘦英雄尽,白草黄沙失路同!①

顺治十年丁耀亢应曹尔堪之请,以宋蕙湘及宋娟题壁诗为蓝本,以扇为线索,构思故事,创作传奇。顺治十年十月,丁耀亢创作完成《西湖扇》,曹尔堪曾以三百缗作为润笔,丁氏以《曹子顾太史寄草堂资三百缗时为子顾作〈西湖传奇〉新成》记之。康熙十三年(1674)其子丁慎行在《重刻〈西湖扇传奇〉始末》中云:

> 石渠先生,天下有情人也。恳求先惠安公一诺而借题说法,寓意写生,遂使才子佳人苦海离愁,一旦作登场欢笑。②

其中提到丁氏创作《西湖扇》是由于友人恳请,为古今离合之情借题说法。

(二) 剧情结构

剧叙南宋时杭州才子顾史约歌姬宋娟娟与同道陈道东游湖,途中邂逅宋湘仙。湘仙系官宦之女,曾题春兰诗于团扇自抒其志。中途逢雨,湘仙慌乱中将题诗纨扇遗失,为顾史所得。顾史慕其才色,欲"连二宋之欢",并向娟娟赠扇定盟。不久金兵南下劫掠扬州,顾史与二宋皆被掳去。娟娟至真定清风店将流离苦情题诗壁上,却将诗扇丢失;湘仙继至,续诗于后,复得所失之扇。顾史充任金兵书记,亦至清风店,得读壁上诗。后湘仙在皇姑寺避难出家,娟娟发配官局浣洗。清明节顾与二宋会于皇姑寺,为仇家窥见,欲扭送官府。时顾已中金朝探花,仇家将其告于朝廷,金主请娘娘审劝。娘娘以为天赐奇缘,始终成于一扇,敕赐顾与二宋完婚,得以金榜题名,封妻荫子。剧中穿插顾友陈道东因反对宋、金议和,弹劾秦桧卖国,为秦所陷出使金国;陈被羁留北漠教授蒙金子弟,后与顾史同榜中榜眼,不肯受职,待顾完婚后南返等情节。剧中秦桧、兀术、耶律楚材等皆于史无凭,作者依剧情随意点缀。

全剧共分上、下两卷三十六出,以题诗扇为贯穿全本的道具,铺设主次两条线索。以书生顾史与宋娟娟、宋湘仙的悲欢离合为主线,以陈道东上书弹劾秦桧,被诬陷使金受羁在金设帐授书为辅线,将传统的才子佳人的个人离合与家国之变的

---

① (清)丁耀亢:《感宋娟诗二首》,《陆舫诗草》卷一,《丁耀亢全集》上,第43页。
② (清)丁慎行:《重刻〈西湖扇传奇〉始末》,(清)丁耀亢:《丁耀亢全集》上,第741页。

时代大背景相结合，具有一定的社会现实性。剧作虽是以宋金为背景，但文中的"镶黄旗"等词语表明了其以宋金喻明清的用意。剧中叙顾史金榜题名且与二宋双美重圆，得益于金朝君主的开明与圣贤：

（内）圣旨到来！南朝天使陈道东，奉敕赍表，与新探花顾史完婚，方许辞朝回国！（外向小生介）快哉，快哉！正要与顾兄具疏求婚，不料圣意如此高厚。①

在金朝榜中状元后，顾史欢喜万分：

【节节高】宫炮砑锦光，紫罗裳持摇直上。天池傍，心中旷。眼里香，人前响，平生切莫夸名望。此中得失尤难讲，从今抛却旧生涯，大家做出新模样。②

高唱中外一体，华夷一家。剧中宋娟娟与宋湘仙被掠入金后，在金的遭遇是南方被掠女子的代表。宋娟娟出家为尼，宋湘仙先是被迫为妾，为其妻不容，凌辱后被卖在浣洗局苟且偷生。

可怜亡国良家女，尽作朱门织纺人……
小娘子不须烦恼，我们俱是落难之人，在此织机就是侥幸了！还有多少配在军中，或是担水挨磨。拾粪牧羊的死了多少！③

二、清初文人传奇主题的演变

明清易代，对于有着"夷狄之有君，不如诸夏之亡"（《论语·八佾》）情结的士夫文人不啻天崩地坼。面对旧主新朝以及仕隐进退的抉择，许多人陷入两难境地。士人不仅着诗文以托其志，而且繁盛于此时的传奇更是有着强烈的寄寓色彩。司马迁说："《诗》三百篇，大抵圣贤发愤之所为作也。此人皆意有所郁结，不得通其道，故述往事，思来者。"许多文人传奇作家取材历史，借助当时流行的男女离合故事，来阐述自己的兴亡感慨之情。

历史常常被当作道德教育和政治经验的载体，借搬演历史故事之酒杯，浇自我之块垒，长歌当哭，成为清初文人传奇的常用形式。杜桂萍认为清初的杂剧作

---

① （清）丁耀亢：《西湖扇》第三十一出，《丁耀亢全集》上，第797页。
② （清）丁耀亢：《西湖扇》第二十九出，《丁耀亢全集》上，第794页。
③ （清）丁耀亢：《西湖扇》第二十出，《丁耀亢全集》上，第777页。

家"并没有仅仅局限于感性抒发的层面,而是在更广阔的层面予以理性的思考和提问,而这种提问往往是从主体性出发进行的";"在进行个体内在性审视的同时,从未放弃过对时代社会的积极思考。所以他们感伤与怀念的文字中,多的不仅是眼泪,还有理性的思考与判断"[①]。

清初剧作家的传奇作品何尝不是如此呢?现以清初吴梅村的《秣陵春传奇》、丁耀亢的《西湖扇》和孔尚任的《桃花扇》三部作品为例,来探寻离合之情题材相近的传奇所蕴含的兴亡主题的嬗变。

(一)《秣陵春传奇》:眷恋与徘徊

《秣陵春传奇》又名《双影记》,故事发生在南唐灭亡、北宋初建之时,南唐大臣徐铉之子徐适与黄济之女黄展娘分别收藏御赐的蓝田玉杯和官宜宝镜。后来杯、镜互易其主,双方在杯、镜中窥视彼此容貌,顿生爱慕眷恋之情。已故南唐李后主与爱妃黄保仪(展娘之姑)的幽魂请仙人作合,引导徐适和展娘(影子)在冥界结成"仙婚"。后来徐、黄二人在李后主的安排下重返人间。徐适因才高知遇宋朝皇帝,特赐状元并与展娘结成夫妇。最后以徐适辞元不得受新朝官封,建寺仙祠李后主作结。全剧弥漫着缠绵哀伤的情感基调。

此剧大约创作于顺治四年前后[②],吴梅村以残山剩水之秣陵初春,寄托故国之思,故取名《秣陵春传奇》。故事虽然取南唐与北宋间的情事加以演绎,但作者实际上影射明朝事体。作者《序》云:"予端居无聊,中心烦懑,有所彷徨感慕,仿佛庶几而目将遇之,而足将从之,若真有其事者,一唱三叹,于是乎作焉。是编也,果有所托而然耶?果无所托而然耶?即予不得而知也。"[③]吴梅村在序中点明其创作缘由是"中心烦懑""彷徨感慕",虽然以反问的形式强调自己于剧作中无所指托,但其寄托之情洋溢全文。

吴梅村作为一个以文坛翘楚和复社人望存在于明末社会的士人,无论其政治抱负还是文学创作都以积极担当任事的出世豪情自励,特别是对崇祯皇帝,他更是充满了知遇之恩和对其命运遭际的强烈同情的追怀。吴梅村二十三岁时,举崇祯辛末科会试第一、殿试第二。"时犹未娶,特撒金莲宝炬、花币冠带,赐归里第,完姻于明伦堂上,行合卺礼。盖自洪武开科,花状元纶后,此

[①] 杜桂萍:《清初杂剧研究》,北京:人民文学出版社,2005年版,第86页。
[②] 齐森华、陈多、叶长海:《中国曲学大辞典》,杭州:浙江教育出版社,1997年版,第490页。
[③] (清)吴伟业著,李学颖集评标校:《秣陵春序》,《吴梅村全集》卷三十二,上海:上海古籍出版社,1990年版,第728页。

为再见，士论荣之。嗣后回翔馆阁，不十年渐升至官詹学士。"①当年因为陷入党争，吴梅村的科考险遭不测，崇祯皇帝亲自御批其卷，定其为："正大博雅，足式诡靡。"陈继儒的"年少朱衣马上郎，春闱第一姓名香"（《送吴榜眼奉旨归娶》）和张溥的"人间好事皆归子，日下清名不愧儒"（《送吴骏公归娶》）②记录了当时吴梅村金榜新婚的人生风流。这一点上，作为一个士子不仅光耀门楣，而且深感知遇之恩，足以使他铭记一生。因此，吴梅村对崇祯帝有一种特殊的情感。

在剧作中，吴梅村将自己对先朝的感遇之情融入对人物的塑造上。徐适从父辈就深受眷宠，自己受李后主的点化又在冥界建功立业，得配佳偶。第十一出《庙市》，徐适在去汴梁途中，经过李后主遗庙，目睹"野鼠缘朱帐，阴尘盖画衣，受用些落木寒鸦，看守着残山废塔"的凄凉景象，发出"一代帝王，憔悴至此，好不伤感人也"的深叹，内心对于李后主更是充满"我父子受国厚恩，无由答报"③的愧疚之情。在冥界，因得遇李后主的赏识，徐适登堂拜帅，击败敌寇，迎娶皇女，实现了人生的凤愿。当后主遣返徐适夫妇时，徐适面对后主功名前途的劝告，真诚表示："若说起功名，难道丢了皇上，走到别处，另有个际遇么？就是外戚避嫌，那闲散官职也还做得。"④后主成就了徐适的人生理想，即使"闲散官职"也愿追随左右。当返回人间受真琦诬陷夫妇失散后，徐适对此念念不忘："只是我妻子失散，哪里还有兴做官？况兼李皇也是一代官家，他把幼女弱息，托付于我。若不弃职追寻，他日重见李皇，有何面目？大丈夫名义所在，性命也并不顾，区区一个状元，与我有何轻重？"⑤对妻子的爱恋更多的是出于对先朝后主的知遇之恩的感怀和处世名节的珍惜。徐适执意上书拒绝状元赏赐，朋友蔡客卿劝道："你只是被那中官诬陷，若不是圣恩宽释，你的身子也顾不得，怎能够跟寻家眷？如今赐你做状元，有甚难为了

---

① （清）郑方坤：《梅村诗钞小传》，《国朝诗人小传》卷一，《龙威秘书》第三集，清乾隆甲寅年刻本，第 5 页。
② （清）吴伟业著，李学颖集评标校：《年谱》，《吴梅村全集》附录一，上海：上海古籍出版社，1990 年版，第 1434 页。
③ （清）吴伟业著，李学颖集评标校：《秣陵春传奇》第十一出，《吴梅村全集》卷六十一，上海：上海古籍出版社，1990 年版，第 1264 页。
④ （清）吴伟业著，李学颖集评标校：《秣陵春传奇》第二十六出，《吴梅村全集》卷六十二，上海：上海古籍出版社，1990 年版，第 1308 页。
⑤ （清）吴伟业著，李学颖集评标校：《秣陵春传奇》第三十一出，《吴梅村全集》卷六十二，上海：上海古籍出版社，1990 年版，第 1324 页。

你？倒这样推掉起来。可不负皇上的知遇么！"①既有功利的诱惑,更多一分现实的威胁。衡量现实的利害,徐适也有"似你赵官家催得紧,谁替我李皇前圆个谎？"②的矛盾心理,最终"谢当今圣上宽洪亮,把一个不服气的书生款款降"③,以半推半就的姿态接受新朝的恩赐。

剧中对于后主的情感塑造也颇有意味。后主在冥界帮助徐适圆梦,但对于徐适不图回报,更多的是为其前途着想,对其现实生存状况的理解和宽容。李后主在冥界生活,"膝下无一人,闲消遣兴亡话多"④"僻居一方,累遭强邻侵扰"⑤,需要有个强如徐适的助手,但考虑到徐适的"功名事大,前程路远",忍痛遣其返回人间。面对徐适的恋恋不舍,李后主明确告之"哪里晓得,不是这个世界了",希望他"早图个状元归第"⑥。

第四十一出《仙祠》中蔡客卿因将徐适双影奇缘及其辞元故事奏知大宋皇帝,奉旨整修摄山寺。徐适夫妇祭拜后主时巧遇曹善才,后主显灵。曹善才诉说离乱后澄心堂堆马草、凝华宫长乱蒿、御花园树木当柴烧的沧桑变化,后主坦然道："世间光景,自然是这样的。如今证了仙果,也不放在念头上了。"⑦

由于取得了旧朝先主的理解和宽容,徐适良心上有了交代。曹善才劝说他:"状元放心,有贫道在这里呵,凭着你两个早去做官僚。玉带金貂,紫绶绯袍,皓齿纤腰,翠袖珠翘,镜点樱桃,杯泛葡萄,好一对形影的夫妻直到老。"徐适对此依然有所辩解："只因红粉佳人累,却让青山道士闲。"⑧对已有婚姻的眷恋和执着可看做是对旧有恩遇的固守。受新朝状元,怀先帝旧情,正如其最终的婚姻一样,得以

---

① (清)吴伟业著,李学颖集评标校:《秣陵春传奇》第三十一出,《吴梅村全集》卷六十二,上海:上海古籍出版社,1990年版,第1325页。
② (清)吴伟业著,李学颖集评标校:《秣陵春传奇》第三十一出,《吴梅村全集》卷六十二,上海:上海古籍出版社,1990年版,第1326页。
③ (清)吴伟业著,李学颖集评标校:《秣陵春传奇》第三十一出,《吴梅村全集》卷六十二,上海:上海古籍出版社,1990年版,第1327页。
④ (清)吴伟业著,李学颖集评标校:《秣陵春传奇》第三十五出,《吴梅村全集》卷六十二,上海:上海古籍出版社,1990年版,第1339页。
⑤ (清)吴伟业著,李学颖集评标校:《秣陵春传奇》第二十一出,《吴梅村全集》卷六十一,上海:上海古籍出版社,1990年版,第1291页。
⑥ (清)吴伟业著,李学颖集评标校:《秣陵春传奇》第二十六出,《吴梅村全集》卷六十二,上海:上海古籍出版社,1990年版,第1309页。
⑦ (清)吴伟业著,李学颖集评标校:《秣陵春传奇》第四十一出,《吴梅村全集》卷六十二,上海:上海古籍出版社,1990年版,第1358页。
⑧ (清)吴伟业著,李学颖集评标校:《秣陵春传奇》第四十一出,《吴梅村全集》卷六十二,上海:上海古籍出版社,1990年版,第1359页。

双美偕拥,新朝与旧主都有一个和谐的安排。这种心态,正是当时一批士夫对自己命运的一种直觉预测与圆满期盼。新朝的特殊恩典让徐适陷入两难选择的境况何尝不是吴梅村当时心迹的真实写照!

甲申后,吴梅村居家,惊闻庄烈帝崩于万寿山,"号痛欲自缢,为家人所觉。朱太淑人抱持泣曰:'儿死其如老人何!'乃已。"①吴梅村在南明弘光朝曾任詹事两个月,目睹马、阮弄权和弘光小朝廷的昏聩,知其不可为,便决然隐退。隐居乡间"同入幽栖传,他年未寂寥"②,他曾经决心做个遗民,"移家就吾住,白首两遗民"③,然而现实并非因吴梅村的隐逸就了事。作为先朝翘首,吴氏故旧弟子半天下,有着极大的影响力。此时吴梅村虽然隐居乡里深居简出,以遗民自许,但他也有想做遗民而不得的政治敏感。"改革后吾闭门不通人物,然虚名在人,每东南有一狱,长虑收者在门,及诗稿史祸,惴惴莫保。"④并非因为闭门自保而安然无事,顺治十年,吴梅村由举荐而被迫出仕,因家人亲情的拖累,难以实现"随仙去"而"落人间",终其一生追悔。"惟是吾以草茅诸生,蒙先朝魏科拔擢,世运既更,分宜不仕,而牵恋骨肉,逡巡失身,此吾万古惭愧,无面目见烈皇帝及伯祥诸君子,而为后世儒者所笑。""忍死偷生廿载余,而今罪孽怎消除?受恩欠债应填补,总比鸿毛也不如。"⑤

现实的功名羁绊和亲情留恋,使得吴梅村们在新朝与旧主、名节与生存的两难夹缝中徘徊,并且最终因自己的人生选择而抑郁终生。

(二)《西湖扇》:接受与期冀

丁氏创作《西湖扇》的缘由是受人相托,借真人真事加以演绎,并结合自己的人生阅历,抒发自己的人生感慨。"石渠先生,天下有情人也。恳求先惠安公一诺而借题说法,寓意写生,遂使才子佳人苦海离愁,一旦作登场欢笑。"⑥其中的石渠先生即丁氏的朋友曹尔堪。

---

① (清)顾师轼:《年谱》,(清)吴伟业:《吴梅村全集》附录二,上海:上海古籍出版社,1990年版,第1446页。
② (清)吴伟业著,李学颖集评标校:《溪桥夜话》,《吴梅村全集》卷四,上海:上海古籍出版社,1990年版,第102页。
③ (清)吴伟业著,李学颖集评标校:《遇旧友》,《吴梅村全集》卷四,上海:上海古籍出版社,1990年版,第113页。
④ (清)吴伟业著,李学颖集评标校:《与子璟疏》,《吴梅村全集》卷五十七,上海:上海古籍出版社,1990年版,第1132页。
⑤ (清)吴伟业著,李学颖集评标校:《临终诗》,《吴梅村全集》卷二十,上海:上海古籍出版社,1990年版,第531页。
⑥ (清)丁慎行:《重刻〈西湖扇传奇〉始末》,(清)丁耀亢:《丁耀亢全集》上,第741页。

曹尔堪与宋娟的故事也久传京中，丁氏对此也颇为熟识。顺治六年丁氏曾作《感宋娟诗二首》纪其事，并作序云："娟，浙中名妓。没于兵，题诗清风店壁，寄浙中孝廉曹子顾求赎。都中盛传其事。"①《宋娟题清风店原诗并序》应该流传颇广，丁耀亢称"一首新诗海内传，人人解识惜婵娟"②。

故事中另一人物宋蕙湘也有诗存世，亦因遭遇兵乱受掠异地自叹其遇，渴望得以救赎脱离苦海。"风动空江羯鼓催，绛旗飘展凤城开""谁散千金齐孟德，镶黄旗下赎文姝"③，作者的创作目的是"直为古今来怨，旷作合慈伐矣"。

故事以顾史与二宋相遇相慕，遭遇金兵掳掠北上异域为主线，以顾史在金朝高中探花、二美脱离苦海、三人奉旨完婚、封妻荫子的团圆结局收场。虽然剧情结构是置离合之情于战乱，并有小人从中作祟，历经磨难最终成就眷属这一才子佳人的俗套，但其人物形象塑造颇值得玩味。

顾史虽是一个受乡荐的才子，但国家离乱之际，他关心的不是生民涂炭和国土沦丧，只是一味沉浸于猎色的才子风流。即使在临祸避难之际，顾史还是一心向往"就是前日扇头题诗的女子尚不能忘，况是娟娘！岂能割舍？何日双珠归掌，便欢处生悲，也添出许多情况"④。遭遇金兵劫掳后，因是书生得以做军中书记，不以返乡为念，"俺顾生自遇金兵遭掳，幸喜元帅收俺作书记，因而不杀"⑤，沾沾自喜于免遭斧钺。对旧朝已灰心失望，把希望寄托于新朝的科考，"俺如今即在金朝，料已不能归去。在此处也可出头，还将旧时业做起，或者别有机缘，也未见得"⑥，最终金榜题名喜中探花。中第后顾史满心欢喜，"宫袍砑锦光，紫罗裳持摇直上。天池傍，心中旷。眼里香，人前响，平生切莫夸名望。此中得失尤难讲，从今抛却旧生涯，大家做出新模样"⑦。一心"抛却旧生涯""做出新模样"的同时，也有"此中得失尤难讲"的名节顾虑，但毕竟新朝予以顾生梦寐以求的功名和美色，在现实利益与名节的博弈中，利益紧紧抓住了顾生。

这自然是当时现实的反映。一则故事原型曹尔堪是顺治九年进士，改翰林院庶吉士，散馆授编修，迁侍读，升侍讲学士。再者作为受托之作，为他人做嫁衣，当

---

① （清）丁耀亢：《感宋娟诗二首》，《陆舫诗草》卷一，《丁耀亢全集》上，第43页。
② （清）丁耀亢：《感宋娟诗二首》，《陆舫诗草》卷一，《丁耀亢全集》上，第43页。
③ （清）宋蕙湘：《宋蕙湘原诗》，（清）丁耀亢《丁耀亢全集》上，第745页。
④ （清）丁耀亢：《西湖扇》第九出，《丁耀亢全集》上，第760页。
⑤ （清）丁耀亢：《西湖扇》第十七出，《丁耀亢全集》上，第772页。
⑥ （清）丁耀亢：《西湖扇》第十八出，《丁耀亢全集》上，第774页。
⑦ （清）丁耀亢：《西湖扇》第二十九出，《丁耀亢全集》上，第794页。

然要量体裁衣,以慰主人相托好事之意,表达主人对新朝恩遇的感激之情。

另一主人公陈道东的角色塑造颇有意思。陈道东作为南宋抗金官员胡铨(淡庵)的弟子,秉承其师忠义凛然的抗战拒和思想,上疏廷诤弹劾秦桧求和卖国的卑劣用心,遭到陷害,被遣使金朝。历经海难后,在金廷慷慨激昂,不屈淫威,以完璧相如、啮雪苏武、不屈洪皓自期。在漠北受达官诚邀,教授当地蒙古族子弟。剧中陈道东以中华文化藐视金朝:"俺是读书君子,说几个古人你听……相如赍璧,叱咤犯秦皇。存邯郸,斥秦强,这是中国的事,就是你国中旧典,有那苏武你可晓得么?上林啮雪牧羝羊,冰天雪窖泣穹苍。乾坤甚广去投荒,去国心犹壮。李陵碑,荒草寒烟;明妃冢,至今无恙。"①把自己的施教行为解释为:"将俺北迁辽海,请俺教训子弟,这也是圣人大道传之绝域了。"②"南北分都扶危济困,江海宾王河图效顺。那圣人不择地而生,东夏西夷舜共文,统车书、六合共春。"③"圣贤书,南北本无分,向辽阳开辟了荆榛。"虽然不能从军事上消灭敌人,却能在文化上同化异族,达到驯化夷狄的圣人理想。在这里,很明显地融入了作者自己的人生经历。

丁氏在顺治五年渡海北上求职,"迤来长安将五春,骑驴戴笠冲沙尘"④。由于朋友的帮助,丁耀亢乃由顺天籍府庠得试入礼曹拔送太学,隶镶白旗官学。"予自春徂秋,跨塞投旗,风沙积面,冒雨衔泥,以训习之语汇曰《毡雪录》,教以慈善,化其贪鸷,为他日牧民地耳……三年考满,已得售,当选有司,后改广文,授容城谕。"⑤丁氏曾于顺治五年至十年做镶白旗和镶红旗教谕,以博取功名,但丁氏在剧中将自己的这种经历演化为以中华文明教化漠北蛮夷野狄的理想;同时也将自己"驴背风雪五春秋"的教习结果得到令人失望的容城教谕,在剧中改为金朝高中榜眼而不受的结局。最终育化异域,抛弃高官,正如剧中金状元耶律楚材所言:"陈先生一片忠心,以南朝出使为重,不肯受职……陈先生可谓不辱君命。"⑥

丁氏借耶律楚材之口为自己改籍求取功名辩解:"先生素位而行,坦然自得,以圣人大道传之异域,正是妙用……自受先生之教,这些蒙古诸生,一个个温习经

---

① (清)丁耀亢:《西湖扇》第十四出,《丁耀亢全集》上,第767页。
② (清)丁耀亢:《西湖扇》第十九出,《丁耀亢全集》上,第774页。
③ (清)丁耀亢:《西湖扇》第十九出,《丁耀亢全集》上,第775页。
④ (清)丁耀亢,《壬辰清明》,《陆舫诗草》卷四,《丁耀亢全集》上,第130页。
⑤ (清)丁耀亢:《出劫纪略·皂帽传经笑》,《丁耀亢全集》下,第284-285页。
⑥ (清)丁耀亢:《西湖扇》第三十一出,《丁耀亢全集》上,第796页。

史,渐有中华气象了。"①剧中陈道东功成身退,不辱使命,华夷文化武力双赢,修睦好合,亲同一家。所有这些都在客观上反映了汉族士子对定鼎中原的满清新朝的认可和接受,并希冀在新朝求得自己的科举仕进。

虽然《西湖扇》仅以才子佳人的离合团圆博取"登场欢笑",兼以寄托作者的人生感慨和愿望,缺乏深究社会悲剧内涵的力度,但它的创作和流传本身是文人在当时社会生存并希冀发展的一种客观存在,是当时部分士子文人的真实心迹的表露。

(三)《桃花扇》:反思与史鉴

《桃花扇》是孔尚任创作的一部杰出的历史传奇剧。这部史剧是孔尚任历经二十多年三易其稿而成。"盖余未仕时,山居多暇,博采遗闻,入之声律,一句一字,抉心呕成。"②孔尚任在隐居云门山时就已关注南明旧史遗事,后来又借南下治河之机,广结南明遗老,亲历金陵明陵故苑,感同身受,借离合故事表达自己对历史和现实的反思。

剧作借南明复社士子侯方域和金陵歌姬李香君悲欢离合的爱情故事,来抒发兴亡之感。孔尚任在《桃花扇小引》中说:"《桃花扇》一剧,皆南朝新事,父老犹有存者。场上歌舞,局外指点,知三百年基业隳于何人?败于何事?消于何年?歇于何地?不独令观者感慨涕零,亦可惩创人心,为末世一救矣。"③孔尚任创作该剧的直接目的是"惩创人心,为末世一救"。孔尚任曾明确主张治学"必求有益于身心,有益于经济,而不但为词章训诂之儒"④。《桃花扇小识》称:

> 桃花扇何奇乎?其不奇而奇者,扇面之桃花也;桃花者,美人之血痕也。血痕者,守贞待字,碎首淋漓不肯辱于权奸者也;权奸者,魏阉之余孽也;余孽者,进声色,罗货利,结党复仇,隳百年之帝基者也。帝基不存,权奸安在?⑤

孔尚任认为,魏阉之余孽隳三百年之帝基。又《桃花扇本末》称:"《桃花扇》一剧感此而作也。南朝兴亡,遂系之桃花扇底。"⑥《桃花扇》之《先声》曰:"借离合之情,写兴亡之感,实事实人,有凭有据。"⑦孔尚任的创作目的是在《桃花扇》中借侯李的爱

---

① (清)丁耀亢:《西湖扇》第三十一出,《丁耀亢全集》上,第797页。
② (清)孔尚任著,王季思、苏寰中、杨德平合注:《桃花扇》,北京:人民文学出版社,1959年版,第1页。
③ (清)孔尚任著,王季思、苏寰中、杨德平合注:《桃花扇》,北京:人民文学出版社,1959年版,第1页。
④ (清)孔尚任著,汪蔚林编:《答卓子任》,《孔尚任诗文集》卷七,北京:中华书局,1962年版,第571页。
⑤ (清)孔尚任著,王季思、苏寰中、杨德平合注:《桃花扇》,北京:人民文学出版社,1959年版,第1页。
⑥ (清)孔尚任著,王季思、苏寰中、杨德平合注:《桃花扇》,北京:人民文学出版社,1959年版,第1页。
⑦ (清)孔尚任著,王季思、苏寰中、杨德平合注:《桃花扇》,北京:人民文学出版社,1959年版,第1页。

情离合始末来反思南明王朝兴亡的历史教训。

孔尚任在《桃花扇小引》中说：

> 传奇虽小道，凡诗赋、词曲、四六、小说家，无体不备。至于摹写须眉，点染景物，乃兼画苑矣。其旨趣实本于三百篇，而义则《春秋》，用笔行文，又《左》《国》、太史公也。予以警世易俗，赞圣道而辅王化，最近且切。①

从主观上说，孔尚任创作《桃花扇》的直接目的是师法《诗经》"温柔敦厚"的旨趣和《春秋》褒贬寓义的笔法，以真切形象的故事来"警世易俗，赞圣道而辅王化"，其最终目的是提供史鉴，辅助王化，因此全剧紧紧围绕这一主题构思铺叙。

如《闹榭》的总批指出："以上八折，皆离合之情。"这是指男女主角侯方域和李香君的恋情由合而离，是在《听稗》《传歌》《哄丁》《侦戏》《访翠》《眠香》《却奁》《闹榭》等开头八出戏中展开的。而《抚兵》的总批说："兴亡之感，从此折发端。"②《移防》的总批指出："侯生移，而香君守矣。男女之离合，与国家兴亡相关。"③《媚座》的总批指出："一生一旦为全本纲领，而南朝之治乱系焉。"④《选优》的总批指出："此折写香君入宫，与侯郎隔绝，所谓离合之情也。"⑤最后侯方域和李香君的恋情因国破家亡而以悲剧结束，《入道》的总批说："离合之情，兴亡之感，融洽一处，细细归结。"⑥

为更鲜明地凸显这一创作主题，作者在剧中塑造了以门户意气用事的儒生、各怀其主的朝臣、飞扬跋扈的武将和弃国报私仇的权奸对三百年帝基的侵蚀和毁灭。与此相对的是作者塑造了另一批闪光的形象，即以柳敬亭、苏昆生、卞玉京等为代表的下层艺人歌姬。《骂筵》的眉批说："玉京独来独去，为南朝第一作者。""继之同来同去，是南朝第二作者。"《归山》的眉批说："张（瑶星）、蔡（益所）同去，是南朝第三、第四作者。"《逃难》的批语说："蓝田叔归山，是南朝第五作者。"

---

① （清）孔尚任著，王季思、苏寰中、杨德平合注：《桃花扇》，北京：人民文学出版社，1959年版，第1页。
② （清）孔尚任：《桃花扇》，王季思主编《中国十大古典悲剧集》，上海：上海文艺出版社，1982年版，第811页。
③ （清）孔尚任：《桃花扇》，王季思主编《中国十大古典悲剧集》，上海：上海文艺出版社，1982年版，第847页。
④ （清）孔尚任：《桃花扇》，王季思主编《中国十大古典悲剧集》，上海：上海文艺出版社，1982年版，第855页。
⑤ （清）孔尚任：《桃花扇》，王季思主编《中国十大古典悲剧集》，上海：上海文艺出版社，1982年版，第870页。
⑥ （清）孔尚任：《桃花扇》，王季思主编《中国十大古典悲剧集》，上海：上海文艺出版社，1982年版，第931页。

《余韵》的眉批说:"苏昆生为山中樵夫,柳敬亭为江上渔翁,是南朝第六、第七作者。"《余韵》中又有一条总结性的眉批说:"南朝作者七人:一武弁、一书贾、一画士、一妓女、一串客、一说书人、一唱曲人,全不见一士大夫。表此七人者,愧天下之士大夫也。"正为孔尚任点明了创作意图。所谓"南朝作者",就是指南明真正的忠良,他们都是引导侯、李上栖霞山入道皈依之师,是国家真正的"脊梁"。《桃花扇》总结明朝兴亡的历史经验,揭露了明末专权分裂的军阀,讽喻了好尚空谈的士大夫,而把希望寄托在以卞玉京、丁继之、苏昆生、柳敬亭等为代表的民众身上,批语尊称他们为"南朝作者",寄予了作者的对历史和现实最真切的体验。

孔尚任为增强剧作的历史真实性和厚重感,在序跋中反复强调其事实依据,"《桃花扇》一剧,皆南朝新事,父老犹有存者"。其故事来源"证以诸家稗记,无弗同者,盖实录也"。"朝政得失,文人聚散,皆确考时地,全无假借。至于儿女钟情,宾客解嘲,虽稍有点染,亦非乌有子虚之比。"①在正文前开列《桃花扇考据》,将故事中所涉及的人物相关的二十种书籍一一列出,并详细注明故事所援引的条目。

后人对此也多有认可。吴梅曾说:"观其自述《本末》,及历记《考据》各条,语语可作信史。自有传奇以来,能细按年月确考时地者,时自东塘为始。传奇之尊,遂得与诗文同其声价矣。"②吴梅肯定孔尚任的用心,并赞扬他的剧作可作信史,而且为传奇赢得了与诗文同等的地位和尊严,即不再是小道,实现了与《诗经》《春秋》同样阐扬经义的目的。

正因为《桃花扇》历史真实与艺术真实的巨大魅力,所以稿本甫出,"王公荐绅,莫不借钞,时有纸贵之誉",并引起皇帝关注,"索甚急"。其"长安之演《桃花扇》者,岁无虚日","名公巨卿,墨客骚人,骈集者座不容膝";其演出效果更是"然笙歌靡丽之中,或有掩袂独坐者,则故臣遗老也;灯炧酒阑,唏嘘而散"③。这些都是孔尚任所始料未及的。

《桃花扇》不仅是孔尚任耳闻目击、实地考察南朝旧地故事,遵循历史原貌创作的一部历史杰作,而且对前人的创作也多有借鉴。第四十出《余韵》中柳敬亭即兴弹唱一曲《秣陵秋》,借陈隋残唐故事讽喻明朝遗恨,因此老礼赞听完说:"虽是几句弹词,竟似吴梅村一首长歌。"孔尚任虽然没有机会一睹吴梅村的风采,但是

---

① (清)孔尚任著,王季思、苏寰中、杨德平合注:《桃花扇》,北京:人民文学出版社,1959年版,第1页。
② 吴梅著,冯统一点校:《中国戏曲概论》,北京:中国人民大学出版社,2004年版,第202页。
③ (清)孔尚任著,王季思、苏寰中、杨德平合注:《桃花扇》,北京:人民文学出版社,1959年版,第1页。

对吴梅村的著作特别是他的传奇《秣陵春》应该是了解的。

当年孔尚任南下治河时与南朝遗老多有交往,特别是与冒辟疆有很深的交往。因听说孔尚任创作《桃花扇》,冒辟疆曾不顾年老体弱,"远就三百里,同住三十日"①。冒氏作为南明四公子之一,不仅谙熟南明金陵旧事,而且与吴梅村也有密切交往。康熙二十七年(1688)冒辟疆令家伶演《秣陵春》传奇,并于观后评云:"字字皆鲛人之泪,先生寄托遥深。"②由此可以推测孔尚任对《秣陵春》也是较为熟悉的,对《秣陵春》中的故国之思、遗臣之恨也有感触。

丁耀亢的《西湖扇》对孔尚任的创作也有启发,徐振贵先生对此曾经作过专门论述③。徐文从三个方面予以论证:一是两剧都以"扇"为题,并以"扇"在全剧中起着穿针引线、贯穿全文的作用;二是剧首都有创作所据事实,并附以故事本末;三是两剧都有《入道》一出,使男女主人公历经磨难后相会于庙会道场。康熙二年,丁耀亢在《过兖州寄贾凫西四首》(其一)中说:"故乡遥隔一千里,知己相违十二年";"梦想京华忆旧游,酒垆已隔十年流";"草堂鸡黍寻常约,可得平原十日留"④。丁耀亢与贾凫西结识于京城并有相同的志趣与喜好,最终成为知己好友。孔尚任与贾凫西是世交,并为其木皮鼓词作序,在其作品中也引用贾氏的鼓词。没有丁耀亢与孔尚任交往的记载,但孔氏对丁应该有所耳闻,并且知道他的作品。

有人说,一部文学史就是一部心灵史。文学作品最终反映特定时期人们内心或隐或显的精神情感。在"亡天下"的明清易代之际,每一个士夫文人都要对自己的人生道路做出选择,而这种选择又往往关系身家性命和荣辱。每个文人都明白"保国者,其君其臣,肉食者谋之;保天下者,匹夫之贱,与有责焉耳矣"⑤的道理,无论是仕者还是士子都徘徊于进退取舍的两难境地。韩愈说:"大凡物不得其平则鸣……人之于言也亦然:有不得已者而后言,其歌也有思,其哭也有怀。"⑥诚如有的学者所说:"中国古代士人出于一种道德心理的传统惯性,当身逢社会剧变时,他们可以而且往往沉溺于对往昔的怀想之中,将自己封闭在与世隔绝的自我营造

---

① (清)孔尚任著,汪蔚林编:《与冒辟疆先生》,《孔尚任诗文集》卷七,北京:中华书局,1962年版,第517页。
② (清)冒辟疆:《同人集》,《四库全书存目丛书》集部第385册,济南:齐鲁书社,1997年版,第449页。
③ 徐振贵:《孔尚任何以要用戏剧形式写作〈桃花扇〉》,《东南大学学报》(哲学社会科学版),2000年第4期,第80-81页。
④ (清)丁耀亢:《过兖州寄贾凫西四首》(其一),《归山草》,《丁耀亢全集》上,第429页。
⑤ (清)顾炎武著,(清)黄汝成集释:《正始》,《日知录集释》卷十三,上海:上海古籍出版社,1985年版,第1015页。
⑥ (唐)韩愈著,钱钟联、马茂元校点:《送孟东野序》,《韩愈全集》卷四,上海:上海古籍出版社,1997年版,第201页。

的情绪氛围之中,故国之思不仅体现为一种道德自律、人格期待,有时也作为一种审美体验、自我陶醉而被人们玩味着。此一心态在亡国之初格外强烈。但是,随着亡国日久、新朝渐稳,人们对往事的记忆以及道德情感开始淡化,而现实需求则悄然滋生,于是对新朝由抵触而至顺应,由拒绝而至接受。"①

从孔子的"述而不作"到后辈所遵循的"六经皆史"的治学思维模式,中国人的基本心理是"力图在先例中发现统领生活的法则"②。历史故事成为文人寄托哀思、反思借鉴的最好载体。《秫陵春》隐秘地表现了受恩于旧朝的仕者在新朝利害面前的矛盾与焦虑;《西湖扇》展示的则是一部分士子文人逐渐摆脱遗民阴影,效忠于新朝而又心怀不甘的心迹;而《桃花扇》则立足于现实,以鲜活的历史故事反思历史,寄托哀思,以期提供史鉴。孔尚任作为圣人后裔,既有振铎存道自觉担当,其内心又有身处新朝蒙受帝恩的感怀和耳闻目睹遗民黍离之感的多重交织。因此《桃花扇》"超越了遗民剧的矩范,宏阔而深入地思考明清易代所昭示的社会哲理,使文人传奇的文化内涵得以向深层掘进"③。

这三部传奇历史剧以其相近的离合故事,展示了清初不同历史阶段士子文人在新旧朝代更替时的情感,即眷恋与徘徊——接受与期冀——反思与史鉴的心路历程,真实地再现了时代变革在人们精神心理上的深刻投影。

第四节 《表忠记》:旧剧新作,立言违制

一、《表忠记》现存版本梳理

《表忠记》是丁耀亢创作的又一部历史传奇剧。

《表忠记》又名《蚺蛇胆》,全称《新编杨椒山表忠蚺蛇胆》(以下简称《表忠记》)。剧本第三十六出中有"一统王基归顺治,万年天运壮清朝。当今顺治十四年,大清国圣明天子御笔亲题表忠御序,颁行天下"④句,剧末题"容城教谕丁耀亢拜纪",可知该剧完成于顺治十四年(1657),丁耀亢时任容城教谕。据《〈杨忠愍蚺

---

① 黄果泉:《执著与彷徨:〈秫陵春〉传奇思想内涵的双重复杂性》,《河南师范大学学报》(哲学社会科学版),1999年第4期,第63页。
② 中村元:《东方民族的思维方法》,杭州:浙江人民出版社,1989年版,第126页。
③ 郭英德:《明清传奇史》,南京:江苏古籍出版社,1999年版,第429页。
④ (清)丁耀亢:《新编杨椒山表忠蚺蛇胆》第三十六出,《丁耀亢全集》上,第1005页。

蛇胆〉剧成，傅掌雷总宪易名〈表忠〉志谢》[1]一诗得知，剧作初名《杨忠愍蚺蛇胆》，傅维鳞后将其改为《表忠记》。

《表忠记》现存版本有如下几种：一是清顺治十六年（1659）序刻本，上海图书馆藏，《古本戏曲丛刊》五集据之影印，题《新编杨椒山表忠蚺蛇胆》，署"容城县教谕琅琊丁耀亢编""忠愍裔孙金容杨远条校"，凡二卷三十六出。二是清康熙间煮茗堂刻《丁野鹤集十种》所收本，北京图书馆藏。三是清抄本，山东博物馆藏。四是清同治壬申（1869）湖北崇文书局刻本，附于《杨忠愍公全集》后，题《表忠记传奇》，署"琅琊丁耀亢撰"。

剧叙明代容城人杨继盛牧牛读书，立志报国。王世贞赴京会考，途遇继盛相慕结拜。杨继盛乡试得第，与王世贞、邹应龙、林润等相会于报国寺。时大学士夏言因边事与严嵩争执，被诬身死，夏妻流放广西，妾苏氏潜逃他乡。杨继盛授兵部员外，因上书弹劾仇鸾求和卖国，被贬为狄道县典史。严嵩以边事日坏，难以掩其受贿误国罪行，密奏仇鸾通敌，并先行超擢杨继盛。杨继盛并不感恩，用事后即上疏参劾严氏父子专权祸国，随即下狱。王世贞重金觅得蚺蛇胆，派人嘱咐杨继盛用刑前以热酒调服，可以壮胆护身。杨继盛拒绝服用，称"蚺蛇有胆，终不如俺杨椒山的胆大"，一年后严嵩借他名杀之。后邹应龙、林润得第后联名上疏，严氏父子伏法。剧以王世贞为杨继盛题墓，敕建祠庙，赠谥封妻荫子作结。

《鸣凤记》，此剧现存万历间汤海若本，《古本戏曲丛刊》初集收明末汲古阁刊本，署无名氏作。故事取材于明嘉靖年间时事，大约作于隆庆年间[2]，全剧四十一出。剧叙夏言、曾铣、杨继盛、邹应龙、林润等人为收复河套以遏制番人入侵，与严嵩父子及其党羽展开了前赴后继的斗争，即所谓"前后同心八谏臣，朝阳丹凤一齐鸣"。经过艰苦卓绝的努力，斗倒严嵩，诛杀世蕃，旌表忠臣，取得最后的胜利。

二、《表忠记》创作特点探析

《表忠记》的创作具有鲜明的特点，它是为迎合顺治帝的政治需要，由阁臣授意所创作的一部作品。它是在对《鸣凤记》继承、改造的基础上，既迎合帝王的政治标榜又掺杂作者个体人生感慨和立言欲求的献礼之作。在明清易代的时代背景下，其创作具有独特的内涵。

---

[1] （清）丁耀亢：《〈杨忠愍蚺蛇胆〉剧成，傅掌雷总宪易名〈表忠〉志谢》，《椒丘诗》卷二，《丁耀亢全集》上，第334页。
[2] 齐森华、陈多、叶长海：《中国曲学大辞典》，杭州：浙江教育出版社，1997版，第428页。

(一) 新作:旧戏继承与改造基础上的再创作

《表忠记》与《鸣凤记》有着先天的联系。首先,其创作是由顺治帝观看《鸣凤记》引发的。"今上几务之暇,览观兴叹,思以正之。"①顺治帝观看之余,不满于《鸣凤记》中的故事角色安排和主题表现,"思以正之",即欲以继盛为正脚,凸显其竭志尽忠的人臣本色,于是才有了丁耀亢后来的《表忠记》创作,"相国冯公、司农傅公相顾而语曰:'此非丁野鹤不能也!'"②。其次,《表忠记》的故事框架与人物情节设计部分地沿袭了《鸣凤记》的原本,如第二十一出《修本》与《鸣凤记》第十四出《灯前修本》大体相同,第二十二出《后疏》曲文基本搬用《鸣凤记》第十五出《杨公劾奸》。对此,丁耀亢本人在评点中明确指出:"(第二十一出)此出旧关目生动,故至今梨园频演。就其旧而略新之。"③"(第二十二出)此亦《鸣凤》旧出……为弇州点窜,故存之。"④

《表忠记》虽然对《鸣凤记》有所继承,但在其创作中遵循圣意,进行了大胆的改造。

首先是创作主旨的再造。《鸣凤记》大约创作于明代隆庆年间的严嵩势败之后⑤,旨在表现朝廷忠奸斗争中,众贤臣敢于任事、前赴后继的精神。第一出《家门大意》:"四友三仁作古,双忠八义齐名。龙飞嘉靖圣明君,忠义贤良可庆。"⑥《表忠记》因迎合圣意,其创作主旨迥异于《鸣凤记》。其首出《开场》:"赋柳评花何所益,万古千秋止有忠和义。一统山河归顺治,熙朝重表忠臣记。"⑦其末出《赠荫》:"一统王基归顺治,万年天运壮清朝。今当顺治十四年,大清国圣明天子御笔亲题表忠御序,颁行天下,上帝大喜。从此风调雨顺,国泰民安,享国太平,万年福寿。"⑧作者的创作主旨不仅在于塑造杨继盛矢心为国、奋不顾身的死谏忠臣形象,而且重在表现大清天子隔代御笔亲题表忠御序、褒旌忠烈的圣明,颂扬顺治王朝享国太平。作为政治献礼剧,《表忠记》曲折表达汉族士夫对定鼎中原的清王朝恩遇忠臣谏士的感激之情和热烈拥戴。

其次,《表忠记》对《鸣凤记》的情节结构及人物角色的主次也做了调整。《鸣

---

① (清)郭棻:《〈新编杨椒山表忠蚺蛇胆〉弁言》,《丁耀亢全集》上,第 914 页。
② (清)郭棻:《〈新编杨椒山表忠蚺蛇胆〉弁言》,《丁耀亢全集》上,第 914 页。
③ (清)丁耀亢:《新编杨椒山表忠蚺蛇胆》第二十一出评,《丁耀亢全集》上,第 966 页。
④ (清)丁耀亢:《新编杨椒山表忠蚺蛇胆》第二十二出评,《丁耀亢全集》上,第 969 页。
⑤ 齐森华、陈多、叶长海:《中国曲学大辞典》,杭州:浙江教育出版社,1997 年版,第 428 页。
⑥ (明)王世贞:《鸣凤记》,毛晋《六十种曲》第 2 册,北京:中华书局,1958 年版,第 1 页。
⑦ (清)丁耀亢:《新编杨椒山表忠蚺蛇胆》第一出,《丁耀亢全集》上,第 917 页。
⑧ (清)丁耀亢:《新编杨椒山表忠蚺蛇胆》第三十六出,《丁耀亢全集》上,第 1005 页。

凤记》全剧以邹(应龙)林(润)为主线,以严嵩父子擅权诬忠为副线。全剧人物众多,枝蔓庞杂。剧本四十一出中,涉及杨继盛的仅五出。《表忠记》创作伊始就明确"一脱《鸣凤记》枝蔓,专用忠愍为正脚。起孤忠于地下,留正气于人间"①的指导思想,因而其剧作着力围绕刻画杨继盛形象进行铺叙。全剧三十六出故事,正面表现杨继盛的有十八出,其余十八出也为烘托中心人物服务。作者为更集中地表现主题,其情节的铺排基本上按照杨继盛《自著年谱》中的履历来设计。剧中故事情节按照人物生平展开:牧牛读书、立志报国、上疏言马市不可、获罪贬狄道县典史、化番造福、迁诸城县令、升南京户部主事、擢北京武选司员外郎、弹劾严嵩、狱中挥却蚺蛇胆、手割腐肉、矢志尽忠等。因此从结构上看,《表忠记》基本上克服了《鸣凤记》的枝蔓冗杂,着力塑造杨继盛忠耿为国的死谏文臣形象。故郑骞称其"全剧结构谨严,关目生动,词藻尤清丽遒健,远胜于《鸣凤记》之拉杂散漫,不止'文省于前,事增于旧'而已"②。

(二)创作缘由:鲜明的时代政治需求

《表忠记》作为一项自上而下的政治任务,其创作浸淫着满清政府政治标榜与现实统治焦虑相纠结的时代氛围,具有鲜明的时代政治要求。顺治帝亲自为杨继盛作御制表忠录序,其最直接的目的就是旌表忠鲠,垂法未来,鼓励当代。《世祖章皇帝御制表忠录序》:

> 顾竭志尽忠者,人臣之谊,善善恶恶者,大道之公循。省往哲,爱结于中,诚有不能自已者也。朕万机之暇,䌷绎载籍,每览忠孝节义之事,未尝不反复三致意焉。至《明史》嘉靖年间,有直臣杨继盛者,以谏死于戏,贤哉!观其劾仇鸾、严嵩二疏,凛凛乎烈丈夫矣!……朕读其文,伤其意,慨然相见其为人,故特表而出之,以旌忠鲠,垂法将来。由斯以观,即谓继盛至今存可也。③

顺治帝御制表忠录序的目的是希望臣子们特别是降清汉臣都如杨继盛一样,奋不顾躯,効力王家,尽人臣之谊。顺治皇帝自顺治八年亲政以来,军事打击南明武装割据的同时,在朝廷内部清理多尔衮余党残势,多次下诏要求言官直谏无隐。顺治十年正月初四诏曰"朕躬如有过失,诸臣须直谏无隐"④,其对言官们仅仅条陈细

---

① (清)丁耀亢:《新编杨椒山表忠蚺蛇胆》题记,《丁耀亢全集》上,第913页。
② 郑骞:《善本传奇十种提要》,《燕京学报》,1938年第24期,第147页。
③ 《世祖章皇帝御制表忠录序》,(明)杨继盛:《杨忠愍集》卷一,文渊阁《四库全书》本第1278册,上海:上海古籍出版社,1987年版,第611-612页。
④ 《世祖章皇帝实录》卷七一,《清实录》第3册,北京:中华书局,1985年版,第560页。

务深表不满,切责臣下能规切皇帝本人的言行过失。是年正月三十日又与大臣讨论天下治乱及国祚长久时说:"朕虽勤于图治,岂遂无过失?专赖卿等匡其不逮。倘朕躬有过,慎勿讳言。"①顺治皇帝不仅希望通过表彰杨继盛尽忠直言的人臣之谊示范当下,也明确表达自己不同于嘉靖皇帝,愿做个明主仁君。顺治帝曾言:"人君之有天下,非图逸豫乃身,当孜孜爱民,以一身治天下也。若徒身耽逸乐,又安望天下治平?"②

顺治皇帝这样反复要求臣子们勇于直言上谏,既是一种高调的政治标榜,又是一种现实统治的政治焦虑。清王朝定鼎中原十年,虽然采取许多休养生息的政策,社会逐步稳定,民生也得到改善,南明割据势力逐渐消歇,但是统治集团内部特别是满汉势力的斗争依然激烈。一方面是清朝权力核心对汉族降臣既优遇利诱又打压提防,企图在他们的带动下尽早完成一统河山的大业;另一方面是降满汉臣在新朝猜疑及现实血的教训面前多战战兢兢、明哲保身,不敢妄置一词。顺治十年正月初三诏满汉一心一德,共同奏事,谕曰:

> 朕自亲政以来,各衙门奏事,但有满臣,未见汉臣。顷经御史条陈,甚属详恳。朕思大小臣工,皆朕腹心手足……务体朕怀,各尽公忠,以绍一心一德之盛。③

这样的表态正是顺治帝基于对满汉臣子各怀心事、难以协同的洞悉。政治标榜求直若渴的高调往往与现实统治的血腥残酷互为表里。邹忌讽齐王纳谏只是一种美好的政治理想,君王悬赏面刺于前,直言肇祸于后的闹剧在历史上不断上演。不仅满汉大臣之间相互排斥,皇帝本人对降清的大臣们也倍加猜疑,多方试探威胁。顺治十一年(1654)正月十一日,诏责汉官不思报国,"今观汉官之图报主恩者,何竟无一人耶?……倘明知而不思报效,擅敢乱行,事发绝不轻贷。彼时毋得怨朕,自贻伊戚耳"④。顺治十一年,大学士宁完我弹劾陈名夏:

> 名夏屡蒙敕宥,尚复包藏祸心。尝谓臣曰:要天下太平,只依我两事。臣问何事,名夏推帽,摩其首云:"留发复衣冠,天下即太平。"臣思为治之要,惟在法度严明,则民心悦服。名夏必欲宽衣博带,其情叵测。⑤

陈名夏因口无忌讳肇祸身死,家产籍没,妻子流徙盛京。《清通鉴》言其"自得新朝

---

① 《世祖章皇帝实录》卷七二,《清实录》第3册,北京:中华书局,1985年版,第568页。
② 《世祖章皇帝实录》卷七二,《清实录》第3册,北京:中华书局,1985年版,第568页。
③ 《世祖章皇帝实录》卷七一,《清实录》第3册,北京:中华书局,1985年版,第559—560页。
④ 《世祖章皇帝实录》卷八〇,《清实录》第3册,北京:中华书局,1985年版,第629—630页。
⑤ 王钟翰点校:《陈名夏传》,《清史列传》卷七十九,北京:中华书局,1987年版,第6615页。

信任,乃竭诚效命""知无不言,勇于任事"①。顺治十四年十月初五日大学士王永吉奏请量予昭雪因言获罪诸臣,旋被切责。臣子们之所以不敢直言,"不过因祸福利害横于前,诛殛放流迫于后耳。功名念重,则报主心轻。凡犯人主之疑忌者,悉皆隐忍不言"②。顺治皇帝把对杨继盛式忠鲠直言臣子的期盼作为一种政治标榜,与现实统治中对汉臣的猜疑与打压,正是刚刚定鼎中原异族统治者内在政治焦虑的自然流露。这种高调的政治标榜与现实的权力斗争始终处于一种失衡纠结的状态,难以和谐地交融汇合。

(三) 内涵:现实功利与独立追求的矛盾交织

丁耀亢创作《表忠记》既然是一次由上而下的政治任务,因此就有邀功请赏的现实功利诱惑。丁耀亢自顺治五年入京后,由顺天籍拔贡充旗塾教习。京师五年,既有与名公诗酒唱和的快事,更多的是为博得一第经受"自春徂秋,跨蹇投旗,风沙积面,冒雨衔泥"③的教习生活。丁氏在京师的生活异常艰辛,既有物质的贫乏困顿,更有精神的苦闷压抑。

> 不敢出门去,长安揖客稀。新交嫌纵酒,时事讳言诗。风急沙蒙面,天寒雪打衣。空斋烟火少,长怯夜深归。破苇连蓬壁,风榻夜独鸣。诗穷如失友,金尽似输枰。世变荒人志,交多识物情。无聊生理缺,僮仆许逢迎。④

最后仅得俸薄势微的教谕一职,"敝车疲驴,环堵不完。僦屋而居,如是五年"⑤。这种落魄的现实遭遇自然会引起曾在京师诗酒唱和的名公大臣友人们的同情与关照,况且丁氏在此之前还创作了《赤松游》等多部传奇。于是相国冯公(铨)、司农傅公(维鳞)为丁氏争取了这次难得的政治机会,并"札属殷重"⑥,以期称意得以擢迁⑦。"野鹤受书,屏居静室,整衣危坐,取公自著《年谱》,沉心肃诵,作十日思。时而濡毫迅洒,午夜呼灯;时而刿心断须,经旬阁笔。阅数月而兹编成。"⑧丁氏呕心沥血投入剧本创作,从主题到结构都为迎合圣意做了巨大改造。

---

① 戴逸、李文海:《清通鉴》,太原:山西人民出版社,2000年版,第1078页。
② 《世祖章皇帝实录》卷一一二,《清实录》第3册,北京:中华书局,1985年版,第877页。
③ (清)丁耀亢:《出劫纪略·皂帽传经笑》,《丁耀亢全集》下,第284页。
④ (清)丁耀亢:《客况二首》,《陆舫诗草》卷一,《丁耀亢全集》上,第19-20页。
⑤ (清)丁耀亢:《自述年谱以代挽歌》,《归山草》,丁耀亢全集》上,第427页。
⑥ (清)郭棻:《〈新编杨椒山表忠蚺蛇胆〉弁言》,《丁耀亢全集》上,第914页。
⑦ 顺治十五年江都人吴绮因奉诏谱《杨继盛乐府》称旨,迁兵部主事,即以继盛官官之。由此引得许多人热羡,认为文人之遇未过此者。
王钟翰点校:《吴绮传》,《清史列传》卷七十,北京:中华书局,1987年版,第5775页。
⑧ (清)郭棻:《〈新编杨椒山表忠蚺蛇胆〉弁言》,《丁耀亢全集》上,第914页。

丁氏的剧作是秉承圣意的遵命文学,虽然明确表达了汉族知识分子对清王朝及顺治皇帝的颂扬和拥戴,但是个体内在隐秘的情感往往不自觉地在字里行间有所表露。剧本写成后,"缮写装演,质之二公"①。其中《后疏》一折,借黄门之口,指斥"十三省布政,不清不浑,只落得诸侯皇皇;三百年基业,学痴学聋,真个是天子穆穆"②。其言辞激切,"过于贾生之流涕,有如长孺之直戆"③。这种激楚之音,与哀而不怨的微言著书大臣体不协调。丁氏所针砭的旧朝弊政贯穿整个封建王朝,况且许多当权者正是种种弊政的肇端者和推行者,必然会引起他们的不安和忌讳。

顺治十一年顺治帝与大臣们就遇事毋偏持己见有一段令人玩味的对话:

> 大学士冯铨对曰:"凡谬相争论者,必不自知其罪,若果知之,岂敢如是?古云君仁则臣直。盖止欲直陈所见,故不觉其言谬也。既承上谕,敢不祗遵?但恐不自知耳。"顺治帝曰:"所谓君仁则臣直者,所见是而直陈之,斯乃直臣也。其饰非强辩之为直乎?若执意妄行,致陷重罪,朕虽欲宽,国法难贷。且朕即宽而用之,彼亦何颜自立?朕之心尔等所知,尔等之心朕亦知之。君臣一心,岂有间乎?"④

以冯铨的政治敏感及阅历,丁氏的激越忠鲠只能为自己招惹是非。深谙大臣体的冯、傅二公"复属笔窜,慎重入告"⑤。对此,丁氏也了然于心。"天高鹤唳凭寥廓,壁破龙飞信有无?东阁梅花惊岁暮,上林飞尽夜啼乌。"⑥自己虽欲作高唳之鹤、破壁飞龙,但这种愿望充满着不可预知的因素。

> 非伊旦夕,尝以不能跻要津,职谏议,慷忾敷陈,上规下戒,比于魏征、陆贽,往往见之,悲歌感叹。兹幸从事编纂,得少抒积衷,方掀髯大叫,辗然以喜。乃欲令之引嫌避忌,顿焉自更,野鹤然乎哉?⑦

长期沉沦下僚,但又积极入世任事的丁耀亢把这次创作看作一次谏议之机,自然要慷慨陈词,上规下戒。丁氏一生用心渡世,把立言不朽作为自己的人生追求。

---

① (清)郭棻:《〈新编杨椒山表忠蚺蛇胆〉弁言》,《丁耀亢全集》上,第914页。
② (清)丁耀亢:《新编杨椒山表忠蚺蛇胆》第二十二出,《丁耀亢全集》上,第967页。
③ (清)郭棻:《〈新编杨椒山表忠蚺蛇胆〉弁言》,《丁耀亢全集》上,第914页。
④ 《世祖章皇帝实录》卷八一,《清实录》第3册,北京:中华书局,1985年版,第636页。
⑤ (清)郭棻:《〈新编杨椒山表忠蚺蛇胆〉弁言》,《丁耀亢全集》上,第914页。
⑥ (清)丁耀亢:《冬暮寄刘相国》,《椒丘诗》卷二,《丁耀亢全集》上,第349页。
⑦ (清)郭棻:《〈新编杨椒山表忠蚺蛇胆〉弁言》,《丁耀亢全集》上,第914页。

早在崇祯五年,丁氏三十四岁时写成《天史》一书。钟羽正在《天史·序》说:"丁君为《天史》,阅者肃然神悚,盖深心于警世,非徒以文鸣者。"①丁氏在对前朝弊政激烈指摘的同时不自觉地流露了对已逝大明王朝的深深眷恋之情。《表忠记》第三十一出《乱聚》:"今日不得已,借此逃生。如有机会,再投明朝,以报奸贼大恨便了。"②无尽的惋惜和留恋都淹没在人物的自言自语中,恰是作者内心情感的真实写照!

丁氏五十多年的生命历程中更变乱,栖迟羁旅,对明清之际人心败坏深有体会,故其剧作饱含人生感慨。虽然冯、傅二公谆谆告诫多加修改,用语谨慎,也许丁氏曾试图努力,渴望"传道凌云动上林,应怜杨意说知音",但是"欲碎胡琴春市散,慢吹短笛晚江深"③。尽管为称圣意努力修改,完全避讳而失去自我,必是丁氏所不愿看到的结果。即使失去封赏的机会,也宁愿付之名山以待来者,"乃欲令之引嫌避忌,顿焉自更,野鹤然乎哉?于是,敛藁什袭,拟付名山"④。

"矧表章忠义非所垺于礐绣之辞者乎!野鹤之文可传,其不欲必传之心犹可传也。"⑤丁氏的可传之心乃是立言不朽的才人之志和渡世劝诫的担当之情。因此,《表忠记》又是作者人生理想追求对世俗功利的超越。所有这些,将一种对旧朝的眷恋与遗憾深深地埋藏在对新朝的礼赞外壳中。作者虽然因为主体的凸显而失去了一次加官晋爵的机会,但也因为坚守内在的人生追求而实现了立言不朽的才人之志。

---

① (清)钟羽正:《天史·序》,(清)丁耀亢《丁耀亢全集》下,第1页。
② (清)丁耀亢:《新编杨椒山表忠蚺蛇胆》第三十一出,《丁耀亢全集》上,第992页。
③ (清)丁耀亢:《闻大内征予〈表忠〉剧副宪傅君遣索原本》,《椒丘诗》卷二,《丁耀亢全集》上,第346页。
④ (清)郭棻:《〈新编杨椒山表忠蚺蛇胆〉弁言》,《丁耀亢全集》上,第914页。
⑤ (清)郭棻:《〈新编杨椒山表忠蚺蛇胆〉弁言》,《丁耀亢全集》上,第914页。

第六章

借史渡世，演说警心
——丁耀亢创作思想探析：从《天史》到《续金瓶梅》

明清之际的汉族士大夫们面临着严峻的现实问题：在政治上，北方民族持续不断的军事压力使得朝廷疲于奔命，而朝廷中的官员们则热衷于党派之争和意气用事，鲜有大臣能对局势有清醒的认识和提出有效的对策；在思想上，"王学末流"在学术钻研上的成功直接导致了其对儒家政治思想传统和王朝统治合法性的怀疑与冲击，这种冲击在明清之际的经世学者看来无疑是"天崩地解"般严重。所以，晚明时代士大夫所感受到的不仅是政治上日益凋敝和失败的局面，同时在文化上出现了更加深刻和令人不安的危机，这种文化危机感的核心就是儒家的伦理纲常受到了冲击和怀疑①。出于维护明王朝的目的，士大夫们一方面强调官员应对实际事务的能力，以达到富国强兵的目的；另一方面承接传统儒学大义，清理"王学末流"带来的消极影响，以期达到正人心、化风俗的目的。

顾炎武提出："君子之学，以明道也，以救世也。"②明道救世应该说是任何一个以天下为己任的读书人的最高理想。晚明时期，随着外患内困的不断加剧，身处其间的士大夫们自觉地体味世态人情，寻求挽救颓势的办法策略。这种态势在思想界表现为一种集中的趋势："即从超现实主义到现实主义是也，从悟到修，悟虚而修实，从思到学，思虚而修实，从体到用，体虚而用实，从理到气，理虚而气实。"③

这种由虚到实的趋势促成了明清之际以经世致用为主要思潮的一大转变，经世致用成了这一时期士大夫倡导的口号，即明清之际一个重要的趋势就是从思想到学术的转变。强调学术的意义在于：一方面，他们认为由心性天理之探讨回归到原始儒家的六经之学，本身就是对儒家经世精神的实践；另一方面，强调从思想

---

① 鱼宏亮：《知识与救世：明清之际经世之学研究》，北京：北京大学出版社，2008年版，第45-46页。
② （清）顾炎武著，华忱之点校：《初刻日知录自序》，《顾亭林诗文集》卷二，北京：中华书局，1983年版，第27页。
③ 嵇文甫：《晚明思想史论》，北京：东方出版社，1996年版，第170页。

上重新确立原始儒学六经思想对王朝意识形态的主导地位[①],如东林学派的安希范主张:"每好读书论事,谓六经文章之祖,经世之谟;此外则温公纪事本末,诚古今得失之林也。"[②]

中国古代"学"和"术"是有一定区别的,《汉书·霍光传》称光"不学亡术"[③],是古籍中学与术对举之始。清人章学诚说:

> 《易》曰:"成象之谓乾,效法之谓坤。"学也者,效法之谓也;道也者,成象之谓也。夫子曰:"下学而上达。"盖言学于形下之器,而自达于形上之道也。[④]

章学诚认为古人的"学"是效法贤人、圣人的前言往行,而"见于行事"才是真正的学,至于"《诗》《书》诵读为学者",是"推教者之所及而言之,非谓此外无学也"[⑤]。一方面就是"前言往行",就是"史",所谓"三代学术,知有史而不只有经,切人事也。后人贵经术,以其即三代之史耳"[⑥]。另一方面,更重要的是参与政事实际和处理社会问题所需要的知识和经验,就是章学诚所说的"彼时从事于学者,入而申其占毕,出而即见政教典章之行事,是以学者皆信而有征,而非空言相为授受也"[⑦]。"出"与"入"首先指的是身居庙堂,出入朝廷和政府,即所谓"得君行道";其次是远处江湖,以教化民氓、移风易俗为己任,即"觉民行道"[⑧]。

梁启超对此二者的关系有着深刻的见解,认为"学"是道、体,"术"为器、用,二者是一个事物的两个方面,不可偏颇:

> 试语其概要,则学也者,观察事物而发明其真理者也;术也者,取所发明之真理而致诸用者也……学者术之体,术者学之用,二者如辅车相依而不可离。[⑨]

正如王阳明着眼于"愚夫愚妇"提出伦理标准,"与愚夫愚妇同的,是谓同德;与愚夫愚妇异的,是谓异端";讲究教育方式,"你们拿一个圣人去与人讲学,人见圣人

---

① 鱼宏亮:《知识与救世:明清之际经世之学研究》,北京:北京大学出版社,2008年版,第66页。
② (清)陈鼎:《安希范传》,《东林列传》卷二十一,文渊阁《四库全书》本第458册,上海:上海古籍出版社,1987年版,第440页。
③ (汉)班固:《霍光传》,《汉书》卷六十八,北京:中华书局,1962年版,第2967页。
④ (清)章学诚:《原学上》,《文史通义·内篇二》,《章学诚遗书》卷二,北京:文物出版社,1985年版,第12页。
⑤ (清)章学诚:《原学中》,《文史通义·内篇二》,《章学诚遗书》卷二,北京:文物出版社,1985年版,第13页。
⑥ (清)章学诚:《浙东学术》,《文史通义·内篇二》,《章学诚遗书》卷二,北京:文物出版社,1985年版,第15页。
⑦ (清)章学诚:《原学上》,《文史通义·内篇二》,《章学诚遗书》卷二,北京:文物出版社,1985年版,第13页。
⑧ 余英时:《宋明理学与政治文化》,桂林:广西师范大学出版社,2006年版,第38页。
⑨ 梁启超:《学与术》,《饮冰室合集》之二十五(下),北京:中华书局,1989年版,第12页。

来,都怕走了,如何讲得行?须做个愚夫愚妇,方可与人讲学"。尽管并不意味着否定圣愚之分以及伦理——政治等级秩序与封建道德教化,但其积极入世,以道德圣学自许的儒家人格精神却对后世士人有着深刻的启迪意义。

清代焦循曾对比"紫阳之学"(朱熹之理学)与"阳明之学"(王守仁心学)说:

> 余谓紫阳之学,所以教天下之君子;阳明之学,所以教天下之小人……至若行其所当然,复穷其所以然,诵习乎经史之文,讲求乎性命之本,此惟一二读书之士能之,未可执颛愚顽梗者而强之也。良知者,良心之谓也。虽愚不肖,不能读书之人,有以感发之无不动者。①

明万历朝至崇祯朝,正是中国历史上"天崩地解"的孕育时期,上至朝廷大员、思想精英,下至汲汲于举业的普通知识分子,无不对个人前途和社会发展注入自己的思考。

从明万历二十七年(1599)至明崇祯五年(1632)的三十三年间,是一个专心于举业的读书人非常重要的一段时期。古人讲求"三十而立",这个年龄正是士子们功名有成、出世任仕、踌躇满志之时。丁耀亢生活的晚明时期,由于人口膨胀、生员激增,而科举名额有限,所以科举之路倍加艰辛。十六世纪就流行着"士而成功也十之一,贾而成功也十之九"的说法。明代文徵明曾关注苏州地区的科举情况,以一千五百名生员,三年之间只有五十人可以成为贡生或举人,每一生员在三年之中只有三十分之一的成功率,远远要低于以上的说法②。丁耀亢此时先后参加过三次乡试,皆无缘榜示。丁耀亢备受举业挫折的打击,自己在经营庄园的同时,阅读大量古史,从中辑录有关因果报应之事,著成《天史》十卷,借古鉴今,表达一己渡世警世之志。清顺治十七年(1660)丁耀亢在赴任福建惠安知县途中,羁留西湖,创作完成六十四回章回体小说《续金瓶梅》。

丁氏生活在时代的大潮中,真切感受时代脉搏的跳动,以文字记录一己对时代的思索,并期冀自己的文字在改造社会道德和风俗中发生作用。《天史》与《续金瓶梅》二者虽然相隔三十年多年,且丁氏其间经历国灭家毁,淹蹇科举仕途,虽然二者所著文体有别,但贯穿其间的积极入世、以道德圣学自许的儒者关怀意识却是一以贯之的——著文渡世,警世人心,以文立言进而立德的人生追求依然没有改变。

作为一个有强烈入世情怀的读书人,如果说渡世用世是丁耀亢一生的"学"

---

① (清)焦循著,刘建臻点校:《致良知》,《焦循诗文集·雕菰集》卷八,扬州:广陵书社,2009年版,第154页。
② 余英时:《士商互动与儒学转向》,《士与中国文化》,上海:上海人民出版社,2003年版,第529页。

"道",那么编撰史书、演义小说则是其干预社会的"术""器"。因此,丁耀亢在明代崇祯朝编撰《天史》,采用历史上的"前言往行",企图以史为鉴,纪恶讽喻,儆戒人心,所用的是"紫阳之学",其目光是"向上"的,"教君子",以士大夫为说教对象,告诫士大夫注重德行修养,有强烈的"得君致道"功名冲动。入清后,经历了时代鼎革及人生的变迁,丁氏的《续金瓶梅》作为一部借续书为御序《太上感应篇》作注脚演说的小说,则有强烈的反思精神和"实学"意识,其关注点自然是"向下",所用的是"阳明之学","教天下之小人",用通俗化的小说直接面向社会大众,以故事中人物的因果报应来表达纪恶存史、导风化俗的努力。

每一个儒家知识分子,无论是身居庙堂还是蛰居江湖,都有"圣""王"的追求。诚如杜维明先生所言:

> 从本体论上讲,我们都是圣人,因为我们人性中内在的"明德"决定了我们之为我们;但是从现实存在的角度讲,我们又必须一开始就为完全实现内在的潜能,由此了解我们成为什么样的人而奋斗。学能够澄清和显示"明德",将之从潜在的可能转化为实际的,日常的行为。每个人都有可能成为圣人,但是,这要毕生努力才能经验地认识到这一点。①

丁耀亢以自己的文字来表达一个士子化圣求王的人生追求,虽然由于时代和自身条件所限,他无法实现自己的人生理想,但是其上下求索的人生轨迹和黑夜独行的背影不仅给后人留下揭示时代文人积极入世的文本,也带给后人无尽的感慨和启迪。

第一节 《天史》:借史渡世 纪恶讽喻

一、《天史》概述

(一) 版本简介

《天史》一书,据《山东文献书目》史部杂史类之属著录"天史十三卷",有明崇祯刻本(十二卷)、清康熙抄本(题作《天史十案》)、清抄本、清煮石斋刻本、清光绪

---

① (美)杜维明著,钱文忠、盛勤译:《道·学·政:论儒家知识分子》,上海:上海人民出版社,2000年版,第30页。

二年(1876)石印本,另有十卷石印本。山东省图书馆、山东省博物馆、山东大学图书馆等均有收藏①。除此外,北京大学图书馆藏有明崇祯刻本,1995年上海古籍出版社据此影印,编入《续修四库全书》(第1176册);1999年中州古籍出版社出版,李增坡主编,张清吉校点,编入《丁耀亢全集》。

此书是丁耀亢早年山居期间,博览众史,取《左传》《史记》《汉书》《资治通鉴纲目》及二十一史等史书中因果报应之事而写成的一部专著,共分十案,纪有一百九十五条。书成于明崇祯五年(1632)②,益都钟羽正、东海杨观光、临川陈际泰为其作序,钟羽正、董其昌为其作评。丁耀亢在《出劫纪略》中的《山居志》③《山鬼谈》④二文均谈及此书修撰原委,《问天亭放言》有《不答庵独坐〈天史〉告成》诗二首记其事⑤。

(二)内容概述

严格地说,完整的《天史》一书由四部分构成。

1. 第一部分为《天史》正文,共十卷

《天史》作为一部辑录古史中为恶报应之作,其材料皆源于明代之前的正史记载,对于专言因果报应的佛、道经典记录及其野史记载均不采用。因此在此书编

---

① 林卫东、高永生:《丁耀亢作品的版本及其他》,《山东图书馆季刊》,2004年第4期,第93页。
② 《丁耀亢作品的版本及其他》一文中说《天史》"书成于明崇祯六年(1633)"。据《天史·自序》题:"崇祯壬申长至日东武丁耀亢书于煮石山房。"壬申,即明崇祯五年(1632)。该书应草创于崇祯三年(1630)年,历经两载而成,"兹书经两寒暑而就"。《天史》,《丁耀亢全集》下,第11页。
③ 《出劫纪略·山居志》:
戊辰之冬,筑舍五楹,曰"煮石草堂",取唐人"归来煮白石"之句。是年,有友五人来山中结社。长男玉章学亦成。庚午,心弟以《春秋》举于乡,余仍碌碌,入山之志益坚。岁时伏腊,或入城谒先祠,非有大故吊贺不行于里,因得修《天史》一书。
(清)丁耀亢:《出劫纪略·山居志》,《丁耀亢全集》下,第269页。
按:庚午,崇祯三年,1630年。
④ 《出劫纪略·山鬼谈》:
明崇祯壬申,余既山居久,观史之余,偶感人事,欲有所惩,因集十史恶报,分为十案,名曰《天史》。书成藏笥中,不敢以示人。是年,登州孔兵叛,围莱不下……
复出字"索《天史》观"。余大骇,不敢匿,乃献副本。携之去。拜送于门。后以为常。二九命题,多重墨体。时方尚杨伯祥稿,臧生用二语,即批曰:"不宜全用伯祥。"后自携《天史》返余,总批曰:"即此,可成仙成佛,不必再讲野狐禅矣!"
(清)丁耀亢:《出劫纪略·山鬼谈》,《丁耀亢全集》下,第271-272页。
⑤ 不答庵独坐《天史》告成二首:
秋阳商籁晓来新,梦里烟霞醒见身。实眼奔云催逝景,日光穿隙动行尘。本多唾溅堪消劫,尚有飞扬未断嗔。观想无穷惊坐起,青天缺处涌冰轮。
何缘幽愤苦耽奇?福祸还羞造物知。管底窥天照鬼谵,道旁筑舍出狐疑。庄周梦蝶存消息,臧谷亡羊有歧路。久欲逃空去寒谷,春风吹律问参差。
(清)丁耀亢:《不答庵独坐〈天史〉告成二首》,《天史·问天亭放言》,第233页。

撰伊始，丁氏就明确其采撷标准：

  一　兹书汇集《左传》《史记》《汉书》《纲目》、二十一史，凡一切稗官野说，虽经名公采用者，概不敢载。

  一　兹书专尊圣经，借演因果，皆有据之感应，非无影之轮回，内典外道，杜绝不入。

  一　阅古今文不下数千帙，凡有关报应者，拈纸记之，五易稿而后成。其中年月名氏，即古本多有不合，仍旧存之，不敢去取，以代海内名家订焉。

  一　序事不拘年代，殿最惟以罪大为魁，庶附古人轻重之律。

  一　兹书责备贤者，虽忠良一眚，皆致综核。至于阉宦夷狄，非大故不书。

  一　作者实有苦心，切于渡世，故以叙事明白显实为主，便于雅俗省阅，即生警戒。凡一切聱牙涩口之字句，概不敢用，宁处陋焉。

  一　本朝事体，阻于见闻，不敢僭议，有待作者。

  一　其中恶类，不无或遗，然而事同而报一，时异而罪差，有之矣。存而不论可也，姑举一以例百云。①

由此可以看出，丁氏强调所选取材料言之有据，皆出自正史；所取故事皆有因果报应，突出其纪恶以警世的目的。丁氏在其著作中根据史料中人物所附罪愆之轻重，分为十案，共一百九十五条。其"十案"按照其罪孽轻重依次为：大逆二十九案、淫十九案、残三十六案、阴谋二十五案、负心十三案、贪十三案、奢十四案、骄十六案、党六案、左道二十四案。其所涉及的历史人物上至帝王、后妃、太宰、将相，下至大夫、官吏、文士、侠盗，一一将其昧心悖伦之事昭著世人。其中帝王包括隋炀帝、王莽、元顺帝、秦始皇、项羽、唐太宗、宋太祖、宋太宗、宋徽宗、唐玄宗、唐懿宗等；后妃包括吕后、武则天、东汉何后等。言其欺天祸世，不报于其身，必殃及子孙。由于《天史》所选史例多言帝王将相秽行贰事，有违尊者讳，所以颁行不久就遭到禁毁焚烧，"自奸杞焚予《天史》于南都，海桑既变，不复讲因果事"②。

2. 第二部分为《管见》，一卷

《管见》为丁氏所撰十二篇杂文，包括：《天帝》《天理》《气》《数》《天命》《鬼神》《天鉄》《轮犴》《因果》《阴骘》《儆戒》《变化》。丁氏创作此组杂文的目的是辅助前

---

① （清）丁耀亢：《天史·凡例》，第11-12页。
② （清）丁耀亢：《太上感应篇阴阳无字解·序》，《续金瓶梅》，《古本小说集成》，上海：上海古籍出版社，1990年版。

十卷所论。

> 江北风气鄙薄，著书多谤。兹刻功则尊天，罪则窃义，故末章赘以《管见》《气数》诸篇，以备不信天理之翻驳焉，览者鉴之。①

丁氏所作十二篇杂文，其目的不仅在于为十卷《天史》辩驳，更是为了表明自己"以一勺水具大海味""大明小明一也"的创作理念，故其在《管见·序》中说：

> 人日在天中，天不可得而见也。穹窿以上，六合以外，圣人有不知焉。而执管以窥之。小则小矣，不可谓非天也。天无大小，见者即是，如一勺水具大海味。安得谓天非管中之一物，而独曰管为天之一物乎？昔邹衍善谈天，吹管则律回寒谷，岂其别有奇术欤？抑亦通乎葭灰之气而善导之也？如以管则大明小明一也。曷可令坐井者笑人乎？故谬以俚语附之，曰"管见"。②

3. 第三部分为《集古》，一卷

此卷辑取明之前古代诗歌有关谏规劝戒之作，有助于理解作者以因果报应警世的苦心。

> 兹书专言报复，未免刻舟。老成者认为剿说，少年者以为迂谈。故观邪说而易兴，听理言而难入，情则然也。兹取诗之通于箴规，近于报应者，名曰《集古》，附以狂言，亦如佛经之有偈，琴音之有梵，圣言之采五经，史家之载自叙，使人观感而知兴焉。庶几乎作者之用心。③

此卷共分七部分：《歌铭》《感遇》《惜时》《悲往》《幽愤》《知命》《乐天》。丁氏以诗证史，因史观诗，以期对风俗有所裨益，故其在《集古·序》中言：

> 夫史何为乎言诗也？言诗之通乎史也。诗亡而后《春秋》作，三百篇固善言史哉！故尼父、邱明正论之乱章，每证诸歌咏。盖道有言此以起彼者，要不外疏通善气云耳。此诗之有益于史也。吾欲人之不忘弦韦也，故集《歌铭》；吾欲人之不负造物也，故集《感遇》；吾欲人之为善恐不及、去恶恐不尽也，故集《惜时》；吾欲人之回头顾影，转眼成尘也，故集《悲往》；吾欲人之忘物情、平世境、履险而如夷，处穷而不陨，故集《幽愤》；吾欲人之万派千流，还源返本，故集《知命》；吾欲人之脱却纠缠，终归自在，云破月来，水落石出，故终之以

---

① （清）丁耀亢：《天史·凡例》，第12页。
② （清）丁耀亢：《管见·序》，《天史》卷十一，第130页。
③ （清）丁耀亢：《天史·凡例》，第9页。

《乐天》。夫古人之诗,不必如是观。以我之史,因而观诗,则我之史亦堪有诗,而诗固善注史也。故作《集古》。①

4. 第四部分为《问天亭放言》诗,一卷

这部分是丁氏当年读书山中的一部分诗作结集,记录其当年读书山中,与友人结社唱和,同时还记录明末清军入关掳掠的史事。此卷诗文的创作主旨与其此时的《天史》创作一脉相承,有着密切的关系。因此,其好友邱石常在《问天亭放言·序》中说:

> 夫诗,无益于人而有益于人也。无益于人者,非如粟米布帛之能饱暖其躯;而有益于人者,文姬嫁胡之第一夜也……宋儒学道之功,收于文信者较厚,而声伎自娱,未尝与方冠武也。岂非忠者勃起之事,性情濡养而生,非可谭说教诲而得也乎?天下亦得其性情之起、性情之厚者耳。忠孝毕收矣,安所取烂朝报而报应之也。野鹤先生写其元方,著书名山,旨存于彰善而权归于瘅恶,名其书曰《天史》,此其心何如者,不亦甚盛乎……吾美夫山中之人而为此旷散之言也,吾悲夫山中之人而为此持世之书也。②

因此,《天史》一书的版本中有十卷本、十二卷本、十三卷本之分,与其书中所收的具体内容的差异有关。一般十卷本指单纯的《天史》十案,十二卷本又加入《管见》及《集古》二卷,十三卷本在前者的基础上,又添上《问天亭放言》一卷。北京大学图书馆所收藏的明崇祯刻本即十三卷本。

二、丁耀亢的"天论"观

中国古人对"天"的关注较早。在殷商时代,"天"被称为"帝"或"上帝",作为宇宙间万物的最高主宰,殷墟甲骨卜辞中多有卜问上帝的记载,内容涉及祭祀、征伐、田猎、年成、风雨、行止、疾病等。诸子百家站在自己的立场上阐述对"天"的见解,有老子的"天法道"说、孔子的"畏天命"说、墨翟的"天志"说、孟子的"尽心知性知天"说、庄子的"无以人灭天"说、荀况的"明天人之分"的自然之天说等。故冯友兰先生说中国古人所言之"天"为"物质之天、主宰之天、运命之天、义理之天、自然之天"③。

---

① (清)丁耀亢:《集古·序》,《天史》卷十二,第149页。
② (清)丁耀亢:《问天亭放言·序》,《天史》,第209页。
③ 冯友兰:《中国哲学史》,北京:中华书局,1961年版,第55页。

古人在视天为帝的同时,注重天人之间的感应及对天的敬畏顺应。因此,司马迁说其《史记》志在"究天人之际",董仲舒答汉武帝策问时说,强调的是"天人相与之际"的学问,宋朝的邵雍甚至说:"学不际天人,不足以谓之学。"因此"天人感应""天人合一"便成为古人外王内圣的最高境界。

丁耀亢在《天史·管窥》的十二篇杂论中对"天"作了较为详尽的论述,其中有《天帝》《天理》《天命》三篇。考察《天史》,丁氏的"天"论观有如下特点:

1. 天帝有存,始疏终密

《天帝》一文中,丁氏首先借谈天子与管窥子的问答来肯定"天帝"的存在。

> 明王难兴,焚鳌燔鼇而帝不肯降。以人之气渐繁,物之杀渐胜,天遂与人远,高居太清,默考其成。故外宽而内严,始疏而终密。悬其法于耳目之表,列其纲于空虚之上,巧者拙之,黠者愚之,捷者蹶之,钝者援之……故为日月以鉴之,风雨以润之,雷电以威之,霜雪以培之,星辰以界之。为之纪其功过,察其忠诈,著其祥灾,垂其子嗣……故曰:"天监在兹,盖无人无时不在帝照临中矣。"……孟子曰:"天不言以行,与事示之而已矣。"是故圣帝明王,升中卜吉,牵牲埋玉而求;匹夫穷苦,扣吁无门,则呼天以自急。何也?人人之有帝也。董子曰:"为治当求端于天,言天者必有征于人。"是深于言天者矣!①

丁氏认为"天帝"是存在的,他虽然不像现实世界中的君主一样有形可见、有声可循,但天帝的存在如影随形、无时不在。天帝对人世间的奖惩陟罚,并非现时现报,往往疏而不漏,积恶自灭。

2. 天理人欲,得失在我

丁氏在肯定天帝存在的前提下,认为人世间亦有天理存在。

> 天理者,万物之总名也。万物之原出于天,天具理而生焉。理之为理,即天之为天也,人之为人也。②

但是在一般的世俗之人眼里,所谓的"天理"即是眼前的福禄祸患的现世报:

> 呜呼!天可见而人不见之,人可自见而又不见之……然则,天理者,因乎人情统乎天伦,喜、怒、哀、惧、爱、恶、欲七者,弗学而能;君臣、父子、昆弟、夫妇、朋友五者,弗勉而知。分而为性教之众名,而一听乎自然之人事。何者赤

---

① (清)丁耀亢:《天帝》,《天史》卷十一,第131—132页。
② (清)丁耀亢:《天理》,《天史》卷十一,第133页。

子而知孺慕,非教孝也,出其情之所不容已。如是而充之,长而犹是也,老而犹是也。大舜终身慕,不过一全天理之赤子耳。若夫其境,则有变焉矣。孝衰于妻子,忠夺于身家,手足残于家产,久要败于利害,糟糠薄于多宠,非天理至此灭绝也。①

丁氏认为俗人所要求的天理并非脱离现实而存在的,而是存在于天伦之中,"然则,天理者,因乎人情,统乎天伦,喜、怒、哀、惧、爱、恶、欲七者,弗学而能;君臣、父子、昆弟、夫妇、朋友五者,弗勉而知。分而为性教之众名,而一听乎自然之人事",这与晚明的阳明心学中的"百姓日用便是道"是一致的。

丁氏在肯定天理存在于俗人日常人伦人情的同时,对天理与人欲也有辨别:

> 知天理之自然,而万善之名可以不设矣。虽然,见金而思攫,见少艾而思搂,见高官厚禄而思窃,亦自然也。独非理乎? 曰:此欲也,非理也。人也,非天也。帝王未尝以饥寒待名节,天地未尝以鳏寡稿夫妇,圣贤未尝以干禄病学问,得之正则为理,得之邪则为欲。理之所收得在我者也,欲之所求得在人者也……理者,条理精详之词也,而天则清明至极至者也。②

即天理在于自我约束个人的非分欲望,所谓"得之正则为理,得之邪则为欲"。如何才能得之正呢? 丁氏认为:"盖其大而无所不包,小则一丝不容紊。粗而庸顽饮食之常,精而圣贤践尽之不可罄。理者,条理精详之词也,而天则清明至极至者也。"实际上丁氏所言按照圣贤实践,即王学中的"工夫"论。

王阳明的"四句教"云:

> 无善无恶是心之体,有善有恶是意之动,知善知恶是良知,为善去恶是格物。③

在《大学问》中又重申这一点:

> 既知至善之心在吾心,而不假于外求,则志有定向而无支离决裂、错杂纷纭之患矣。④

---

① (清)丁耀亢:《天理》,《天史》卷十一,《丁耀亢全集》下,第 133 页。
② (清)丁耀亢:《天理》,《天史》卷十一,《丁耀亢全集》下,第 134 页。
③ (明)王阳明撰,吴光等编校:《年谱三·丁亥年》,《王阳明全集》卷三十五,上海:上海古籍出版社,1992 年版,第 1036 页。
④ (明)王阳明撰,吴光等编校:《续编一》,《王阳明全集》卷二十六,上海:上海古籍出版社,1992 年版,第 970 页。

心之体的这种善的规定,与理有着逻辑关系。王阳明以心即理阐释心与理的关系,这一命题的内涵之一,便是理内化于心而构成心的内容。正是内化之理,决定了心体的至善之维。在王阳明的如下论断中,心体与理的这一关系便得到进一步的阐明:"心之体,性也;性即理也。"①"所谓汝心,却是那能视听言动的,这个便是性,便是天理……这心之本体,原只是个天理,原无非礼,这个便是汝之真己。"②

因此,良知的现实性品格首先与道德意识相联系:它所挺立的,乃是现实的道德意识。无善无恶蕴含着有可能的向度,从无善无恶之心,到有善有恶之意,可能的展开在某种意义上具有自发的特点。相形之下,有知善知恶而为善去恶,则以知行互动为形式,展开一个化善的可能为善的现实(成圣)的自觉过程③。

丁氏在其天理论中重视人情的同时,要求个人反省自我,凡事以正取得,修德以尽天理。这种人为修德不仅能求得天理,而且最终将获得天命的青睐:

> 盖命也者,无然而无乎不然,而知其不然中所以然。其然者何?纲常伦纪中有命焉,求在我者也。其不然者何?贫贱富贵者有命焉,求在天者也。天不能生芝兰而不生枳棘,胡为使我生不为枳棘而为芝兰也?天不能生驺虞而不生虎豹,夫胡为使我生不为虎豹而为驺虞也?芝兰不以无人而不香,驺虞不以非时而戕物,故全命全归之为圣人,知命而终归之为贤人,委命而同归之为众人,逆命而忘归之为小人。曰:君子居易以俟命,莫非命也。顺受其正,亦惟使贤者知在我之命,以尽其当然,愚者知在天之命,不求其不然者而已矣。④

3. 鬼神玄想,示相儆戒

对于鬼神的有无问题,丁氏持一种谨慎态度:

> 夫使隐怪者无所凭以肆其惑,可也;而欲使天下之人,知生而忘死,背神而信人,则郊祀之礼,先王亦何为乎?吾以为言无鬼神者,谬也,以鬼神之聪明而尽鬼神者,亦谬也!夫理大者不可穷以词,贾生之席何谓哉?就其人之生死言之,以为生则为人,死则为鬼矣。夫人之一身,感神气而生,当其朽腐

---

① (明)王阳明撰,吴光等编校:《语录二·传习录中》,《王阳明全集》卷二,上海:上海古籍出版社,1992年版,第42页。
② (明)王阳明撰,吴光等编校:《语录一·传习录上》,《王阳明全集》卷一,上海:上海古籍出版社,1992年版,第36页。
③ 杨国荣:《心学的理论走向与内在紧张》,《文史哲》,1997年第4期,第15页。
④ (清)丁耀亢:《天命》,《天史》卷十一,《丁耀亢全集》下,第140-141页。

> 归土,亦如指爪毛发,脱故就新,倏焉附气而成形以去,岂更有鬼在夫幽冥泉台之下乎? 如此则天地以来,当有无穷堆积不散之鬼,何所事事耶?①

丁氏认为鬼神的有无并非能以有或无一言定之,鬼神并非人、物一般存在于有形的世界中。至于历史上记载的鬼神之事,丁氏认为:

> 夫狐突之见申生,汉武之见李夫人,隋炀之见陈后主,武安之见灌夫者,神也,亦想也。化彭生之豕,荐祖龙之璧,结老人之草,翻月下之书,神也,亦兆也。子夏为修文郎,韩擒虎为阎罗天子,李长吉修白玉楼,神也,亦理也。故范金和土,执币割牲,先王饰为宗庙之具,而洋洋在上,来格无射,则存乎其心。夫心者,鬼神往来之宅,幽冥灵爽之地也。自我作鬼,无鬼之谓鬼;自我作神,无神之谓神。当其一念之动,鬼神不我察也……有鬼之气者,鬼亦聚之,游魂邪气,生而久死矣……君子亦明其理而已。明其理,报应之说在其中矣。②

"夫心者,鬼神往来之宅,幽冥灵爽之地也。自我作鬼,无鬼之谓鬼;自我作神,无神之谓神。"鬼神的有无决定于个人内心的正邪之念、自身行止的阴阳明灭,与这种正邪阴阳相联系的是,上天会有所儆戒,在民则修心,在君则修德,以应上天的儆戒之相。

> 天下者,无一人非天之血气毛里呼吸贯通者也。故顺之则怡然喜,四时和焉,星辰理焉,万物育焉。逆之则怫然怒,星流电击,水逆山崩,物怪人妖,种种而现其不祥。此无他,天亦处之无可奈何之地,而加怒以儆之。至怒之不已,且从而弃之。弃之于是乎不可收拾矣。然后开直言之路,下罪己之诏,天心去而不可复回矣。③

正因为能对上天的儆戒有所回应,所以上天的惩戒和鬼神的报应也会有所变化:

> 有变化然后有推迁,有推迁然后又升降,有升降然后有治乱,有治乱然后有是非,有是非然后有功罪,有功罪然后有福祸,有福祸然后有报应。报应者,随其变化而变之化也。④

---

① (清)丁耀亢:《鬼神》,《天史》,《丁耀亢全集》下,第141页。
② (清)丁耀亢:《鬼神》,《天史》,《丁耀亢全集》下,第142页。
③ (清)丁耀亢:《儆戒》,《天史》,《丁耀亢全集》下,第147页。
④ (清)丁耀亢:《儆戒》,《天史》,《丁耀亢全集》下,第148页。

三、编撰的现实诉求:借史鉴今,纪恶讽喻

丁氏的《天史》草创于明崇祯三年(1630),成书于崇祯五年(1632)。当时明朝正处于内政外交的困难时期,虽然崇祯皇帝惩治魏忠贤等阉党,力图挽回颓势,有所作为,但毕竟积弊深重,国家几成河决鱼烂之势。《明史·庄烈帝本纪》赞曰:

> 帝承神、熹之后,慨然有为。即位之初,沈机独断,刈除奸逆,天下想望治平。惜乎大势已倾,积习难挽。在廷则门户纠纷。疆场则将骄卒惰。兵荒四告,流寇蔓延。遂至溃烂而莫可救,可谓不幸也已。①

丁耀亢在《天史·凡例》中说其作史的目的是"作者实有苦心,切于渡世"。钟羽正在《天史·序》中对此进一步说:

> 丁君为《天史》,阅者肃然神悚,翕然称快,盖深心于警世,非徒以文鸣者。夫史何为而作也?将以劝善而惩恶也。以劝善惩恶而独取夫恶者惩之,何也?善恶一心也。性惟一善,淆之而恶萌矣,遂之而恶滋矣,纵之而恶极矣……《春秋》二百四十二年,书褒者十之一,书贬者十之九,此忧世之心矣。然而必系之天,何也?尽惩恶之法也。②

丁氏取法《春秋》,纪恶劝善,著作为史,以期淳化世俗,有益人心。丁氏说其《天史》"系史曰尊圣言也"③,因此杨观光在《天史·序》中说:

> 意厚惟经,权尊惟史。厚故容,容故豫;尊故别,别故严。先之后之,《春秋》之意也。《春秋》亦经亦史,史翼经,譬之刑佐礼权也,意寓之。野鹤丁君《天史》之所繇纂也。④

丁氏将其名为"史",目的在于强化其劝世的良苦用心,在所有的劝世文字中"史"又最为士人所重视。中国古代素有以史经世的传统,"六经皆史"便是其崇高地位的明证。杜佑编撰《通典》以"实采群言,征诸人事,将施有政"⑤;司马光编《资治通鉴》,"专取关国家盛衰,系生民休戚,善可为法,恶可为戒者",以收"鉴前世之兴

---

① (清)张廷玉等:《庄·烈帝本纪》,《明史》卷二十四,北京:中华书局,1974年版,第335页。
② (清)钟羽正:《天史·序》,(清)丁耀亢:《天史》,《丁耀亢全集》下,第1—2页。
③ (清)丁耀亢:《天史·自序》,《天史》,第10页。
④ (清)杨观光:《天史·序》,(清)丁耀亢:《天史》,《丁耀亢全集》下,第7页。
⑤ (唐)杜佑:《〈通典〉自序》,《通典》卷一,北京:中华书局,1984年版。

衰,考当今之得失,嘉善矜恶,取是舍非"①之效作为史学经世的标准。王阳明提出:"《五经》亦只是史,史以明善恶,示训戒。善可为训者,时存其迹以示法;恶可为戒者,存其戒而削其事以杜奸。"②王世贞认为"天地间,无非史而已""六经,史之言理者也"③。

明清之际的大儒对史传的经世作用尤为重视。顾炎武云"史书之作,鉴往所以训今"④"引古筹今,亦吾儒经世之用"⑤。黄宗羲亦说:"学必原本于经术而后不为蹈虚;必证明于史籍,而后足以应务。"⑥黄氏作为清代浙东史学的开山祖,对史学的价值非常看重:"夫二十一史所载,凡经世之业,亦无不备矣。"⑦王夫之也指出:"所贵乎史者,述往以为来者师也。为史者,记载徒繁,而经世之大略不著,后人欲得其得失之枢机以效法之无由也,则恶用史为?"⑧"史者垂于来今以作则者也。"⑨诸儒都注意到了史传的经世借鉴意义。

丁氏《天史》中所列十案一百九十五条历史罪案中,以古代帝王后妃、将相士人为主,其人物选择本身就有现实针对性,极具刺世意味,主要体现在三个方面:一是君德失伦,祸由上出;二是士风浇漓,士行不端;三是风俗礼仪,国之所系。

(一) 君德失伦,祸由上出

《书》曰:"皇天无亲,惟德是辅。惟上帝不常,作善,降之百祥。作不善,降之百殃。"君主作为上天之子,在世间拥有四海兆民,享有至高无上的权力,所谓"普天之下莫非王土,率土之滨莫非王臣";但作为君主,又被要求一食三哺,心系万民,德为世表。历史上许多君主帝王却往往因失德而身灭国亡。

《天史》十案一百九十五条中记录君主帝王后妃为恶祸民的就有七十条。

---

① (宋)司马光:《进资治通鉴表》,《司马温公文集》卷一,北京:中华书局,1985年版,第14-15页。
② (明)王阳明撰,吴光等编校:《语录一·传习录上》,《王阳明全集》卷一,上海:上海古籍出版社,1992年版,第10页。
③ (明)王世贞:《弇州山人四部稿》卷一百四十四,文渊阁《四库全书》本第1281册,上海:上海古籍出版社,1987年版,第350页。
④ (清)顾炎武著,华忱之点校:《答徐甥公肃书》,《顾亭林诗文集》卷六,北京:中华书局,1983年版,第138页。
⑤ (清)顾炎武著,华忱之点校:《答人书八》,《顾亭林诗文集》卷四,北京:中华书局,1983年版,第92页。
⑥ (清)全祖望撰,朱铸禹汇校集注:《甬上证人书院记》,《鲒埼亭集外编》卷十六,《全祖望集汇校集注》,上海古籍出版社,2000年版,第1059页。
⑦ (清)黄宗羲著,沈善洪主编:《补历代史表·序》,《黄宗羲全集》第10册,杭州:浙江古籍出版社,2005年版,第81页。
⑧ (清)王夫之著,舒士彦点校:《光武》,《读通鉴论》卷六,北京:中华书局,1975年版,第135页。
⑨ (清)王夫之著,舒士彦点校:《太宗》,《读通鉴论》卷二十,北京:中华书局,1975年版,第612页。

表一　涉及君王后妃的案例

类型	案名
大逆 （七例）	隋炀帝大逆无道、王莽盗名篡汉、周宋黄袍受禅、朱温弑君得子祸、贾后毒淫弑母、何后弑董太后、刘婕妤争坐废后
淫 （十三例）	楚平王纳妇鞭尸、吴王阖闾淫虐楚后宫、齐襄公内乱、鲁庄公割臂私盟、卫宣公夺妇、明皇纳寿王妃致祸、齐懿公夺骖乘妻、陈灵公衷衣伏弩、齐庄公登台被弑、周幽王一笑倾城、晋厉公外嬖致祸、元顺帝淫奢、张昌宗兄弟伏诛
残 （十八例）	蚩尤、舜殛四凶、桀纣、秦始皇无道、项羽乌江自刎、齐愍王骄暴擢筋、晋司马氏自剪宗族、晋景公膏肓入疾、吴主嗜杀、齐桓公杀弟纠、唐太宗喋血三朝、吕后杀戚夫人、宋明帝自灭其宗、石虎灭三十八孙、闽主信鬼杀叔、闽王曦戏虐、魏拓跋三后偿冤、宋元易祚
负心 （三例）	烛影摇红、辽金两案、刘后贪鄙败国
奢 （八例）	徽宗花石纲、叔宝骄奢亡陈、蜀主衍缯山、缪丑公、太平公主、同昌公主死奢靡、宝装溺器、江南奢报
骄 （五例）	武乙射天、宋康王射天灭国、夫差报越而骄、苻坚骄兵天败、卫侯杀嬖人浑良夫
左道 （六例）	宋徽宗崇道乱儒、魏拓跋崇佛乱国、梁主舍身佞佛、肃宗置道场于三殿、唐懿宗佞佛、天毁玉清宫

《尚书·太甲》曰：天作孽，犹可违；自作孽，不可活。从上表可以看出，丁氏《天史》中所辑录的君主后妃作恶事迹，并非仅仅存于一身或一朝，而是在历史上不断重复上演。这些多为后世正统道德所诟病禁忌的"逆""淫""残""负心""奢""骄""左道"等在明朝历代君王身上不同程度地存在着。

《礼记·郊特性》说："万物本乎天，人本乎祖，此所以配上帝也。"与以德配天相反，明代的君主屡屡失德，以"残""左道""奢"尤甚。

明代的政治暴虐，已是一个常识性的话题。赵园在《明清之际士大夫研究》中指出：

> 明太祖的杀戮士人，对于有明二百余年间"人主"与士的关系，是含义严重的象征。黄宗羲就曾经说明代皇帝对士"奴婢"蓄之，怨愤之情，溢于言表。明代皇帝对士人的戕害主要集中在"厂卫""廷杖""诏狱"等方面。"廷杖""诏狱"是士人蒙受耻辱的标记，透露着明代"人主"面对士人时的复杂心态，包括

隐秘的仇恨。①

正德以后明朝政治中的群臣与人主的争斗，人主对群臣的大批廷杖、逮系、虐杀等所谓的"戾气""杀气""噍气"不绝于史，如武宗朝：

> （正德十四年）三月癸丑……金吾卫都指挥佥事张英自刃以谏，卫士夺刀，得不死，鞫治，杖杀之……杖舒芬等百有七人于阙下。是日，风霾昼晦……戊寅，杖黄巩等三十九人于阙下，先后死者十一人。②

夏良胜因劝谏触怒皇帝：

> 帝益怒，并下诏狱。俄令叙、廷瓒、大辂等，与良胜等六人，俱跪阙下五日，加桔桎焉。至晚，仍系狱。诸臣晨入暮出，累累若重囚，道途观者无不泣下。而廷臣自大学士杨廷和、户部尚书石玠疏救外，莫有言者。士民咸愤，争掷瓦砾诟詈之。③

嘉靖朝毛纪上疏指出：

> 至于笞罚廷臣，动至数百，乃祖宗来所未有者，亦皆出自中旨，臣等不得与闻。④

清人万斯同曾经指出：

> （嘉靖朝）至大礼仪议定，天子视旧臣元老真如寇仇。于是诏书每下，必怀忿戾，戾气填胸，怨言溢口。而新进好事之徒，复以乖戾之性佐之，君臣上下，莫非乖戾之气。故不数十年，遂致南北大乱，生民涂炭，流血成渠。盖怨气之所感，不召而自至也。⑤

这种上下交激的暴戾之气一直持续到明末，导致一大批名将大臣惨遭屠戮：熊廷弼"弃市，传首九边"⑥；袁崇焕死于非命，"三年八月，遂磔崇焕于市。兄弟妻子流三千里，籍其家。崇焕无子，家亦无余赀，天下冤之。""自崇焕死，边事益无人，明

---

① 赵园：《明清之际士大夫研究》，北京：北京大学出版社，2000年版，第5-6页。
② （清）张廷玉等：《武宗本纪》，《明史》卷十六，北京：中华书局，1974年版，第210-211页。
③ （清）张廷玉等：《夏良胜传》，《明史》卷一百八十九，北京：中华书局，1974年版，第5021页。
④ （清）张廷玉等：《毛纪传》，《明史》卷一百九十，北京：中华书局，1974年版，第5046页。
⑤ （清）万斯同：《书杨文忠传后》，《石园文集》卷五，《续修四库全书》第1415册，上海：上海古籍出版社，1995年版，第485页。
⑥ （清）张廷玉等：《熊廷弼传》，《明史》卷二百五十九，北京：中华书局，1974年版，第6703页。

亡征决矣。"①

因此,丁耀亢在其《天史》中屡次借历史故事,强调为人主者善待忠义的重要性:"举大事而杀忠义,岂合天意乎?"②"人之云亡,邦国殄瘁,善人国之宝也。"③

这种因君主失德而形成的戾气政治文化,使得皇帝与政府、朝臣与地方官员、内臣与边将之间脆弱的信任遭到彻底的破坏。刘宗周指出其直接的危害:

> 上积疑其臣而蓄以奴隶,下积畏其君视同秦越,则君臣之情离矣;此"否"之象也;卿大夫不谋于士庶而独断独行,士庶不谋于卿大夫而人趋人诺,则寮采之情离矣,此"睽"之象也。④

黄宗羲发挥乃师的意见,也指出:"烈皇遂疑天下之士莫不贪欺,颇用术辅其资,好以耳目隐发为明……烈皇视其臣工,一如盗贼,欲不亡也得乎?"⑤

丁耀亢在《天史》"左道"一案中对历史上君主佞佛崇道、败乱儒学名教的行径大加鞭挞。宋真宗惑于天书神道,丁氏斥其为"忽而迷谬丧心,若病魇鬼魅,举国若狂,是一大巫南面而坐者耳"⑥。宋徽宗崇道乱儒以致"徽宗父子北狩而中原沦为夷狄"⑦。魏拓跋崇佛乱国,并非崇佛,乃是"借佛名而为盗者耳"⑧。梁萧衍舍身佞佛,丁氏认为其"不师其心而师其貌""若梁武,非佞佛也,叛佛、窃佛而谤佛也"⑨。

嘉靖朝后,明朝诸帝多不问朝政,自行其是,史传中多有皇帝对朝政"不听""不报""群臣屡谏不听"等记载。

明嘉靖皇帝在位四十五年,置国事不问,深居大内,不与朝臣交接,嗜道如狂,唯以崇道长生为务:

> 帝自十八年葬章圣太后后,即不视朝,自二十年宫婢之变,即移居西苑万寿宫,不入大内,大臣希得谒见,惟嵩独承顾问,御札一日或数下,虽同列不获

---

① (清)张廷玉等:《袁崇焕传》,《明史》卷二百五十九,北京:中华书局,1974年版,第6719页。
② (清)丁耀亢:《袁绍一日而杀二烈士》,《天史》卷三,《丁耀亢全集》下,第47页。
③ (清)丁耀亢:《袁绍一日而杀二烈士》,《天史》卷三,《丁耀亢全集》下,第47页。
④ (清)黄宗羲著,沈善洪主编:《子刘子学言》卷一,《黄宗羲全集》第1册,杭州:浙江古籍出版社,2005年版,第277页。
⑤ (清)黄宗羲著,沈善洪主编:《光禄大夫太子太保吏部尚书谥忠襄徐公神道碑铭》,《黄宗羲全集》第10册,杭州:浙江古籍出版社,2005年版,第246页。
⑥ (清)丁耀亢:《天毁玉清宫》,《天史》卷十,《丁耀亢全集》下,第125页。
⑦ (清)丁耀亢:《宋徽宗崇道乱儒》,《天史》卷十,《丁耀亢全集》下,第118页。
⑧ (清)丁耀亢:《魏拓跋崇佛乱国》,《天史》卷十,《丁耀亢全集》下,第121页。
⑨ (清)丁耀亢:《梁主舍身佞佛》,《天史》卷十,《丁耀亢全集》下,第121页。

闻,以故嵩得逞志。①

因此,《明史》评嘉靖皇帝:

> 若其时纷纭多故,将疲于边,贼讧于内,而崇尚道教,享祀弗经,营建繁兴,府藏告匮,百余年富庶治平之业,因以渐替。②

与这种不务朝政,不接朝臣,以左道自惑相联系的是对阉党寺人的重用。

丁氏借唐肃宗时鱼朝恩恃宠辱教指出:"盖彼刑余厮役,惟以温饱宠幸是图,非有以道事君之责者也。"③顾炎武认为:

> 自古内官贤良者万无一人,无事之时似为谨慎,一闻国政,便作奸欺。④

《日知录集释》中对此引申:

> 凡阉人导君以酒色,导君以荒游,导君以侈御,导君以恶见正人。权臣因之,上隐无不闻,下巧无不达,国之大柄下移矣。⑤

明朝受宦官祸乱毒害之深超过历代,"有明一代,巨奸大恶,多出于寺人内竖"⑥。这固然与其政治体制有关,但朝臣与皇帝关系的紧张,才导致了皇帝对宦官的信任和依赖。《明史·庄烈帝本纪》中说崇祯皇帝:

> 临朝浩叹,慨然思得非常之材,而用匪其人,益以偾事。乃复信任宦官,布列要地,举措失当,制置乖方。⑦

皇帝重用宦官加剧了晚明社会的动荡和腐朽。万历时则开始了骚动全国的矿税和征榷案,都与宦官有关。

> 通都大邑皆有税监,两淮则有盐监,广东则有珠监,或专遣,或兼摄。大珰小监纵横绎骚,吸髓饮血,以供进奉。大率入公帑者不及什一,而天下萧

---

① (清)张廷玉等:《严嵩传》,《明史》卷三百八,北京:中华书局,1974年版,第7917页。
② (清)张廷玉等:《世宗本纪》,《明史》卷十七,北京:中华书局,1974年版,第250-251页。
③ (清)丁耀亢:《鱼朝恩恃宠辱教》,《天史》卷十,《丁耀亢全集》下,第120页。
④ (清)顾炎武著,(清)黄汝成集释:《宦官》,《日知录集释》卷九,上海:上海古籍出版社,1985年版,第763-764页。
⑤ (清)顾炎武著,(清)黄汝成集释:《宦官》,《日知录集释》卷九,上海:上海古籍出版社,1985年版,第757页。
⑥ (清)张廷玉等:《奸臣》,《明史》卷三百八,北京:中华书局,1974年版,第7905页。
⑦ (清)张廷玉等:《庄烈帝本纪》,《明史》卷二十四,北京:中华书局,1974年版,第335页。

然,生灵涂炭矣。①

> 陈奉,御马监奉御也。万历二十七年二月命征荆州店税,兼采兴国州矿洞丹砂及钱厂鼓铸事。奉兼领数使,恣行威虐。每托巡历,鞭笞官吏,剽劫行旅。商民恨刺骨,伺奉自武昌抵荆州,聚数千人噪于途,竞掷瓦石击之。②

由于皇帝信任宦官,放纵其恣行威虐,因此国家"溃败决裂,不可振救"。故《明史》说:"故论者谓明之亡,实亡于神宗,岂不谅欤!"③

晚明的政治腐败和社会堕落导致了一种完全末世般的衰落感受,正如柳诒徵所说:

> 朱明之亡,亡于李闯及满清,此尽人所知也。然李闯及满清所以能亡明者,实由于明室上下之腐败,不此之责,第归咎于李闯及满清,无当也。④

正是出于对现实救世的思考,丁耀亢在《天史》中首先将批判的矛头指向君主,以期有所借鉴与反思。

(二) 士风浇漓,士行不端

丁耀亢在《天史》中对历代士大夫有违臣体的事例也倍加关注,其中所列有四十九例。

表二　涉及士人的案例

类型	案名
大逆 (七例)	张衡贼臣之报、曹操司马懿前后九锡、江充杀太子、王敦灭亲叛主、柳灿辅贼负国、李勣立武乱唐、张彦泽卖国杀身
阴谋 (十六例)	赵氏孤儿报屠岸贾冤、赵高李斯杀扶苏蒙恬、袁盎晁错相杀、陈平阴谋、长孙无忌冤杀吴王、李林甫剖棺、鱼保家告密身死、李义府杀人灭口、丁谓前后雷州、谢佑杀人媚后、王勃谋杀难友、沈约草诏拔舌、李辅国杀建宁王俶、薛文杰借巫快怨、王惟忠冤死诉天、韩侂胄杀赵汝愚
贪 (六例)	石崇贪劫奢亡、桑弘羊牟利致族、董贤煽宠杀身、元载聚货杀身、杨骏贪位据权、蔡京父子相妒

---

① (清)张廷玉等:《宦官·陈增传》,《明史》卷三百五,北京:中华书局,1974年版,第7806页。
② (清)张廷玉等:《宦官·陈奉传》,《明史》卷三百五,北京:中华书局,1974年版,第7806页。
③ (清)张廷玉等:《神宗本纪》,《明史》卷二十,北京:中华书局,1974年版,第295页。
④ 柳诒徵:《中国文化史》,北京:东方出版中心,1996年版,第665页。

（续表）

类型	案名
骄 （三例）	魏齐无礼范睢、何晏以妄诞致祸、谢灵运傲物自亡
党 （五例）	汉儒盛名致祸、东汉党祸杀身、牛李各以党败、章惇党锢元祐名贤、嵇康高旷
左道 （二例）	王安石父子济恶、王衍清谈败晋
残 （四例）	白起坑卒、严延年母识天刑、刘琨妄杀谋士、四其御史
负心 （六例）	韩信卖友成功、孟尝君背齐自立、李密负翟让、邴远贞负李密、陆超之门生负义、宋之问有才无行

孔子最初的"士志于道"规定了士是礼乐社会规范的维护者，弟子曾参发挥师教："士不可以不弘毅，任重而道远。仁以为己任，不亦重乎？死而后已，不亦远乎？"这一原始教义对后世的"士"的心行产生了深远的影响，而且愈在"天下无道"的时代显出它的力量。

汉末党锢领袖如李膺，史言其"高而标持，欲以天下风教是非为己任"；又如陈蕃、范滂则"有澄清天下之志"。北宋承五代之浇漓，范仲淹起而提倡"士当有先天下之忧而忧，后天下之乐而乐"，终于激起一代读书人的理想和豪情。晚明东林人物的"事事关心"一直到最近还能振动现代中国知识分子的心弦。如果根据西方的标准，"士"作为一个承担着文化使命的特殊阶层，自始至终都在中国历史上发挥着"知识分子"的功用[①]。

明代张瀚曾说：

> 士大夫惟出处两途，出则莘莘，处则冥冥，求志达道者，无二义也。古称三不朽，曰：太上立德，其次立功，其次立言。岂非出则树绩旗常，处则阐明圣学，而均之一禀于道德也？士非此三者，无以托于世而列于士君子之林矣。兼之者，其命世之豪杰乎！道德不足，则功业、文章亦足表见。若夫希世取容，求为富贵利达而已，又何足比其数也。[②]

道德圣学成为对士大夫的社会期待。丁耀亢在《天史》中对士大夫案例的辑录有两个方面意图：一是对身为四民之首的士大夫在社会中的道德榜样力量的探讨；

---

① 余英时：《士与中国文化》，上海：上海人民出版社，2003年版，第2页。
② （明）张瀚：《士人纪》，《松窗梦语》卷四，北京：中华书局，1985年版，第65页。

一是就党争对政治的负面影响的反思。

1. 对士大夫德行的批判与期待

丁耀亢借历史故事，对有才无行的士大夫予以警示，阐发其修心进德的劝世理念。如借王衍清谈败晋指出："士君子之于名教，固可一日忘乎？"①由谢灵运傲物自亡提示："盖君子之自得，非放意而肆志也。"②用蔡京父子相妒警示："挤贤谋位，至移于父子。权势之于人，甚矣哉！"③用宋之问有才无行警惕："文章盛而道德衰，枝叶繁而根本披。理有固然，情亦随之。"④由韩信卖友成功告诫世人："祸莫大于忌功，恶莫大于负心。"⑤用沈约草诏拔舌、王勃谋杀难友劝诫："士君子一念不端，贻羞千古，万钟于我有何加焉？殆夫赤章奏天，亦已晚矣"⑥ "士固无以才名贵也""士君子宜有以自完矣"⑦。

晚明士风浇漓，士行不端，不管在当时还是后来的学者对此进行反思，都提出了相当严厉的批评。大体从万历中期开始，士大夫有了一个很大的转变。

> 京察之岁，大臣自陈。去留既定，而居官有遗行者，给事、御史纠劾，谓之拾遗。拾遗所攻击，无获免者。弘、正、嘉、隆间，士大夫廉耻自重，以挂察典为终身之玷。至万历时，阁臣有所徇庇，间留一二以挠察典，而群臣水火之争，莫甚于辛亥、丁巳，事具各传中。党局既成，互相报复，至国亡乃已。⑧

此时不仅廷臣间徇庇枉法，而且士大夫也公然交接货贿：

> 万历以后，士大夫交际多用白金，乃犹封诸书册之间，进自阍人之手。今则亲呈坐上，径出怀中。交收不假他人，茶话无非此物，衣冠而为橐橐之寄，朝列而有市井之容。⑨

明熹宗朝一部分无耻士大夫为攀附魏忠贤，不仅广建生祠，而且谀文谄媚：

---

① （清）丁耀亢：《王衍清谈败晋》，《天史》卷十，《丁耀亢全集》下，第119页。
② （清）丁耀亢：《谢灵运傲物自亡》，《天史》卷八，《丁耀亢全集》下，第109页。
③ （清）丁耀亢：《蔡京父子相妒》，《天史》卷六，《丁耀亢全集》下，第89页。
④ （清）丁耀亢：《宋之问有才无行》，《天史》卷五，《丁耀亢全集》下，第81页。
⑤ （清）丁耀亢：《韩信卖友成功》，《天史》卷五，《丁耀亢全集》下，第77页。
⑥ （清）丁耀亢：《沈约草诏拔舌》，《天史》卷四，《丁耀亢全集》下，第68页。
⑦ （清）丁耀亢：《王勃谋杀难友》，《天史》卷四，《丁耀亢全集》下，第67页。
⑧ （清）张廷玉等：《选举志三》，《明史》卷七十一，北京：中华书局，1974年版，第1724页。
⑨ （清）顾炎武著，（清）黄汝成集释：《承筐是将》，《日知录集释》卷三，上海：上海古籍出版社，1985年版，第252页。

生祠之建，始于潘汝祯。汝祯巡抚浙江，徇机户请，建祠西湖。六年六月疏闻于朝，诏赐名"普德"。自是，诸方效尤，几遍天下。①

凡疏词揄扬，一如颂圣，称以"尧天帝德，至圣至神。"而阁臣辄以骈语褒答，中外若响应。运泰迎忠贤像，五拜三稽首，率文武将吏列班阶下，拜稽首如初。已，诣像前，祝称某事赖九千岁扶植，稽首谢。某月荷九千岁拔擢，又稽首谢。还就班，复稽首如初礼。②

监生陆万龄至谓："孔子作《春秋》，忠贤作《要典》。孔子诛少正卯，忠贤诛东林。宜建祠国学西，与先圣并尊。"③

明代阉党大炽，固与皇帝宠幸有关，但无耻士大夫文人也起了推波助澜、为虎作伥的作用，因此《明史·阉党》论曰：

明代阉宦之祸酷矣，然非诸党人附丽之，羽翼之，张其势而助之攻，虐焰不若是其烈也……庄烈帝之定逆案也，以其事付大学士韩爌等，因慨然太息曰："忠贤不过一人耳，外廷诸臣附之，遂至于此，其罪何可胜诛！"痛乎哉，患得患失之鄙夫，其流毒诚无所穷极也！④

对士大夫士行不端所造成的危害，明清之际的学者予以强烈的关注。顾炎武引《五代史·冯道传》"礼义廉耻，国之四维；四维不张，国乃灭亡"的评论时进一步强调："然而四者之中，耻尤为要"。在此基础上，顾氏提出著名的"行己有耻"的处世格言，并进而引申为"士大夫之无耻，是谓国耻"⑤。阎若璩对此也做了进一步的补充说明："今人动称廉耻，其实廉易而耻难……盖廉乃立身之一节，而耻乃根心之大德，故廉尚可矫，而耻不容伪。"⑥

士风败坏导致两个方面的直接后果：一方面，士人的道德堕落导致了对纲常伦理的漠视甚至蔑视，直接威胁到统治秩序的存在；另一方面，导致学术风气

---

① （清）张廷玉等：《阉党·阎鸣泰》，《明史》卷三百六，北京：中华书局，1974年版，第7868页。
② （清）张廷玉等：《阉党·阎鸣泰》，《明史》卷三百六，北京：中华书局，1974年版，第7869页。
③ （清）张廷玉等：《阉党·阎鸣泰》，《明史》卷三百六，北京：中华书局，1974年版，第7869-7870页。
④ （清）张廷玉等：《阉党》，《明史》卷三百六，北京：中华书局，1974年版，第7833页。
⑤ （清）顾炎武著，（清）黄汝成集释：《廉耻》，《日知录集释》卷十三，上海：上海古籍出版社，1985年版，第1037页。
⑥ （清）顾炎武著，（清）黄汝成集释：《廉耻》，《日知录集释》卷十三，上海：上海古籍出版社，1985年版，第1037页。

流于浅薄,学术水准普遍下降,朝廷在危机时刻缺乏有识之士[①]。清人钱大昕指出:

> 自科举之法行,士大夫之习其业者,非孔孟之书不观,非程朱之学不用。国无异学,学无它师,真所谓一道德以同俗者矣。然学者自就傅而后,粗涉章句,即从事于应举之文。父师所讲授,无过庸软骷髅之词,得其形似,便可以致功名,转不如词赋策论之难工……所诵者礼义,所好者名利。[②]

清人江藩在评论明代学术时也持相近意见:

> 元明之际,以制艺取士,古学几绝。而有明三百年,四方秀艾,困于帖括,以讲章为经学,以类书为博闻,长夜悠悠,视天梦梦,可悲也夫!在当时岂无明达之人,志识之士哉?然皆滞于所习,以求富贵,此所以儒罕通人,学多鄙俗也。[③]

2. 对士大夫党争习气的批判

丁耀亢在《天史》中专辟"党案",对历代党争做了较为深入的检讨。丁氏借东汉党祸和北宋元祐党锢表达对朋党所造成的个人和国家的灾难的深切关注。丁氏由东汉党祸杀身而论说:

> 儒之为道,犹天地之与万物也。任其劳不居其功,藏其用不显其名。是以阴阳疑战而元贞不受患焉。故龙德归之潜,圣人归之遁。玉以璞而藏辉,金以沙而匿彩。麟凤龟龙,不游于破卵之郊;蕙英芝兰,不生于刺人之墅。非重道而吝其宝也,气所未合而急与之争,隋珠弹雀,得少而失多耳。故知几达物者,君子成物成身之权术也。东汉名儒,能砥砺廉隅,而无毁方瓦合之妙。当夜长日短之时,北陆乘权,万物萧索,起而与玄冥为敌,何异鸾鸣鸱枭之前,骐虞啸狐狸之侧,不磨牙吮血不甘心焉。既不能默用挽回,而犹然三君八顾,种种标榜,祖送往来,车马成都,殆有市心也乎?傲者,凶德也;党者,败道也。龙门未必入室,仙舟未必登岸。太学三万,未必皆闵、孟、颜、曾也。而宾客嘈杂,群小嚣沸,诸君子能无败乎?方而不隅,圆而不邪,吾于林、宗、元、方有取焉。虽然,此《春秋》责备之道也。若夫败名教为圆融,借模棱为捷径,是又诸

[①] 鱼宏亮:《知识与救世:明清之际经世之学研究》,北京:北京大学出版社,2008年版,第152页。
[②] (清)钱大昕著,吕友仁校点:《布衣陈君墓碣》,《潜研堂文集》卷四十九,上海:上海古籍出版社,2009年版,第865—866页。
[③] (清)江藩纂,漆永祥笺释:《汉学师承记笺释》卷一,上海:上海古籍出版社,2006年版,第15页。

君子之罪人也。嗟夫！明哲保身，其唯中和之圣人欤？①

又由北宋章惇党锢元祐名贤进一步阐述党锢之害：

> 历代党锢之祸，其为害虽一，随世代为升降。党之中亦有分焉。如东汉党祸，始于诸君子，八顾、八及互相标榜，违尊养时晦之道，故为阉宦所中，不十年而国亡。至唐牛李之党，起于对策私恨，彼此排摈，历五朝而唐遂衰，已不及东汉诸儒以道自立者矣。然德裕、僧孺，犹称唐室名臣，但城府未化耳。至宋元祐间，则俨然群小盈廷，芟兰树艾。蜀洛诸儒，一网打尽。御书党人之碑，遍布伪学之禁，始于安石，成于蔡京，较汉、唐更卑矣。倘徽宗能以黜章惇之心，不为蛊惑，岂非大有为之主哉？倏然云翳蔽空，炀灶借丛，反为诸奸下石焉。何前后两截耶？如人元气不调，五脏之中，必成壅块。始而知痛，犹可疗也。久则习为自然，散于百脉之间，而人遂以亡焉。呜呼！宰相必曰盐梅，将以善其调也。②

丁氏认为真正的儒者应该是"任其劳不居其功，藏其用不显其名""知几达物"。因此，丁氏认为产生党争的根本原因在于争"标榜"，显"市心"——"傲者，凶德也；党者，败道也"。

党争使晚明社会中充满了攻讦和斗狠心态，君主与内阁、内廷与边将之间脆弱的信任遭到削弱，无端的攻讦使得任何一个派别上台都无法完成有效的政策调整和对时局进行的应对，黄宗羲形容这种行为是"上下交战于影响鬼魅之途"③。党争对于真正存在的问题没有任何认识，只是斤斤计较于平凡琐事，甚至于子虚乌有的把柄，这对其行政决策和官员的影响是显著且极具危害的，也是导致晚明政治军事斗争缺乏效率和针对性的一个重要原因④。

明亡后，经历鼎革的儒者对晚明的党争进行了深刻的反思与批判。黄宗羲指出：

> 今天下之言东林者，以其党祸与国运始终，小人既资为口实，以为亡国由于东林，称之为两党，即有知之者亦言东林非不为君子。然不无过激，且依附

---

① （清）丁耀亢：《东汉党祸杀身》，《天史》卷九，《丁耀亢全集》下，第112页。
② （清）丁耀亢：《章惇党锢元祐名贤》，《天史》卷九，《丁耀亢全集》下，第114页。
③ （清）黄宗羲著，沈善洪主编：《光禄大夫太子太保吏部尚书谥忠襄徐公神道碑铭》，《黄宗羲全集》第10册，杭州：浙江古籍出版社，2005年版，第246页。
④ 鱼宏亮：《知识与救世：明清之际经世之学研究》，北京：北京大学出版社，2008年版，第150页。

者之不纯为君子也,终是东汉党锢中人物……东林也,毅宗之变,攀龙髯而蓐蝼蚁者,属之东林乎?属之攻东林者乎?数十年来,勇者燔妻子,弱者埋土室,忠义之盛,度越前代,犹是东林之流风余韵也。一堂师友,冷风热血,洗涤乾坤,无智之徒,窃窃然从而议之,可悲也夫!①

唐甄认为如汉唐一样,明朝也亡于党争:

> 党者,国之危疾,不治必亡。
>
> 汉往矣,安得起汉党而治之以信于子?唐往矣,安得起唐党而治之以信于子?明亡矣,安得起明党而治之以信于子?②

(三) 风俗礼仪,国之所系

丁耀亢在讽谏君主修德、劝诫士人端行的同时,对重建社会秩序和淳厚世风也充满了急切的期待。《天史》中借齐襄公内乱、陈灵公衷衣伏弩以及元顺帝淫奢亡身指出"礼"于国家社会之重:"则礼之于人国也,大矣!"③"礼义廉耻,国之四维。四维不张,国及灭亡。"④"人纪天道,礼乐孔彰。"⑤又借安史子祸和辽金两案重申"华夷之辨"的重要性:"非其种者,锄而去之。先王知华夷之不可以一而限焉,以其非吾族也。"⑥"古今中治乱之势,未有不起乎夷狄者。圣人知夷狄不可治也,常使其势有所分,我得从中而治其胜。以彼之有事,为我之无事,计斯得矣。"⑦君子小人风草之喻在丁耀亢看来,就是重悬礼义廉耻之纬,重申华夷之辨,进而醇化风俗,再造人心。

《资治通鉴·周纪一》曰:

> 天子之职莫大于礼,礼莫大于分,分莫大于名。何谓礼?纪纲是也。何谓分?君、臣是也。何谓名?公、侯、卿、大夫是也……故曰天子之职莫大于礼也。⑧

---

① (清)黄宗羲著,沈善洪主编:《东林学案》,《明儒学案》卷五十八,《黄宗羲全集》第8册,杭州:浙江古籍出版社,2005年版,第726-727页。
② (清)唐甄:《除党》,《潜书注》,成都:四川人民出版社,1984年版,第449-450页。
③ (清)丁耀亢:《齐襄公内乱》,《天史》卷二,《丁耀亢全集》下,第23页。
④ (清)丁耀亢:《陈灵公衷衣伏弩》,《天史》卷二,《丁耀亢全集》下,第26页。
⑤ (清)丁耀亢:《元顺帝淫奢》,《天史》卷二,《丁耀亢全集》下,第34页。
⑥ (清)丁耀亢:《安史子祸》,《天史》卷一,《丁耀亢全集》下,第10页。
⑦ (清)丁耀亢:《辽金两案》,《天史》卷五,《丁耀亢全集》下,第75页。
⑧ (宋)司马光编著,(金)胡三省音注:《周纪》,《资治通鉴》卷一,北京:中华书局,1956年版,第2页。

王阳明认为:"有司之政,风俗为首,习俗侈靡,乱是用生。"①即恶劣的社会风俗是导致社会动乱的根本原因。故在其《山东乡试录》中进一步强调:

> 天下之患,莫大于风俗之颓靡而不觉。夫风俗之颓靡而不觉也,譬之潦水之赴壑,浸淫泛滥,其始若无所患,而既其末也,奔驰溃决,忽焉不终,朝而就竭。是以甲兵虽强,土地虽广,财富虽盛,边境虽宁,而天下之治,终不可为,则风俗之颓靡,实有以致之。②

明初人主倡导节俭,风俗淳厚。

> 国初,民无他嗜,率尚简质,中产之家,犹躬薪水之后,积千金者,宫墙服饰,窘若寒素。③

明中叶(正德、嘉靖)后,情况发生巨大变化。民风从上至下,从富至贫,尽皆"靡然向奢,以俭为鄙",不仅仅"豪门贵室,导奢导淫",影响到一般富民"竞相尚以靡奢",就连底层民众,也是"家无担尺之储,耻穿布素""奔劳终日,夜则归市肴酒,夫妇团醉而后已,明日又别为计"④。

张瀚《松窗梦语》记载:

> 二三十年间,富贵家出金帛,制服饰、器皿,列笙歌鼓吹,招至十余人为队,搬演传奇。好事者竞为淫丽之词,转相传唱,一郡之内,衣食于此者,不知几千人矣。人情以放荡为快,世风以奢靡相高,虽踰制犯禁,不知忌也。⑤

顾炎武对道德人心之于风俗的影响一直非常关注:

> 教化者,朝廷之先务。廉耻者,士人之美节。风俗者,天下之大事。朝廷有教化,则士人有廉耻。士人有廉耻,则天下有风俗。⑥

经过易代后,他对道德人心之于风俗对于维系王朝秩序稳定的重要性认识更加深刻:"目击世趋,方知治乱之关必在人心风俗,而所以转移人心,整顿风俗,则教化

---

① (明)王阳明撰,吴光等编校:《别录八·仰南安赣州府印行告谕牌》,《王阳明全集》卷十六,上海:上海古籍出版社,1992年版,第566页。
② (明)王阳明撰,吴光等编校:《山东乡试录》,《王阳明全集·外集四》卷二十二,上海:上海古籍出版社,1992年版,第866页。
③ (清)顾炎武撰,谭其骧等点校:《山西平阳府》,《肇域志》,上海:上海古籍出版社,2004年版,第889页。
④ (明)王士性:《江南诸省》,《广志绎》卷四,北京:中华书局,1981年版,第69页。
⑤ (明)张瀚:《风俗纪》,《松窗梦语》卷七,北京:中华书局,1985年版,第139页。
⑥ (清)顾炎武著,(清)黄汝成集释:《廉耻》,《日知录集释》卷十三,上海:上海古籍出版社,1985年版,第1038页。

纲纪为不可阙矣。百年必世养之而不足，一朝一夕败之而有余。"①

丁耀亢在《天史》辑录史传中君王将相的元恶大憝行径，有其良苦用心，期望对当世执政者有所借鉴。如果作史以求鉴今，修心进德是其早年追求"致君尧舜上，再使风俗淳"的话，那么这种追求就是其入清后汲汲求得功名以实现其人生入世理想的直接动力。

第二节 演说警心，纪实存史
——《续金瓶梅》创作主旨新探

《续金瓶梅》是丁耀亢晚年创作的一部章回体长篇小说。作为"第一奇书"《金瓶梅》的续书，这部书自从其问世以来，就备受关注，无论是其叙事结构还是其创作主旨，都是众说纷纭，莫衷一是。

就其结构言，贬斥者认为"有失演义正体"，"道学不成道学，稗官不成稗官"②，"蔓引佛经《感应篇》，可一噱也"③。但也有学者认为"小说情节结构在中国古典小说中独树一帜。它既不是链条式的，一环一环地推进；也不是节网式的，互相联系成一个整体；又不是串珠式的，将无数短篇联成一书；而是板块式的，将全书分成几块轮番演示"④；"综合经史、笔记、长篇小说于一体。就小说而言，又综合世情、神魔、演义于一体。不拘格套，自成体制"⑤；"散点透视"的"散文体"⑥；"《续金瓶梅》的板块结构适应了小说反映广阔的末世图景的需要，其分散性和集中性统一、共时性和历时性结合的特点也在一定程度上减轻了议论化倾向给小说情节带来的破坏作用，总体上是比较成功的结构形式，反映了作者的创新意识"⑦。

对于《续金瓶梅》的创作主旨，最有影响的是鲁迅先生的"报应说"⑧。孙楷第先生认为："是编续明人书，使书中人物一一转生，咸得恶报。意主因果，异于旧本

---

① （清）顾炎武著，华忱之点校：《与人书九》，《顾亭林诗文集》卷四，北京：中华书局，1983年版，第93页。
② （清）刘廷玑：《续书》，《在园杂志》卷三，北京：中华书局，2005年版，第125页。
③ （清）平步青：《续奇书》，《霞外捃屑》卷九，上海：上海古籍出版社，1982年版，第663页。
④ 黄霖：《金瓶梅续书三种·前言》，《金瓶梅续书三种》，济南：齐鲁书社，1988年版，第17页。
⑤ 王汝梅：《王汝梅解读〈金瓶梅〉》，长春：时代文艺出版社，2007年版，第232页。
⑥ 罗德荣：《别一种审美情趣——〈续金瓶梅〉审美价值探究》，《南开学报》，1997年第6期，第42页。
⑦ 陈小林：《〈续金瓶梅〉研究》，湖南师范大学2005年硕士学位论文，第40页。
⑧ 鲁迅：《中国小说史略》，《鲁迅全集》第九卷，北京：人民文学出版社，2005年版，第191-192页。

之猥亵。"①现代学者在鲁迅先生"报应说"的基础上提出了诸多见解。袁世硕先生认为此书"演因果报应的故事情节中,也正寄寓着对卖国通敌者的鞭挞"②;王汝梅先生认为此书"表现了作者拥明抗清的民族思想"③;方正耀先生认为作品"侧重描写战争所造成的社会动乱,揭示民族矛盾"④;黄霖先生认为此书"自始至终洋溢着爱国爱民的激情"⑤。除此之外,还有"多元说""遗民说"⑥"反清爱国说"⑦等。所有这些研究成果为我们进一步探究《续金瓶梅》奠定了一定的基础。

诚然,作为一部凝聚着作者心血和寄托的章回体长篇小说,丁耀亢在创作之始就有明确的目的:

> 《续金瓶梅》者,惩述者不达作者之意,尊今上圣明颁行《太上感应篇》,以《金瓶梅》为之注脚,本阴阳鬼神以为经,取声色货利以为纬,大而君臣家国,细而闺壸婢仆,兵火之离合,桑海之变迁,生死起灭,幻入风云,因果禅宗,寓言褒贬,于是乎,谐言而非蔓,理言而非腐,而其旨,一归之劝世。此夫为隐言、显言、放言、正言,而以夸以刺,无不备言者也。以之翼圣也可,以之赞经也可。⑧

可以看出,丁氏创作《续金瓶梅》的初衷是深感于世人对《金瓶梅》仅仅贪慕其"情色",以致"流易于败检而荡性",不能理解"其旨则在以隐、以刺、以止之间",最终"蛾油自溺,鸩酒自毙"。因此,丁氏依托御序《太上感应篇》,以《续金瓶梅》为之作注脚。其创作的原则是"本阴阳鬼神以为经,取声色货利以为纬",借因果禅宗,演义兵火离合,桑海变迁;其中将上至君臣国家,下至闺壸婢仆的人世间置于这一桑海变迁之中,以其离合悲欢,儆戒人心,醇化世俗,达到翼圣赞经的劝世目的。

清代的静恬主人曾针对小说与史传的关系进行过讨论:

> 小说何为而作也?曰:以劝善也,以惩恶也。夫书之足以劝惩者,莫过经

---

① 孙楷第:《戏曲小说书录解题》,北京:人民文学出版社,1990年版,第186页。
② 袁世硕:《续金瓶梅·前言》,《古本小说集成》,上海:上海古籍出版社,1990年版。
③ 王汝梅:《王汝梅解读〈金瓶梅〉》,长春:时代文艺出版社,2007年版,第229页。
④ 方正耀:《明清人情小说研究》,上海:华东师范大学出版社,1986年版,第75页。
⑤ 黄霖:《丁耀亢及其〈续金瓶梅〉》,《复旦学报(社会科学版)》,1988年第4期。
⑥ 吉林大学中国文化研究所:《金瓶梅艺术世界》,长春:吉林大学出版社,1991年版,第319页。
⑦ 张振国:《伤时劝世,生新续奇——〈续金瓶梅〉价值重估》,山东师范大学2003年硕士学位论文。
姜克滨:《〈续金瓶梅〉"反清"主旨再探》,首都师范大学2008年硕士学位论文。
⑧ (清)丁耀亢:《续金瓶梅》,《古本小说集成》,上海:上海古籍出版社,1990年版。本书所引《续金瓶梅》原文皆出自此版本,不再另注。

史;而义理艰深,难令家喻而户晓,反不若稗官野乘,福善祸淫之理悉备,忠佞贞邪之报昭然。能使人触目儆心,如听晨钟,如闻因果,其为世道人心,不为无补也。①

因此,纵观丁氏的《续金瓶梅》,不论创作主旨还是创作手法,其最终的目的不仅是借小说故事来载道劝世,更在于纪实存史的渡世之心。杜维明先生认为,儒家的历史观同样为我们当下生活的世界带来了新的意义,它经常生动而详尽地告诉我们,遥远的过去是如何与我们的切身体验直接相关的②。丁耀亢在《续金瓶梅》中以儒家史观,借宋金演义明清,以小说言说历史。对于这一创作思想,本文试图从三个方面加以讨论:一是人物形象塑造的纪实化;二是创作手法的史笔化;三是创作主旨的史心化。

一、人物塑造纪实化:摹实具象,纪恶儆戒

余英时《明清变迁时期社会与文化的转变》指出:"在明清转变时期,第一个重要的文化变迁就是知识分子开始主动参与所谓的通俗文化。"③

丁耀亢在入清后经历了科举的坎坷和仕途的淹蹇后,功名之心逐渐冷却,但其入世之志依然。如果说在明代崇祯朝他编撰《天史》是企图以史鉴今,借因果对当政者和士大夫们有所警示以达渡世的话,那么,其眼光是"向上";入清后,在连续担任旗塾教习和容城教谕的十年间,丁耀亢劝世的志向没有改变,只不过其劝世的眼光开始"向下",转向了民众,借助的工具则化为白话小说这一通俗文学样式。而通俗文化,从根本上其审美情趣与价值依归是"以读者为主体"④。

丁耀亢在《续金瓶梅》中塑造人物繁多,上至帝王将相,下至娼妓奴仆;既有两宋朝野,又有金朝官民,男女老少,各色人等。叙事则军国大事、吏治纠纷、宗教仪式、世道人心,面面兼顾,展示了一幅相当广阔的乱世风俗画。总的看来,作为续书的《续金瓶梅》中的人物大致分为两类:一类是转世人物,一类是现世人物。

(一) 转世人物系列

所谓转世人物是指在《金瓶梅》中已经死去,经过阴曹地府判定后又转投人世

---

① (清)静恬主人:《金石缘叙》,丁锡根编著:《中国历代小说序跋集》,北京:人民文学出版社,1996年版,第1291页。
② (美)杜维明著,钱文忠、盛勤译:《道·学·政:论儒家知识分子》,上海:上海人民出版社,2000年版,第7页。
③ 余英时:《儒家伦理与商人精神》,《余英时文集》卷三,桂林:广西师范大学出版社,2004年版,第158页。
④ 谭帆:《中国小说评点研究》,上海:华东师范大学出版社,2001年版,第118页。

的那批人物。这批人物主要指《金瓶梅》中的西门庆、潘金莲、李瓶儿、庞春梅、陈经济、花子虚、王婆等人。这批人物在《金瓶梅》中或奸淫、或贪婪,因放纵私欲、有失人伦,皆背负罪责,死于非命。他们在地狱饱受酷刑:

  阎罗大怒,即唤执鞭力士各打一百。打的血流骨折,死而复苏。门庆还要辩,即有二鬼各执铜巴掌打去门牙四齿,门庆才不敢言语了。①

  那金莲、春梅、经济三人早被青面大鬼铁叉自背穿透,阎罗即命先下油锅煮三个时辰,然后定罪。可怜这两个红粉佳人、一个风流浪子,赤条条叉挑当心,直到锅边,踏梯上去,抛入那热腾腾滚油之内,把那雪嫩的皮肤,粉团般的屁股——当日如何受用!——那消一碗茶时,在那油锅里翻波逐浪,好似金鱼戏水一般,一上一下,弄成三堆白骨,到像个卖油蝶果子的,纽成股儿,飘在上面。想是燥的酥麻了,也不知是甚么滋味……只见一个判官跪下,领了一柄小小毛扇,将这三人的骨头用扇一扇,黑风一阵,吹的白骨仍化人形,转转哀号,如刀刺心,不堪疼痛,依旧跪在阶前,另听发落。这西门庆才知地狱中碎剐分尸,俱是业风吹活,要遍受苦的,比不的阳世间一死了账。②

《太上感应篇》谓"祸福无门,惟人自召;善恶之报,如影随形",正因为他们在前世作恶多端,按照"善有善报,恶有恶报"的因果报应逻辑,他们在阴曹受到道德的审判与严惩。其实阴曹道德的标准与世间的圣教标准是一致的。因为奸淫贪婪,西门庆被"打得血流骨折,死而复生";潘金莲、庞春梅、陈经济也因乱伦纵淫而遭受油锅煎炸的酷刑。除此外,他们在转世投胎时也受到了惩罚:

  二鬼去不移时,早有黑面赤须一人,手执大簿,呈祖师看毕,即唤众鬼曰:"西门庆淫杀罪重,三世报冤,因你仗义施舍,不失人身,今往东京富户沈通家托生还报。李瓶儿引奸盗财,气夫丧命,因你向善刻经,不失女身,今往东京袁指挥家托生还报。潘金莲毒杀夫命,天性奸淫,若论轮回,该化身虫蛇,只因夫命未偿,仍化女身,在山东黎指挥家托生还报。春梅庞氏虽无大罪,炫色行淫,致陈经济贪色杀身,妒孙雪娥卖娼自缢,纵欲亡身,不足报恶,在东京孔千户家为女还报。"③

---
① (清)丁耀亢:《续金瓶梅》第七回,第166页。
② (清)丁耀亢:《续金瓶梅》第七回,第166-169页。
③ (清)丁耀亢:《续金瓶梅》第一回,第23页。

在《续金瓶梅》中,西门庆转生为金哥、李瓶儿为银瓶、潘金莲为黎金桂、庞春梅为孔梅玉、陈经济为郑玉卿、王婆为一条母狗。在世间他们备受生理和心理的折磨:

> (西门庆)后来沈花子到了东岳,算他那贪恶虽报,淫恶太多,一时不能偿还,又变了一个男身,生在汴京厂卫衙门里一个班头节级家,乳名庆哥。长了五岁,他家有九子,贫不聊生……看个好日子,把这庆哥来哄得醉了,母亲搂在怀里正睡,不提防这班头磨得风快的一把镰刀,抱起庆哥,正在梦中……疼得这娃子死了半日,流的血有数盆。用上石灰麻药,养了半年,方才长平,只落得一个小小口儿,使一根竹筒儿接着才撒尿。这才完了西门庆三世淫欲之报。①

> 瓶儿当日气死本夫,盗财贴嫁,与金莲、春梅淫恶一样,后来托生在袁指挥家,为富室之女。及到李师师家,娇养成人,真是珠翠丛中长大,绮罗队里生成,又得了浪子郑玉卿偷寒送暖,暮雨朝云,吹的弹的、吃的穿的,受尽三春富贵。这金莲、春梅,生在穷武职家,孤寡流离,穷了半世,却又不得遇个丈夫,半路里受尽折磨,横遭恶疾,守了空寡,将他恶报已还其大半。因他悔心出家,佛法因果,原有增减,因此引他忏罪消灾,再修他本来面目。后来瓶儿虽死,即化男身,这金、梅二女,虽已成尼,三世女身,才得成男,以分别淫根的轻重,在后案三世轮回上。②

西门庆在转世后先是为双目失明、备受颠踬的叫花子,后又托生为庆哥,受阉割做内官,完成其三世淫欲之报;李瓶儿转世银瓶,为郑玉卿(花子虚转世)诱骗拐卖,投水而死;金莲转世金桂、春梅转世梅玉,生于穷武职家,孤寡流离,一个得了恶疾,一个备受虐待,后都出家为尼;陈经济身残貌丑,后来受点化出家。在《续金瓶梅》中前传诸色人物分别以其淫根轻重在后续中轮回受罚。

丁耀亢有感于世人在观看《金瓶梅》时只注重其中的声色货利,炫色行淫,以至于"戒痴导痴,戒淫导淫",而编撰《续金瓶梅》一书。丁氏借用原书中人物使其转世的目的与前集衔接,借其中人物身后说法,使人心动而生悔惧之心。这一点丁氏在其《续金瓶梅后集·凡例》中已有明确的表述:

> 此刻原欲戒淫,中有游戏等品,不免复犯淫语,恐法语之言与前集不合,故

---

① (清)丁耀亢:《续金瓶梅》第四十九回,第1330—1331页。
② (清)丁耀亢:《续金瓶梅》第四十八回,第1300—1301页。

借金莲、春梅后身说法，每回中略为敷演，旋以正论收结，使人心动而生悔惧。

正是因为这些转世人物为其前世的罪孽承受今世的惩罚，以因果报应作注脚的写作逻辑，所以这批人物在现世的遭遇只对读者产生"恐吓，而不是让人动情"①。因为在作者以因果报应思想指导的"世俗视角"的关照下，"物的幸与不幸、得志或蒙难、终成正果或悲剧命运，归因于前世或今世的德行和恶行，或归因于人物先验的本性"②。在这种世俗视角观照下的人物塑造，自然完全逃脱不了世间法的樊笼，人物只能被动地为自己上世所犯下的罪孽承受处罚，虽然他们在今世甚至没有违背道德或律令。因此，这批人物在小说中给人的印象并不深刻，作者所有的用世寄托并非在他们身上，虽然在他们身上着墨不少。这些人物只是作者设置故事的一个特定道具，以其"转世报"为其"现世报"作映衬，而作者真正用心良多，用以喻世讽人的是那些现世人物。

（二）现世人物系列

《续金瓶梅》以宋金之际乱世为背景所塑造的一系列现世人物，上至帝王将相，下至娼妓奴仆，寄寓了作者强烈的道德关怀。作者虽然以宋金之际的战乱为背景，但实际影射明清鼎革的社会生活，这一点无论是作品问世之初还是后世，已为大家所熟知③。传统社会中的君臣、父子、朋友、夫妇、兄弟以及由此派生出的主仆等社会道德伦理秩序，在此时都发生了巨大的变异和颠覆。钱穆先生认为："中国人俗语中的世道人心，世道便由人心而立……世道人心其实便已是中国人的一种宗教。"④丁耀亢在《续金瓶梅》中透过人物塑造来表达自己的警世用世之心，虽然其总体的思想资源是杂糅儒释道三教的因果报应，但这批人物的因果报应不再单纯地是由于先验的或者本性的原因，被动接受惩罚，而是由于人事自身造成的，借以阐述人性之恶、人欲之险，寄寓着对社会深刻的体验与思考。

根据这批人物的身份和作者的创作意图，可以分为君王、官吏、朋友、士人、僧

---

① 刘再复、林岗：《论中国古代小说的叙事意识形态》，《渤海大学学报》（哲学社会科学版），2010年第5期，第55页。
② 刘再复、林岗：《论中国古代小说的叙事意识形态》，《渤海大学学报》（哲学社会科学版），2010年第5期，第51页。
③ 清康熙四年丁耀亢《续金瓶梅》案中有"宁古塔""鱼皮国"等地名，以及"狗多于人"等有碍语。安双成：《顺康年间〈续金瓶梅〉作者丁耀亢受审案》，《历史档案》，2000年第2期，第29-30页。《续金瓶梅》中第六回、第九回出现"厂卫""锦衣卫"等明代特置官署名目；第二十八回、第三十五回提及"蓝旗营""旗下"等清代所有的八旗制度。第十九回中张邦昌伪朝官吏前都加了个"权"字，或称权御史、权将军、权平章军国事。此处暗指李自成在北京建立的政权。
④ 钱穆：《灵魂与心》，桂林：广西师范大学出版社，2004年版，第8页。

尼这五个方面加以梳理。

1. 君王形象

《续金瓶梅》中的君王主要是以宋徽宗为描写对象。丁氏对宋徽宗主要从以下几个方面加以刻画:

(1) 荒淫奢靡,不肯修德

> 用的是佞臣蔡京、王黼、杨戬、高俅、童贯、朱勔这一班人,或借边功封王,或进花石献媚。林灵素讲神仙,魏汉津铸九鼎。才筑了万寿山,千门万户;又修延福宫,碾玉堆金。忽然平地要筑山林,在西北上起一山,名曰艮岳。遣宦者下江浙等处取太湖山的奇峰怪石,劈凿玲玫,俱是一二丈高的、数万斤重的,一路拆坏民居,使车运船装,不知用民工几十万,才到汴京。闻这百姓人家有株好花好树,即使公人用黄纸封了,要拆开宅子,使本县民工连根移取,诈得良民钱银无数。①

宋徽宗的荒淫奢靡还在于其偏宠李师师,广建园林,追奇求异,败坏风俗,"后来百姓取利的,都去网禽捕兽,栽竹盘松,连庄农不做";"只因朝廷所好,天下奔走。那时士大夫各以花石相尚,一盆石竹也卖数金,终日招权纳贿"②。

(2) 嗜好道教,不理朝政

> 这道君把国政交与蔡京,边事付与童贯,或是召林灵素石上讲经,或是召蔡攸来松下围棋,选几个清雅内官,捧着苏制的杯盏,一切金玉杯盘、雕漆官器俱不许用,逢着水边石上,一枝萧笛,清歌吴曲。这道君不服御衣,戴一顶软纱道巾,穿一件西洋浣布,草履丝绦,筇竹曲杖,真似个大罗仙子、东华帝君。那日登高一望,见楼阁太丽了,又移了口外乔松千树、河南修竹十亩,俱是连土用布缠裹,大船装就,万夫纤来。一时间就风雨萧森、龙蛇蟠屈,真是国家有移山之力。③

这种历史背景正是对明朝嘉靖以来皇帝醉心佛道、宠信宦官、荒疏朝政的现实观照。

(3) 遭受报应,亡国丧身

> 那徽宗道君皇帝和钦宗并太子,都上了牛车,戴着大青宽檐毡笠,青绢长

---

① (清)丁耀亢:《续金瓶梅》第十三回,第330-331页。
② (清)丁耀亢:《续金瓶梅》第十三回,第337页。
③ (清)丁耀亢:《续金瓶梅》第十三回,第333-334页。

衣,父子并车而行。①

金主封徽宗为昏德公,钦宗为重昏侯,只给皇后一人、老丑官女十人,其余妃子俱分赏各营去讫。牛车一辆、护兵五百,迁往五国城,离辽阳三千余里。金主说:"待乌头白了,马生出角来,召你回国。"②

当徽钦靖康被掳时节,还有些随身御用故衣,几个宫女服事,后来到了燕京,被监押的番官部搜去了,宫女都抢夺尽了,只有皇后妃子三四人,时常被番兵来凌辱,丑不可言。到了十三年后,中国衣物一件不存,先是问中国的旧将官们讨两件布衣,后来布衣破了,谁肯周济他?问这番兵们穿破的皮袄儿,也就缝补穿着。到五国城,连旧皮袄也是没的,父子妃后都穿起狗皮袄儿,狗皮帽子,也就随这些野人们吃肉吞生。可怜受罪,再不肯死。

不消数年,到了金主天会十三年三月,徽宗先亡,享年五十四岁,在北方倒困了十年。隔了数月,钦宗也死了。

可怜这是宋家一朝皇帝,自古亡国辱身,未有如此者。③

丁耀亢在小说中对徽宗形象用力颇多,借其左道奢靡,宠幸奸佞反思败政亡国的深层原因;同时又借宋徽宗的结局来阐释《太上感应篇》中的"无故剪裁,非礼烹宰,散弃五谷,劳攘众生""轻蔑人民,扰乱国政,逸乐过节,苛虐其下",突出"乱自上出",加以劝谏讽喻。

2. 官吏形象

官吏本应为朝廷牧民,"谨身帅先,居以廉平,不至于严,而民从化"④,但乱世中官吏腐败不堪,以榨取钱财为务。围绕张小桥抢夺吴月娘的银子一案,各级官吏在钱财面前的微妙心理被刻画得惟妙惟肖、入木三分:

那吴典恩一个穷光棍,做个小官,那曾见这些东西!真是眼里出火,口内垂涎。看一会,喜一会:"这岂不是天送来的富贵!把贼问明白,申详报了上,不过十数两银子、几件破衣服做了赃,把这厮牢里回了,没有对证,这物

---

① (清)丁耀亢:《续金瓶梅》第十九回,第470-471页。
② (清)丁耀亢:《续金瓶梅》第十九回,第480-481页。
③ (清)丁耀亢:《续金瓶梅》第五十八回,第1632-1633页。
④ (汉)班固:《循吏传》,《汉书》卷八十九,北京:中华书局,1962年版,第3623页。

件不是我小吴的,还有谁哩?"心里又想:"还有那二百五十两金子,难道罢了?"①

吴典史因贪心不足,污蔑吴月娘与玳安通奸,企图榨取更多财物,受到生员揭发。吴典史不得不向刘刑厅行贿:

> 赤艳艳的黄金一锭,约有十两,又是两个五十两的大元宝,(刘刑厅)不觉喜从心上起,又恶向胆边生。想道:"这厮可恶!果然是实有这五百两金子,如何只送一锭与我?难道你分这点水头给我吃了,你到吃这整分,我就是这样贱卖了法罢。"寻思一夜,到天明闪了门,传吴典史进后堂去,回避了衙役,道:"你只把这五百两金子交出来,我再不究你别物。随你报多少赃,我还与你作主。"这吴典史只是磕头,说:"原只这一锭金子,小的怎么敢隐漏!"厅尊大怒,就升堂叫拿大板来,重责了二十板,即时送监,和玳安、张小桥一处监候了。②

小说以细致入微的笔触刻画了刘刑厅在金钱面前私欲的膨胀与贪婪。由于案件传闻银两数量巨大,按院闻说后动了心思:

> 那按院见许多赃物,未免动了个隔壁闻香、鼻尖舔蜜之意,也就要一口全吞,不许零抽半点。批了两行朱字:"仰刑厅严审,并原赃解报。"③
>
> 这按院见不提上金子来,三四日来催提一遍,把原赃皮箱、包袱一一解到,只不见这金子提上。
>
> 五锭金子、一百两银子,刑厅没敢留下一分。按院到底不信,把刘推官参为贪赃,革职提问。徐通判也降了。④

因为这笔不义之财,送了四条人命,坏了两个刑官。虽然丁氏借助这个故事来诠释"从来清白无遗祸,自古贪争有后殃"的人生格言,但是丁氏对身处乱世的官吏们有着清醒的认识:"如今末世,多有直道难行,只得随时活动,遇着这等不公道的容易钱,也略取些来为上下使费,也是今日仕途常事……那有辞夜金的杨四知,告天地的赵清献?"⑤为官贪财不害命已成为良官循吏。

---

① (清)丁耀亢:《续金瓶梅》第九回,第223页。
② (清)丁耀亢:《续金瓶梅》第十一回,第285页。
③ (清)丁耀亢:《续金瓶梅》第十一回,第285-286页。
④ (清)丁耀亢:《续金瓶梅》第十一回,第296-297页。
⑤ (清)丁耀亢:《续金瓶梅》第十一回,第284页。

3. 朋友形象

朋友为五伦之一,孟子认为"朋友有信",刘钦强调其伦理价值即"夫交接者,人道之本始,纪纲之大要"①,《中庸》将"朋友"说成天下"五达道"之一,朱熹更是誉"朋友"为"五典"之一。《续金瓶梅》第十一回"入话"说"自古朋友之道……从各人肝胆声气中结出,不从富贵上起的"②。《续金瓶梅》中对朋友一伦形象的塑造用心颇多,其中以应伯爵的形象最为传神。

应伯爵这一角色在《金瓶梅》中本已死去,但作者对这个人物颇有偏爱,"如应伯爵已死,今言复生,曾误传其死,一句点过"③。西门庆在世时应伯爵屡受其惠④,是其结拜兄弟;但西门庆死后尸骨未寒,应伯爵不仅将其妾李娇儿嫁给张二官人,而且还撺掇张二官人再娶吴月娘,算计其家产,"因这月娘的官司,要劝着张二官娶月娘为妾,说他手里的东西不计其数,还不动一点哩"⑤。后吴月娘遭受吴典史敲诈急于卖房产,应伯爵从中作梗,昧心渔利:

> 月娘慌了,使小玉往应伯爵家连催三次,只推说这乱后宅产不值钱,几间破屋还不值百十两银子,谁家肯买?一边又向张二官人说:"这宅子前厅,后楼并花园、书坊,费有半万银子修的,那件不是我手里过的?如今十个钱卖一钱,少也得五百两银子,还不勾盖那座大厅的,乔皇亲家庄子,是他一等盘兑的一千八百两银子,如今黄四立的文书,咱如今压着他买,连庄宅给他三百两银子罢。人在难中,那里不是积福的?"说着张二官肯了,共出了七百两。伯爵背着贲四和众人,使小玉对月娘说:"张家只出三百两银子给你打点官司,完了官司,剩多少,尽着送过来。"⑥

在这一次卖房产中,应伯爵两面三刀,坑蒙拐骗,不仅大大贱卖其盟兄的财产,而且又将其遗孀的救命钱大半据为己有,后来动乱逃难中将西门庆的孤子孝哥以一千钱卖给和尚为徒。

与应伯爵相映照的是张小桥与来安结为兄弟,劫掠吴月娘的钱财,二人为钱

---

① (三国)刘钦:《新议》,(清)严可均辑:《全三国文》卷七十三,北京:商务印书馆,1999年版,第732页。
② (清)丁耀亢:《续金瓶梅》第十一回,第268页。
③ (清)丁耀亢:《续金瓶梅后集·凡例》。
④ 《续金瓶梅》第十一回:小玉眼里含着泪道:"二叔,你不认得我了?我不是西门老爹家小玉?从小服事你老人家不知吃了多少东西哩!"第二十二回:小玉道:"如今人有良心的少,一个应二花子日日受咱的恩,到了难中还不肯借出一个钱,买个馍馍给孝哥吃。"(清)丁耀亢:《续金瓶梅》第十回,第556页。
⑤ (清)丁耀亢:《续金瓶梅》第十一回,第2/3页。
⑥ (清)丁耀亢:《续金瓶梅》第十一回,第292-293页。

财反目成仇,不得其死。

> 他好说便罢,略敢有些闲言闲语,先打他个下马威。好不好,这乱世里,哄到没人处,给他个绝户计。他一个穷老婆,还不知他汉子怎么死哩!①

4. 士人形象

丁耀亢一生热衷于科举,曾经八试而不中,饱受科举焦虑;明末时南游求学,入清后担任教习、教谕,对明清之际的士人习气和科举弊端有着深入的了解。

在《续金瓶梅》中丁氏除了塑造不忘旧恩的刘学官、不受色诱的生员严正外,还刻画了一批名为书生,实为荡子的无耻文人。

> 又有开封府学秀才们,为头的两个学霸吴蹈礼、卜守分,率领阖学来齐王府递公呈,要求将此宅改为集贤书院,请诸名公在此讲学。总是淫房花陌,被这三教中人无一个不爱在此盘据,作安乐之地的,此中滋味,真是劫魔尘障,谁得跳的出这个门户去?②

> 这些风流秀士、有趣文人和那浮浪子弟,也不讲禅,也不讲道,每日在三教堂饮酒赋诗,倒讲了个色字,好个快活所在,题曰"三空书院",无非说三教俱空之意。③

其中人物取名也暗示作者的鄙薄之情,"吴蹈礼、卜守分"取其谐音为不能蹈礼守分,荒诞空疏,将本是阐圣论道之地变为宣淫海盗之所。丁氏对明末清初士人的"作弊""党争"等弊端予以严厉的抨击。

> 那时金主自靖康二年掳了徽、钦北去,这些士大夫哪有个读书的,只好东奔西寄,以延残喘。忽然见了金朝开科的告示,秀才们人人嗟叹,各整旧业,以备科举。只有富家子弟、大老门生、希图进取的私人,未免还依宋朝末年的积弊,即改名换面、买号代笔、换卷传递,种种的法儿。或用贿买了外帘贡举官,使他连号倩人;或买通了内帘看卷官,和他暗通关节:第一场头篇头行上用某字,二场头篇末句上用某字,三场某篇用某字;或是本生文理欠通,先将策论试题先期与他,改成一篇好文,又暗中记号,自然人人服是真才。因此,富贵家子弟多是坐倩着现成官做,不用费力读书的。可怜这些苦志寒窗贫士

---

① (清)丁耀亢:《续金瓶梅》第八回,第188页。
② (清)丁耀亢:《续金瓶梅》第三十七回,第977页。
③ (清)丁耀亢:《续金瓶梅》第三十七回,第988页。

穷儒，一等这个三年，如井中望天，旱苗求雨一样。到了揭晓，场中先将有力量通关节的中了，才多少中两个真才，满了额数，把卷子付之高阁，再不看了。这些帘官们且去饮酒围棋，在场里耍闹，捱到开场，哄得这些穷酸们不知做了多少不灵的好梦，只好替人作嫁衣裳，白白的来陪上三夜辛苦、一冬的盘费，有多少失意的名士恼死了的。看官细想想，你说这样不公道的事从何处伸冤？把那天上司福司禄星官、文曲魁星、主文明的神道，又查甚么三代，问甚么阴功？倒不如使财神多多积些元宝，就买完了一场科甲，好不省事。①

丁氏以反讽的话语严厉抨击了明末清初的科举积弊，其中不乏夫子自道。丁氏无论是在明末还是清初，一直困顿于科举，"大战则困，小战则勇"，备受科举的焦虑；顺治十二年担任容城教谕期间曾经作为帘官参与应天府乡试，因此对其中的积弊察之甚详。丁氏认为科考的最大弊端是由于考官及考试程序的作弊，是对读书人的一种戕害，所以《续金瓶梅》眉批中说："说尽考官之病，可怜门外汉一字不知。"

丁氏借历史党祸，对明末党祸乱政亡国的历史现状予以猛烈的批判，代表了清初汉族士人对明末党争误国的普遍反思。

古人说：这个党字，贻害国家，牢不可破。自东汉、唐、宋以来，皆受"门户"二字之祸，比叛臣、阉宦、敌国、外患更是厉害不同。即如一株好树，就是斧斤水火，还有遗漏苟免的；或是在深山穷谷，散材无用，可以偷生；如要树里自生出个蠹虫来，那虫藏树心里，自梢吃到根，又自根吃到梢，把树的津液昼夜吃枯，其根不伐自倒，谓之蠹虫食树，树枯而蠹死，奸臣蠹国，国灭而奸亡。总因着个党字，指曲为直，指直为曲，为大乱阴阳根本。这个党字，也是圣人说过的，只是党有邪正，自然分了恩仇。君子说小人是党，小人也说君子是党。那孔子也说道：吾党之小子狂简。又说：吾党有直躬者。人之过也各于其党，君子群而不党。②

5. 僧尼形象

僧尼活动在《续金瓶梅》中贯穿始终，寺观道庵成为小说中故事发生的重要场所。吴月娘与孝哥母子最终一个为尼、一个为僧。小说不仅叙述了吴月娘母子相互寻亲向佛的历程，也是作者身历乱世、救赎自我灵魂、探求人生归宿的过程。丁氏对佛道充满了矛盾之情。一方面，他在小说中塑造了一大批世俗化的贪婪奸淫

---

① （清）丁耀亢：《续金瓶梅》第四十六回，第1245-1247页。
② （清）丁耀亢：《续金瓶梅》第三十四回，第875-876页。

僧尼;另一方面宣扬了三教合一,表达三教共同救赎社会风俗的愿望。

佛教要求信众的行为不给别人带来危害或能给别人一定帮助,这种要求体现了佛教价值观念中最基本或初级的层次。佛教中讲的十善(不杀生、不偷盗、不邪淫、不妄语、不两舌、不恶口、不绮语、不贪欲、不嗔恚、不邪见)基本上属于这一类中的不给别人带来危害的成分①。沙弥、沙弥尼要求受持十戒,具体指不杀生、不偷盗、不淫、不妄语、不饮酒、不涂饰香鬘、不歌舞及观听、不坐高广大床、不非时食、不蓄金银财宝②。

讲经、说法、修炼、悟道,不染尘俗,本是身为方外之人的僧尼的本分。《续金瓶梅》中丁氏刻画了一批贪财奸淫的世俗化的僧尼形象。第三回吴月娘逃难观音庵,初次见面,薛姑子因其是富孀,殷勤招待:

> 一见月娘,不觉满面堆下笑来,说道:"我的奶奶,这样荒乱,你在那里来?我就各处施主家一个信也问不出来。"看孝哥道:"哥哥长成了。这几年不到宅里,玉姐成家几时了?"即时烧水,请月娘沐浴了,又拿几件布绢替月娘换换底衣。不一时,忙的妙趣、妙凤做饭不迭。
>
> 此时午斋,在方丈先吃了茶,就是两碟红枣、两碟柿饼、两碟糕干、两盘炉饼……不一时,又拿上饭来:米饭、油饼,又是一大碗椿芽、油炒面筋,加糖油炸的豆腐皮、一碟腌笋、一碟酱茄、四碟小菜——俱是时新萝葡、豆角、香椿、腌椒之类,甚是齐整。③

后来得知吴月娘一家遭抢家败,身无分文,情形骤变:

> 也就礼貌渐疏,茶饭懒供。每日只着小玉在大众的锅边盛些稀粥薄汤,不过是一碗盐菜豆腐,后来几日连饼也没了。
>
> 薛姑子骂徒弟,骂火头,又把小锅揭去小屋做饭,总不与月娘交言,把脸扬着,一个笑面也没了。④

当吴月娘捐出一百零八颗胡珠后,薛姑子"满面陪笑","请去吃斋,又比一前加倍丰盛"⑤。

对于僧尼假借修行之名,行奸淫之事多有揭露。薛姑子师徒隐匿假扮尼姑的

---

① 姚卫群:《佛教入门——历史与教义》,北京:中国人民大学出版社,2009年版,第159页。
② 姚卫群:《佛教入门——历史与教义》,北京:中国人民大学出版社,2009年版,第165页。
③ (清)丁耀亢:《续金瓶梅》第三回,第68—69页。
④ (清)丁耀亢:《续金瓶梅》第三回,第69页。
⑤ (清)丁耀亢:《续金瓶梅》第三回,第70页。

和尚偷情行奸。第六十回小玉在寺庙借宿,夜遇一假尼姑行奸:

> 姑子道:"我就是南海大寺里的沙弥了空,常来这庵里行走,我这南方常是尼僧同居,你要走漏风声,坏我们的戒行,叫你一步回不到北方。快快上床来,依我睡了就罢,你要不肯,我随你到了南海,也逃不出这几座寺去。那个和尚没有几个尼姑,那个尼僧没有几个和尚?只除非是观音菩萨,才是个真修行的。"①

清初战乱频仍,民众多以寺庙为依托,或避身,或求生,僧尼的世俗化程度加强,对社会风俗造成极坏影响。因此政府对僧尼的管理甚为严厉,顺治三年定:"内外僧道有不守清规,及犯罪人为僧道者,令住持举首;隐匿不举,一并治罪;顶名冒领度牒者,严究治罪。"②对于僧尼触犯奸淫之戒者较平民罪加一等:"又僧道、尼僧犯奸、和奸,照军民相奸律加一等,于本寺观门首枷号二月,杖一百。其犯有夫之妇及刁奸者分别杖徒仍于本寺观门首枷号二月。"③这些律令的严格又从反面进一步证明清初僧尼对世俗影响之剧。

小说还描述了备受金朝贵族膜拜的百花娘子借佛法所演的淫乐法术:

> 他传的一个法术,名曰"演折牒法儿",又曰"大喜乐禅定",专以讲男女交媾为阴阳秘密之法。又有一种邪药,男子吃了通宵行乐不泄,妇人吃了身体酥软昏麻,能使人醒了又迷,迷了又醒,一似酒醉相似。又供奉一尊铜佛,俱是二身男女搂在一处,交嘴咂舌,如画的春宫一样,号曰"极乐佛"。④

又借小说中人物之口点出对世俗人心的影响:

> 这喇嘛姑子演法,险不磕磕煞人,不当花花的。一个和尚搂着一个姑子,坐在禅床上,道是坐禅,要不着念这两句经,谁信是佛法!若是咱们,不知说出多少是非来了。⑤

小说中刻画出家众涉淫秽事,乃是明代末期以来的风气,《僧尼孽海》《欢喜冤家》等书,影响深远。前者专门从僧尼肆淫这方面去评判佛教,后者则在第十一回发

---

① (清)丁耀亢:《续金瓶梅》第六十回,第1701-1702页。
② 《大清会典事例·礼部方技》卷五百一十,转引自周叔迦:《清代佛教史料辑稿》,台北:新文丰出版公司,2000年版,第196页。
③ 《皇朝通典》卷八十一,转引自周叔迦:《清代佛教史料辑稿》,台北:新文丰出版公司,2000年版,第208页。
④ (清)丁耀亢:《续金瓶梅》第三十七回,第990页。
⑤ (清)丁耀亢:《续金瓶梅》第四十回,第1072页。

议论道:"自古不秃不毒,不毒不秃。惟其头秃,一发淫毒。可笑四民,偏不近俗,呼秃为师,愚俗反目,吾不知其意云何!"①丁氏在小说中对这些僧尼的批评进一步引申,认为"世上只有三样人极是势利,以财为主,眼里出火的",第三样就是和尚、尼姑:

> 他们见钱如血,借道为名,进的寺门,先问了衙门,就看那车马侍从,衣服整齐的,另有上样茶食款待,说几个大老相知禅宗的活套,日后打抽丰、上缘簿,缠个不了。这尼姑们穿房入阁,或是替太太念经,姑娘求儿,或公子寄名,串通寡妇,也有会魇镇的、符水的、传情的、保债的,无般不为,以骗钱为主,比这和尚更是淫狡。即是不蓄发的小娘,唱佛曲的戏子,岂不可恨!②

二、创作手法史笔化:孤愤寄兴,曲直兼备

史书在中国古代有崇高的地位,"经史子集"不单是分类顺序,其中也含有高低大小的价值评判,史书在中国文人心目中的地位远比只能入子集的文言小说与根本不入流的白话小说高③。丁耀亢强烈的书史意识不仅在其早年的《天史》中有所体现,其《续金瓶梅》的劝世意识也因史笔手法得到强化。这种"孤愤寄兴,曲直兼备"的史笔创作手法主要表现在三个方面:以曲直笔法实录"大不幸";以时系事的叙事手法;说理议论客体的大量介入。

1. 以曲直笔法实录"大不幸"

刘知几说:"爱而知其丑,憎而知其善,善恶必书,斯为实录。"④明清鼎革,异族入主,无论是归顺新朝的明朝旧臣,还是以士气自许,不与清朝合作的山林隐者,这种心理的震荡无疑都是非常剧烈的。大多数汉族读书人往往将这种难以言说的内心隐秘发之于诗文,抒发自己心底的愤懑,从而形成清初文坛"孤愤寄兴"的创作思潮⑤。这种"孤愤寄兴"首先是来自有识之士对明清之际乱世造成的人生无常、世事空幻所带来的世风人心的败坏的忧虑。故钱谦益在《施愚山诗集·序》中说:

---

① 《古本小说集成》编委会:《欢喜冤家》,《古本小说集成》,上海:上海古籍出版社,1990年版,第495页。
② (清)丁耀亢:《续金瓶梅》第三回,第65页。
③ 陈平原:《中国小说叙事模式的转变》,上海:上海人民出版社,1988年版,第222页。
④ (唐)刘知几撰,(清)浦起龙释:《史通通释》,上海:上海古籍出版社,1978年版,第402页。
⑤ 陈洪:《论清初文学思想的异趋与同归》上,《南开学报》(哲学社会科学版),2004年第5期,第26页。

> 兵兴以来,海内之诗弥盛,要皆角声多,宫声寡,阴律多,阳律寡,噍杀恚怒之音多,顺成啴缓之音寡,繁声入破,君子有余忧焉。①

清朝定鼎后,痛定思痛的士人对现实及往事倍加留心,表现在创作中便是对"大不幸"的普遍关注。归庄在《吴余常诗稿·序》中明确提出了抒写"大不幸"的主张:

> 太史公言:"《诗》三百篇,大抵圣贤发愤之作。"韩昌黎言:"愁思之言要妙,穷苦之言要好。"欧阳公亦云:"诗穷而后工。"故自古诗人之传者,率多逐臣骚客,不遇于世之士。吾以为一身之遭逢,其小者也,盖亦视国家之运焉。诗家前称七子,后称杜陵,后世无其伦比。使七子不当建安之多难,杜陵不遭天宝以后之乱,盗贼群起,攘窃割据,宗社阽危,民生涂炭,即有慨于中,未必其能寄托深远,感动人心,使读者流连不已如此也。然则士虽才,必小不幸而身处阨穷,大不幸而际危乱之世,然后其诗乃工也……所谓积愤离忧者,盖小不幸与大不幸兼之者也。余作诗数年不能工,然出以示人,有见赏者,率感遇之作十三四,忧时之作十六七。余之文无以兼此两不幸,遂亦有是取者,况其才倍蓰余者乎?②

归庄在考察历史上文人诗文主旨的高下原因后指出,其文的高妙在于为文者不仅要有才,还要遭受身处阨穷的小不幸和国家危乱之运的大不幸,这样才有激愤忧离郁结于中、发之于文、垂于后世,是对前人"发愤著文说"的继承与发展。

丁耀亢身经鼎革,既有个人的小不幸,即以诗文名世却老于场屋不售,入清后饱受豪绅恶仆狱讼之苦,亲人死于战火,田产太半分割;也有国家之大不幸,即所谓在"亡天下"的情势下,为求自保,不得不在晚年奔波流离,乞食新朝。丁氏不仅在诗歌中自觉继承杜甫的写实风格,以诗为史,记录时代;但诗歌容量有限,丁氏又借其他叙事文体抒发其忧世激愤之情。袁世硕先生对此的阐发颇为精当:

> 黍离之悲,伤时忧世之思,诧傺不平之气,横溢于中而不可抑,于是发之于诗,发之于戏曲,发之于小说,皆非专在逞才学以文争胜。先生才富学瞻,其诗闳肆而健雅,气急而不浮露,错综多变而有法度,是以为当时诗家所称赏,以诗名传世可也。然诗不足以尽其情,复染指戏曲,托之于奇幻(《化人游词曲》),托之于古人(《赤松游》);戏曲犹不足以尽其隐衷,再撰著至俚至俗之

---
① (清)钱谦益著,(清)钱曾笺注,钱仲联标校:《施愚山诗集·序》,《牧斋有学集》卷十七,《钱牧斋全集》第5册,上海:上海古籍出版社,2003年版,第760页。
② (清)归庄:《吴余常诗稿·序》,《归庄集》卷三,北京:中华书局,1962年版,第182—183页。

> 小说,假佛理、饮食男女之事,出脱胸中磊块,用心良苦矣。①

由于写实之作多直接牵涉当道者,多为其忌讳,容易贾祸(阎尔梅即有"贾祸之文尽数删"之句),很多通俗小说作者往往不是写实直述,而是隐曲变形,采用隐喻寄兴、托古言今的手法记事抒怀,即所谓的"偏光镜"②。

《续金瓶梅》以宋金战事言明清之交的社会实况,丁氏在小说中以直笔记录战乱给民众和社会带来的巨大灾难。战乱首先带来的是对生命的蔑视和戕害,特别是金兵进入中原屠戮百姓的惨状:

> 眼见得金兵抢过兖东一带地方,撤回汴梁大寨,围困京城去了。真是杀的这百姓尸山血海,倒街卧巷,不计其数。大凡行兵的法:杀的人多了,俘掳不尽,将这死人堆垛在一处,如山一般,谓之"京观",夸他用兵有威震敌国之胆。这金兵不知杀了几十万人民,筑成京观十余座而去。但见:

> 尸横血浸,鬼哭神号。云黯黯黑气迷天,不见星辰日月;风惨惨黄沙揭地,那辨南北东西!佳人红袖泣,尽归胡马抱琵琶;王子白衣行,潜向空山窜荆棘。觅子寻爷,猛回头肉分肠断;拖男领女,霎时节星散云飞。半夜里青磷火走,无头鬼自觅骷髅,白日间黑狗食人,大嘴乌争衔肠肺。野村尽是蓬蒿,但闻鬼哭;空城全无鸟雀,不见烟生。三岔路口少人行,十方院中存长老。③

> 但见:城门烧毁,垛口堆平。一堆堆白骨露尸骸,几处处朱门成灰烬。三街六巷,不见亲戚故旧往来,十室九空,那有鸡犬人烟灯火!庭堂倒,围屏何在?寝房烧,床榻无存。后园花下见人头,厨屋灶前堆马粪。④

战火使富饶繁华的中原大地变作人间地狱。丁氏描写金兵制造的"京观"与后来占领扬州时"那时扬州城里不下十万人民,杀的精壮男子、老丑妇人不计其数,兀术太子才令封刀"⑤的惨剧与时人记录清军扬州屠城如出一辙。例如《扬州十日记》:

---

① 袁世硕:《丁耀亢全集·序》,(清)丁耀亢:《丁耀亢全集》,第4页。
② 陈洪:《折射士林心态的一面偏光镜——清初小说的文化心理分析》,《明清小说研究》,1998年第4期,第5页。
③ (清)丁耀亢:《续金瓶梅》第一回,第11-12页。
④ (清)丁耀亢:《续金瓶梅》第二回,第29页。
⑤ (清)丁耀亢:《续金瓶梅》第五十三回,第1462-1463页。

> 一卒提刀前导，一卒横槊后逐，一卒居中，或左或右，以防逃逸。数十人如驱牛羊，稍不前，即加捶挞，或即杀之。诸妇女长索系颈，累累如贯珠，一步一跌，遍身泥土。满地皆婴儿，或衬马蹄，或藉人足，肝脑涂地，泣声盈野。行过一沟一池，堆尸贮积，手足相枕，血入水，碧赭化为五色，塘为之平……外复四面火起，倍于昨夕，予不自安，潜出户外，田中横尸交砌，喘息犹存。遥见何家坟中，树木阴森，哭音成籁。或父呼子，或夫觅妻，呱呱之声，草畔溪间，比比皆是，惨不忍闻……遇一卒至，南人不论多寡，皆垂首匍伏，引颈受刃，无一敢逃者。至于纷纷子女，百口交啼，哀鸣动地，更无论矣。至午后，积尸如山，杀掠更甚。①

丁氏在不仅直笔实录金军暴行，而且还用曲笔对抗金英雄予以高度赞扬。《续金瓶梅》第五十四回写绍兴元年八月宋金在镇江金山寺江面激战：

> 怎当得梁夫人在船桅顶上看得分明，即将战鼓挝起，与雷鸣相似。一技号带带着灯笼，从桅顶上使游环扯向南方。眼看天明，见兀术往南，韩都统也向南；兀术往北，韩都统也向北。两军相距，不得不战。那知道沿江先埋伏了铁绳，暗用利钩，钩住南船锚索，再走不去的。却使大船一冲，这小船如何当得起，把一船人俱压翻水里。早把龙虎大王和一百余番将一齐落水。这边水军如走平地，早跳下江去，一人一个先淹个死，才擒活的上来。只这一阵，把兀术杀得上天无路，入地无门，不敢回金山扎营，早赶入黄天荡去了。这大营里中军的船，也随后移营赶去。②

是役宋军士气高昂，将金军打得落花流水，赶入绝境黄天荡。金兀术不得不讲和求饶：

> 兀术向前，脱帽胡跪陪罪告饶。使通师船头传话说："从今和好，再不敢犯，情愿对天盟誓，望乞放路回国。"韩都统在楼船上高坐，锦衣玉带，金盔银甲，十分威严，说："你家久已败盟，掳我二帝，占我疆土。除非是送还我宋主，退回了汴京，方可讲和。今日之仇，不共戴天！"③

这次战役虽然没有能够将金军最终歼灭，但打击了金军侵略者的气焰，一扫全书所笼罩的抑郁沉闷，使宋军将士豪壮之气为之一振。但由于韩世忠的"恃胜玩敌，

---

① 中国历史研究社：《扬州十日记》，上海：上海书店，1982年版，第232-236页。
② （清）丁耀亢：《续金瓶梅》第五十四回，第1524-1525页。
③ （清）丁耀亢：《续金瓶梅》第五十四回，第1532-1533页。

逗留不进",致使金军逃脱,功亏一篑。这样的故事安排,不由使人想起距作者写作不久发生在清顺治十六年秋郑成功率军由镇江围攻南京,造成清朝朝野震荡的历史时刻。顺治十六年六月,郑成功联合张煌言北上,由瓜洲直取南京。围困南京后,郑成功不听众人劝告,偏信清朝江南总督郎廷佐诈降之言,坐失战机,大败而归,错失了恢复明朝江山的最佳时机①。丁氏借助历史的相似性,以曲笔表达自己对时事的态度。

2. 以时系事的叙事手法

《续金瓶梅后集·凡例》中说:

> 前集止于西门庆一家妇女酒色饮食言笑之事,有蔡京、杨提督上本一二段,至末年金兵方入杀周守备,而山东乱矣。此书直接大乱,为南北宋之始,附以朝廷君臣忠佞贞淫大案,如尺水兴波,寸山起雾,劝世苦心,正在题外。

《续金瓶梅》叙事直接《金瓶梅》,以北宋钦宗靖康十三年始,南宋绍兴十六年南宋与金议和终。整个时间叙述并不像一般历史演义编年那么清晰,作者有意识地作了模糊处理,从时间到情节叙述使人产生"往事之感"。小说人物有转世人物与现世人物两个系列,其叙述以现世人物故事为主线,以转世人物故事为辅线,叙事各循其线,但中有交叉,最终集合于第六十一回。

如第一回《普净师超劫度冤魂,众孽鬼投胎还宿债》中吴月娘七月十五夜观普净师超度冤魂,为西门庆等一一安顿后身,为后文故事作了预叙,两条叙事线索开始由一原点展开,即故事中常用的"花开两朵,各表一枝"的手法。

> 二鬼去不移时,早有黑面赤须一人,手执大簿,呈祖师看毕,即唤众鬼曰:"西门庆淫杀罪重,三世报冤,因你仗义施舍,不失人身,今往东京富户沈通家托生还报。李瓶儿引奸盗财,气夫丧命,因你向善刻经,不失女身,今往东京袁指挥家托生还报。潘金莲毒杀夫命,天性奸淫,若论轮回,该化身虫蛇,只因夫命未偿,仍化女身,在山东黎指挥家托生还报。春梅庞氏虽无大罪,炫色行淫,致陈经济贪色杀身,妒孙雪娥卖娼自缢,纵欲亡身,不足报恶,在东京孔千户家为女还报。"
>
> 月娘看得分分明明,浑身都是冷汗。孝哥醒了,忙叫小玉起来,才待告诉,只见小玉说梦中所见与月娘一般,真是奇怪!②

---

① 戴逸、李文海主编:《清通鉴》卷十六,太原:山西人民出版社,2000年版,第1244页。
② (清)丁耀亢:《续金瓶梅》第一回,第23—24页。

第十六回《沈乞儿故园归梦,翟员外少女迷魂》中西门庆转世金哥乞讨重游故地,在故宅大门檐下借宿;玳安夜间梦中得到西门庆暗示:

> 只见西门庆进来,项带长枷,身围铁索,道:"玳安你还认得我么?"玳安道:"我如何不认得爹!"西门庆道:"我因阳世间贪淫罪大,阎王把我二目摘去,罚我乞食十年,今日门首小瞎子就是我,那狗就是王婆。你今不忘旧恩,要打探你娘消息,可向东京给孤寺找寻。①

第三十一回《汴河桥清明遇旧,法华庵金玉同邻》中潘金莲与庞春梅转世的金桂与梅玉离散十年后相遇,比邻而居。第四十回《孔梅玉爱嫁金二官,黎金桂不认穷瘸婿》,黎金桂与自小定亲的刘瘸子(陈经济转世)相逢。第五十九回《走江口月娘认子,下南海孝子寻亲》,吴月娘母子十年后相聚。第六十一回《龙海珠还儿见母,金梅香尽色归空》,月娘母子与金桂(莲净)、梅玉(梅心)同船朝拜观音,各了心愿。

从全书故事情节的安排来看,由第一回的原点出发,第十六回西门庆重游故地,托梦玳安,中间隔离十五回;第三十一回金桂与梅玉十年后重逢,中间亦是十五回,其间金桂与梅玉由散到合,吴月娘母子由合而散。其后金桂与梅玉命运各自展开,突出其炫色好淫,得以受惩,遁入空门;吴月娘母子寡欲清心,历尽苦难最终团圆。第六十一回两组人物同船朝拜南海观音,所谓"瞻拜了丈六金身的菩萨,各人随心还原"。

现世人物故事线索以吴月娘与孝哥母子因战乱离散聚合、寻亲十年为主线,以清河县为中心,人物足迹遍及南北,所涉及的人物事件繁多广阔。以此线为主,系以他事,如同蒜瓣式,人物事件虽然头绪繁复,但以寻亲一线系之,故事眉目较为清晰。

如由吴月娘携银逃难借宿牵出来安见财起意、负心欺主,最后被张小桥贪心杀死,并造成四人丧命、两官被免;由吴月娘寻子、来安寻主的故事,展示动荡世间的贪婪与奸淫。转世人物叙事线中除原有人物间报应故事,还牵涉到蒋竹山、苗青等民族败类的丑行。这些都将军国大事斗争与市井细民烟火糅合在一起,有张有弛,描绘了一幅深广的乱世画卷。

这种叙事结构深受中国传统"比事"手法的影响,即以编年记事的方式,按年、时、月、日的顺序排比史事。孔子修《春秋》,记二百四十二年史事,"以事系日,以

---

① (清)丁耀亢:《续金瓶梅》第十六回,第400页。

日系月,以月系时,以时系年"①,使头绪纷繁的历史故事变得井井有条。

刘知几论编年体的长处说:"系日月而为次,列岁时以相续,中国外夷,同年共世,莫不备载其事,形于目前。理尽一言,语无重出。"②《续金瓶梅》以时系事、以事附事、双线并行发展、交互作用的史笔手法,较好地表达出言史与抒怀相结合的创作主旨。

3. 说理议论客体的大量介入

《续金瓶梅后集·凡例》第一条云:

> 兹刻以因果为正论,借《金瓶梅》为戏谈。恐正论而不入,就淫说则乐观。故于每回起首,先将《感应篇》铺叙评说,方入本传。客多主少,别是一格。

这里所说的"客"应指续书中议论说理的话语,"主"指小说中所叙述的故事。《续金瓶梅》作为章回体小说与同类作品叙事上最大的区别是文中开头或结尾有大段大段的议论说理文字,这也是其最受诟病的所在③。

韩南认为《金瓶梅》广泛的引文包括明代文学的全部领域,作者开拓了为读者、不为听众而写作的小说领域④。这一特点在《续金瓶梅》中也有遗响,只不过在小说中介入了大量的说理性议论。一方面是其写作模式所限,即以"遵今上圣明颁行《太上感应篇》,以《金瓶梅》为之注脚";另一方面作者自言"恐正论而不入,就淫说则乐观",其说理议论是为强化劝化主旨,时时提醒读者阅读时与作者的意图保持一致。正如有论者所言,《续金瓶梅》以评说《感应篇》为"入话",其功能不再是引出故事那么简单,而是在很大程度上已"反客为主"地统摄着整个小说的故事,故事反而成为评说《感应篇》的形象演绎,这恐怕是《续金瓶梅》偏离传统规范的最为大胆的尝试⑤。

《续金瓶梅》固然受到传统话本"说书"模式的影响,如文中多次出现"看官""看官听说",并自称"作书的",但这种议论说理是作者主体意识的渗入,其目的在

---

① (唐)杜预:《〈春秋经传集解〉序》,《春秋经传集解》,北京:文学古籍刊行社,1955 年版。
② (唐)刘知几撰,(清)浦起龙释:《史通通释》,上海:上海古籍出版社,1978 年版,第 27 页。
③ 刘廷玑《在园杂志》:道学不成道学,稗官不成稗官;平步青《霞外捃屑》卷九,借因果以论报应,蔓引佛经《感应篇》,可一噱也。
孙楷第《戏曲小说书录解题》:喜为议论之词,文中杂引佛道之书,阐发义理,动数百言,非小说之体。北京:人民文学出版社,1990 年版,第 138 页。
④ (美)韩南著,王秋桂等译:《韩南中国小说论集》,北京:北京大学出版社,2008 年版,第 262 页。
⑤ 陈小林:《〈续金瓶梅〉研究》,湖南师范大学 2005 年硕士学位论文,第 41-42 页。

于劝喻功能的强化,是一种叙事声音的史官化。叙事声音史官化最突出的特征是其叙述过程中无处不在、形态各异的史官评论①,如文中的"诗曰""赞曰""有诗为证""偈曰"等。史家撰写史传,既使用"春秋笔法",以词语寓褒贬;也可以史论直抒胸臆,如《左传》中的"君子曰"、《史记》中的"太史公曰"、《汉书》中的"赞曰"。这种话语形式在《续金瓶梅》中多次呈现,如第十五回丁氏由宋钦徽二帝被俘灭国而阐发的顺天革命的历史循环论:

> 原来天运一南一北、一治一乱,俱是自北元魏至五代、六朝、唐、辽、金、元,更迭承统。好似一件衣服,这个穿破了,那一个又来缝补拆洗一番,才去这些灰尘虱虮;又似一件窑器,这个使污了,那一个又来洗濯磨刷一番,才去了那些腥荤泥垢;又似一个破铜铁器,这个使的漏了,那个又来毁了,另下炉锤打,造的有长的、短的、方的、圆的,还有造的两件的、三件的,也有还成一件的,随各家款制不同,终是这一块铜铁,尽他支炉改灶;又像一盘棋子,这一盘输了的,那一盘又下,有高的、低的、占了腹的、占了边的,或是角活两持,或是杀个罄净,才完了这场,你争我斗,各费心机。这等看起,一部纲目,把这天地运数只当作一个大裁缝、大烧窑匠、大铜铁炉火道人、极大的一个棋盘,岂不勾消了一部二十一史?看到此处,这世上的死生名利,一场好笑,这些虱虮污泥,得有何得,失有何失?这些本领,要从各人心眼里看得明白,骨脊上担的坚定,不受那欲火焚烧、爱根拨乱,才成一个丈夫。岂不是跳出三界外,不在五行中!那阎罗老子见了我高高拱手,那得有轮回到我?可不知如今世上有这条好汉没有?②

此外还可以借他人的评论表达自己的看法,如征引文献史料、引用历史人物的话语及其故事等,如第五十八回开头议论:

> 君臣大义是一朝治乱的根本,臣子忠义的良心。有了好臣子为朝廷尽忠,天下百姓享那太平之福;有那奸臣拨乱朝廷,杀害忠良,天下自然受这离乱之祸。所以,世上风俗贞淫,众生苦乐,俱要说归到朝廷上大夫上去,才见做书的一片苦心。尊着《太上感应篇》说,那叛其所事,暗侮君亲,这样小人原是有的。也有天生的忠义肝肠,却从血性上自己生来的。不是沽名,也不是

---

① 刘晓军:《在小说与史传之间——论明代历史演义的叙事模式》,《文艺理论研究》,2008年第3期,第72页。
② (清)丁耀亢:《续金瓶梅》第十五回,第371—373页。

报恩,只为完他自己的心事。龙逢、比干死到快活处,那里想到身后的虚名!张巡、许远守睢阳一城,粮尽而死。颜真卿一人抗住安禄山的大兵不敢南下,唐肃宗说:"朕从不识真卿之面。"可见臣子尽忠不在受恩深浅。即如妇人为夫守节,与丈夫相好的,固是该守节,就平日夫妻不和,难道就该丧了廉耻,另随一个男子去不成?总是臣子一受了国恩,这个六尺之躯就属了朝廷,一切身家、爵禄、名誉俱是顾不得的。只为完了这一生节义,才得快活。①

小说"入话"针对君臣大义阐发议论,并列举历史人物龙逢、比干、张巡、许远、颜真卿等历史故事进一步佐证其劝世苦心,显示其强烈的史官话语的干预意识。

《续金瓶梅》中多用佛道经典语录作为论说的思想资源,如第五十六回《扬州城分剐苗员外,建康府箭射蒋竹山》一回写勾结金兵残害汉人的苗青、蒋竹山分别被处以剐碎和乱箭穿心之刑。其后诗曰:

> 贪暴骄淫事事奢,玉堂金谷斗芳华。
> 乞儿冒领千金爵,牧子来登七贵车。
> 狗尾续貂呼作宝,羊头贯槊贱如瓜。
> 早知鬼箭身为的,不及街头卖药家。

那《感应篇》上说"好侵好夺,掳掠致富,破人之家,取其财宝,纵暴杀伤,乘威迫胁",正指苗青、蒋竹山一等小人。才得权势,就要害人,如何肯乘高行善、多财施舍,做一点天理事?自然他享过灾生,亡身害命,准算他的罪业。②

这种诗赞与佛道经典结合的议论说理,用史官化的叙事方式,既照应了以故事作注脚的创作目的,"客多主少",更强化了作者主观劝世意图的渗入。

三、创作主旨史心化:反思征实,翼圣赞经

天隐道人在《续金瓶梅·序》中说:

> 《续金瓶梅》,古今未有之奇书也,正书也,大书也……不堕狐禅,不落理障,褒贤鞭佞,崇节诛淫,上翊大道,下阐王章,正莫正于此。以漆园之幻想,阐乾竺之真宗;本曼倩之诙谐,为谈天之炙毂。齐烟九点,须弥一芥,元会恣其笔底,鬼神没于毫端,大莫大于此矣!

---

① (清)丁耀亢:《续金瓶梅》第五十八回,第1626-1627页。
② (清)丁耀亢:《续金瓶梅》第五十六回,第1592-1593页。

爱日老人在《续金瓶梅·序》中说:

> 紫阳道人以十善菩提心,别三界苦轮海,隐实施权,遮恶持善,从乳出酥,以楔出梢,政复不减读《大智度论》,何曾是小说家言也!

康熙年间,四桥居士将《续金瓶梅》删改为《隔帘花影》,全称是《新镌古本批评三世报隔帘花影》。其序言中说:

> 揆之福善祸淫之理,彰明较著,则是书也,不独深合于《六经》之旨,且有关于世道人心不小。①

丁氏同时代的文人在为其作序时反复强调其续书是"奇书""大书""正书",其创作的主旨在于"褒贤鞭佞,崇节诛淫,上翊大道,下阐王章","深合于《六经》之旨","有关于世道人心",不可仅以"小说家言"视之。丁氏创作《续金瓶梅》不仅以史笔纪实叙事,而且在创作中贯穿其史心,即续书是其在对现实反思征实的基础上,以达到翼圣赞经、以史鉴今的入世苦心。

明代熊大木在《大宋武穆王演义·序》中云:

> 或谓小说不可絮之以正史,余深服其论。然而稗官野史实记正史之未备,若使的以事迹显然不泯者得录,则是书竟难以成野史之余意矣。②

"史统散而小说兴"③,明末清初许多有责任感的小说家自觉地以演说小说来辅助、补阙正史为己任,以求立言益世。对于小说中所涉及的人物情节的真实性问题,当时许多文人有过较深入的探讨,明代无碍居士在《警世通言·叙》中云:

> 野史尽真乎?曰:不必也。尽赝乎?曰:不必也。然则,去其赝而存其真乎?曰:不必也。
>
> 《六经》《语》《孟》,谭者纷如,归于令人为忠臣,为孝子,为贤牧,为良友,为义夫,为节妇,为树德之士,为积善之家,如是而已矣。经书著其理,史传述其事,其揆一也。理著而世不皆切磋之彦,事述而世不皆博雅之儒。于是乎村夫稚子、里妇估儿,以甲是乙非为喜怒,以前因后果为劝惩,以道听途说为

---

① (清)丁耀亢著,陆合、星月校点:《隔帘花影》,《金瓶梅续书三种》,济南:齐鲁书社,1988年版,第2页。
② (明)熊大木:《大宋武穆王演义·序》,丁锡根编著《中国历代小说序跋集》,北京:人民文学出版社,1996年版,第981页。
③ (明)冯梦龙编,许政扬校注:《古今小说·叙》,北京:人民文学出版社,1958年版,第1页。

学问,而通俗演义一种,遂足以佐经书史传之穷。①

对明清时期的小说家而言,小说情节的真实与否并不重要,但必须符合"经书著其理,史传述其事"的标准,最终达到劝化世人,"佐经书史传之穷"的目的。李渔虽然认为"传奇无实,大半皆寓言耳"②,但是这种"无实"并非空中楼阁,随意构成,而是凝聚着作者的传世之心:

> ……凡作传世之文者,必先有可传世之心,而后鬼神效灵,予以生花之笔,撰为倒峡之词,使人人赞美,百世流芳。传非文字之传,一念之正气使传也。《五经》《四书》《左》《国》《史》《汉》诸书与大地山河同其不朽。③

这里李渔强调的"传世之心""一念正气"就是合于六经之旨的儒家政治伦理道德,正因为有了这样的史心正气,才会使《五经》《左》等经史诸书与天地不朽。

丁耀亢在《续金瓶梅》中正是秉承这样的"史心",无论是摹写军国大事,还是市井琐屑,都是针对明末清初的社会历史现状深入反思,期冀裨益当世,垂戒后人。如第五十八回《辽阳洪皓哭徽宗,天津秦桧别挞懒》中,秦桧受金国之命,向宋高宗屡进谗言,蛊惑议和:

> 讲和的事要朝廷自立定主意。这些大臣们是希图个好名色,借用专权的。这些武官们是爱两下交兵,固位专威,各人取功名的。到了财尽兵疲,他们各为身家,却顾不得朝廷。前日兀术下江南,直赶过临安。幸得圣驾走下海去,金人不知虚实,忙忙渡江回去了。如使久困杭州,一时勤王的可在那里?只有镇江侥幸一战,后来兀术暗渡了建康,火烧韩世忠海船,一败几不得免。这就是用兵的样子。况金朝兵马强盛,是皇上亲经过几次。当初有中原全势还敌不过他,今日一隅之地,如何支持得来?臣在金朝十年,深知他用兵的利害。这些文臣武将一味莽撞。今日说恢复,明日说报仇,全不自揣国家力量,惹下大兵南渡,那一个是万里长城?如今皇上只要定了主意,不要和众人商议图这个恢复的好名,却担着自己的利害。请皇上寻思,三日再与臣谋。④

---

① (清)无碍居士:《警世通言·叙》,丁锡根编著:《中国历代小说序跋集》,北京:人民文学出版社,1996年版,第776页。
② (清)李渔:《闲情偶寄·审虚实》,上海:上海古籍出版社,2000年版,第31页。
③ (清)李渔:《闲情偶寄·戒讽刺》,上海:上海古籍出版社,2000年版,第21页。
④ (清)丁耀亢:《续金瓶梅》第五十八回,第1649-1650页。

> 秦桧才方密言道:"张浚、赵鼎和岳飞等,久有秘谋,要用兵杀败金人,求还二帝。这个消息,臣在北边知此已久。金人见议和不成,必然送回渊圣靖康皇帝回朝。那时节,文武百官只以扶助旧主登极,把皇上仍还藩王的位,天下没有两个朝廷的理。休说把前功尽弃,大臣争权,连这江南一片地轻轻的让与别人,皇上此身却放在何处?如今不把这恢复的大臣武将重处几人,和议终不能成,金人终不肯信。"只这几句言语,说得高宗胆战魂飞,把这和议的事如钉入木,牢不可破。①

秦桧对高宗进言,污蔑将领们抗金是"固位专威,个人取功名",全是出于个人一己私利,最终招致金兵南下,皇帝担着利害;最根本的是旧主回朝,高宗皇位不保。秦桧鼓动高宗严惩主张恢复的大臣,为自身计,坚定议和,"说得高宗胆颤魂飞,把这议和的事如钉入木,牢不可破"。丁氏借小说揭露了最高统治者的丑恶嘴脸和险恶用心。

丁耀亢在小说中还对南明弘光朝廷有所讽喻,如第三十四回《排善良重立党人碑,杀忠贤再失河南地》:

> 那些王安石、蔡京门下小人渐渐出来用事,着谏官上了一本,将谪贬的、正法的这些奸臣们,一个个追封的、加谥法的、复职的,谓之讲和。又可笑这些邪人们也不讲朝廷军机大事,也不管金兵将到江北,依旧这个一本,那个一本,某人该封荫子孙,某人该加赠某官,终日在朝内,昼夜讲修恩怨,各立门户起来,彼此拜贺,日日挂匾送屏,忙个不了。又用了许多新人充京营都督等官,各领札付,并无衙门兵马,真是一张告示,不能博得一醉,大家上下胡混。②

南明弘光朝由马士英把持,力拒众议,启用阮大铖,斥退高宏图,先后掀起"伪太子""童妃""翻案"等大兴党论;借大悲僧案,捏造"十八罗汉""五十三参"之名,罗汉则指史可法、高宏图等,"凡海内望人,搜罗无遗,遍粘街衢,以耸动朝端"③。马、阮借机假公济私,中饱私囊。

> 阮大铖索六千金,始各给一署镇笏;再索六千金,始肯给敕印。此外,白

---

① (清)丁耀亢:《续金瓶梅》第五十八回,第1651-1652页。
② (清)丁耀亢:《续金瓶梅》第三十四回,第874页。
③ (清)文秉撰,李昌宪校点:《甲乙事案》,南京:江苏古籍出版社,1997年版,第508页。

丁用重贿躐大帅者众。京师有"职方贱如狗,都督满街走"之谣,诸将士卒解体。①

彭遇飏曾对马士英说:"岳武穆言大误,文臣若不爱钱,高爵厚禄何以劝人？武臣必惜死,方养其身以有待！"②当大清兵抵达宿州、邳州,史可法驰书告急。马士英接到报书后大笑不止,在场的杨士骢问其故。马士英说:"君以为诚有是事耶？乃史公妙用也。岁将暮,河防将吏应叙功,耗费军资应稽算,此特为序功、稽算地耳。"③南宋偏安江南一隅与南明弘光朝事何等相似！

"天道无亲,惟德是授"④,儒家政治伦理一直强调政治上的领袖资格在本质上表现为道德上的说服力,王朝的改革力量主要建立在帝王官吏的伦理品质之上⑤。丁氏在此反思国家败亡的真正原因是最上者的自私失德和奸臣的卖国求荣。此时,民族矛盾很大程度已经转化为忠奸问题。许建中先生在《民族矛盾向忠奸斗争的结构转换及其文化意义》一文中指出:

> 我国古代以民族矛盾为题材的作品,内在结构多由民族冲突转换到忠奸斗争。按照常理,以民族矛盾为题材的作品,主要故事情节和主要矛盾冲突应着重表现民族间的纠葛和斗争。但在中国古代文学作品的实际描述中,大多数作品往往随着情节的发展,初始构置的民族矛盾却渐趋淡化,汉民族内部的忠奸斗争逐步上升为作品表现的主要内容。作品往往将民族之间的矛盾冲突由故事的缘起或主要事件转化为故事的背景或情节展开的基础,故事重点则在于表现汉民族内部的忠奸斗争,以民族冲突强化忠奸斗争的尖锐和激烈,深化忠奸斗争的意义和价值。⑥

孔子认为空言说教"不如见之于行事之深切著明也",故司马迁认为《春秋》之大义在于言事寓道:

> 夫《春秋》,上明三王之道,下辨人事之纪,别嫌疑,明是非,定犹豫,善善

---

① (清)李清撰,何槐昌点校:《南渡录》,杭州:浙江古籍出版社,1988年版,第148页。
② (清)文秉撰,李昌宪校点:《甲乙事案》,南京:江苏古籍出版社,1997年版,第487页。
③ 张廷玉等:《马士英传》,《明史》卷三百八,北京:中华书局,1974年版,第7942页。
④ 《晋语六》,《国语》,上海:上海古籍出版社,1978年版,第421页。
⑤ (美)杜维明著,钱文忠、盛勤译:《道·学·政:论儒家知识分子》,上海:上海人民出版社,2000年版,第6页。
⑥ 许建中:《民族矛盾向忠奸斗争的结构转换及其文化意义》,《文史哲》,2010年第5期,第53页。

恶恶,贤贤贱不肖,存亡国,继绝世,补敝起废,王道之大者也。①

丁氏借宋金间民族矛盾中的胜败来反思国家败亡的根本原因,强调忠奸问题导致国灭身亡,突出"乱由上出"的社会根源。

丁氏在小说中还对明代的士风学风有较深入的反思。第四十六回《傻公子枉受私关节,鬼门生亲拜女房师》入话云:

> 当今之世,那不欺暗室的是谁?不敢说是有的。到了排贬他人夸扬自己,岂不是人人的通病?名利场中,自做秀才到尊荣地位,那个人不求情荐考,用贿钻谋?那有一个古板坐着听其自然的?就有一二迂板先辈,反笑他是一等无用的腐儒,俱被那乖巧少年所卖。因此人人把这钻营做了时局,自考童生就刻几篇文字,借名家批点,到处送人,分明是插标卖菜,真为前辈所笑。似此初进门已是假了,日后岂有替朝廷做出真正功业来的?所以件件是假,一切妆饰在外面,弄成个虚浮世界。把朝廷的人材、子弟的良心都引坏了,成此轻薄诈伪风俗,以致天下大乱,俱从人心虚诈而起。更有可笑的是,把他人的好诗好文借来刻作自己的,自己的字画诗文落了款妆是名家的。又有那山人清客刻的假图书,卖那假法帖、假骨董,经商市贾卖那假行货、假尺头,又有一种假名士、假年家、假上舍、假孝廉,依名托姓,把缙绅历履念得烂熟:某大老是年伯,某科道是年兄,某名家是敝同盟,某新贵是敝窗友,无所不假,他却处处都行得去。还有以此网了大利得了际遇的。因此说,世人宜假不宜真。一担甲倒卖了,一担针却卖不了。②

丁氏对明代的士风学风进行了辛辣的讽刺,指出晚明社会中无耻士人投机钻营,借助八股时文空疏无根,弄虚作假,虚誉邀名,败坏风俗。丁氏对晚明"宜假不宜真"的士风的批判与清初反思求实的社会思潮紧密联系在一起。

随着清朝政权的逐步稳固,许多有识之士开始反思明朝灭亡的原因。无论是操柄时政或引领舆论的思想精英,还是身处下层的读书人,都力图用自己的理解探究历史教训。由于当时的思想家大多身兼文学家,他们强烈呼唤文学家积极介入社会现实,抨击脱离实际的空疏倾向,希冀一种有益于世道人心的新的文学风尚。正因为抱持这种经纬天地的博大情怀,明清之际思想家的文学活动与其学术

---

① (汉)司马迁:《太史公自序》,《史记》卷一百三十,北京:中华书局,1982年版,第3297页。
② (清)丁耀亢:《续金瓶梅》第四十六回,第1234-1236页。

活动完全一样,充满着深刻的道德主题与时代使命①。

实际上,清初实学思潮源于明末思想精英们对时局的忧虑和挽救。复社成立之初,其领袖张溥为该社立定条规:

> 自世教衰,士子不通经术,但剿耳佥目,几幸弋获于有司。登明堂不能致君,长郡邑不知泽民;人材日下,吏治日偷,皆由于此。溥不度德,不量力,期与庶方多士共兴复古学,将使异日者务为有用,因名曰复社。②

清初士人对晚明读书人中盛行的结社、讲学、招收门徒,行为上求奇逐新,以邀时誉的文人生活方式和某些习气作了尖锐的批评。例如,在晚明劝人讲学是一件好事,但在清初却会被讥为"欺世盗名"。郑性曾经劝李东门讲学,东门却"谩讥之曰:'今世之讲学者,特欺世以盗名耳,吾不屑为也。'"③因此清初诸儒认为晚明的讲学、结社,是提倡门户、互相标榜,是骛虚声而无实学,是对国家社会毫不关心,引起士大夫圈的意见分裂和扰攘不休,是破坏社会秩序的主因④。

张溥提出的"兴复古学""务为有用"的主张,在清初被顾炎武等大儒继承,发展为"明道""救世"。顾炎武痛斥整体的"文人",反复劝人不要流为"文人"⑤,提出"文须有益于天下"的主张:

> 文之不可绝于天地间者,曰明道也,纪政事也,察民隐也,乐道人之善也。若此者,有益于天下,有益于将来,多一篇,多一篇之益矣!⑥

顾炎武反复提出的"有益天下"实为其衡量一切文学乃至文字的根本标准。他自称"凡文之不关于六经之指、当世之务者,一切不为。而既以明道救人,则于当今之所通患,而未尝专指其人者,亦遂不敢以辟也"⑦,将"六经之旨""当世之务"作为文学的要旨,最终归结到"明道救人"的落脚点。因此,顾炎武称赏白居易《与元九书》中"文章合为时而著,歌诗合为事而作"的诗论思想,极力诋斥晚明文人任情纵

---

① 许总:《明清之际文学观念的思想内涵》,《海南大学学报》(社会科学版),1999年12月,第32页。
② (清)陆世仪:《复社纪略》卷一,《续修四库全书》第438册,上海:上海古籍出版社,1995年版,第485页。
③ (清)全祖望撰,米铸禹汇校集注:《五岳游人穿中柱文》,《鲒埼亭集》卷二十一,上海:上海古籍出版社,2018年版,第380页。
④ 王汎森:《清初士人的悔罪心态与消极行为——不入城、不赴讲会、不结社》,《晚明清初思想十论》,上海:复旦大学出版社,2004年版,第236页。
⑤ (清)顾炎武著,华忱之点校:《与人书十八》,《顾亭林诗文集》卷四,北京:中华书局,1983年版,第96页。
⑥ (清)顾炎武著,(清)黄汝成集释:《文须有益于天下》,《日知录集释》卷十九,上海:上海古籍出版社,1985年版,第1439页。
⑦ (清)顾炎武著,华忱之点校:《与人书三》,《顾亭林诗文集》卷四,北京:中华书局,1983年版,第90页。

欲的文风；反复强调"文不关于经书政理之大，不足为也"①，显然意在以传统的儒家政教文学观念重新规范流俗空疏浮艳的文学创作。与顾炎武一样，黄宗羲亦将传统儒家经术尊为文学之"原本"，把"见道""明道"视为文学的基本功能：

> 文之美恶，视道合离；文以载道，犹为二之。聚之以学，经史子集。行之以法，章句呼吸。无情之辞，外强中干。其神不传，优孟衣冠。五者不备，不可为文。②

黄宗羲认为文学作品的核心是由"道""学""法""情""神"等五大要素构成，以"道"统摄其余。他认为"文必本之六经，始有根本""大凡古文传世，主于载道，而不在区区之工拙"，对文学的本原与功能作出了"宗经""载道"的本质规定。这种试图以正统的儒家道德观念规范文人的人格与个性，用社会性的思想伦理标准重铸文学创作主体，强调以理性制约情感，从而抑制晚明文学中滋长蔓延的带有反传统特征的个性意识与纵情倾向，则可以说是一种大体一致的趋向③。

"救民以事，此达而在上位者之责也；救民以言，此亦穷而在下位者之责也。"④正是秉承这一入世精神，丁耀亢在《续金瓶梅》中借助《太上感应篇》等佛道经典，反思征实，以传统儒家经典教义为思想资源，力图在小说创作中倾注其纪史鉴今的史心，以达到翼圣赞经的入世苦心。虽然这种尝试并未使其作品达到艺术表现与思想干预的完美统一，但其警世救世的努力和以言立世的文人之志得到了后世的回响。

---

① （清）全祖望撰，朱铸禹汇校集注：《亭林先生神道表》，《鲒埼亭集》卷十二，上海：上海古籍出版社，2018年版。
② （清）黄宗羲著，沈善洪主编：《李杲堂先生墓志铭》，《黄宗羲全集》第10册，杭州：浙江古籍出版社，2005年版，第412页。
③ 许总：《明清之际文学观念的思想内涵》，《海南大学学报》（社会科学版），1999年12月，第32页。
④ （清）顾炎武著，（清）黄汝成集释：《直言》，《日知录集释》卷十九，上海：上海古籍出版社，1985年版，第1446页。

余　　论

一、丁耀亢：仕清身份，遗民情怀

（一）仕清行径的现实抉择

丁耀亢一生积极投身科举，穷一生之力渴求在仕途上有所作为。无论是在明朝的七次科考，还是入清后的改籍入贡、乡试不举、旗塾教习、容城教谕以及举荐授职官微势峻的福建惠安县令等经历，都表现了其积极的入世意识。

有学者将丁耀亢列入清初贰臣剧作家行列①，但如果依照清乾隆皇帝所言"在前明时身跻膴仕，及本朝定鼎之初，率先投顺，洊陟列卿"②的标准而言，丁耀亢虽仕清却达不到"贰臣"的资格。

丁耀亢虽是明朝的诸生，其父为前明万历朝的进士与官员，其弟、侄俱为战死于清兵战火中的明朝举人，但其毕竟在明朝并未出仕。因为在前明并未出仕，所受前朝的恩泽相对较少，故相应地不必承担如前朝旧臣相同的责任，在"忠君"和"养亲"之间可以倾向于后者。

清初许多著名的明遗民对此多有见解。孙奇峰（1585—1675）云："古来烈士英人值屯遭蹇，已入仕者先君后亲，未入仕者先亲后君，各有攸当。"③屈大均也说："人尽臣也，然已仕未仕有分，已仕则急其死君，未仕则急其生父，于道乃得其宜。"④

孙奇峰与屈大均同为清初著名的遗民领袖，且居于北南两地，他们都认为，易

---

① 孙书磊：《明末清初戏剧研究》，北京：社会科学文献出版社，2007年版，第114页。
② 王钟翰点校：《钱谦益传》，《清史列传》卷七十九，北京：中华书局，1987年版，第6577页。
③ （清）孙奇峰：《复彭了凡》，《夏峰先生文集》卷七，《四库禁毁书丛刊》集部第118册，北京：北京出版社，2000年版，第189页。
④ （清）屈大均著，欧初、王贵忱主编：《周秋驾六十寿序》，《翁山文外》卷二，《屈大均全集》第3册，北京：人民文学出版社，1996年版，第92页。

代之时,士人的"已仕"与"未仕"的身份是其在新旧王朝更迭后,人生抉择中是"先君后亲"还是"先亲后君"的重要区别。对于前明"未仕"士人仕清的情形,明遗民也有区分。遗民陈确说:"士生乎今之世,或不得已而出乎有司,吾无恶焉耳。"①这里的"不得已"中最重要的一条就是养亲。他又说:"国难殊足忧,家祸亦可怜;移孝即作忠,亲亲宜所先。"②明遗民中以孤愤著称的归庄也说"纯孝移忠此日心"③。

明甲申年(1644)九月,丁耀亢被举荐为刘泽清将领王遵坦军的纪监司理,"(乙酉,清顺治二年,1645)五月,清军渡江,弘光降,四镇解甲……王将遣散屯兵,约予往淮迎豫王,以册列名,冀叙功求用",后来丁氏"假以归省老母,乘风泛舟而东"。第二日"天微明,舟行离岸半里许,王将诇知,使数十骑劫予。遥见沙滩甲骑飚驰,呼予不应,悠然而远"④。丁氏拒绝迎降,自是有其感念故国的成分。归家后,因为田产丁氏备受豪右恶邻的诉讼之苦,顺治四年南游移家未果,"坟墓重修,门户再设。怨毒相倾,忌其完也""故宇未安,我心孔劳"⑤。顺治五年(1648),为自保进京赴试,"名为赴试,实避诸艰"⑥。

清顺治五年,清朝政权逐步稳定,亡国之初的伤痛和剃发易服带给汉族士子们的愤懑已渐渐平息,随之而来的是人们对现实生活需求的关注。入清后,士子"大半伏处草间,至戊子(顺治五年,1648)科尽出而应秋试"⑦。张履祥就其所见感慨道:"方昔陆沈之初,人怀感愤,不必稍知义理者亟亟避之,自非寡廉之尤,靡不有不屑就之志。既五六年于兹,其气渐平,心亦渐改,虽以向之较然自异,不安流辈之人,皆将攘臂下车,以奏技于火烈具举之日。"⑧

清人笔记中留下了对此的尖刻讽刺:

> 圣朝特旨试贤良,一队夷齐下首阳。家里安排新雀帽,腹中打点旧文章。当年深自惭周粟,今日幡思吃国粮。非是一朝忽变节,西山薇蕨已精光。⑨

黄宗羲以士人生活的世俗牵绊为这种现象作了诠释:"当夫丧乱之际,凡读书者,

---

① (清)陈确:《试讼说》,《陈确集·文集》卷十一,北京:中华书局,1979年版,第251页。
② (清)陈确:《告宗祠》,《陈确集·诗集》卷二,北京:中华书局,1979年版,第632页。
③ (清)归庄:《送徐公肃修撰服阕还朝》,《归庄集》卷一,北京:中华书局,1962年版,第100页。
④ (清)丁耀亢:《航海出劫始末》,《丁耀亢全集》下,第280页。
⑤ (清)丁耀亢:《自述年谱以代挽歌》,《归山草》,《丁耀亢全集》上,第426页。
⑥ (清)丁耀亢:《自述年谱以代挽歌》,《归山草》,《丁耀亢全集》上,第426页。
⑦ (清)杜登春:《社事始末》卷十六,四川大学图书馆、《中国野史集成》编委会编:《中国野史集成》第27册,成都:巴蜀书社,1993年版,第642页。
⑧ (清)张履祥:《与唐灏儒三》,《杨园先生全集》卷四,北京:中华书局,2002年版,第77页。
⑨ (清)褚人获:《一队夷齐》,《坚瓠集》卷三,杭州:浙江人民出版社,1986年版,第11页。

孰不欲高箕颖之节。逮夫事变之纷挐,居诸之修永,波路壮阔,突灶烟销,草莽篱落之间,必有物以害之。故卑者茅靡于时风,高者决裂于方外,其能确守儒轨,以忠孝之气贯其始终者,盖亦鲜矣!此无他,凡故畴新畎,廪假往来,屋庐仆僮,吾不能忘世,世不能忘吾,两不相忘,则如金木磨荡,燎原之势成矣。"①

(二) 强烈的"遗民"心态

一般意义上的"遗民"是指在易代之后因坚持对故国的忠诚而拒绝与新朝合作者②。历史上最早为人们所认同的遗民当属伯夷、叔齐。《史记·伯夷列传》记载伯夷、叔齐事迹:

> 伯夷、叔齐,孤竹君之二子也。父欲立叔齐,及父卒,叔齐让伯夷。伯夷曰:"父命也。"遂逃去。叔齐亦不肯立而逃之。国人立其中子。于是伯夷、叔齐闻西伯昌善养老,盍往归焉。及至,西伯卒,武王载木主,号为文王,东伐纣。伯夷、叔齐叩马而谏曰:"父死不葬,爰及干戈,可谓孝乎?以臣弑君,可谓仁乎?"左右欲兵之。太公曰:"此义人也。"扶而去之。武王已平殷乱,天下宗周,而伯夷、叔齐耻之,义不食周粟,隐于首阳山,采薇而食之。及饿且死,作歌。其辞曰:"登彼西山兮,采其薇矣。以暴易暴兮,不知其非矣。神农、虞、夏忽焉没兮,我安适归矣?于嗟徂兮,命之衰矣!"遂饿死于首阳山。③

后世往往以其二者为"易代守节者"的代称,故南宋谢枋得诗云:"雪中松柏愈青青,扶植纲常在此行。天下久无龚胜洁,人间何独伯夷清。"④顾炎武亦云:"惟愿师伯夷,宁隘毋不恭。嗟此衰世意,往往缠心胸。"⑤

谢、顾二人均以不仕新朝的遗民自居,他们对伯夷的追慕,显然是出于身份的认同。除了不仕新朝外,遗民还有其追求昂扬奋进、积极干预世事的豪杰品格,并且将其自身价值认定为"存道"救世。实施这一点的具体途径有二:其一是以自身的生存为载体,传承儒家文化传统,坚持君臣之义是儒家价值观。其二是通过传道与寻求治乱之道加以现实干涉,即以地方风俗的教化和讲学活动来寻求"道"对现实世

---

① (清)黄宗羲著,沈善洪主编:《杨士衡先生墓志铭》,《黄宗羲全集》第 10 册,杭州:浙江古籍出版社,2005 年版,第 481 页。
② 李瑄:《明遗民群体心态与文学思想研究》,成都:巴蜀书社,2009 年版,第 9 页。
③ (汉)司马迁:《伯夷列传》,《史记》卷六十一,北京:中华书局,1982 年版,第 2123 页。
④ (宋)谢枋得:《魏参政执拘投北,行有期,死有日,诗别二子及良友》,《谢叠山全集校注》,上海:华东师范大学出版社,1994 年版,第 137 页。
⑤ (清)顾炎武著,华忱之点校:《孙征君以冬孟葬于夏峰时侨寓太原不获执绋适吴中有传示同社名氏者感触之意遂见乎辞》,《顾亭林诗文集》卷五,北京:中华书局,1983 年版,第 400 页。

界的改善和传承,以著书立说的方式反思亡国根源,寻找民族重新振兴之道①。

纵观丁耀亢的一生,无论是其在明朝崇祯五年所撰写的《天史》,还是入清后创作的诗词,大多是直面现实,以直笔实录自己的见闻感受,真切记载明清之际社会动荡对民众的生命及精神所带来的戕害,特别是对农民生产生活甚至生命的危害,具有"诗史"意味。现存的传奇剧作真实揭示了其易代之际士大夫在旧主与新朝、华夷之间的去留的彷徨的心理轨迹,更因为其小说《续金瓶梅》秉笔记录易代之际的社会动荡和丑恶,反思明朝覆亡的历史缘由,影射清朝对中原屠戮而身陷囹圄,书遭焚毁。郭英德先生认为丁氏"堪称清朝前期明遗民人格的又一种类型"②。从这一意义上讲,丁耀亢具有强烈的遗民心态。

正是现实生活的羁绊,丁耀亢在顺治五年进京赴试求职。在任旗塾教习及容城教谕期间,丁耀亢广泛接触了一批当时寓居京师的南北"贰臣"。从与南北贰臣的宴集唱和中,我们可以真切感受到贰臣愧疚自赎心态的差异。

二、清初南北贰臣文人愧疚自赎心态呈现方式的差异

清初贰臣文人无论是政治地位、诗文创作还是对后进新人的奖掖扶植,流风所及皆深有影响。钱谦益(1582—1664)是明清之际文坛执牛耳者,沈德潜(1673—1769)言其:"一时帖耳推服,百年以后,流风余韵,犹足耆人也。"③钱氏开创了虞山诗派。吴伟业的"梅村体"将古代叙事诗推上高峰,在其周围形成了娄东诗派。龚鼎孳(1615—1673)在京师诗坛一度被拥为"职志","这对摹縠诗风的缙绅化起了不小作用"④。曹溶(1613—1685)大力提倡宋诗,对清初诗歌发展多有贡献。周亮工(1612—1672)爱才好士,安葬遗民诗人林古度(1580—1660),为吴嘉纪(1618—1684)、王猷定(1598—1662)、汪楫(1626—1689)诸家刻诗集。刘正宗、薛所蕴、王铎等以诗文标举,清人彭志古云:"长安以诗名者为王先生觉斯、刘先生宪石,与吾行屋薛夫子,所谓三大家者也。"⑤他们共同开创了清初诗风,"这种风气主要是相对于单纯模仿汉魏盛唐的明代诗风而言,它的基本特征是内容上反映社会生活,抒写真情实感,艺术上广泛借鉴古人,融汇成为一家。这场革新,适应时

---

① 李瑄:《明遗民群体心态与文学思想研究》,成都:巴蜀书社,2009年版,第273-274页。
② 郭英德:《明清传奇史》,南京:江苏古籍出版社,1999年版,第427页。
③ (清)沈德潜:《钱谦益》,《清诗别裁集》卷一,上海:上海古籍出版社,1984年版,第1页。
④ 严迪昌:《清诗史》,杭州:浙江古籍出版社,2002年版,第360页。
⑤ (清)彭志古:《桴庵诗序》,(清)薛所蕴《桴庵诗》,《四库全书存目丛书》集部第197册,济南:齐鲁书社,1997年版,第211页。

代变化的需要,符合文学发展的规律,因而具有进步的意义,形成巨大的潮流"①。

但自幼饱读经书的贰臣文人们,在"主忧臣劳,主辱臣死"②的甲申巨变中,相对于"出一朝之命,以殉国家之难""功铭著于鼎钟,名称垂于竹帛"③的忠臣义士,他们无论从生存的社会舆论还是自我内心,都备受政治伦理道德的鄙夷和煎熬。在清初"亡天下"的严峻情势下,在君亲华夷之辨的严厉语境中,大多数贰臣文人无论在其诗文中,还是社会政治活动、生活方式上都表现出愧疚自赎心态。

南北贰臣文人的这种心态呈现方式或显或隐,有较大差异。究其原因,不外有三个方面的因素:与满洲地区的地理亲缘远近和李自成政权影响程度不同,造成南北贰臣文人分布有差;清政府采取尊满抑汉的政策和清初党争中南北势力的消长;两者士人内在道德追求与外在社会舆论的差异。

(一) 南方贰臣文人愧疚自赎心态的呈现

清初南方贰臣文人相对北方而言,人数所占比重较小,但其愧疚自赎心态却较为显性,无论是诗文中还是社会活动方面。

首先,"以诗文传心,冀后世原心"的创作动机。

入清后,南方贰臣文人无论致仕归隐还是身在朝堂,其诗文中常无情剖白、反省自我。吴伟业说:"吾诗虽不足以传远,而是中之用心良苦,后世读吾诗即能知吾心,则吾不死矣。"④顺治十年(1653),吴氏被清廷强征入仕,之前已有"失路"的忧虑,"寄身苍崖巅,危苦愁失脚"⑤"君亲既有愧,身世将安托?"⑥,自责不能殉国,"我本淮王旧鸡犬,不随仙去落人间"⑦。顺治十一年(1654)在《怀古兼吊侯朝宗》中再致其意:"死生总负侯嬴诺,欲滴椒浆泪满樽。"⑧死不能报答君王的知遇,生又有负朋友承诺,这样的愧疚在吴氏晚年如同顽疾侵蚀身心,这种罪孽情结在其《临

---

① 朱则杰:《清诗史》,南京:江苏古籍出版社,2000年版,第55页。
② (汉)司马迁:《越王勾践世家》,《史记》卷四十一,北京:中华书局,1982年版,第1752页。
③ (晋)陈寿:《陈思王植》,《三国志·魏书》卷十九,北京:中华书局,1959年版,第567页。
④ (清)陈廷敬:《吴梅村先生墓表》,(清)吴伟业:《吴梅村全集》附录一,上海:上海古籍出版社,1990年版,第1409页。
⑤ (清)吴伟业著,李学颖集评标校:《赠愿云师并序》,《吴梅村全集·诗前集一》卷一,上海:上海古籍出版社,1990年版,第16页。
⑥ (清)吴伟业著,李学颖集评标校:《赠愿云师并序》,《吴梅村全集·诗前集一》卷一,上海:上海古籍出版社,1990年版,第17页。
⑦ (清)吴伟业著,李学颖集评标校:《过淮阴有感二首》(其二),《吴梅村全集·诗后集七》卷十五,上海:上海古籍出版社,1990年版,第398页。
⑧ (清)吴伟业著,李学颖集评标校:《怀古兼吊侯朝宗》,《吴梅村全集·诗后集八》卷十六,上海:上海古籍出版社,1990年版,第428页。

终诗》中以直白进行自我灵魂鞭挞:"忍死偷生廿载余,而今罪孽怎消除?受恩欠债应填补,总比鸿毛也不如。"①"受恩欠债"的罪恶感如同"发狂恶疾""胸中恶气""垒块",无法医治,至死也无法原谅自己。"逡巡失身,此吾万古惭愧,无面目见烈皇帝及伯祥诸君子,而为后世儒者所笑。"②临终遗言:"吾死后,敛以僧帽,葬吾于邓尉、灵岩相近,墓前立一圆石,曰'诗人吴梅村之墓'。"③吴伟业以极端的方式自赎身仕两朝的"苦心"。钱谦益深得吴氏隐衷:"泗水秋风,则往歌而来哭;寒灯拥髻,则生死而死生。"④长歌当哭,孤灯苦心,生不如死的愧辱情结成为吴伟业晚年诗文中反复咏叹的主题。

"以诗传心"的创作理念在龚鼎孳诗中也有体现。《闲居无事托咏写怀用阮公原韵得四十六首》集中体现龚氏对自我内心的拷问,其中十三首用了十四个"心"字,借古人之杯酒,浇我愧疚之垒块。"良苦心""终古心""金石心""难为心""万里心""客心""伤心",与此相连的是"心所悲""存其心""心茫茫""徒心灰""心纠纷",感叹"方寸不自保,后世谁见知"⑤。龚氏借古韵抒发愧疚自赎之情,感慨自己的用心得不到世人理解。余怀(1616—1695)体谅其心境:"人见之揽辔登朝,得时行志,孰公之悲天悯人,忧谗畏讥,一篇之中三致意焉。"⑥

龚氏在诗中袒露隐衷,《与吴梅村书》将这种精神郁结表述得淋漓尽致:

庚楼之别,垂十五年。壬午以前,犹得时通音驿。运移癸、甲,大栋渐倾,妾以狂愚,奋身刀俎,甫离狱户,顿见沧桑,续命蛟宫,偷延视息,坠坑落堑,为世惭人……秋至白门,拜发良书,欣闻謦欬,蹶然顽懦,复起为人,感念畴囊,泣焉雨泣。自伤失路,尚为知己所收怜,使得齿于旧游之末……且身既败矣,焉用文之?顾万事瓦裂,空言一线,犹冀后世原心,宣郁遣愁,亦惟斯道。往在京邸,与秋岳、舒章诸子,各有抒写,篇轴遂繁。近年以来,蓬转江湖,仲宣

---

① (清)吴伟业著,李学颖集评标校:《临终诗四首》(其一),《吴梅村全集·诗后集十二》卷二十,上海:上海古籍出版社,1990年版,第531页。
② (清)吴伟业著,李学颖集评标校:《与子璟疏》,《吴梅村全集·文集三十五》卷五十七,上海:上海古籍出版社,1990年版,第1132页。
③ (清)顾师轼:《年谱》,(清)吴伟业:《吴梅村全集》附录二,上海:上海古籍出版社,1990年版,第1476页。
④ (清)钱谦益著,(清)钱曾笺注,钱仲联标校:《梅村诗集序》,《牧斋有学集》卷三十九,《钱牧斋全集》第5册,上海:上海古籍出版社,2003年版,第1363页。
⑤ (清)龚鼎孳:《闲居无事托咏写怀用阮公原韵得四十六首》,《定山堂诗集》卷一,《续修四库全书》集部第1402册,上海:上海古籍出版社,1995年版,第356—362页。
⑥ (清)余怀:《定山堂诗序》,(清)龚鼎孳:《定山堂诗集》,《续修四库全书》集部第1402册,上海:上海古籍出版社,1995年版,第345页。

登临,襟情难忍,嗣宗怀抱,歌哭无端。①

此文写于顺治七年秋,文中托文抒怀,以期"后世原心",其中"惭人""失路""身败""瓦裂""原心""蓬转""歌哭"与《闲居无事托咏写怀用阮公原韵得四十六首》中的情感一脉相承,真可谓椎心泣血。

一般认为钱谦益诗文中"自讳失节","反托遗民故老"②,事实上并非如此。在《明旌表节妇从祖母徐氏墓志铭》中钱氏借颂扬徐氏"矢节二十四年,膺旌门之典"③,自责"谦益不忠不孝,惭负天地,其敢腼然执笔,贻羞简牍"④。顺治十七年(1660),族弟欲以长律为其贺寿时,钱氏婉言谢绝:"无一事可及生人,无一言可书册府……此天地间之不祥人。"⑤钱氏临终前嘱托黄宗羲(1610—1695):"惟兄知吾意,殁后文字不托他人。"⑥故黄宗羲《钱宗伯牧斋》云:"四海宗盟五十年,心期末后与谁传。"⑦钱氏"心期传后人"的期待与吴伟业"以诗传心"、龚鼎孳"后世原心"的夙愿,都真实体现了南方贰臣文人以诗文自剖、愧疚自赎的创作心境。

其次,援解抚恤故旧,甚至参加反清活动。

南方贰臣文人仕清后与原有故旧,包括遗民甚至反清志士的交往并未中断。如龚鼎孳与阎尔梅(1603—1679)、傅山(1607—1684)、陶汝鼐(1601—1683)、余怀、杜浚(1611—1687)、申涵盟(1620—1677)等,曹溶与顾炎武,钱谦益与黄宗羲、归庄(1613—1673)、瞿式耜(1590—1651)等,相从甚密。对故旧的救助是贰臣文人愧疚自赎的重要一面。吴伟业谓龚鼎孳:"身居三公,而修布衣之节;交尽王侯,而好山泽之游。倾囊橐以恤穷交,出气力以援知己。"⑧阎尔梅因抗清事"为仇家所

---

① (清)龚鼎孳著,孙克强、裴喆编辑校点:《定山堂文集补遗》卷十,民国甲子龚氏瞻麓斋重校印,《龚鼎孳全集》,北京:人民文学出版社,2014年版,第2160页。
② (清)赵翼著,霍松林、胡主佑校点:《梅村诗话》《瓯北诗话》卷九,北京:人民文学出版社,1963年版,第136页。
③ (清)钱谦益著,(清)钱曾笺注,钱仲联标校:《明旌表节妇从祖母徐氏墓志铭》,《牧斋有学集》卷三十三,《钱牧斋全集》第5册,上海:上海古籍出版社,2003年版,第1192页。
④ (清)钱谦益著,(清)钱曾笺注,钱仲联标校:《明旌表节妇从祖母徐氏墓志铭》,《牧斋有学集》卷三十三,《钱牧斋全集》第5册,上海:上海古籍出版社,2003年版,第1193页。
⑤ (清)钱谦益著,(清)钱曾笺注,钱仲联标校:《与族弟君鸿论求免庆寿诗文书》,《牧斋有学集》卷三十九,《钱牧斋全集》第5册,上海:上海古籍出版社,2003年版,第1340页。
⑥ (清)金鹤冲:《钱牧斋先生年谱》,(清)钱谦益:《牧斋杂著》附录,《钱牧斋全集》第8册,上海:上海古籍出版社,2003年版,第951页。
⑦ (清)黄宗羲著,沈善洪主编:《钱宗伯牧斋》,《黄宗羲全集》第11册,杭州:浙江古籍出版社,2005年版,第256页。
⑧ (清)吴梅村:《定山堂诗集序》,(清)龚鼎孳:《定山堂诗集》,《续修四库全书》集部第1402册,上海:上海古籍出版社,1995年版,第328-329页。

攀,复出亡,龚鼎孳救之,得免"①;先后为傅山、陶汝鼐开脱,即"钱谦益所谓长安三布衣,累得合肥几死"②。康熙六年龚鼎孳奏请复江南降黜绅士不下千人,人为其忧,"公毅然曰:'以我一官赎千万人职何不可?'"③。龚氏曾资助朱彝尊(1629—1709)、陈维崧(1625—1682),临终嘱托梁清标(1620—1691)助徐釚(1636—1708)成名④。康熙五年(1666),丁耀亢因《续金瓶梅》中有影射清朝事陷狱,龚氏全力解救,使其免罪⑤。顺治十一年顾炎武受诬下狱,钱谦益力救得释⑥(事后顾氏列文通衢自白与钱氏的关系)。顺治十五年钱谦益赎金解张苍水(1620—1664)妻、子出狱⑦,"不独赎苍水妻、子而已","先生于前后死国之臣,必经济其家,大声疾呼,无所顾忌"⑧。正因他们鼎力相助,大多身陷囹圄的善类免遭涂炭,故多为士林所谅。

有的南方贰臣文人归隐后甚至还参与反清活动。顺治五年钱谦益因资助黄毓祺(1579—1649)起兵海上案入狱;顺治七年寄书瞿式耜"以隐语作楸枰三局"为永历朝兴复筹划,以洗眼方药寄旧辅新建姜公⑨。故瞿式耜说:"盖谦益身在房中,未尝须臾不念本朝,而规画形势,了如指掌,绰有成算。"⑩顺治十六年(1659),郑成功(1624—1662)、张煌言水师北伐,谦益与之声气相通。清高宗乾隆皇帝(1711—1799)对钱氏多次谩骂,"大节有亏,实不足于人类","尤为可鄙可耻"⑪。这既是维护其封建纲常的政治需求,同时也可折射出钱氏当年从事反清活动的影响。钱谦益以行动自赎,表明愧疚在其晚年的痛楚之深。

(二) 北方贰臣文人的愧疚自赎心态

相对于南方贰臣文人愧疚自赎心态的显性,北方贰臣文人大多表现为隐性,主要表现在以下两个方面:

---

① 赵尔巽等:《阎尔梅传》,《清史稿》卷五百,北京:中华书局,1977年版,第13821页。
② 邓之诚:《龚鼎孳》,《清诗纪事初编》卷五,上海:上海古籍出版社,1984年版,第553页。
③ 董迁:《龚芝麓年谱》,《中和月刊》第三卷,1942年版,第82页。
④ 赵尔巽等:《龚鼎孳传》,《清史稿》卷四百八十四,北京:中华书局,1977年版,13325页。
⑤ 安双成:《顺康年间〈续金瓶梅〉作者丁耀亢受审案》,《历史档案》,2000年第2期,第32页。
⑥ 孙静庵:《明遗民录》,杭州:浙江古籍出版社,1985年版,第202页。
⑦ (清)金鹤冲:《钱牧斋先生年谱》,(清)钱谦益:《牧斋杂著》附录,《钱牧斋全集》第8册,上海:上海古籍出版社,2003年版,第945页。
⑧ (清)顾苓:《钱牧斋先生年谱附东涧遗老钱公别传》,(清)钱谦益:《牧斋杂著》附录,《钱牧斋全集》第8册,上海:上海古籍出版社,2003年版,第962页。
⑨ (清)顾苓:《钱牧斋先生年谱附东涧遗老钱公别传》,(清)钱谦益:《牧斋杂著》附录,《钱牧斋全集》第8册,上海:上海古籍出版社,2003年版,第960页。
⑩ (明)瞿式耜:《报中兴机会疏》,《瞿式耜集》卷一,上海:上海古籍出版社,1981年版,第105页。
⑪ 王钟翰点校:《钱谦益传》,《清史列传》卷七十九,北京:中华书局,1987年版,第6577页。

首先,运用比兴,寓"不可直告语"于诗文。

薛所蕴在《王敬哉诗序》中说:"夫诗性情之文也……先生以哀音谐苦调,真有触于性情,不可直告语于人,而于诗抒其悲悼感慨之意者乎?"①采用比兴手法,"真有触于性情,不可直告语于人"的创作现象在北方贰臣文人诗文中普遍存在,如刘正宗的《老妇行》:

> 东家老妇垂白发,樵嫠无力余病骨。岂复有意斗蛾眉,坐守深闺费岁月。却忆当年初嫁时,含羞对镜理胭脂。但愿同心不重色,肯学桃李信风吹。宁知此意竟难明,时移岁换天无情。翠翘珠襦尽零落,闺中甘逐众人行。自解悲欢随所遇,红颜自古草头露。至今幸无入宫妒,裙布钗荆亦已足。愿将锦瑟与瑶琴,一时并写白头吟。寂寂空房恐虚度,敢道人新不如故。②

刘正宗以年老色衰的妇人自喻,只求郎君"同心不重色"。她自知"同心不重色"是一种奢求,"时移岁换天无情"才是常态,深谙"自解悲欢随所遇,红颜自古草头露",庆幸"无入宫妒,裙布钗荆"得以保全。徐世昌(1855—1939)说:"宪石簪笔禁近,躬阅兴亡,故诗多感伤之概。"③诗中老妇正是刘氏等北方贰臣文人真实境况的写照。

以夫妇喻君臣关系、士子不遇比女子自伤,是中国诗歌比兴常用手法。薛所蕴在其《老妇叹》中自喻:"天荒地老恨茫茫,背人常拭泪千行。"④刘正宗《昭君诔》诗以昭君远嫁荒漠、青冢哀怨,自比降清后的内心愧疚:"琵琶马上弹,繁声乱纤指。何如老蓬门,荆布傲罗绮。青冢尚千秋,哀怨何时止。寄语后来人,红颜不足恃。"⑤薛所蕴《题蔡琰归汉图》诗借蔡文姬表达"有才有貌偏如斯,佳人薄命自古惜"的幽曲⑥。王崇简借悼内自责"悲予有此日,愧汝是全身"⑦。

---

① (清)薛所蕴:《王敬哉诗序》,《澹友轩文集》卷三,《四库全书存目丛书》集部第 197 册,济南:齐鲁书社,1997 年版,第 43 页。
② (清)刘正宗:《老妇行》,《逋斋诗》卷二,《四库未收书辑刊》八辑第 16 册,北京:北京出版社,2000 年版,第 143 页。
③ 徐世昌:《刘正宗》,《清诗汇》卷二十一,北京:北京出版社,1996 年版,第 244 页。
④ (清)薛所蕴:《老妇叹》,《桴庵诗》卷二,《四库全书存目丛书》集部第 197 册,济南:齐鲁书社,1997 年版,第 245 页。
⑤ (清)刘正宗:《昭君诔》,《逋斋诗》卷一,《四库未收书辑刊》第八辑第 16 册,北京:北京出版社,2000 年版,第 130 页。
⑥ (清)薛所蕴:《题蔡琰归汉图》,《桴庵诗》卷二,《四库全书存目丛书》集部第 197 册,济南:齐鲁书社,1997 年版,第 258 页。
⑦ (清)王崇简:《观剧怀内》,《青箱堂诗集》卷五,《四库全书存目丛书》集部第 203 册,济南:齐鲁书社,1997 年版,第 91 页。

此外,北方贰臣文人常常静夜独思,考虑自我,"不可直告语于人,而于诗抒其悲悼感慨之意者",如王铎《独寐》诗中表白"欲寐不成寐,如有深彷徨""耿耿天为曙,缄泪拥衣裳"①。诗人内心悲苦只有在夜深难寐中独自化作默默泪殇。"偃蹇随吾懒,摊书何所求。伤心歌变雅,蒙面注春秋。万里悬新月,孤灯照旧愁。悲来不可绝,清夜独凭楼。"②王崇简寒夜难眠,孤灯彷徨,"蒙面注春秋",是其内心愧疚自赎的写照。北方贰臣文人这种愧疚之情的隐晦还与身在朝阁、惧怕文祸有关。宋徵舆(1618—1667)在《青箱堂诗序》中赞扬王崇简为文谨严:"先生汇数年之诗为一集,一语不合,一字有瑕,随即割去;复遍荦侪友,端务绳削。"③但也看出北方贰臣文人对文字的敏感与审慎。

其次,倾力诗文,寄情声色,以求自赎远祸。

陵谷更替,宦海诡谲,人生无常的幻灭感使北方贰臣文人仕清后多倾力诗文,寄情声色自解。邓之诚在《清诗纪事初编》中说:"(刘正宗)自负能诗,力主历下,与虞山娄东异帜。挤二陈一死一谪,而独得善终。"④正是生存境遇惨烈,刘正宗多用心诗文,远身避祸。薛所蕴得其三昧:"无何,沧桑易位……邈如隔世。重寻燕山之盟,朝夕过从,余与宪石皤焉两短发翁耳。回视金华篆炉时如在梦际,而生平期许亦同枯柟寒灰,无复着胸臆矣。乃相与促膝道故,惟是风雅一事共劚切。"⑤顺治十六年顺治帝斥其"器量狭隘,终日诗酒自矜"⑥。无独有偶,这种纵情诗文,沉湎声色成为王铎入清后的自觉选择,钱谦益在王铎墓志铭中说:"既入北廷,颓然自放。粉黛横陈,二八递代,按旧曲,度新歌,宵旦不分,悲歌间作。"⑦钱谦益与王铎曾在弘光朝同官交好,相知颇深。王铎在明朝品行端正,不阿朋党,而入清后纵情声色,颓然自放,是其"心口自知"苦闷的外现。顺治五年丁耀亢《王觉斯尚书同诸公就饮邻家恨不得与》一诗中描述王铎放情声色的场面:"醉中起作胡旋舞,歌

---

① 徐世昌:《王铎》,《清诗汇》卷二十一,北京:北京出版社,1996年版,第243页。
② (清)王崇简:《秋怀》(其十五),《青箱堂诗集》卷五,《四库全书存目丛书》集部第203册,济南:齐鲁书社,1997年版,第97页。
③ (清)宋徵舆:《青箱堂诗序》,(清)王崇简:《青箱堂诗集》,《四库全书存目丛书》集部第203册,济南:齐鲁书社,1997年版,第7页。
④ 邓之诚:《刘正宗》,《清诗纪事初编》卷六,上海:上海古籍出版社,1984年版,第660页。
⑤ (清)薛所蕴:《逋斋诗叙》,(清)刘正宗:《逋斋诗》,《四库未收书辑刊》八辑第16册,北京:北京出版社,1997年版,第156页。
⑥ 王钟翰点校:《刘正宗传》,《清史列传》卷七十九,北京:中华书局,1987年版,第6573页。
⑦ (清)钱谦益著,(清)钱曾笺注,钱仲联标校:《故宫保大学士孟津王公墓志铭》,《牧斋有学集》卷二十,《钱牧斋全集》第5册,上海:上海古籍出版社,2003年版,第1104页。

残狼藉鹔鹴裘""殷红击碎玛瑙盘,腻香乱拥胭脂肉"①。顺治七年,丁耀亢在《王尚书招听昆山部乐》中记录与王铎观剧的感受:"偏场喜见汉衣冠,一曲当筵白纻寒。"②观剧固可怡情,更因能"喜见汉衣冠""听吴咏"缅怀故国,自赎其疚。去世前,王铎向亲人倾吐心声:"我自兵抢后火船,衰老余生,遭际坎坷,殊无快意事,无快意时,无相对快意之人物……其留以告天下后世,天下后世读而怜其志者,只此数卷诗文耳。"③且"遗命敛以布衣,勿封树"④。倾力诗文、纵情声色的背后既有远祸全身的懦弱,更有负愧故国自赎的灵魂苦楚。

三、清初南北方贰臣文人愧疚自赎心态差异成因

(一)与满洲地区的地理亲缘和李自成政权影响程度不同,造成南北贰臣文人分布有差

北方地区与东北三省有着天然的地域亲缘,特别是直隶与山东两省。山东与辽东两个半岛相似相邻,许多东北边民通过海上贸易与水兵服役,与山东家族保持着密切的联系。明末清初社会动荡,山东盗匪纵横,"烽火不靖,赤地千里,由畿南以及山东,比比皆然"⑤。李自成(1606—1645)占据北京后对明朝官吏大加拷掠,并纵兵掳掠:"限内阁十万两,院部、京堂、锦衣帅七万两,科道、吏部郎五万两、三万两,翰林一万两、部曹千计,勋戚无定数,人财并尽,英国公惨死最酷。自廿二日至六日,满街遍捉士大夫拘系,行路之人如汤鸡在锅。""满城百姓,家家倾竭。"⑥分派到山东等地方的大顺官吏对乡绅、生员、富户如法炮制:"闯官莅任,则土贼豪恶,投为胥役,虎借豺藜,鹰假鹯翼,以割富济贫之说……一邑纷如鼎沸,大家茫无恒业。"⑦"其时士宦等咸尽矣。"⑧

出于自保,许多乡绅组建私人武装。随着清军入关,许多归顺李自成的乡绅看情势大变,纷纷转向。山东籍进士谢启光(?—1658)因"贼将掠山东,逼

---

① (清)丁耀亢:《王觉斯尚书同诸公就饮邻家恨不得与》,《陆舫诗草》卷一,《丁耀亢全集》上,第13页。
② (清)丁耀亢:《王尚书招听昆山部乐》,《陆舫诗草》卷二,《丁耀亢全集》上,第53页。
③ (清)王鑨:《大愚集·尺牍》,《长兄觉斯家报》,《四库未收书辑刊》第七辑第24册,北京:北京出版社,1997年版,第335页。
④ (清)张缙彦:《依水园后集》,清刻本,卷二。
⑤ 《世祖章皇帝实录》卷一四,《清实录》第3册,北京:中华书局,1985年版,第128页。
⑥ (清)计六奇:《廿五癸丑拷夹百官》,《明季北略》卷二十,北京:中华书局,1984年版,第477-479页。
⑦ (清)丁耀亢:《出劫纪略·保全残业示后人存记》,《丁耀亢全集》下,第287页。
⑧ (清)丁耀亢:《出劫纪略·避风漫游》,《丁耀亢全集》下,第283页。

绅士集饷。启光纠邑人杀伪令,募壮丁二千余拒守,贼引去"①。1644年6月山东德州明朝进士谢升(？—1645)率领地方武装"磔伪州牧吴徽文,伪防御阎杰"②。

多数北方籍官员的家族及田产都在北方,出于对李自成政权的心悸,他们需要一个强有力的政权来维护其既得利益。随着吴三桂引清军"为君父报仇"的传檄,乡绅武装转向联合清军消灭农民军,称颂清政府"浩荡仁恩,有逾再造",表示"谨扫境土,以待天庥"③。河南籍明朝进士宋权率军攻击农民军,宣布:"我封疆臣,国亡无所属,复故主仇者即吾主也。"④

清军入关伊始承诺"各衙门官员,俱照旧录用"⑤。多尔衮亲谕礼部曰:"古来定天下者,必以网罗贤才为要图,以泽及穷民为首务。我国家求贤之心,众已共晓。"⑥并强调:"经纶方始,治理需人,凡归顺官员,既经推用,不必苛求。"⑦

北方籍大批明朝官员或主动或举荐归顺清朝。1644年归附清政府并列入《贰臣传》的明官员中,大多是京城行政官员,且有36人拥有进士身份。他们供职的地点2/3在北京,降臣们的省籍,山东12人,占24%;北直隶7人,占14%;河南5人,占10%⑧。南方地区相对遥远,甲申前后,大批南籍官吏南逃;南明政权持续十多年,平定较晚,故贰臣所占比重较少。

《清史列传·贰臣传》中进士出身的60位贰臣文人省籍⑨一览表：

省籍	人数	所占比例
山东	19	32%
河南	8	13%
江南	8	13%

---

① 王钟翰点校:《谢启光传》,《清史列传》卷七十九,北京:中华书局,1987年版,第6561页。
② 王钟翰点校:《谢升传》,《清史列传》卷七十九,北京:中华书局,1987年版,第6528页。
③ 王钟翰点校:《谢升传》,《清史列传》卷七十九,北京:中华书局,1987年版,第6528页。
④ (清)邵长蘅:《光禄大夫太子太保内翰林国史院大学士赠少保兼太子太保文康宋公权神道碑铭》,(清)钱仪吉纂:《碑传集》卷七,第1册,北京:中华书局,1993年版,第127页。
⑤ 《世祖章皇帝实录》卷五,《清实录》第3册,北京:中华书局,1985年版,第57页。
⑥ 《世祖章皇帝实录》卷五,《清实录》第3册,北京:中华书局,1985年版,第62页。
⑦ 《世祖章皇帝实录》卷五,《清实录》第3册,北京:中华书局,1985年版,第63页。
⑧ (美)魏斐德著,陈苏镇、薄小莹等译:《洪业——清朝开国史》,南京:江苏人民出版社,2008年版,第737页。
⑨ 王钟翰点校:《贰臣传》,《清史列传》卷八十七—八十九,北京:中华书局,1987年版,第6412-6627页。

(续表)

省籍	人数	所占比例
直隶	5	8%
顺天	4	7%
山西	4	7%
四川	3	5%
浙江	3	5%
陕西	2	3%
江西	2	3%
福建	1	2%
湖广	1	2%
合计	60	100%

（二）清政府采用尊满抑汉的政策和清初党争中南北势力的消长差异

顺治初年，清朝政府对降清的文官多超擢提拔，以示重用，顺治帝宣称"朕不分满汉，一体眷遇"。事实上，无论是现行官僚体制还是心理意识，政府中"尊满抑汉"都普遍存在。内阁尚书的排列以满尚书为首，即"本朝满尚书，在汉尚书之前"；凡是同职同级，必满员居首；假若满汉大学士皆管部务，同样仍"满先汉后"①。在实权方面，满员权重，汉员居次。"国初定制，设议政王大臣数员，皆以满臣充之。"②六部设立后，虽有满、蒙、汉员各充其职，但"向以各部事皆以满尚书为政，侍郎皆不能异词"③。各部掌印官皆为满员，"京堂皆一满一汉，印归满官"④。顺治十六年，顺治帝提出"以后各部尚书、侍郎及院寺堂官，受事在先者即着掌印，不必分别满汉"⑤，但遭到满洲官员的抵制，待其死后作为罪状列入遗诏，责备他"渐习汉俗，于纯朴旧制，日有更张"，批评他"委任汉官，即部院印信，间亦令汉官掌管，以致满臣无心任事，精力懈弛"⑥。清君主对汉人文官也多有猜疑。顺治十一年正月十一日，诏责汉官不思报国。"倘明知而不思报效，擅敢乱行，事发绝不轻贷。彼

---

① （清）陈康祺：《满汉大臣班次》，《郎潜纪闻初笔》卷十三，北京：中华书局，1984年版，第289页。
② （清）昭梿撰，何英芳点校：《议政大臣》，《啸亭杂录》卷四，北京：中华书局，1980年版，第93页。
③ （清）金安清撰，谢兴尧点校：《奏对不可含糊》，《水窗春呓》卷下，北京：中华书局，1984年版，第59页。
④ （清）谈迁撰，江北平校点：《满官》，《北游录·纪闻下》，北京：中华书局，1960年版，第349页。
⑤ 《世祖章皇帝实录》卷一二九，《清实录》第3册，北京：中华书局，1985年版，第998页。
⑥ 《世祖章皇帝实录》卷一四四，《清实录》第3册，北京：中华书局，1985年版，第1105页。

时毋得怨朕,自贻伊祸耳。"①

清初北方地区率先归顺和平定,政府中高级官员南北方的比重发生了巨大变化。明崇祯朝时政府中有 1/3 以上的官吏来自南直隶和浙江,其中尚书一职南人占 76%、北人占 24%。清政府在北京建立之初,朝廷中北方文官的比重决定性压倒南方。多尔衮(1612—1650)对冯铨(1595—1672)信任有加,大概"任命这样一位以敌视江南文士著称的人,与把南人从高级要职中排挤出去的既定政策有关"②。1646 年冯铨主持科举考试,录取的 373 名进士中北方士人进士有 365 名,约占 98%,而且当年的状元为山东籍的傅以渐(是年南方未定,因战争和匪盗等因素,许多南方士子无法参加科考,这也是当时南北录取失衡的原因之一)。南北党争中以陈名夏(？—1654)和陈之遴(1605—1666)为首的南人惨遭清洗,陈名夏被绞死,家人充军,陈之遴一家戍边。因此,清初政府中的这种格局,使南方贰臣文人大多南归,在与故旧相聚中自愧反思,求得解脱。

(三) 文人官员内在道德追求与外在政治伦理舆论环境的不同

明末清初南方士子集中,东林遗风无所不在,士人互相标榜、意气相向,有"小东林"之称的复社成员遍布江南各地。复社志在"尊遗经,砭俗学,俾盛著作,比隆三代",以"致君泽民"为己任③。士子们之间提倡道义,砥砺名节,钦慕东林遗风,"忠臣直士,名节道义,天地间之元气也"④;对"君子爱国之心,甚于爱臣节"⑤,弘济时艰的精神推崇备至。明亡后,江南士民曾多次发动大规模的反清武装斗争。江南遗民遍布,立身有节,强调君亲华夷之辨。顾炎武说:"人伦之大,莫过于君父。"⑥魏禧(1624—1681)进一步阐释:"君者,臣之天。父者,子之天。夫者,妇之天。天不可逃,则君父夫不可得而背。"⑦王夫之(1619—1692)将华夷之辨与君子

---

① 《世祖章皇帝实录》卷八〇,《清实录》第 3 册,北京:中华书局,1985 年版,第 629-630 页。
② (美)魏斐德著,陈苏镇、薄小莹等译:《洪业——清朝开国史》,南京:江苏人民出版社,2008 年版,第 285 页。
③ (清)吴伟业著,李学颖集评标校:《复社纪事》,《吴梅村全集·文集二》卷二十四,上海:上海古籍出版社,1990 年版,第 600 页。
④ (清)钱谦益著,(清)钱曾笺注,钱仲联标校:《刻邹忠介公奏议序》,《初学集》卷三〇,《钱牧斋全集》第 2 册,上海:上海古籍出版社,2003 年版,第 897 页。
⑤ (清)钱谦益著,(清)钱曾笺注,钱仲联标校:《山东道监察御史赠太仆寺卿黄公墓志铭》,《初学集》卷五〇,《钱牧斋全集》第 2 册,上海:上海古籍出版社,2003 年版,第 1283 页。
⑥ (清)顾炎武著,(清)黄汝成集释:《事亲不可不知人》,《日知录集释》卷六,上海:上海古籍出版社,1985 年版,第 513 页。
⑦ (清)魏禧著,胡守仁等校点:《杂问十三》,《魏叔子文集·外篇》卷十九,北京:中华书局,2003 年版,第 1003 页。

小人之分并列为"天下之大防"①，其重要性超过一家一姓的朝代更迭。

　　南方贰臣文人在仕清前大都是士林人望，以清流自居；仕清后与遗民隐逸之间，或师友，或同年，或世交，或通家，依然有着千丝万缕的联系。生活在这种社会网络中贰臣文人不仅内心倍受道德煎熬，而且饱受社会舆论的非议。顺治三年钱谦益由朝廷南归，受到了家乡常熟士民的攻击和羞辱。"牧翁游虎丘，衣一小领大袖之服。一士前揖，问此何式。牧翁对曰：'小领者尊时王之制，大袖乃不忘先朝。'士谬为谢曰：'公真可谓两朝领袖矣。'。"②

　　吴伟业北上入仕前，亲友为其演剧饯行，张南垣借戏文讽刺之："及演之买臣妻认夫，买臣唱'切莫提起朱字'，涟亦扇确几曰：'无窍！'满堂为之愕眙。"③其中"无窍"为吴方言，实指伟业有负于先朝。这种舆论对于曾经以"立言、立功、立德"自任的贰臣文人们是极大的刺激。

　　与此相比，北方贰臣文人大都仕途顺畅，如冯铨在顺治朝时，多尔衮、顺治帝对其信任有加，先后担任文渊阁大学士、弘文院大学士兼礼部尚书、中和殿大学士。刘正宗先后担任弘文院大学士、吏部尚书、文华殿大学士，其间虽有沉浮，但得以善终。王铎入清官至大学士。王崇简虽未列《贰臣传》，但为明崇祯十六年进士，入清累迁礼部尚书；顺治十四年与其子王熙（1628—1703）同为学士，顺治皇帝（1638—1661）赞曰："父子同官，古今所罕。"④此外，因身居庙堂，他们大多将明清鼎革归因为"汤武革命，顺天应人"。顺治六年，薛所蕴作《过苑内辽后梳妆楼》，借辽后梳妆台兴衰感喟王朝更替："噫嘻万事由来兴，化徂俯仰不用频。"⑤刘正宗在《和行屋过辽后梳妆楼诗》中进一步生发："乃知盛衰是天意，古往今来等逝川。逝川渺渺不可极，繁华消歇同一息。"⑥这种历史的沧桑陵谷和人生的虚无感无形中消解了北方贰臣文人的士人道德崇高感，从而减轻了其心灵的愧辱负罪意识。

---

① （清）王夫之著，舒士彦点校：《哀帝》，《读通鉴论》卷十四，北京：中华书局，1975年版，第372页。
② 葛万里：《钱牧斋（谦益）先生遗事及年谱》，沈云龙主编《近代中国史料丛刊》第七十一辑第701册，台北：文海出版公司，1966年版，第18页。
③ （清）黄宗羲著，沈善洪主编：《张南垣传》，《黄宗羲全集》第10册，浙江古籍出版社，2005年版，第587页。
④ 王钟翰点校：《王熙传》，《清史列传》卷八，北京：中华书局，1987年版，第512页。
⑤ （清）薛所蕴：《过苑内辽后梳妆楼》，《桴庵诗》卷二，《四库全书存目丛书》集部第197册，济南：齐鲁书社，1997年版，第243页。
⑥ （清）刘正宗：《和行屋过辽后梳妆楼诗》，《逋斋诗》卷二，《四库未收书辑刊》第八辑第16册，北京：北京出版社，2000年版，第143页。

主要参考文献

一、古代文献

[1] [清]阮元:《十三经注疏》,中华书局 1980 年版。

[2] [汉]司马迁:《史记》,中华书局 1982 年版。

[3] [唐]刘知几著,[清]浦起龙释:《史通通释》,上海古籍出版社 1978 年版。

[4] [宋]司马光:《资治通鉴》,中华书局 1956 年版。

[5] [元]脱脱等:《宋史》,中华书局 1985 年版。

[6] [元]脱脱等:《金史》,中华书局 1975 年版。

[7] [元]脱脱等:《辽史》,中华书局 1974 年版。

[8] [清]张廷玉等:《明史》,中华书局 1974 年版。

[9] 赵尔巽等:《清史稿》,中华书局 1977 年版。

[10] 《清实录》,中华书局 1985 年版。

[11] [清]纪昀等:《钦定四库全书总目》,中华书局 1997 年版。

[12] [清]夏燮:《明通鉴》,岳麓书社 1999 年版。

[13] 王钟翰点校:《清史列传》,中华书局 1987 年版。

[14] 李洵等点校:《钦定八旗通志》,吉林文史出版社 2002 年版。

[15] [明]汤显祖:《汤显祖诗文集》,上海古籍出版社 1982 年版。

[16] [明]臧懋循:《元曲选》,中华书局 1958 年版。

[17] [明]王阳明:《王阳明全集》,上海古籍出版社 1992 年版。

[18] [明]杨继盛:《杨忠愍集》,《四库全书》集部第 1278 册,上海古籍出版社 1987 年版。

[19] [清]计六奇:《明季北略》,中华书局 1984 年版。

[20] [清]计六奇:《明季南略》,中华书局 1984 年版。

[21] [清]顾炎武:《顾亭林诗文集》,中华书局 1983 年版。

[22] [清]顾炎武著,[清]黄汝成集释:《日知录集释》,上海古籍出版社 1985 年版。

[23] [清]黄宗羲:《黄宗羲全集》,浙江古籍出版社 2005 年版。

[24] [清]钱谦益:《钱牧斋全集》,上海古籍出版社 2003 年版。

[25]［清］钱谦益：《列朝诗集小传》，上海古籍出版社 1983 年版。
[26]［清］丁耀亢：《丁耀亢全集》，中州古籍出版社 1999 年版。
[27]［清］丁耀亢：《金瓶梅续书三种》，齐鲁书社 1988 年版。
[28]［清］丁耀亢：《续金瓶梅》，《古本小说集成》，上海古籍出版社 1990 年版。
[29]［清］丁耀亢：《天史》，《续修四库全书》史部第 1176 册，上海古籍出版社 1995 年版。
[30]［清］刘正宗：《逋斋诗》，《四库未收书辑刊》第八辑第 16 册，北京出版社 1997 年版。
[31]［清］王铎：《拟山园选集》，《四库禁毁书丛刊》集部第 87 册，北京出版社 2000 年版。
[32]［清］薛所蕴：《澹友轩文集》，《四库全书存目丛书》集部第 197 册，齐鲁书社 1997 年版。
[33]［清］薛所蕴：《桴庵诗》，《四库全书存目丛书》集部第 197 册，齐鲁书社 1997 年版。
[34]［清］王崇简：《青箱堂集》，《四库全书存目丛书》集部第 203 册，齐鲁书社 1997 年版。
[35]［清］宋琬：《安雅堂全集》，上海古籍出版社 2007 年版。
[36]［清］孙奇峰：《夏峰先生文集》，《四库禁毁书丛刊》集部第 118 册，北京出版社 2000 年版。
[37]［清］吴伟业：《吴梅村全集》，上海古籍出版社 1990 年版。
[38]［清］陈确：《陈确集》，中华书局 1979 年版。
[39]［清］杨思圣：《且亭诗》，《四库全书存目丛书》集部第 213 册，齐鲁书社 1997 年版。
[40]［清］傅维鳞：《四思堂文集》，《四库全书存目丛书》集部第 214 册，齐鲁书社 1997 年版。
[41]［清］高珩：《栖云阁诗文集》，《四库全书存目丛书》集部第 202 册，齐鲁书社 1997 年版。
[42]［清］龚鼎孳：《定山堂诗集》，《续修四库全书》集部第 1402 册，上海古籍出版社 1995 年版。
[43]［清］郭棻：《学源堂文集》，《四库全书存目丛书》集部第 221 册，齐鲁书社 1997 年版。
[44]［清］王鑨：《大愚集》，《四库未收书辑刊》第七辑第 24 册，北京出版社 1997 年版。
[45]［清］王熙：《王文靖公文集》，《四库全书存目丛书》集部第 214 册，齐鲁书社 1997 年版。
[46]［清］魏禧：《魏叔子文集》，中华书局 2003 年版。
[47]［清］余怀：《余怀集》，广陵书社 2005 年版。
[48]［清］邓汉仪：《慎墨堂诗》，《四库禁毁书丛刊补编》第 57 册，北京出版社 2005 年版。
[49]［清］邓汉仪：《诗观初集》，《四库禁毁书丛刊》集部第 1 册，北京出版社 2000 年版。
[50]［清］邓汉仪：《诗观二集》，《四库禁毁书丛刊》集部第 2 册，北京出版社 2000 年版。
[51]［清］魏裔介：《兼济堂文集》，中华书局 2007 年版。
[52]［清］彭廷梅：《国朝诗选》，《四库禁毁书丛刊补编》第 56 册，北京出版社 2005 年版。
[53]［清］李渔：《李渔全集》，浙江古籍出版社 1992 年版。
[54]［清］陈田：《明诗纪事》，上海古籍出版社 1993 年版。
[55]［清］孔尚任：《孔尚任诗文集》，中华书局 1962 年版。
[56]［清］孔尚任：《桃花扇》，人民文学出版社 1959 年版。
[57]［清］徐崧辑：《诗风初集》，《四库禁毁书丛刊补编》第 56 册，北京出版社 2005 年版。
[58]［清］全祖望：《鲒埼亭集》，上海古籍出版社 2018 年版。

[59] [清]钱仪吉:《碑传集》,中华书局1993年版。
[60] [清]王士禛:《王士禛全集》,齐鲁书社2007年版。
[61] [清]沈德潜:《清诗别裁集》,上海古籍出版社1984年版。
[62] [清]素尔纳等:《钦定学政全书》,文海出版社1966年版。
[63] 徐世昌:《清诗汇》,北京出版社1996年版。
[64] 葛万里:《钱牧斋(谦益)先生遗事及年谱》,文海出版社1966年版。

二、近现代论著

[1] 梁启超:《饮冰室合集》,中华书局1989年版。
[2] 鲁迅:《鲁迅全集》,人民文学出版社2005年版。
[3] 孙静庵:《明遗民录》,浙江古籍出版社1985年版。
[4] 孟森:《心史丛刊二集》,辽宁教育出版社1985年版。
[5] 萧一山:《清代通史》,华东师范大学出版社2006年版。
[6] 陈垣:《明季滇黔佛教考》,中华书局1962年版。
[7] 邓之诚:《清诗纪事初编》,上海古籍出版社1984年版。
[8] 钱仲联:《清诗纪事》,凤凰出版社2004年版。
[9] 吴梅:《中国戏曲概论》,中国人民大学出版社2004年版。
[10] 冯友兰:《中国哲学史》,中华书局1961年版。
[11] 商衍鎏:《清代科举考试述录》,生活·读书·新知三联书店1983年版。
[12] 王利器:《元明清三代禁毁小说戏曲史料》,上海古籍出版社1981年版。
[13] 王季思:《中国十大古典悲剧集》,上海文艺出版社1982年版。
[14] 傅衣凌:《明清农村社会经济》,中华书局2007年版。
[15] 朱保炯、谢沛霖:《明清进士碑名录索引》,上海古籍出版社1979年版。
[16] 余英时:《余英时文集》,广西师范大学出版社2004年版。
[17] 王汎森:《晚明清初思想十论》,复旦大学出版社2004年版。
[18] 嵇文甫:《晚明思想史论》,东方出版社1996年版。
[19] 戴逸、李文海:《清通鉴》,山西人民出版社2000年版。
[20] 叶长海:《中国戏剧学史稿》,上海文艺出版社1986年版。
[21] 孙楷第:《戏曲小说书录解题》,人民文学出版社1990年版。
[22] 张慧剑:《明清江苏文人年表》,上海古籍出版社1986年版。
[23] 王志民:《齐文化概论》,山东人民出版社1993年版。
[24] 郭英德:《明清传奇综录》,河北教育出版社1997年版。
[25] 郭英德:《明清传奇史》,江苏古籍出版社1999年版。
[26] 吉林大学中国文化研究所:《金瓶梅艺术世界》,吉林大学出版社1991年版。
[27] 严迪昌:《清诗史》,浙江古籍出版社2002年版。

[28] 朱则杰:《清诗史》,江苏古籍出版社 2000 年版。
[29] 赵园:《明清之际士大夫研究》,北京大学出版社 1999 年版。
[30] 许建中:《明清传奇结构研究》,中州古籍出版社 1999 年版。
[31] 张清吉:《醒世姻缘传新考》,中州古籍出版社 1991 年版。
[32] 张清吉:《丁耀亢年谱》,南京大学出版社 1996 年版。
[33] 李增坡:《丁耀亢研究——海峡两岸丁耀亢学术研讨会论文集》,中州古籍出版社,1998 年
[34] 杜桂萍:《清初杂剧研究》,人民文学出版社 2005 年版。
[35] 陈宝良:《明代儒学生员与地方社会》,中国社会科学出版社 2005 年版。
[36] 丁功谊:《钱谦益文学思想研究》,上海古籍出版社 2006 年版。
[37] 孙书磊:《明末清初戏剧研究》,社会科学文献出版社 2007 年版。
[38] 鱼宏亮:《知识与救世:明清之际经世之学研究》,北京大学出版社 2008 年版。
[39] 李瑄:《明遗民群体心态与文学思想研究》,巴蜀书社 2009 年版。
[40] 中国戏曲研究院:《中国古典戏曲论著集成》,中国戏剧出版社 1959 年版。
[41] 江庆柏:《清代人物生卒年表》,人民文学出版社 2005 年版。
[42] [美]杜维明:《道·学·政:论儒家知识分子》,上海人民出版社 2000 年版。
[43] [美]魏斐德:《洪业——清朝开国史》,江苏人民出版社 2008 年版。

三、期刊论文

[1] 黄霖:《丁耀亢及其〈续金瓶梅〉》,《复旦学报(社会科学版)》,1988 年第 30 卷第 4 期。
[2] 张清吉:《〈醒世姻缘传〉作者是丁耀亢》,《徐州师范学院学报(哲学社会科学版)》,1989 年第 3 期。
[3] 孙玉明:《〈续金瓶梅〉成书年代考》,《社会科学辑刊》,1996 年第 5 期。
[4] 罗德荣:《别是一种审美情趣——〈续金瓶梅〉审美价值探究》,《南开学报(哲学社会科学版)》,1997 年第 6 期。
[5] 杨国荣:《心学的理论走向与内在紧张》,《文史哲》,1997 年第 4 期。
[6] 张玉璞:《论盛唐干谒文》,《石油大学学报(社会科学版)》,1997 年第 3 期。
[7] 陈洪:《折射士林心态的一面偏光镜——清初小说的文化心理分析》,《明清小说研究》,1998 年第 4 期。
[8] 黄果泉:《执著与彷徨:〈秣陵春〉传奇思想内涵的双重复杂性》,《河南师范大学学报(哲学社会科学版)》,1999 年第 26 卷第 4 期。
[9] 许总:《明清之际文学观念的思想内涵》,《海南大学学报(社会科学版)》,1999 年第 17 卷第 4 期。
[10] 安双成:《顺康年间〈续金瓶梅〉作者丁耀亢受审案》,《历史档案》,2000 年第 2 期。
[11] 徐振贵:《孔尚任何以要用戏剧形式写作〈桃花扇〉》,《东南大学学报(哲学社会科学版)》,2000 年第 2 卷第 4 期。

［12］张杰:《清代科举制度对满族文化发展的多元影响》,《学习与探索》,2004 年第 4 期。
［13］欧阳健:《〈续金瓶梅〉的成书年代》,《齐鲁学刊》,2004 年第 5 期。
［14］刘晓军:《在小说与史传之间——论明代历史演义的叙事模式》,《文艺理论研究》,2008 年第 28 卷第 3 期。
［15］刘再复、林岗:《论中国古代小说的叙事意识形态》,《渤海大学学报(哲学社会科学版)》,2010 年第 5 期。
［16］许建中:《民族矛盾向忠奸斗争的结构转换及其文化意义》,《文史哲》,2010 年第 5 期。

四、学位论文

［1］张振国:《伤时劝世,生新续奇——〈续金瓶梅〉价值重估》,山东师范大学 2003 年硕士学位论文。
［2］陈小林:《〈续金瓶梅〉研究》,湖南师范大学 2005 年硕士学位论文。
［3］姜克滨:《〈续金瓶梅〉"反清"主旨再探》,首都师范大学 2008 年硕士学位论文。
［4］黄金元:《明清之际济南府望族与诗歌研究》,山东师范大学 2010 年博士学位论文。
［5］白一瑾:《清初贰臣心态与文学研究》,南开大学 2009 年博士学位论文。
［6］王传明:《清代山东古典戏剧研究》,山东师范大学 2010 年博士学位论文。
［7］赵海霞:《李渔文化活动及观念考论》,陕西师范大学 2010 年博士学位论文。
［8］季翠霞:《阮大铖传奇研究》,华东师范大学 2010 年博士学位论文。
［9］蔡亚平:《读者与明清通俗小说创作、传播的关系研究》,暨南大学 2010 年博士学位论文。

附　录

丁耀亢京师交游简表

表一　丁耀亢与由明入清官员交往表

姓名生卒	字　号	官职 明朝	官职 清朝	籍贯	出处
刘正宗 (1594—1662)	字可宗、宪石；赐字中轩，号逋斋	崇祯元年进士，编修	顺治二年降清，官至吏部尚书、太子太保、文华殿大学士	山东安丘	丁耀亢《陆舫诗草》(后略作者)刘正宗《逋斋诗》
王　铎 (1592—1652)	字觉斯，号十樵，又号痴庵	天启二年进士，编修；弘光朝大学士	顺治二年降清，官至礼部尚书、大学士	河南孟津	《陆舫诗草》王铎《拟山园选集》
张缙彦 (1600—1672)	字坦公，号外方子、大隐、筱喻道人、菉居先生	崇祯四年进士，崇祯十七年兵部尚书	崇祯十七年迎李自成，顺治元年降清，治十年工部侍郎，十七年降职受劾流放宁古塔	河南新乡	《陆舫诗草》张缙彦《依水园文集》
张中柱 (生卒年不详)	不详	不详	廷尉	不详	《陆舫诗草》
赵进美 (1620—1693)	字嶷叔、韫退，号清止	崇祯十三年进士	福建按察使	山东益都	《陆舫诗草》
孙廷铨 (1613—1674)	字伯度、枚先，号道相、沚亭	崇祯十三年进士	秘书院大学士、太子太保	山东益都	《陆舫诗草》
薛所蕴 (1600—1667)	字子展，号行屋、桴庵	崇祯元年进士，翰林院检讨	崇祯十七年迎李自成，顺治元年降清，官至礼部右侍郎	河南孟县	《陆舫诗草》薛所蕴《桴庵诗》

(续表)

姓名及生卒	字号	官职 明朝	官职 清朝	籍贯	出处
房可壮 (？—1653)	字海客	万历三十五年进士,御史	顺治元年六月降清,官至左都御史	山东益都	《陆舫诗草》孙承泽《春明梦余录》
王崇简 (1602—1678)	字敬哉	崇祯十六年进士	顺治三年降清,官至礼部尚书	直隶宛平	《陆舫诗草》王崇简《青箱堂集》
孙承泽 (1592—1676)	字耳伯,号北海、退谷	崇祯四年进士,官刑科都给事中	顺治元年降清,官至都察院左都御史	山东益都	《陆舫诗草》孙承泽《春明梦余录》
任濬 (1596—1656)	字文水	明崇祯四年进士,兵部侍郎	清顺治元年降清,官至刑部尚书	山东益都	《陆舫诗草》
李裀 (1598—1656)	字龙衮,号澹园	举人	顺治六年以举人考内院中书舍人,擢礼部给事中	山东高密	《陆舫诗草》
龚鼎孳 (1615—1673)	字孝升,号芝麓	崇祯七年进士,兵科给事中	崇祯十七年迎李自成;顺治元年降清,官至刑部尚书	安徽合肥	《陆舫诗草》龚鼎孳《定山堂诗集》
曹溶 (1613—1685)	字洁躬,号秋岳、圈圈	崇祯十年进士,官御史	顺治元年降清,官至广东布政使	浙江秀水	《陆舫诗草》曹溶《静惕堂诗集》
李森先 (？—1659)	字琳枝,号滟石	天启进士,授检讨	顺治元年起原官,后迁尚书	山东掖县	《陆舫诗草》
高珩 (1612—1698)	字葱佩,别字念东,号紫霞道人	崇祯十六年举礼部,赐同进士出身,翰林院庶吉士	甲申遁归里,举荐刑部左侍郎	山东淄川	《陆舫诗草》高珩《栖云阁诗文集》

表二　丁耀亢与清新晋官员交游表

姓名	字号	官职	籍贯	出处
宋琬 (1614—1673)	字玉叔,号荔裳、二乡亭主人	顺治四年进士,官至四川按察使	山东莱阳	《陆舫诗草》宋琬《安雅堂集》
杨思圣 (1621—1663)	字犹龙,号雪樵	顺治三年进士,官至四川左布政使	直隶巨鹿	《陆舫诗草》杨思圣《且亭诗》

303

(续表)

姓名	字号	官职	籍贯	出处
傅维鳞 (1608—1668)	字飞眢、掌雷,号歉斋	顺治三年进士,官至工部尚书	直隶灵寿	《陆舫诗草》 傅维鳞《四思堂文集》
冯溥 (1609—1692)	字孔博,号易斋	顺治四年进士,官文华殿大学士	山东益都	《陆舫诗草》 冯溥《佳山堂诗集》
魏裔介 (1616—1686)	字石生,号贞庵、昆林	顺治三年丙戌进士,官至太子太傅,保和殿大学士	直隶柏乡	《陆舫诗草》 魏裔介《兼济堂文集》
李霨 (1625—1684)	字景霱,号坦园,自号据梧居士	顺治三年丙戌进士,官至保和殿大学士	直隶高阳	《陆舫诗草》 李霨《心远堂诗集》
韩诗 (?—1662)	字圣秋	不详	陕西三原	《陆舫诗草》 韩诗《学古堂集》
王士禄 (1626—1673)	字子底,号西樵山人	顺治十二年进士,授莱州府学教授	山东新城	《陆舫诗草》 王士禄《炊闻词》
王士禛 (1634—1711)	字贻上,号阮亭	顺治十五年进士,官至资政大夫、刑部尚书	山东新城	《陆舫诗草》 王士禛《带经堂集》
郭棻 (1623—?)	字芝仙,号快圃、快庵	顺治九年进士,官至内阁学士	直隶清苑	丁耀亢《表忠记》 郭棻《学源堂文集》
曹尔堪 (1617—1679)	字子顾,号顾庵	顺治九年进士,官至侍讲学士	浙江嘉善	《陆舫诗草》
白梦鼐 (生卒年不详)	字仲调	顺治九年进士,官大理寺评事	江南江宁	《陆舫诗草》
宋徵舆 (1618-1667)	字直方,一字辕文	顺治四年进士,官至都察院左都御史	江南华亭	《陆舫诗草》 宋徵舆《林屋文稿》
法若真 (1613—1696)	字汉儒,号黄石	江南布政使	山东胶州	《陆舫诗草》
李澄中 (1629—1700)	字渭清,号渔村	翰林院检讨	山东诸城	《陆舫诗草》 李澄中《白云山文集》
王鑨 (1607—1671)	字子陶,号大愚	顺治元年,初授江南苏州府昆山县知县,升河南司员外郎	河南孟津	《陆舫诗草》 王鑨《大愚集》

表三　丁耀亢与明遗民交游表

姓　名	字　号	籍　贯	出处
查继佐 (1601—1676)	字伊璜,自号与斋,又敬修子；入清后更名省,字不省,题画或署钓史、钓玉,世称东山先生或朴园先生	浙江海宁	顺治九年为丁氏《赤松游》题序,有唱和。 《陆舫诗草》
阎尔梅 (1603—1679)	字用卿,号调鼎、古古、白耷山人	江苏沛县	《陆舫诗草》 阎尔梅《白耷山人诗文集》
申涵光 (1620—1677)	字孚孟、凫盟,号和孟,又号聪山	直隶永平	《陆舫诗草》 申涵光《聪山集》
纪映钟 (1609—?)	字伯紫,又作伯子、蘗子,号戇叟,自称钟山遗老	江南上元	丁耀亢《椒丘诗》 纪映钟《戇叟诗钞》
邓汉仪 (1617—1689)	字孝威,号旧山	江苏泰州	丁耀亢《逍遥游》 邓汉仪《慎墨堂诗》
孙奇峰 (1585—1675)	字启泰,号钟元,学者称夏峰先生	直隶容城	丁耀亢《椒丘诗》

后　记

  2005年的初秋,我告别了执教十二载的中学讲台,为着心中的梦想,从泰山脚下,穿山越岭,来到彩云之南的昆明读研,广阔的云贵高原和澄澈的蓝天让我真正理解了宽厚和包容。2008年桃红柳绿时节,我怀着一份敬仰踏进扬州大学的考场;草长莺飞的今天,这种业已深厚的敬仰又多了一份感激与惶恐。

  衷心感谢许建中先生的谆谆教诲,这将是我人生最宝贵的财富之一。我自知生性愚钝,学无所成;每每捧卷叩问,先生循循善诱,导我以思,诲我以道。先生常说读书须"求实",治学须"求是"。"求实"则言必有据、文无蹈虚;"求是"则深思慎虑、平中见奇。论文从选题、构思、爬梳文献,字斟句酌,都离不开先生的耳提面命,指点迷津。

  衷心感谢山东大学的袁世硕先生,身为学界泰斗,年事虽高,小子求疑,亲书垂教,感激之情,难以言表。

  衷心感谢扬州大学文学院诸先生的无私指导,特别是王小盾教授、董国炎教授、田汉云教授、钱宗武教授、黄强教授、王永平教授、柳宏教授,他们学识渊博,各领一域。每有聆听,皆有裨益。

  衷心感谢山东诸城市李增坡先生、张清吉先生及史志办的诸先生提供的文献支持和在地方田野调查中所给予的无私帮助。

  衷心感谢各位师兄同窗、学弟师妹,学业上每有启发,方法上受惠良多。每有困惑,热心扶持,倾力相助,化解困境。

  衷心感谢泰州学院领导和同事的关心支持,助推我点滴的成长与进步,秉性愚钝,不善言辞,感恩之心常存心间。

  衷心感谢东南大学出版社的张丽萍等编辑为此书出版的辛勤付出!

  衷心感谢我的家人们,特别是我的母亲、岳父、岳母,他们虽年迈体衰,忍受晚年思念之痛,却常常挂念我的生活和学业,每有问候,始终给我慰藉鼓励。

感谢我的妻子光云,在我外出求学的六年里,独自承受着巨大的经济和精神压力,繁重的工作之余,还要孝敬父母,抚育幼子,一人独自支撑家庭;在我困惑时总给我最坚强的支持和最温暖的心灵抚慰。

感谢我的儿子言舒,他的茁壮成长和心灵交流,是我战胜困难的力量源泉。

望着眼前自己的论文,我心中又多了一份难以名状的惶恐。自己的努力和才力是否能够实现自己当初的期盼与承诺?我所走过的每一步,凝聚着多少师长、朋友、亲人的关爱和帮助啊!我内心时常对自己说:"虽不能至,心向往之,身力行之!"

拙作是我的博士学位论文,毕业后的九年间,一直忙于生活,鲜有改动,愿将其作为我人生第一份学术追求的原始记录,承载着最初的梦想和浅陋。在今后的工作学习中,愿自己不忘初心,真正将读书、思考与写作作为一种坚持不辍的生活方式。

2020 年 9 月 26 日于海陵